荆楚文庫

〔嘉慶〕漢口紫陽書院志畧

〔清〕董桂敷 輯

〔光緒〕問津院志

〔清〕王會釐 輯

荆楚文庫編纂出版委員會
湖北人民出版社

荆楚文庫

〔嘉慶〕漢口紫陽書院志畧

JIAQING HANKOU ZIYANGSHUYUAN ZHILUE

〔光緒〕問津院志

GUANGXU WENJIN YUANZHI

圖書在版編目（CIP）數據

〔嘉慶〕漢口紫陽書院志畧 /〔清〕董桂敷輯 .
〔光緒〕問津院志 /〔清〕王會釐輯 .
武漢：湖北人民出版社，2023.2
ISBN 978-7-216-10631-3
Ⅰ．①嘉…②光…
Ⅱ．①董…②王…
Ⅲ．①書院－教育史－漢口－清代②書院－教育史－新洲區－清代
Ⅳ．① G649.299.634

中國國家版本館 CIP 數據核字（2023）第 026805 號

責任編輯：陳　典
整體設計：范漢成　曾顯惠　思　蒙
美術編輯：董　昀
責任校對：范承勇
責任印製：王鐵兵
出版發行：湖北人民出版社（中國・武漢）
地址：武漢市雄楚大道 268 號
電話：(027)87679656　郵政編碼：430070
録排：武漢鑫偉創圖文設計有限公司
印刷：湖北新華印務有限公司
開本：787mm×1092mm　1/16
印張：25
字數：348 千字
版次：2023 年 2 月第 1 版　2023 年 2 月第 1 次印刷
定價：136.00 元

ISBN 978-7-216-10631-3
9 787216 106313 >

出版説明

湖北乃九省通衢，北學南學交會融通之地，文明昌盛，歷代文獻豐厚。守望傳統，編纂荆楚文獻，湖北淵源有自。清同治年間設立官書局，以整理鄉邦文獻爲旨趣。光緒年間張之洞督鄂後，以崇文書局推進典籍集成，湖北鄉賢身體力行之，編纂《湖北文徵》，集元明清三代湖北先哲遺作，收兩千七百餘作者文八千餘篇，洋洋六百萬言。盧氏兄弟輯録湖北先賢之作而成《湖北先正遺書》。至當代，武漢多所大學、圖書館在鄉邦典籍整理方面亦多所用力。爲傳承和弘揚優秀傳統文化，湖北省委、省政府決定編纂大型歷史文獻叢書《荆楚文庫》。

《荆楚文庫》以『搶救、保護、整理、出版』湖北文獻爲宗旨，分三編集藏。

甲、文獻編。收録歷代鄂籍人士著述，長期寓居湖北人士著述，省外人士探究湖北著述。包括傳世文獻、出土文獻和民間文獻。

乙、方志編。收録歷代省志、府縣志等。

丙、研究編。收録今人研究評述荆楚人物、史地、風物的學術著作和工具書及圖册。

文獻編、方志編録籍以一九四九年爲下限。

研究編簡體横排，文獻編繁體横排，方志編影印或點校出版。

《荆楚文庫》編纂出版委員會

二〇一五年十一月

總目録

荆楚文库

〔嘉慶〕漢口紫陽書院志畧

〔清〕董桂敷 輯

《荆楚文庫·方志編》編纂組

組　　長：劉偉成　陽海清（執行）

副 組 長：劉傑民（執行）　王　濤　謝春枝　范志毅（執行）

參編人員（以姓氏筆畫爲序）：

王　濤　李云超　宋澤宇　范志毅　馬盛南　陳建勛　梅　琳

張　晨　張雅俐　陽海清　彭余焕　彭筱溦　楊愛華　劉偉成

劉傑民　謝春枝　嚴繼東

編　　審：周　榮

顧　　問：沈乃文　李國慶　吴　格

前言

《〔嘉慶〕漢口紫陽書院志畧》八卷首一卷，清董桂敷輯，清嘉慶十一年（一八〇六）刻本。内封鎸『嘉慶丙寅新鎸漢口紫陽書院志畧尊道堂藏板』。

董桂敷，婺源人氏，嘉慶十年（一八〇五）進士，授翰林院編修，教習庶吉士。嘉慶二十四年（一八一九）因病乞歸，後主講豫章書院，有《儒先語録匯參》《自知室詩集》《自知室文集》等多部著作。

漢口紫陽書院，又名新安書院，位於漢口循禮坊，旅漢徽商始建於康熙甲戌（一六九四），後屢擴建重修。書院奉祀宋代理學宗師、婺源新安鄉賢朱熹，朱熹別號紫陽先生，故名。清初，僑寓漢口的徽商不忘『新安之教』，於鄉里聚會，孝友、睦親、周恤之餘，『乃議創建書院，將待其成，與父兄子弟朋友日相講習於其中』。他們以重金購得『適當漢脉中區』的若干地基，經十二年的建設，終成堪爲漢鎮巨觀的書院建築群，此爲書院建設緣起。首修志成於雍正乙卯（一七三五）至乾隆丙辰（一七三六）年間，分綱列目，惜一時未暇收輯，卷帙未爲完備。

逢嘉慶時書院重修，諸君檢閱重録舊志稿，囑董桂敷『增訂』。董桂敷知見聞日遠，補輯甚難，爲力免泯滅，承委從事。乃循節目，補遺文，編散佚，嘉慶十一年志成付梓。

是志卷首有董桂敷自序、新舊凡例、目録，每卷目録單列。卷一『圖説』列圖文叙書院地形經緯。卷二『道統』之『源流』闡儒家學説流傳脉絡，朱熹升配十哲；『事實』述朱熹生平活動；『題贊』録朱熹像及像贊。卷三『建置』載書院屋宇街衢坐落，卷四『崇祀』記後世尊崇祭祀，卷五『學規』陳書院教條規範，卷六『禋産』示書院供祀之市屋恒産，卷七『藝文』昭先達文詞，卷八『雜志』集書院文書及前後事迹。各卷首依舊志録入小引。是志體例完整，圖文並叙，版刻求精，史料完備。書院發展脉絡清晰，亦有『紀水』『紀火』『紀水龍』等描述漢鎮要事。

一九九五年，江蘇教育出版社《中國歷代書院志》影印出版是志；二〇〇二年，湖北教育出版社又點校出版。是志刻本國家圖書館、北京師範大學圖書館、上海圖書館、山東圖書館皆有收藏，茲據上海圖書館藏清嘉慶十一年刻本影印。此本有墨筆圈點並鈐收藏印，卷七『藝文』有補刻嘉慶十一年至咸豐年間内容。書頁多處以無格稿紙抄配，比對其他刻本，抄配部分行款相同，仍缺卷六第四十八頁。上海圖書館、北京師範大學圖書館、國家圖書館藏本皆偶有換板情況，故抄配、缺頁皆以原貌付印，僅以北京師範大學圖書館藏本補配内封。（宋澤宇　楊愛華）

目録

嘉慶丙寅新鐫

漢口紫陽書院志畧

尊道堂藏板

增訂漢口紫陽書院志畧序

事之難成也久矣書院者天下之公舉也朱子天下後世之所師法也吾新安又朱子之鄉也以新安之人合其心力建書院奉朱子宜若易然然而議初起而沮撓者有之事方集而摇撼者有之功已成而蠶

食者有之昔人作事之難如此吾於漢口紫陽書院志畧一編而有感焉志畧者昔之鄉先生志其所以建書院之情而因備及創建以後之事以告後之君子者也葢昔鄉先生之旅處於斯也其心未嘗一日忘新安之教故於鄉里聚會之餘共敦孝友睦婣任卹之誼思有所託以行之永久乃議創建書院將待其成與父兄子弟朋友日相講習於其中本朱子之德行以爲儀述其所以教人者以爲鄉之後進式若今志中所列道統學規諸條目皆昔人所以創建書院之本情也既創之矣則將厚

其墻垣高其閈閎程物材定法則嚴約禁昭文章足財用而後可以稱其情之所欲而無歉今夫水之赴壑也或遏其流則激而怒鳥之冲霄也或縶其翼則仰而號人之趨善也亦然苟或阻之則其剛正之氣愈不容以自抑以書院之創而有類於此

勢不得不孛顧衆感旁呼將伯多方彌釁維持而調護之若志中所列建置祟祀禮產藝文雜志而兼及於書牘禁示呈詞皆當年創建以後之實事也夫事過則情遷人心類然而昔之人必志之而傳之何也意豈自爲表襮哉亦謂我書院初基經緯

未定羣言遞起竭力以潰於成中更因循產契潛佚又賴我友君子起而爭之用能條理始終整齊嚴密旣大以公式奠孔固繼自今以往尚其永監于兹罔有或怠故志之以告夫後來之君子也獨念是志之作距始建之初巳四五十年乃得紀其大

畧紀畧之後距今又六七十年矣而省覶其目秩然有條周覽其篇或存或缺豈作志之人未及待其成而奄逝耶抑遲遲以需同志之緝而後遂逡巡耶何中間數十年竟無爲之收殘補闕者而直至今日也甚矣一書之成亦如此其難也幸今重修

書院諸君檢閱舊藁爲之重錄余來漢上遂以增訂之任相屬噫余之謭陋何足以任昔人之所難但以斯志曾竭昔人之心及今而尚未有成則後此見聞日以益遠補葺之難更甚今日是志不其終泯矣乎余故承諸君之委循其節目補其遺亡缺

其散佚者編成將付剞劂爲序昔人所以作是編之意俾後之人共見當時創始之難相與樂其成而無俾其壞也時嘉慶十有一年歲次丙寅夏五月婺源後學董桂敷序

漢口紫陽書院志畧卷首

漢口紫陽書院志畧

舊凡例十二則　照原本錄

一是編以志名者重書院也書院志與郡邑志別諸志率先山水次遺跡次建置次人物而以藝文終焉斯志釐爲八綱首圖說道統次建置崇祀義學藝文廛產雜志蓋成自郡人旅處者以不獲瞻闕里登講席爰建夫子祠設義塾以啓廸來學非有山水遺跡可以爰据成編覽者原之

一人物非經碩儒論定不敢擅爲臧否故但於雜志篇後畧摭首功數人事實以備採擇餘則有俟後之君子

一江漢大別爲山水之最著者漢口因以得名故繪圖必先漢口重輿圖也坊市樓閣以次備列俾按圖而索眉目燎然

一書院爲崇道之區子朱子集漢唐宋以來諸儒之大成又所訂經書集註爲　國家造士之所特遵故於輿圖後即載道統道統之傳翕然千古然表章莫詳於先哲崇祀莫隆於　聖朝本志不敢以撮土而增泰山祇就傳譜贊列之卷次用誌景仰

一建置首載宮牆蓋及門升堂入室乃夫子教人爲學之次第漢口爲七省通衢士商雲集之所琳宮梵宇不知凡幾獨吾郡首建書院尊崇正學禮教攸關入其門者安得不爲提撕警覺使之循序而進乎他如文昌閣魁星樓義學義渡皆體夫子之道以誕敷文教康濟生民故並詳之至郡人尚有開巷築堤修橋治路積功累行非由書院公舉者槩不濫登

一始建獨祀四先生者蓋死於勤事而功烈特超衆人之上也書院之建始於康熙甲戌維時贊襄者奚止百人

四十年來踵事增華者難更僕數若爲一一標舉非惟緐不勝書且恐挂一漏百然而簿冊芳名又難聽其湮沒故於紀本末篇後存其梗概用資鼓勵

一報功專祀數君子者以其始終衛道之堅護持之至非有專祠無以慰輿情也若夫剏建之初賢士大夫莫不樂聞此舉以崇道爲己任不惜多方奬掖砥礪於成厥功偉矣要皆名標史冊勳勒鼎彝非本志所能罄惟留姓字以備參攷

一義學條目悉本朱子垂教大旨不敢別立課程惑亂向

學心志附錄摘訓以示麗澤相資之義庶旅處者得以時加省察

一藝文卷中凡於先達篇章不憚郵筒搜求冀得一言半詞價重連城嗣後諸公倘見往哲所作漢口紫陽書院文本志所未載者幸爲錄寄錫等百朋至於時賢著作亦不憚訪羅倘有惠存續當補人其書牘一門剏建之初力挽計阻層見疊出其情詭其事瑣碎有難以述諸記載者存之俾有所考亦見先後諸君子捍衛之艱有不容淹沒也

一禮產爲書院首重非大書特書彰明較著不足立綱紀而杜侵漁每年輸 國賦春秋二祭義學館穀義渡祠役工食雜費等項歲出已屬浩繁而屋宇既多歲修不易若三年五年小修大整費復不貲苟不清釐有緒耕九餘三以爲久安之計一旦經理非人難保不前功盡廢歷考四方書院振興一時其初非不肸蠁爭雄瞬眼而遂陵夷廢弛皆由剏始未遑慮終代遠年湮人心懈怠竊權柄而蠶食者有之恃豪右而霸踞者有之挾勞怙德而陰圖厚利者有之假公濟私而尋事騰鬧者有之甚至奇衺相煽盜賣肥家即有負俠任道者欲起而爭之苦未能究其原委而身處柔懦雖明知底蘊終無憑據未敢顯叱其非種種弊端莫可殫述以此卷中自始基至告成前後祀產契墨併每歲出入正項細大不遺錙銖必載條分縷析井井可稽俾後人開卷了然稍有前項不肖雖三尺童子皆得訟而正之

一事備稽考而文不可分入各卷下者畧之則無以信今而傳後故另集一卷名曰雜志庶前後事蹟燎若指掌至一切呈詞案宗本非志乘之所宜載而關係書院不

宜泯棄亦止於必不可缺者十載一二尚諱其名餘從芟隱用存厚道

一書院歷五十年迄今諸事猶備因纂葺志畧一編續有增添續有捐助當與續收詩文或三年或五年計其多寡添入志後永遠爲例

增訂志畧凡例十五條

一原志畧成於雍正乙卯乾隆丙辰問當日分綱列目秩然有條惟卷帙未完備且有標目數十而卷中僅存一二者蓋一時未暇收緝故逮今六七十年迄無成本其間缺畧有可補者補之其實無可考者則姑缺之

一原志分目壥產在藝文之後兹易居前以雜志與藝文相比附餘悉仍舊

一原本各卷首俱有小引數行今仍其舊文錄之

一圖說一卷舊只存金圖記一篇今皆補圖其祠宇廳舍

只依新建格式爲之别爲圖記補遺以附於後

一道統卷内舊只抄宋史道學一傳餘俱未備今補全但既有本傳又有年譜行狀大要俱備似道學傳可不必複載免致卷帙繁冗也

一建置舊目門堂寢室皆備今無可考然今之制度大率依舊故只就重修規式丈尺書之仍書始建年號下書某年重造或書如舊式其新建者則直書某年建云

一文昌閣六水講堂之屬皆昔人有規而未成者故藝文卷中有記今已補造記仍其舊以示不忘前志也

一崇祀卷向列　御賜匾額　上諭及諸疏此乃闕里志所載漢口書院未及奏請恭奉匾額則諸篇可不必存俟將來奏請時再以奏章及　諭旨登之可也其升配之典亦爲文廟而設然錄之以見　聖朝尊崇之盛典似無不可至於書院春秋祭欵由鹽庫頒發會經部奏自宜附入今補登之外祀儀各條亦皆舊本所缺今依春秋二祭現在所行禮儀事物爲補成卷帙諸祝文舊有者仍之報功始建二祠祝文則今所補也文昌魁星二條無可附故載於末

一報功祠向奉六公神主今增入畢制軍其餘先達姓氏不能盡悉大畧見雜志奉主入祠文及雍正十二年祀土文内可以參考

一始建姓名自四先生外尚數十人舊本缺錄今不能盡悉惟就諸文稿中所有者登之末卷附以重修姓字其捐輸諸名號已勒於石不復登載一依原本體例

一學規所列條目舊本未錄全今依文集及大全補入

一壥產照舊錄補增新置各契其紀產舊目有數條今僅存一條餘俱缺歲入歲出各條亦但有其目今照現在

入出之數書之其不能定數者則但約共大槩或虛其數目

一藝文舊所存者照錄有未備者今皆補作如譙射軒啓秀書屋各記是也亦有舊錄所具而文不可存不必存者爲删汰其一一其文可不必存而題不容缺者亦仍酌存雜志一卷亦然其書牘一類向列之藝文今移入雜志照原目佚其大半兹只據現存數篇錄之可以想見當年大槪

一雜志或存或佚今錄其存者並以後來諸篇并新作若干首其人物所缺諸傳無從查補訪之故老傳說亦僅得其大畧故今不復補作傳只作汪傳書後一篇以存諸公梗概其呈詞告示一門昔人所載原欲使後人知當日創事之艱難及禁條之嚴肅今亦畧依其例附載一二以示將來云

一舊本有規則數十條今不備惟就所存者抄附卷末

董桂敷識

漢口紫陽書院志畧第一卷目錄

漢口紫陽書院志畧第二卷目録

漢口紫陽書院志畧第三卷目録

歙口紫陽書院志畧第四卷目錄

漢口紫陽書院志畧第五卷目錄

漢口紫陽書院志畧第六卷目錄

祀產

契墨

書院基址五契　無基浮屋三十一契

又增無基浮屋九契　後湖麥地一契

漢陽基屋一契　照牆前基屋一契

新安巷基屋一契　循禮坊後街市屋一契

循禮坊正街市屋一契

熊家巷基地一契

循禮坊下岸基屋一契

循禮坊後街基屋一契

循禮坊大街基屋一契

沈家廟後街基屋一契

三皇殿後基屋一契　新安街東基屋一契

祠後基屋一契　準提庵契約一紙

執照

馬頭基屋照　承買繳價呈

受買退業呈　準提庵三元殿執照

調換浙寧公所執照

祀產

祀續市屋入祠　調換墨據老契一紙又加杜契一紙

義阡

王二里又五甲三契　懷三里又一甲三契

王二里又五甲一契　許家灣一契

玉皇殿水田一契

歲入

新馬頭市屋　新安街東市屋

新安街西市屋　太平里巷號屋

利濟通津市屋　書院西巷南隅市屋

後街西首至沈家廟市屋

四基巷後街市屋　後湖地租

歲出

文公祠各戶錢糧　各市屋門攤

春秋二祭　文昌會

魁星會　義阡糧米

水龍工食　門差雜費

三元殿香炷

漢口紫陽書院志畧第七卷目錄

題示

詩二首　匾對

漢口紫陽書院志畧第八卷目錄

雜志

緣起

啓建書院序　再勸樂輸文

又再勸樂輸啓　募建文昌閣啓

募修書院序

書牘

復吳子丹書　吳子丹來書

上姚太史書　姚太史來書

上張太史書　張太史復書

與同鄉書

雜著

書院上樑記　奉神主入祠文

祀后土文　祀火

祀水　又祀后土文

復新安巷碑記　祀水龍

重修書院紀蹟　建玉皇殿碑記

集會煩胙議

漢江紫陽書院志畧卷之一

圖說

日星天圖川岳地繪布景傳神文字之外大工既成其制具備不有描摹誰悉梗槩首揭示人有粉本在

凡志必有圖圖必有說有圖則已到者如溯舊遊山川亭榭歷歷可指未到者想像規模輒神往焉漢江書院自始建訖今垂五十餘年始告成功事經創造尤不可無圖以昭近遠而卽附以總圖記於後原委彰彰具在閱者詳之

新安書院全圖

江漢形勝

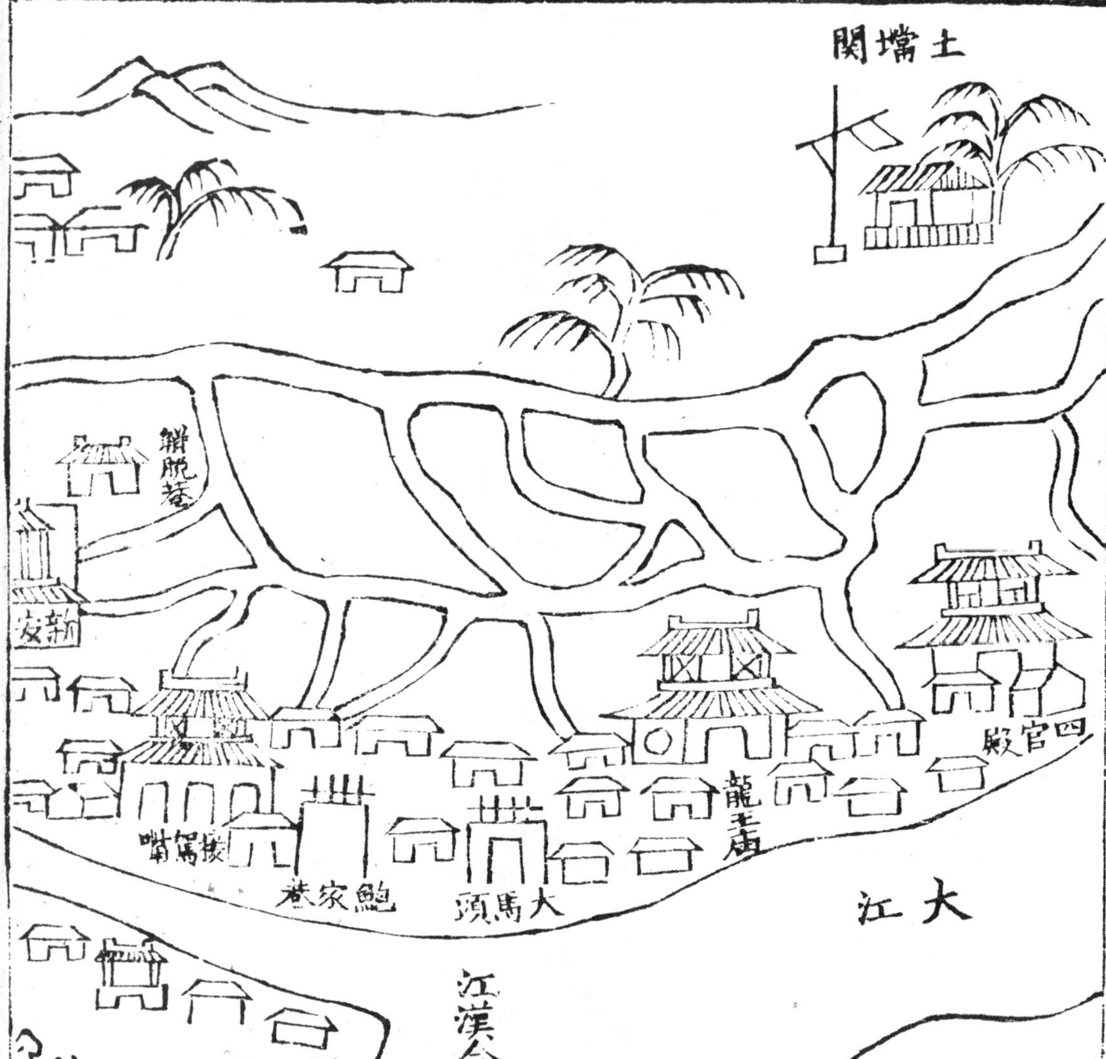

坊市總圖

新安坊渡

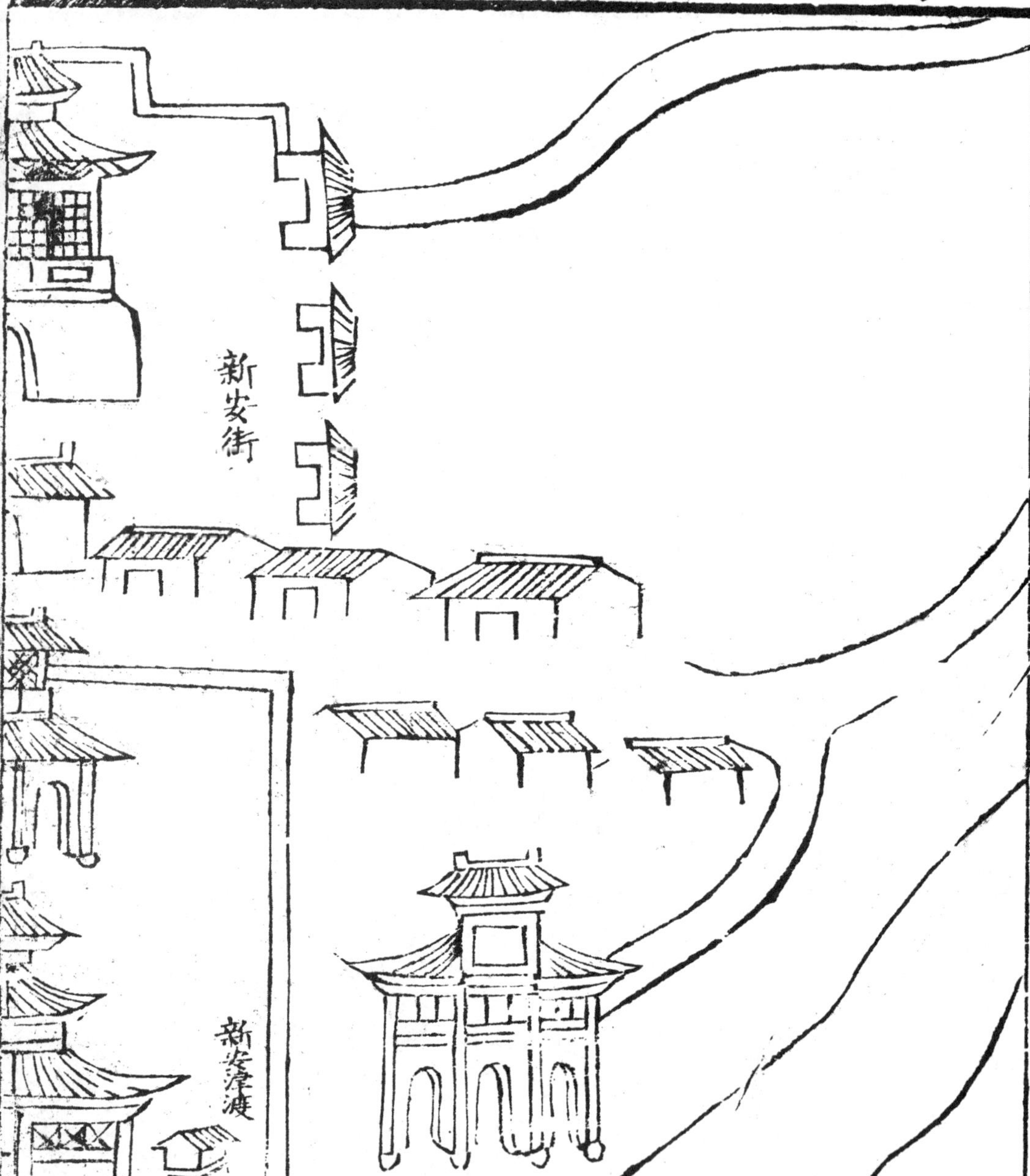

魁星閣圖

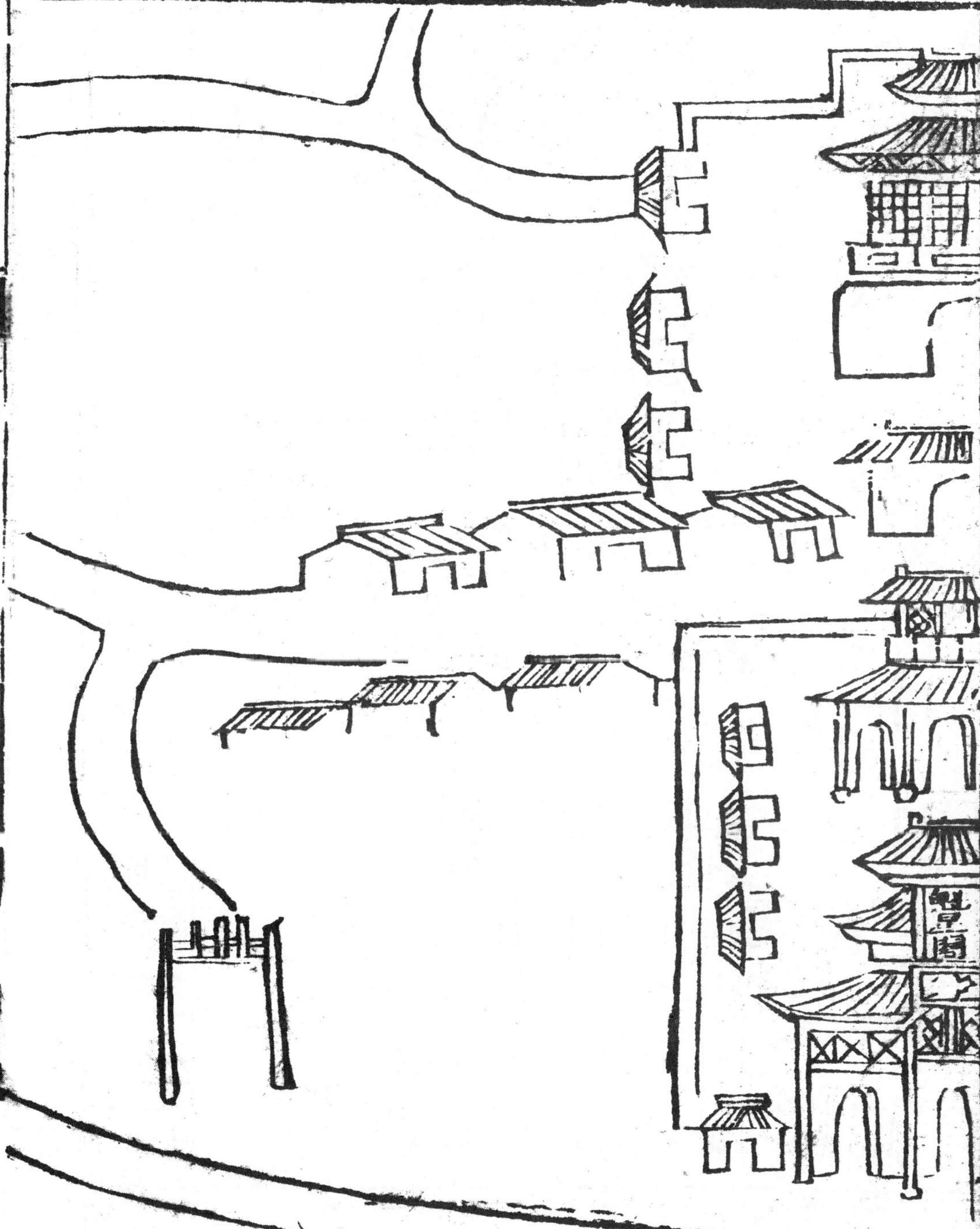

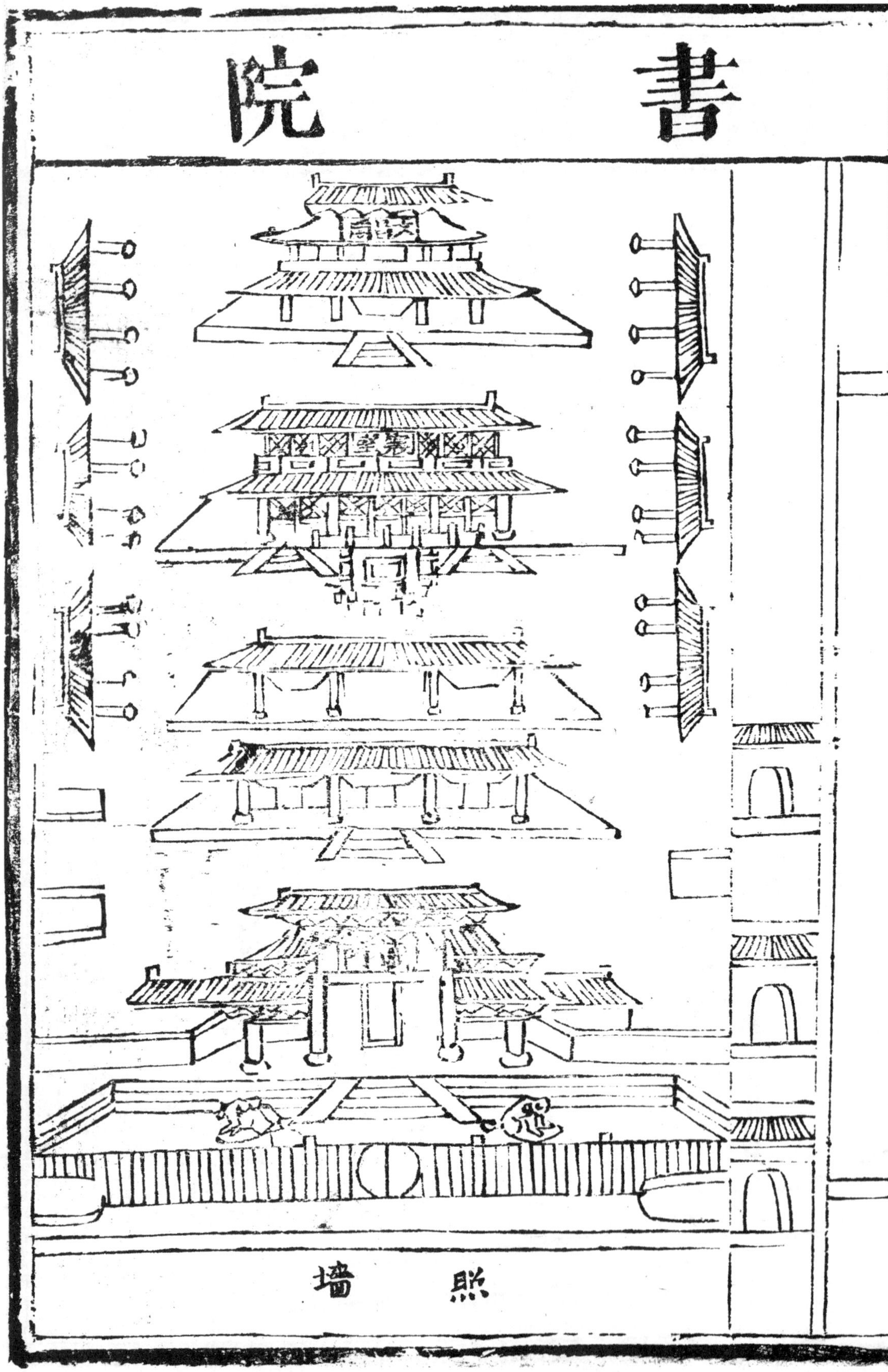

紫陽書院遺圖

全圖

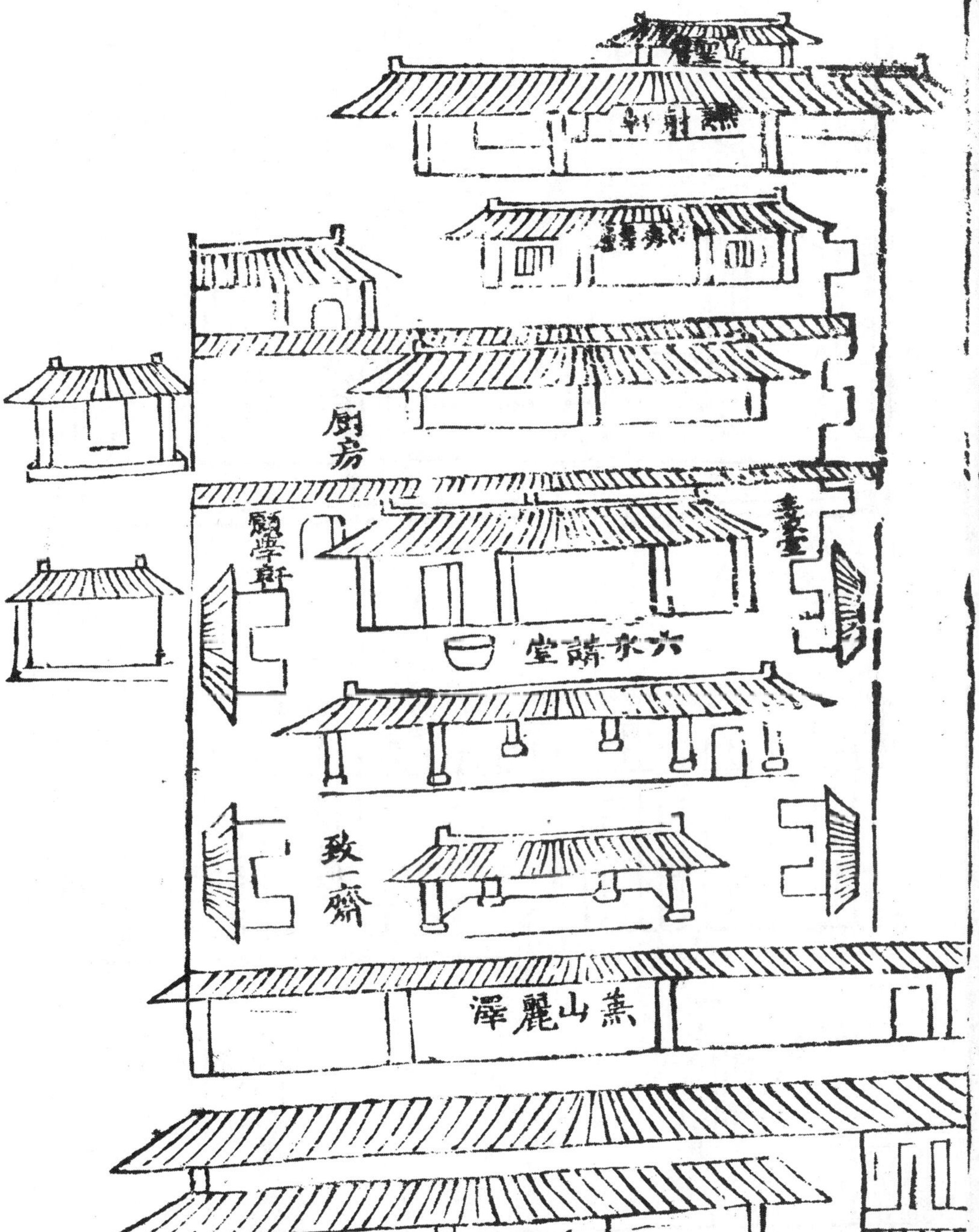

戟門圖

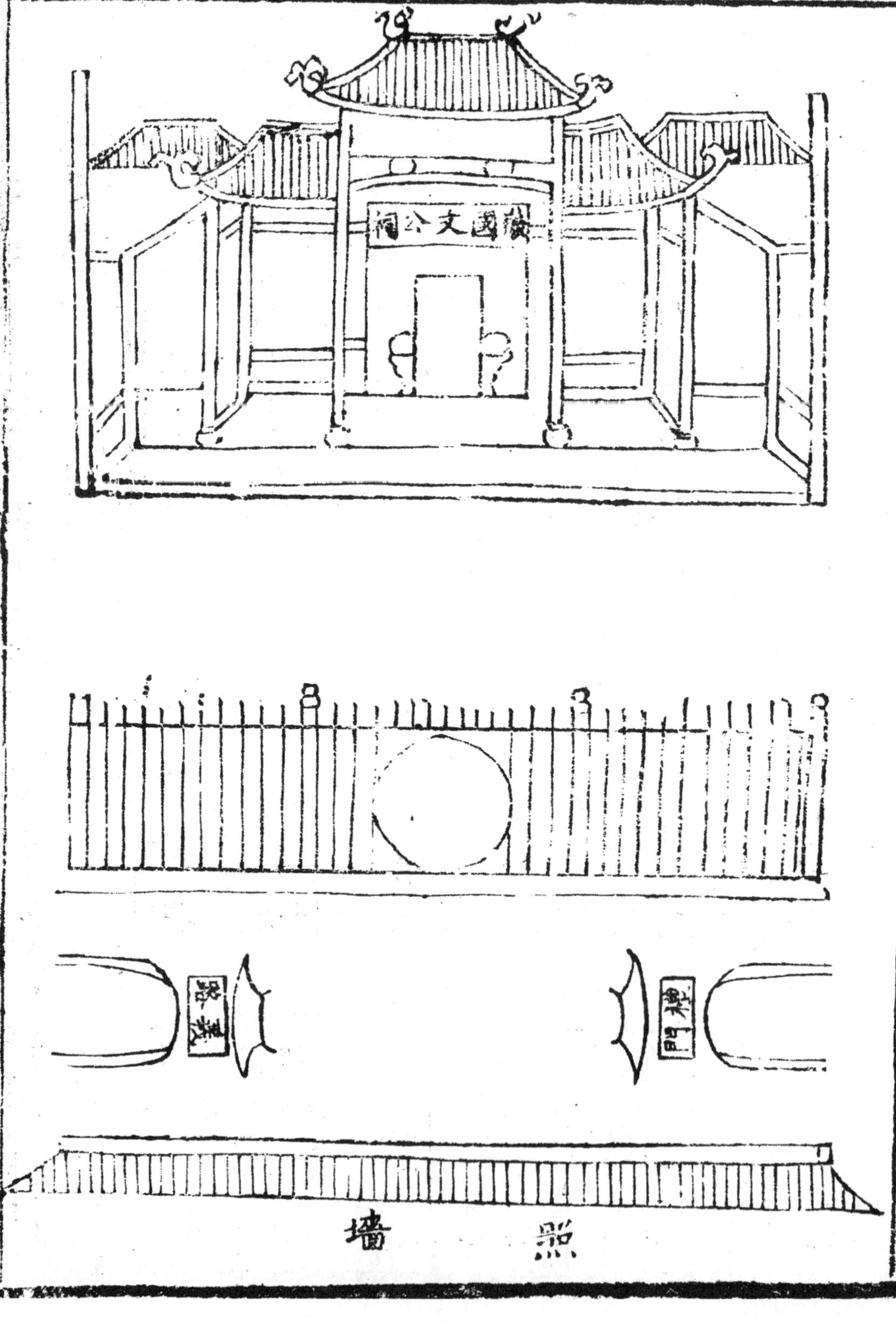

尊道堂圖

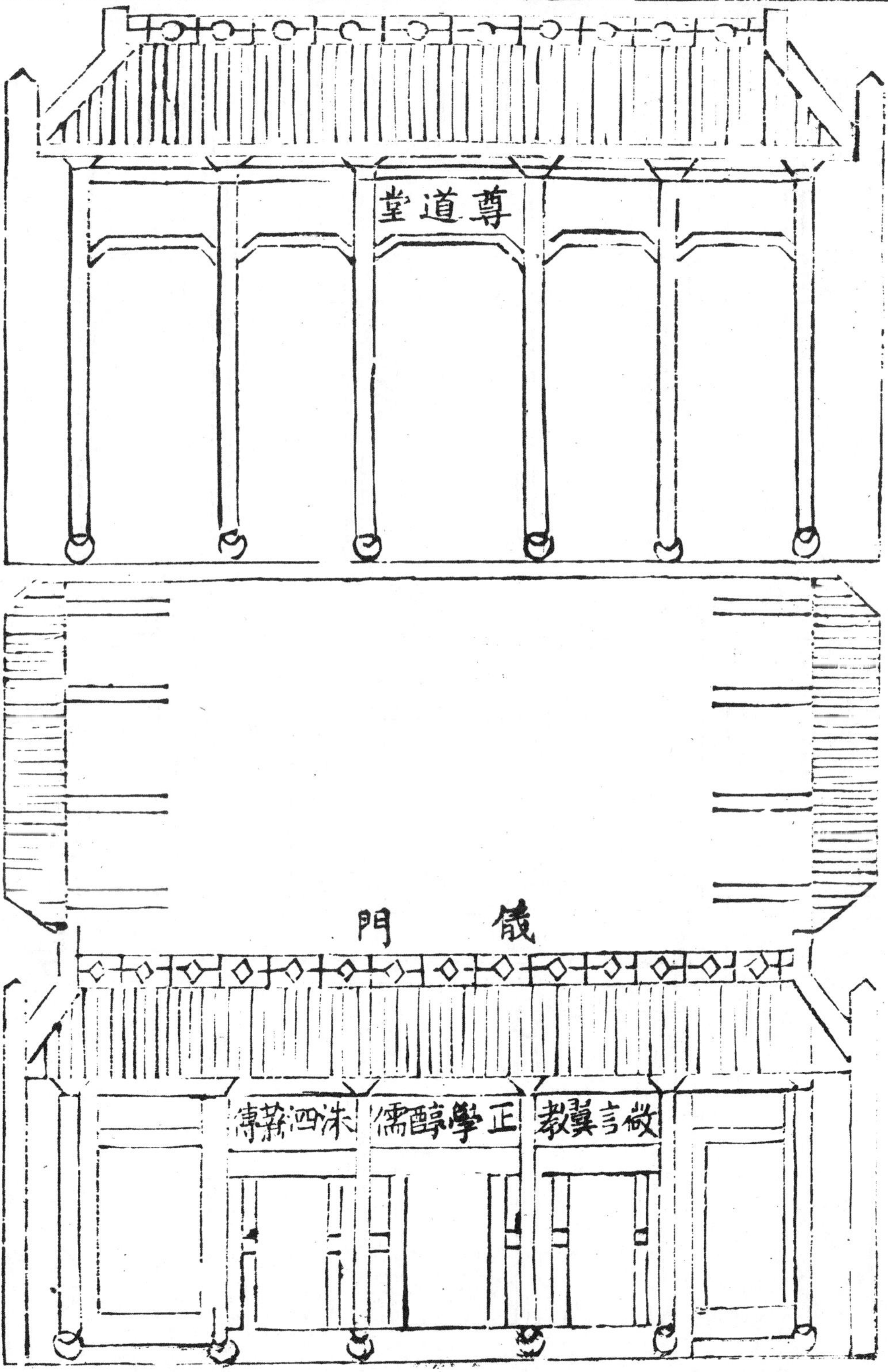

寢室圖

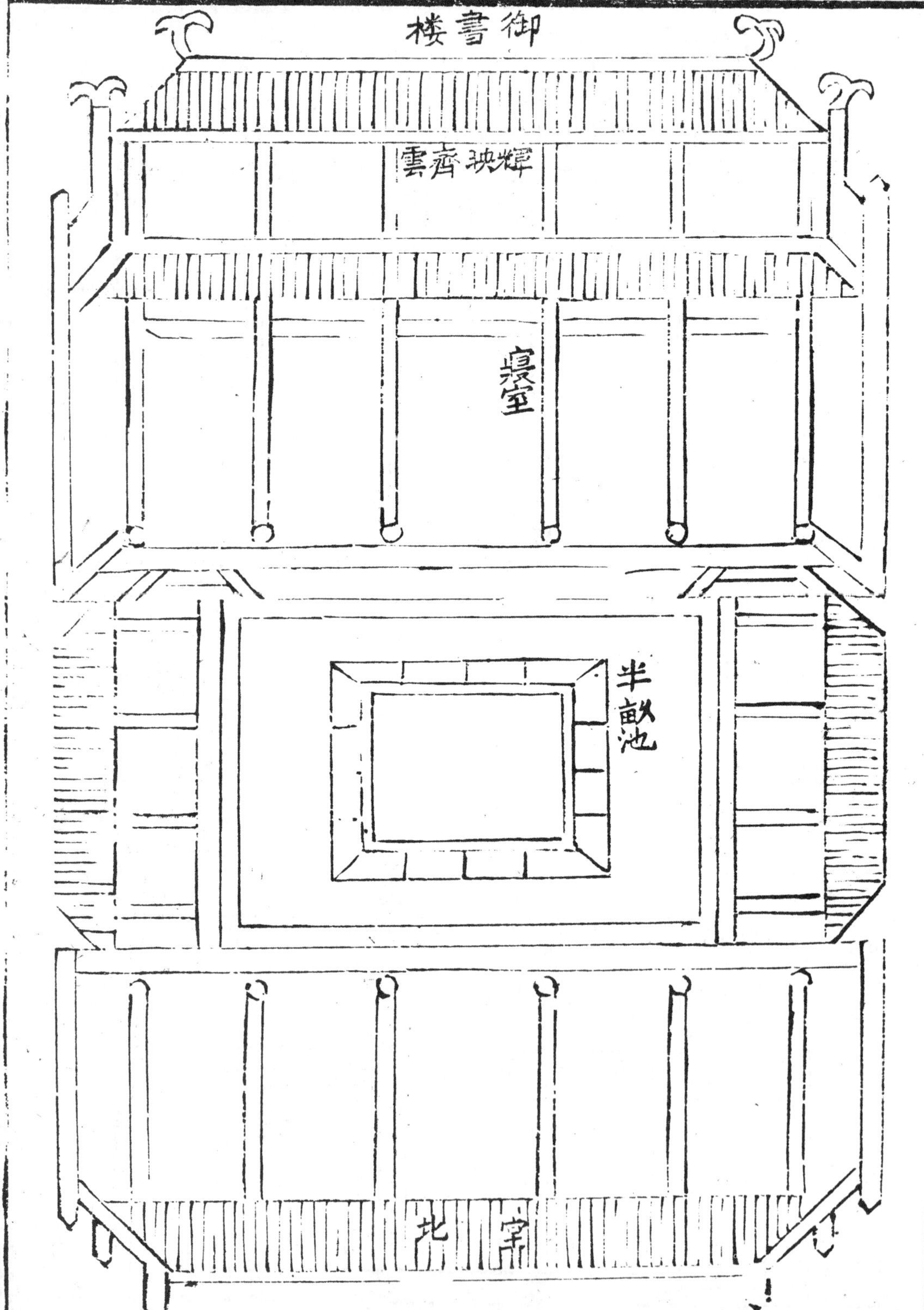

文昌閣圖

紫陽書院遺圖

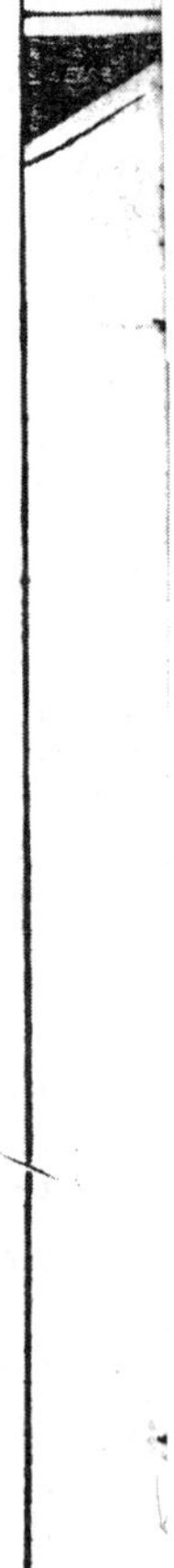

漢口嶽國文公祠堂總圖記

按漢水發源嶓冢導漾而東合滄浪三澨諸流至於大別與岷江會是爲漢口地隸漢陽延袤四十餘里闤闠繡錯帆檣林立雄踞吳越上游南瞰滇黔西通秦蜀北達幽燕四方之食貨集焉而去汴洛最近蓋亦適當地利之中云自李唐時即已艷稱於詩所謂居雜商徒偏富庶地多詞客足風流是已　國朝以來繁盛稱最祠廟隨在競勝金碧照耀惟嶽國文公祠堂規模正大雅冠衆構議者以尊賢與尊神不同非標異也漢口無縣治城郭分坊四四居

仁曰由義曰循禮曰大智文公祠堂在循禮坊境内巋然中立焉通河巷道不一自江之下游逆數而前其最著名者爲四官殿龍王廟大馬頭接駕嘴接駕嘴者勝國時迎立世廟過此因名俗訛呼爲薛家嘴康熙間前參議姑蘇金公祖誠始建禹王閣開遵義巷以禦火災居民德之再上爲新安馬頭即祠前近日所建魁星閣是也爲石級四十有一飛簷高啄上干青雲登臨眺覽恍置身斗牛宫矣溯流而上如沈家廟永寧巷老官廟五顯廟關聖祠宗三廟等處名稱甚衆要皆不及魁星閣之大觀也閣下出入門洞有三閣背顏曰安土敦仁巷路寬坦東割汲道以石甃闕之西起樓房鱗列成市直行八十武爲紫陽坊達大街焉街北爲新安巷深可三十餘丈寬廣稍遜前衢而市屋皆列於東歲取賃息以供祠用不可廢也巷盡則祠屏牆適當後街通衢東曰禮門西曰義路自是而木柵而門樓閒以周垣而儀門而甬道輔以長廊始獲登尊道堂焉由堂後迴廳循兩廡拾級而升是爲文公寢室石欄天池儼具方塘一鑑之致樓上供奉　聖祖仁皇帝御書朱子詩爲前太史陽羨潘公宗洛督學楚江時蒙恩頒賜不

敢褻瀆因講學祠中特命石工敬勒供奉是爲御書樓祠後擬爲文昌閣左報功右始建二祠參立如翼折而西則圓亭炊舍旁廳義學六水講堂自北而南首尾相銜廣深與祠基等惟祠東一巷深邃直達後堤巷南額曰康衢接武禮門義路偏日居多出入祠事咸從是巷焉自祠後至屏牆計長五十丈由屏牆至大街三十二丈由紫陽坊至魁星閣二十三丈統計廣深一百五丈番創之艱經費之鉅亦大槩可見矣他如藏書之富舍菜之隆車服禮器罔不一一如禮詎非江漢地脈鍾靈有以致之與抑蓋有由

我文公之德之學仰沐　聖朝崇儒重道而鄉人向化之速有不期然而然者也余因披覽全圖愧無作賦長才以紀其勝爰爲之記以補圖所不及云

乾隆元年歲次丙辰季秋月下澣海陽後學金承統謹識

圖記補遺

金圖記於漢江坊渡原流及書院規制已備但重建後規式有拓於前者如新安巷舊記云稍遜前衢今則巷易爲街寬廣與前衢等而街東又增一太平里水巷矣（街西本有水巷甚窄舊記所未及）舊記云祠後擬爲文昌閣今則閣巍然峙於寢室之北並閣下報功始建二祠棼橑塗塈煥然皆新矣其西園亭學舍庖湢之屬舊記頗不詳悉蓋當時建置有已成者有未就者有待新者故作記時只得述其大概今既已完備依式作圖矣其文昌閣西序由闈門達者曰謙射軒軒北小廳曰近聖居其上爲藏書之閣又北隙地治爲花圃爲亭數椽循以回廊自軒以南曰啓秀書屋有堂有室有房爲生徒肄業之地前有小衖西出爲閣衖南爲齋廚廚當主敬堂之北由廚以達於堂其西則願學軒軒堂相並而軒廣稍殺又南曰六水講堂祠西廳堂宏敞以此爲冠又南小廳則祭時更衣之所曰致一齋齋之前曰兼山麗澤又南有屋數間舊義學處也今移學舍於内遂改爲市屋餘悉如舊圖云

嘉慶丙寅年夏五月董桂敷記

漢口紫陽書院志畧卷之二

道統

天地誕生宥啓羣蒙尼鐸嶧燈響朗天中新安嗣脈學有統宗羣山聯絡百川會同繼孔紹孟徽國文公

道統之在朱子先儒言之詳矣至我朝升配十哲直省操觚家有不遵朱註者顯斥之尊其人則其人之本末不可不詳也羮牆夢見亦聖人景仰之誠使然為志道統

源流

道學淵源

堯舜禹湯文武周公之道得孔子而傳自生民以來有孔子而為萬世道德之宗

周靈王二十一年庚戌（魯襄公二十二年）冬十月庚子孔子生（周建子十月即夏之八月今行夏時以八月二十七日申時孔子生）敬王四十一年（魯哀公十六年）夏四月十八日乙丑孔子卒年七十三（今二月十八日忌辰）

孔子名丘字仲尼魯昌平鄉陬邑人仕魯為大司寇攝相事卒時魯哀公誄之曰尼父至唐太宗貞觀二年升為先聖元宗開元二十七年贈文宣王宋真宗大中祥符元年加封玄聖文宣王五年改為至聖文宣王元成宗大德十一年加封大成至聖文宣王明世宗嘉靖九年尊為至聖先師孔子（以師之尊同於親君不得而臣之意）

孔子傳之顏子曾子

顏子名回字子淵魯曲阜人唐太宗貞觀二年升配享元宗開元二十七年贈兗國公元文宗至順元年加贈兗國復聖公明世宗嘉靖九年改稱復聖顏子

曾子名參字子輿魯南武城人唐元宗開元二十七年贈郕伯宋度宗咸淳三年封郕國公升配享元文宗至順元年加贈郕國宗聖公明世宗嘉靖九年改稱宗聖曾子

曾子傳之子思子

子思子名伋字子思孔子之孫宋徽宗崇寧元年封沂水侯度宗咸淳三年封沂國公升配享元文宗至順元年加贈沂國述聖公明世宗嘉靖九年改稱述聖子思子

子思子傳之孟子

孟子名軻字子輿鄒人宋神宗元豐六年封鄒國公八年升配享元文宗至順元年加贈鄒國亞聖公明世宗嘉靖九年改稱亞聖孟子

宋濂溪周子得孟子不傳之統

周子名惇頤字茂叔道州營道縣人宋眞宗天禧元年丁巳生以其舅龍圖學士鄭向蔭補分寧簿有疑獄久不決惇頤至一訊立辨邑人驚以爲神部使者薦之調南安司理參軍移桂陽令治績尤著徙知南昌歷合州判官時趙抃行部惑譖口臨之甚威及通判虔州而抃復守虔因熟視其所爲乃大悟執其手曰吾幾失君今而後始知周茂叔也神宗熙寧初爲廣東轉運判官提點刑獄因病求知南康軍遂家廬山蓮花峯下前有溪合於湓江乃取營道所居濂溪名之世稱濂溪先生六年癸丑六月七日卒年五十七惇頤得聖賢絶學發明微言爲有宋大儒之冠宋寧宗賜謚元理宗淳佑元年追封汝南伯從祀孔子元仁宗加封道國公

周子傳之二程子

程子名顥字伯淳河南洛陽人五世而上居中山之博野宋仁宗明道元年壬申生嘉祐二年丁酉舉進士調鄠及上元主簿因呂公著薦爲中允監察御史裏行神宗素知其名數召見一日從容諮訪報正午始趨出中人曰御史不知上未食乎前後進說甚多嘗勸帝防未萌之欲及勿輕天下士帝俯躬曰當爲卿戒之王安石議更法令言者攻之甚力顥被旨赴中堂議事安石方怒顥徐曰天下事非一家私議願平

氣以聽安石爲之媿屈出知扶溝除判武學究爲論新法不合罷歸哲宗立召用未行而卒時神宗元豐八年乙丑六月十五日也（是年三月哲宗立明年丙寅方改元元祐）年五十四顥自十五六歲時與弟頤師事周惇頤倡明正學以眞儒命世文彥博采衆論題其基曰明道先生寧宗嘉定十三年賜謚純理宗淳祐元年追封河南伯從祀孔子元文宗至順元年加封豫國公

程子名頤字正叔明道先生之弟宋仁宗明道二年癸酉生年十四與兄顥同受學周惇頤皇祐二年年十

八上書勸仁宗以王道爲心生靈爲念乞召對不報神宗元豐間大臣屢薦不起哲宗嗣位司馬光吕公著共疏其行誼曰竊見河南處士程頤力學好古安貧守節言必忠信動遵禮義年踰五十不求仕進眞儒者之高蹈聖世之逸民望擢不次使士類有所矜式召爲校書郎及入對改崇政殿説書每進講色甚莊繼以諷諫然以禮法自持蘇軾謂其不近人情遂不合罷崇政殿説書主管句西京國子監元祐七年服除擬除判蘇軾進曰頤入朝必不肯靜太皇太后納之遂差管勾崇福宮紹聖間以元祐黨坐竄涪州徽宗立移峽州尋以赦復宣德郎仍便居任還洛崇寧二年言者希蔡京意論頤學術頗僻素行譎誕乃毁頤出身文字其所著書令監司嚴加覺察頤自是遷居龍門之南止四方學者曰尊所聞行所知可矣不必及吾門也五年丙戌復宣義郎大觀元年丁亥九月庚午卒於家年七十五世稱伊川先生高宗贈直龍圖閣寧宗賜謚正理宗淳祐元年追封伊陽伯從祀孔子元文宗至順元年加封洛國公

二程子傳之楊子

楊子名時字中立南劍州將樂人宋仁宗皇祐五年癸巳十一月二十五日巳時生幼頴異潛心經史神宗熙寧九年丙辰登進士值河南二程講孔孟絶學時調官不赴以師禮見顥於潁昌相得甚懽其歸也顥目送之曰吾道南矣顥卒後又見頤於洛年已四十事頤愈恭一日值頤瞑坐時與游酢侍立不敢去頤既覺則門外雪深一尺矣杜門不仕者十年久之歷知瀏陽餘杭蕭山三縣皆有惠政轉荊州教授德望

日重四方之士千里從游稱龜山先生會有使高麗者國王問龜山先生安在使回以聞徽宗召爲著作郎面對陳時政甚切除邇英殿說書進諫議兼侍講金兵圍京城時條陳戰守機宜甚悉欽宗朝兼國子祭酒首請黜王安石從祀使邪說淫辭不使學者爲之惑諫官馮澥力主王氏上疏詆時遂罷祭酒除徽猷閣直學士提舉崇福宮高宗立擢工部侍郎繼除侍讀累丐外以龍圖閣直學士提舉杭州洞霄宮已而從其請致仕卒紹興五年乙卯四月二十四日年八十三十二年加贈少師謚文靖明孝宗弘治八年封將樂伯從祀孔子

楊子傳之羅子

羅子名從彥字仲素先世自豫章避難家劍浦後從沙縣宋神宗熙寧五年壬子生少從吳儀受業聞同郡楊時得河南二程氏學慨然慕之及時爲蕭山令遂徒步從學焉初見三日驚汗浹背曰吾不至是幾虚過一生時亦熟察之曰惟斯人可與言道一日與論易至乾九四爻時云伊川說得甚善從彥卽走洛見

伊川問之既而築室山中絕意仕進嘗采祖宗故事爲遵堯錄靖康中擬獻闕下會國難不果高宗紹興二年壬子以特奏名授惠州博羅主簿五年乙卯卒於官年六十四學者稱之曰豫章先生理宗淳祐七年謚文質明神宗萬歷四十二年從祀孔子

羅子傳之李子

李子名侗字愿中南劍州劍浦人宋哲宗元祐八年癸酉生少游鄉校有聲聞郡人羅從彥得河洛之學於楊時之門侗遂往學焉從之累年盡得其所傳之蘊於是退而屏居山田結茅水竹之間謝絕世故四十餘年簞瓢屢空怡然自適朱松與侗爲同門友雅敬重焉嘗與沙縣鄧迪語及侗迪曰愿中如冰壺秋月瑩徹無瑕非吾曹所及松以爲知言亟稱道之松子熹從侗遊執經門下者十年侗晚年閩帥汪應辰來迎將相與講所疑侗往見之至福唐疾作遂卒於府治之館舍時孝宗隆興元年癸未十月十五日也年七十一世稱延平先生理宗淳祐七年賜謚文靖元順帝至正二十八年追封越國公明萬歷四十二年

從祀孔子

李子傳之朱子

孔子生周東遷之庚戌文公生宋南渡之庚戌孔子之門人父子皆賢則有曾參曾皙文公之門人父子皆賢則有季通仲默孔子嘗望顏子傳道之統文公已勉直卿傳道之責孔子集羣聖之大成文公集諸儒之大成孔子卒年七十三葬於九龍山後謂之孔林文公卒年七十一葬於九峰山下目爲朱林孔子父今稱爲啓聖公文公父今稱爲啓賢公孔子私淑之徒有孟子輿文公私淑之徒有眞希元孔子之洙泗詔稱東魯闕里文公之考亭坊表南閩闕里信乎若合符節豈揆其道之一而已哉先聖後賢一動一靜亦自無有不同者矣蔡松庄先生曰夫子行在孝經志在春秋慷慨在毛詩文公行在小學志在綱目慷慨在離騷云

事實

宋史本傳 宏簡錄

朱熹字元晦一字仲晦徽州婺源人父松卒遺命依其友劉子羽寓建州之崇安松字喬年第進士胡世將謝克家薦除秘書正字趙鼎爲相進校書著作郎常同又薦陞度支員外郎史館校勘歷司勳吏部郎中以論和議忤秦檜風御史言松懷異自賢出知饒州未上卒熹幼頴悟甫能言父指天示之曰天也熹問天之上何物父異之授以孝經題其端曰不如是非人也嘗從羣兒戲沙上端坐以指畫八卦年十八貢於鄉登紹興十八年進士主同安簿選秀民充弟子員日與講論聖賢脩己治人之道禁女婦出家爲僧道旋請祠監潭州南嶽廟孝宗即位三上書首言帝王之學不可不熟講陛下毓德之初親御簡策不過諷誦文辭吟咏情性又頗留意老釋夫記誦詞藻非所以探淵源而出治道虛無寂滅非所以貫本末而立大中必先格物致知使義理所存纖悉畢照則自然意誠心正而可應天下之務矣次言脩攘之計不可以不早定今乃以講和之說誤之願斷以義理之公閉關絕約任賢使能立紀

綱厲風俗數年之後國富兵强視吾力之强弱觀彼釁之淺深徐起而圖之再次言監司守令本原之地在朝廷不可以不加意今乃姦贜狠籍肆虐以病民者莫非宰執臺諫之親舊賓客其已失勢者既按見其交私之狀則夫尚在勢者豈無其人乎隆興元年入對又言陛下雖有生知之資高世之行而未嘗隨事以觀理即理以應事是以舉措之間動涉疑貳聽納之際未免蔽欺平治之效所以未著次言君父之讎不共戴天今所當爲者非戰無以復讎非守無以制勝因陳古先聖王强本折衝威制遠人之道

除武學博士既而與洪适論和不合丐祠歸乾道三年陳俊卿劉珙薦爲樞密院編脩内艱免喪梁克家特申前命又辭詔奬熹安貧守道廉退可嘉改主管台州崇道觀熹自以求退得進於義未安再辭淳熙元年始拜命龔茂良薦授秘書郎力辭復主管武夷山冲佑觀五年史浩起知南康軍至郡興利除害值歲旱講求荒政勸人出粟多所全活訖事奏乞依格推賞間詣郡學引進士子與之講論奏復白鹿洞書院創立學規人皆遵守明年大旱應詔條具民間利病熹上疏畧曰人君恤民之本在正心術以立

紀綱然而天下之紀綱不能以自立必人主之心術公平正大無偏無黨然後有所繫而立君心亦不能自正必親賢臣遠小人講明義理之歸閉塞私邪之路然後乃可得而正今宰相臺省師傅賓友諫諍之臣皆失其職陛下獨與一二近習之臣朝夕謀議上以蠱惑心志使陛下不信先王之大道而悦於功利之卑説不樂莊士之讜言而安於私暬之鄙態下則招集天下之嗜利無恥者文武彙分各私其人所喜則陰爲引援擢寘清顯所惡則密行訾毁公肆排擠交通貨賂盗弄威福所謂宰傅賓諫反出其門

牆承望其風旨其幸能自立者亦不過齪齪自守未敢一言斥之其甚畏公論者畧警逐其徒黨既不能深有所傷亦不敢正言以擣其囊橐窟穴之所在勢成威立使號令黜陟不復出於朝廷而出於一二人之門名爲陛下獨斷而實此輩陰執其柄上讀之怒曰是以我爲亡也熹引疾請祠陳俊卿薦之甚力趙雄爲帝言士多好名陛下疾之愈甚則人譽之愈多無乃適所以高之不若因用其長使漸當事任能否自見上以爲然除提擧江西常平茶鹽公事錄前救荒之勞加直秘閣辭以所奏出粟人未推賞俟

實行始受職入對首陳災異之由與脩德任人之説言陛下初嘗選拔英豪任以政事不幸其間不能盡得其人又不復廣取賢哲而姑取軟熟易制者以充其位於是左右私褻使令之賤始得以奉燕閒備驅使而宰相之權日輕陛下又慮其勢有所偏重因以壅巳復時聽外廷之論將以陰察此輩之負犯而操切之陛下既未能循天理公聖心以正朝廷之大體而又欲兼聽士大夫之言以爲駕馭之術不知士大夫之進見有時其禮貌既莊而難親其議論又苦而難入孰若近習從容無間其便嬖側媚既足以蠱心志而狡猾附會又足以眩聰明是以雖欲微抑此輩而內勢日重雖欲兼采公論而外勢日輕重者既挾以滿其所欲輕者又借以恣其淫溢惟陛下了無所得獨受其弊何怪德業日隳紀綱日壞邪佞充塞貨賂公行兵愁民怨盜賊間作災異數見饑饉荐臻乎上爲動容會近郊大饑宰相王淮奏改浙東提舉即日單車就道移書他郡募米商蠲其征比至則米舟麕集矣熹又日鉤民隱按行郡縣官吏憚其風采多自引去所部肅然釐革丁錢和買役法榷酤政有不便於民者隨事處畫必爲經久之計上語

王淮曰熹之政事却有可觀時蝗旱相仍前後奏請穡緩後時熹不勝憂憤復奏爲今之計獨有斷自聖心沛然發號責躬求言其次盡出內庫之錢以供大禮之費爲收糴之本詔戶部免徵舊負漕臣依條檢放宰職沙汰被災路分州軍監司守臣之無狀者各選賢能責以荒政庶幾猶足以結人心消其乘時作亂之意不然臣恐所憂者不止於饑殍而將在於盜賊蒙害者不止於郡縣而上及於國家也熹行部至台州台民訟知州唐仲友者以百數熹訊得其實連上章劾之上令浙西提刑委清强官究實王淮與仲友同里且姻家不得巳奪仲友江西提刑新命轉以授熹辭不肯拜乞奉祠適陳賈除御史偕鄭丙力詆程氏之學且以沮熹指言近日有所謂道學者大率假名以濟僞願考察其人擯棄勿用遂奉崇道祠者五年淮罷周必大相除熹提點江西刑獄入奏言近年刑獄失當經總制錢病民及江西諸州科罰積弊而其末言陛下即位二十七年因循荏苒無尺寸之效何以仰酬聖志嘗反覆思之無乃陛下天理有所未純人欲有所未盡爲善不能充其量除惡不能去其根公私邪正是非得失之機交戰於中

故體貌大臣非不厚而便嬖側媚反居腹心寤寐英豪非不切而柔邪庸繆反叨政柄非不樂公議正論而有時不容非不堲讒說殄行而未免誤聽非不欲報復讎恥而未免畏怯苟安非不欲愛養生靈而未免歎息愁怨願陛下自今以往一念之頃必謹而察之果天理耶敬以克之不使少有壅閼果人欲耶敬以克之不使少有凝滯聖心洞然中外融徹無一毫之私欲得以介乎其間而後天下之事將惟所欲爲無不如志矣初熹赴召或勸以正心誠意之論上所厭聞願勿爲言答曰吾平生所學惟此四字豈

可隱默以欺吾君乎及奏上諭久不見卿今當處以淸要不復以州縣爲煩也除兵部郎官以足疾辭丐依舊職改直寶文閣主管嵩山崇福宮又上封事言天下大本者一今日急務者六古先聖王兢兢業業持守此心凡飮食衣服器用財賄與夫宦官宮妾之政無一不領於總宰使其左右前後一動一靜無不制以有司之法而不得隱其毫髮之私陛下果有如此之功乎宮省事禁臣固不得而知至於左右近習前所面陳者雖蒙聖慈開諭然自王抃旣逐之後諸將差除多出此人之手陛下竭民膏血以奉軍儲士顧未嘗得一溫飽皆將帥巧爲名色奪取其糧以圖進用至使宰相不得議制置得失給諫不得論除授是非則陛下所以正心以正朝廷者未能如古聖王也至於輔翼太子惟王十朋陳良翰號能稱職此後不過邪佞儇薄庸妄之輩所講所讀姑以應文備數未聞有箴規之效師傅賓客旣不復置詹事庶子有名無實其左右春坊直以宦官數輩從容朝夕陪侍遊燕旣無以發其隆師親友尊德樂義之心又無以防其戲慢媟狎奇衺雜進之害非所以嚴豫教也至選任大臣必得剛明公正之人而後可任

天下之事陛下豈不知之直以左右便嬖恐防己事多方排擯惟取疲懦軟熟平日不敢直言正色臨事決可保其不至妨己然後任之是以除書未出物色先定姓名未顯中外逆知必非天下第一流人物矣至於振肅紀綱變化風俗則今日宮省之間禁密之地天下不公之道不正之人反皆得以窟穴盤據於其間其所以熏蒸銷鑠使陛下目見耳聞無非不公不正之事好善之心不著疾惡之意不深雖有作奸犯法未能深割私愛付外廷是以紀綱廢於上風俗弊於下甚者金珠爲脯醢宰相可啗則啗宰

相近習可通則通近習惟得之求無復廉恥有一剛毅正直守道循禮之士羣議衆排指爲道學加以矯激之罪必使無所容身而後巳此豈治世之事哉若夫愛養民力脩明軍政則自虞允文爲相盡取版曹歲入窠名之必可指擬者號爲歲終羨餘之數輸之內帑顧以有名無實積累挂欠不可催理者撥還版曹使經費闕乏督促日峻中外承風競爲苛急而內帑之積二十餘年以來認爲私貯典以私人宰相不得節其出入版曹不得考其存亡日銷月耗以奉燕私之費此民力之所以重困也凡諸將求進必

先掊尅士卒以自結於權倖而後姓名達於貴將貴將以付之軍中使自什伍而上節次保明稱其材武然後具奏陛下但見等級推先案牘具備誠以爲公薦豈知其論價輸錢爲債帥哉彼有智勇材畧之人孰肯抑心下氣於宦官宮妾之門而陛下所得以爲將帥者皆庸夫走卒而猶望其脩明軍政激勸士卒以彊國勢豈不誤哉凡此六事皆不可緩而本在於陛下之一心一心正則六事無有不正否則徒爲文具而天下事愈不可爲矣疏入夜漏下七刻上已就寢亟起秉燭讀之終篇明日除主管中太乙宮兼崇政殿說書力辭改秘閣脩撰奉外祠光宗即位降詔奬諭擢知漳州奏罷屬縣無名之賦七百萬減經總制錢四百萬俗未知禮揭古喪葬嫁娶之儀以示禁男女傳經聚僧廬爲會及女不嫁而菴居者會朝議欲行泉汀漳三州經界熹乃訪事宜擇人物及弓量之法上之後不果行子喪請祠復主管南京鴻慶宮翊善黃裳自言學不及熹與彭龜年奏乞召爲宮僚留正謂非不知熹恐其性剛不合反爲累耳乃差知潭州申敕屬郡令嚴武備遣人諭洞獠以禍福戢姦吏抑豪民所至興學明教四方學者畢至

寧宗即位趙汝愚首薦赴行在因奏太皇太后躬定大策陛下寅紹丕圖前日未嘗有求位之心今日未嘗忘思親之念願充未嘗求位之心以盡負罪引慝之意充未嘗忘親之心以致溫清定省之禮會趙彥逾按視山陵言會稽土肉淺薄下有水石孫逢吉覆按別求吉兆有旨集議上言壽皇極德衣冠之藏當博訪名山不宜偏信臺史委之水泉沙礫之中不報有旨脩葺東宮欲徙居之熹奏此必左右近習倡爲邪說以誤陛下而欲因以遂其姦心臣恐不惟無以感格太上皇帝之心亦恐壽皇在殯輿作土木

神靈或有未安又聞太上皇后懼忤太上聖意不欲其聞太上之稱又不欲聞內禪之說此又慮之過者父子大倫三綱所繫久而不圖將有借其名以造謗生事者此又臣所大懼願陛下明詔大臣首罷脩葺回就慈福重華之間草創寢殿使麤可居又願下詔自責減省輿衛過宮之日暫變服色如唐肅宗改服紫袍報控馬前以伸負罪引慝之誠則太上雖有忿怒之情亦且霍然消散至若朝廷紀綱則願嚴詔左右勿預其實有勳庸而褒賞未愜者並詔大臣公議其事稽考令典厚報其勞凡號令之弛張人才

之進退一以委之大臣使反覆較量酌取公道繳駁論難擇其善者稱制臨決則不惟近習不得干預朝權大臣不得專任己私而陛下亦得以明習天下之事而無所疑於得失之算矣疏入不報又勉上進德疏言願陛下於日用之間以求放心爲之本玩經史近儒學數召大臣切劘治道羣臣進對賜以溫顏反覆詢訪以求政事之得失民情之休戚而因以察其人才之邪正短長庶於天下之事各得其理又奏禮經與敕令子爲父嫡孫爲祖父皆斬衰三年嫡子爲其父後不能襲位執喪則嫡孫繼統代之執喪

自漢文之後獨我壽聖皇帝超出萬古陛下以世嫡承重服制宜遵壽皇一時倉卒不及詳議遂用漆紗淺黃之服不惟上違禮律且使先志之美舉而復墜臣竊痛之然既往之失不及追將來啓殯發引禮當復用初喪之服會孝廟升祔復議迭毀之制孫逢吉曾三復請併祧僖宣二祖奉太祖居第一室祫祭則正東向之位熹以爲藏之夾室則是以祖宗之主下藏於子孫之室神宗既奉僖廟以爲始祖所謂有舉之而莫敢廢者不聽除爲國史實錄院同脩撰辭不允上疏論劾韓侂胄居中用事防微杜漸間不

可忽御批憫卿耆艾恐難立講可除宮觀以爲寶文閣待制固辭州郡差遣依舊提舉鴻慶宮沈繼祖誣以十罪落職罷祠慶元五年致仕六年三月卒年七十一臨歿正坐整衣冠遺書囑其子在及門人范念德黃榦拳拳以勉學及脩正遺書爲言家故貧非其道義一介不取徙建陽考亭簞瓢屢空晏如也諸生遠至與共豆飯藜羹登第五十年仕祗九考立朝纔四十日黨禁嚴錮猶日與諸生講學不休或勸其謝遣笑而不答其爲學必務窮理以致其知反躬以踐其實而以居敬爲主嘗謂聖賢道統之傳散在

方策聖經之旨不明而道統之傳始晦乃竭其精力以研窮聖賢之經訓所著易本義啓蒙蓍卦考誤詩集傳學庸章句或問語孟集註太極圖通書西銘解楚辭集註辨證韓文考異所編次論孟集義孟子指要中庸輯畧孝經刊誤小學書通鑑綱目宋名臣言行錄家禮近思錄程氏遺書伊洛淵源及儀禮經傳通解未脫藁皆行於世及將窆復有言其徒送僞師之葬四方會聚非妄談時人短長則謬議時政得失下令隨處守臣約束嘉泰初學禁稍弛詔復華文閣待制與致仕恩澤侂胄死復遺表恩賜謚曰文

嘉定二年贈中大夫寶謨閣直學士寶慶三年贈太師追封信國公紹定三年改徽國公淳祐初從祀孔子廟廷以其學庸語孟訓說立於學宮有文集百卷生徒問答八十卷別錄十卷黃榦稱道之正統待人而後傳語載宏道錄世以爲知言子在紹定中爲吏部侍郎

年譜

宋高宗建炎四年庚戌九月甲寅朱子生朱子本歙州人世居州之婺源永平鄉松巖里宣和末厥考吏部韋齋先生松爲政和尉遭父承事府君喪以方臘亂壁不能歸遂葬其親於其邑護國寺之側嘗僑寓建劍二州是歲館於尤溪之鄭氏而朱子生焉

紹興元年辛亥朱子二歲

二年壬子朱子三歲

三年癸丑朱子四歲按行狀云先生能言韋齋指天示之曰天也問曰天之上何物韋齋異之

四年甲寅朱子五歲始入小學

五年乙卯朱子六歲

六年丙辰朱子七歲

七年丁巳朱子八歲通孝經大義書其上曰若不如此便不成人嘗從羣兒嬉遊獨以沙列八卦端坐默視

八年戊午朱子九歲

九年己未朱子十歲按語錄云十數歲時讀孟子至聖人與我同類者喜不可言以爲聖人亦易做

十年庚申朱子十一歲受學於家庭

十一年辛酉朱子十二歲

十二年壬戌朱子十三歲

十三年癸亥朱子十四歲三月丁父韋齋先生憂初稟學於胡

籍溪劉艸堂劉屛山三君子之門（韋齋卒於建之水南，享年四十七。嘗疾革時，手自爲書，以家事囑少傅劉公子羽，而訣於籍溪胡憲原仲、白水劉勉之致中、屛山劉子翬彥冲，且顧謂朱子曰：此三人者，吾友也，其學皆有淵源，吾所敬畏。吾卽死，汝往父事之，而惟其言之聽。韋齋沒，少傅爲築室於其里第之旁，朱子遂奉母夫人遷而歸焉，乃遵遺訓稟學於三君子之門。三君子撫教如子姪，白水劉公因以其女妻之。三劉錄下世，獨事籍溪最久）

十四年甲子（朱子十五歲）葬韋齋先生（墓在崇安縣五夫里之西塔山）

十五年乙丑　朱子十六歲

十六年丙寅（朱子十七歲。○按語錄云：某年十六七時，喫了多少辛苦讀書）

十七年丁卯（朱子十八歲）秋舉建州鄉貢（考官蔡茲謂人曰：吾取中一後生，三篇策皆欲爲朝廷措置大事，他日必非常人）

十八年戊辰（朱子十九歲）春登王佐榜進士

十九年己巳　朱子二十歲

二十年庚午（朱子二十一歲）春如婺源展墓

二十一年辛未（朱子二十二歲）春銓試中等，授左迪功郎泉州同安縣主簿

二十二年壬申　朱子二十三歲

二十三年癸酉（朱子二十四歲）夏始受學於延平李先生之門（初朱子學靡常師，出入經傳，泛濫釋老有年。及見延平，洞明道要，頓覺異學之非，由是專精致志，剖微窮源，晝夜不懈，至忘寢食，而道統之傳，蓋有所歸矣）　秋七月至同安（長子塾生）

二十四年甲戌（朱子二十五歲，是歲仲子埜生）

二十五年乙亥（朱子二十六歲）建經史閣　立故相蘇公祠於學宮（蘇公名頌，以學術名節爲可師也）

二十六年丙子（朱子二十七歲）七月秩滿，冬奉檄走旁郡

二十七年丁丑（朱子二十八歲）春還同安，候代不至，罷歸（士思其教，民懷其惠，相與立祠於學）

二十八年戊寅（朱子二十九歲）以養親請祠，十二月差監潭州南嶽廟

二十九年己卯（朱子三十歲）八月召赴行在，辭

三十年庚辰（朱子三十一歲）冬再見李先生於延平

三十一年辛巳（朱子三十二歲）貽書黃樞密論恢復

三十二年壬午（朱子三十三歲）春迎謁李先生於建安，遂與俱歸

八月應詔上封事，是月復予祠

孝宗隆興元年癸未（朱子三十四歲）三月再召，辭，有旨趣行，十月至行在，辛巳入對垂拱殿　十一月除武學博士，拜命未歸　是歲論語要義、論語訓蒙口義成

二年甲申（朱子三十五歲）正月困學恐聞成　之延平哭李先生

乾道元年乙酉朱子三十六歲 四月請祠五月復差監南嶽廟作讜議序

二年丙戌朱子三十七歲

三年丁亥朱子三十八歲 八月訪南軒張公敬夫於潭州道經昭武謁黃端明 十二月至自長沙除樞密院編修用執政陳俊卿劉珙薦也

四年戊子朱子三十九歲 四月崇安饑貸粟於府以賑之 程氏遺書成 七月大水奉府檄行視水災 省劄屢趣就職固辭

五年己丑朱子四十歲是歲子在生作太極通書後序 九月戊午丁母孺人祝氏憂

六年庚寅朱子四十一歲 正月葬祝孺人墓在建陽縣崇泰里後山天湖之陽名曰寒泉爲自作壙記 家禮成 七月遷韋齋先生墓 十二月召赴行在以喪制未終辭

七年辛卯朱子四十二歲 剏立社倉於所居之里

八年壬辰朱子四十三歲 論孟精義成 四月有旨疾速起發再辭 是歲資治通鑑綱目成綱倣春秋而兼羣史之長目倣左氏而稽諸儒之粹 八朝名臣言行錄成 西銘解義成

九年癸巳朱子四十四歲 省劄再趣行又辭就乞差監嶽廟 太極圖傳通書解成 五月有旨特與改秩宮觀辭 程氏外書成

淳熙元年甲午朱子四十五歲 六月始拜改秩之命

二年乙未朱子四十六歲 五月東萊呂公伯恭來訪近思錄成偕東萊及梭山陸公子壽象山陸公子靜會於鵞湖江西陸九齡子壽九淵子靜清江劉清之子澄皆來會相講其所聞二陸俱執己見不合而罷 六月作晦庵庵在蘆峯之雲谷自爲記

三年丙申朱子四十七歲 二月如婺源省墓 六月除秘書省秘書郎辭 八月再辭許之遂復與祠仍差主管武夷山沖祐觀 十一月令人劉氏卒次年二月葬於建陽縣之唐石大林谷

四年丁酉朱子四十八歲 六月論孟集註或問成 十月周易本義詩集傳成

五年戊戌朱子四十九歲 八月差知南康軍辭不允仍令疾速之任

六年己亥朱子五十歲 三月省劄再趣行是月晦赴上 立三先生祠祀周子以二程子配及五賢堂以祠陶靖節劉西澗父子李公擇陳了齋也 六月奏乞蠲減星子縣稅錢 十月重建白鹿洞書院

七年庚子朱子五十一歲 正月請祠不報 三月復請祠不允

南軒張公訃至哭之　四月申減屬縣科紐木炭錢歲二十緡　應詔上封事　大修荒政　十一月作臥龍菴

八年辛丑朱子五十二歲正月開場濟糶　二月陸象山來訪朱子與俱至白鹿洞書院請升講席子靜以君子小人喻義利章發論朱子以為切中學者隱微深錮之病　三月差提舉江西常平茶鹽待次　閏三月去郡東歸　七月除直秘閣辭　東萊呂公訃至為位哭之　八月差提舉浙東常平茶鹽　十一月乙亥奏事延和殿　十二月視事於西興有短先生者謂其踈於為政上謂宰相淮曰朱某政事却有可觀

九年壬寅朱子五十三歲正月條奏救荒事宜　有詔捕蝗復上疏言事　詔行社倉法於諸郡　條奏諸州利病　劾奏前知台州唐仲友不法　毀秦檜祠永嘉學有秦檜祠移文毀之　八月除直徽猷閣辭差江西提點刑獄辭與江東提刑梁總兩易其任再辭　十一月始受職名仍力辭新任請祠

十年癸卯朱子五十四歲正月差主管台州崇道觀　四月武夷精舍成四方士友來者甚衆

十一年甲辰朱子五十五歲力辨浙學之非

十二年乙巳朱子五十六歲二月崇道秩滿復請祠差主管華州雲臺觀

十三年丙午朱子五十七歲三月易學啓蒙成　八月孝經刊誤成

十四年丁未朱子五十八歲三月小學成　差主管南京鴻慶宮　七月差江西提點刑獄辭

十五年戊申朱子五十九歲正月趣奏事之任復以疾再辭不允且趣入對　六月壬申奏事延和殿　除兵部郎官以足疾請祠詔依舊職名提刑江西　七月除直寶文閣

主管西京崇福宮　九月復召辭　十一月趣入對再辭遂上封事　除主管西太乙宮兼崇殿說書辭　始出太極通書西銘解義以授學者

十六年己酉朱子六十歲正月除秘閣修撰辭　是歲序大學中庸章句　四月再辭職名許之仍舊直寶文閣降詔獎諭　閏五月更化覃恩轉朝散郎賜緋魚　八月降江東轉運副使又辭　十一月改知漳州再辭不允始拜命

光宗紹熙元年庚戌朱子六十一歲四月到部首頒禮教　十月

以地震及足疾不能赴錫宴自劾仍請祠不允　刻四書五經於郡

二年辛亥（朱子六十二歲）復除秘閣修撰主管南京鴻慶宮任便居住（正月長子塾卒）　四月去郡再辭職名　七月再辭職名不允詔論撰之職以寵名儒乃不敢辭　九月除湖南轉運副使辭　十二月仍以漳州經界不行自劾

三年壬子（朱子六十三歲）始築室於建陽之考亭　陳同甫來訪　十二月除知靜江府廣西經畧辭

四年癸丑（朱子六十四歲）正月再辭　十二月除知潭州湖南安

撫辭不允

五年甲寅（朱子六十五歲）正月再辭詔疾速之任　洞獠侵擾郡境遣使諭降之　改建嶽麓書院（本樞密劉公南軒舊規）　七月寧宗即位召赴行在奏事（上在藩邸聞朱子名德傾心已久至是首加召用）　八月除煥章閣待制兼侍講再辭不允仍趣令疾速供職　九月晦日至自長沙次於郭外　十月朔乞且帶舊職奏事次日入國門越日奏事行宮便殿　辭新除職名不允　上孝宗山陵議狀　辛丑授詔進講大學差兼實錄院同修撰再辭不允　更化覃恩授朝講郎賜紫金魚袋　乙巳晚講乞令後省看詳封事　庚戌講筵留身奏四事　閏月朔編次講章以進　請修嫡孫承重之服　上廟祧議　准告封婺源縣開國男食邑三百戶　戊辰入史院　丙戌詔除寶文閣待制知江陵府湖北安撫辭　十一月還考亭復辭前命仍乞追還新舊職名　十二月詔依舊煥章閣待制提舉南京鴻慶宮　竹林精舍成（後更名滄洲）

寧宗慶元元年乙卯（朱子六十六歲）正月辭舊職名三月又辭並不允轉朝奉大夫　五月復辭職名并乞致仕不允　十

二月屢辭職名詔依舊充秘閣修撰宮祠如故　是歲楚辭集註成

二年丙辰（朱子六十七歲）二月申乞改正恩數　十二月褫職罷祠（先是臺臣擊偽學既榜朝堂胡紘沈繼祖之徒爭以朱子為奇貨紘草疏將上不果以藁授繼祖遂奏褫職）　是歲始修禮書

三年丁巳（朱子六十八歲）別蔡元定於寒泉精舍　韓文考異成

四年戊午（朱子六十九歲）作書傳　十二月引年乞休

五年己未（朱子七十歲）四月有旨令守朝奉大夫致仕　始用野服

六年庚申朱子七十一歲三月辛酉改大學誠意章　甲子朱子卒三月初九日也　十一月壬申葬於建陽縣唐石里之大林谷會葬者幾千人

行狀

宋故朝奉大夫華文閣待制贈寶謨閣直學士通議大夫

謚文朱先生行狀

曾祖絢故不仕　妣汪氏

祖森故贈承事郎　妣程氏贈孺人

父松故任左承議郎守尚書吏部員外郎兼史館校勘

累贈通議大夫　妣孺人祝氏贈碩人

本貫徽州婺源縣永平鄉松巖里

先生姓朱氏諱熹字仲晦父朱氏爲婺源著姓以儒名家

世有偉人吏部公甫冠擢進士第入館爲尚書郎兼史事以不附和議去國文章行義爲學者師號韋齋先生有文集行於世吏部公因仕入閩至先生始寓建之崇安五夫里今居建陽之考亭先生以建炎四年九月十五日午時生南劍尤溪之寓舍幼穎悟莊重能言韋齋指示曰此天也問曰天之上何物韋齋異之就傳授以孝經一閱封之題其上曰不若是非人也嘗從羣兒戲沙上獨端坐以指畫沙視之八卦也少長厲志聖賢之學於舉子業初不經意年十八貢於鄉登紹興十八年進士第以左迪功郎主

泉州同安簿涖職勤敏纖悉必親郡縣長吏事倚以決苟利於民雖勞無憚職兼學事選邑之秀民充弟子員訪求名士以爲表率日與講說聖賢脩己治人之道年方踰冠聞其風者已知學之有師而尊慕之歷四考罷歸以奉親講學爲急二十八年請奉祠監潭州南嶽廟明年詔赴行在言路有抵抑奔競以沮之者遂以疾辭三十二年祠秩滿再請孝宗卽位復因其任會有詔求直言因上封事其畧言聖躬雖未有闕失而帝王之學不可以不熟講朝政雖未有闕遺而脩攘之計不可以不早定利害休戚雖不可徧以疏舉然本原之地不可以不加意陛下毓德之初親御簡策不過諷誦文辭吟咏性情比年以來欲求大道之要又頗留意於老子釋氏之書記誦詞藻非所以探淵源而出治道虛無寂滅非所以貫本末而立大中帝王之學必先格物致知以極夫事物之變使義理所存纖悉畢照則自然意誠心正而可以應天下之務次言今日之計不過脩政事攘夷狄然計不時定者講和之說疑之也今敵于我有不共戴天之讎則不可和也義理明矣知義理之不可爲而猶爲之以有利而無害也以臣策之所謂和

者有百害而無一利何苦而必爲之願睿斷大臣總攬羣策鑒失之之由求應之之術斷以義理之公參以利害之實閉關絕約任賢使能立紀綱厲風俗使吾脩政攘夷之外了然無一毫可恃爲遷延中已之資而不敢懷頃刻自安之意然後將相軍民無不曉然知陛下之志更相激厲以圖事功數年之外志定氣飽國富兵強視吾力之強弱觀彼釁之淺深徐起而圖之中原故地不爲吾有而將焉往次言四海利病係斯民之休戚斯民休戚係守令之賢否監司者守令之綱朝廷者監司之本欲四民之得其所本原之地亦在朝廷而已今之監司姦贓狼藉肆虐以病民者莫非宰執臺諫之親舊賓客其已失勢者旣按見其交私之狀而斥去之尚在勢者豈無其人顧陛下無自而知之耳明年改元隆興復召辭不許卽入對其一言大學之道在乎格物以致其知蓋有是物必有是理然理無形而難知物有迹而易覩故因是物以求之使是理瞭然於心目之間而無毫髮之差則應乎事者自無毫髮之謬陛下雖有生知之性高世之行而未嘗隨事以觀理故天下之事多所未察未嘗卽理以應事故天下之事多所未明

是以舉措之間動涉疑貳聽納之際未免蔽欺平治之效所以未著由不講乎大學之道而溺心於淺近虛無之過其二言君父之讎不與共戴天乃天之所覆地之所載凡有君臣父子之性者發於至痛不能自已之同情而非專出於一己之私然則今日所當爲者非戰無以復讎非守無以制勝是皆天理之同然非人欲之私忿也末言古先聖王制御敵人之道其本不在乎威强而在乎德業其備不在乎邊境而在乎朝廷其具不在乎兵食而在乎紀綱今日諫諍之塗尚壅佞臣之勢方張爵賞易致而威罰不

行民力已殫而國用未節則德業未可謂脩朝廷未可謂正紀綱未可謂立凡古先聖王所以强本折衝威制敵人之道皆未可謂備三劄所陳不出封事之意而加剴切焉先生以爲制治之原莫急於講學經世之務莫大於復讎至於德業成敗則决於君子小人之用舍故於奏對復申言之蓋學有定見事有定理而措之於言者如此除武學博士待次乾道改元促就職既至以時相方主和議請監南嶽廟以歸三年差充樞密院編脩官待次五年三促就職會魏掞之以布衣召爲國子錄因論曾覿而去遂力辭

先生嘗兩進絶和議抑佞幸之戒言既不行雖擢用卿至不敢就出處之義凜然有不可易者尋丁内艱六年復召以未終喪辭七年既免喪復召以祿不及養辭四年之間辭者六九年有旨安貧守道廉退可嘉特改合入官主管台州崇道觀先生以改秩畀祠皆進賢賞功優德報勤之典今無故驟得之求退得進於義未安再辭淳熙元年又再辭上意愈堅始拜命改宣教郎奉祠二年除秘書郎先生以改官之命正以嘉其廉退今乃冒進擢之寵是左右望而罔市利力辭時上諭大臣欲奬用廉退執政以先生

爲言故有是命會有言虛名之士不可用者以故再辭郎從其請主管武夷山冲佑觀五年差權發遣南康軍事辭者四始之任先生自同安歸奉祠家居幾二十年間關貧困不以屬心涵養充積理明義精見之行事益霈然矣至郡懇惻愛民如己隱憂興利除害惟恐不及屬邑星子土瘠稅重乞從蠲減章凡五六上歲值不雨講求荒政凡請於朝言無不盡官物之檢放倚閣蠲減除豁帶納如秋苗夏稅本歲月椿經總制錢之屬各視其色目爲之條奏或至三四不得請不已并奏請截留綱運乞轉運常平兩司

撥錢米充軍糧備賑濟申嚴鄰路斷港遏糴之禁選官吏
授以方畧俾視境內具知荒歉分數戶口多寡蓄積虛實
通商勸分多所全活其設施次第人爭傳錄以爲法訖事
奏乞依格推賞納粟人者凡數四郡濱大江舟艤岸者遇
大風輒沉溺因募饑民築堤捍舟民脫於饑舟患亦息先
生視民如傷至姦豪侵擾細民撓法害政者懲之不少貸
由是豪強斂戢里閭安靖數詣郡學引進士子與之講論
訪白鹿洞書院遺址奏復其舊又奏乞賜書院勅額及高
宗御書石經板本九經注疏等書者至再每休沐輒一至

書院質疑問難誨誘不倦退則相與徜徉泉石間竟日乃
反又求栗里陶靖節之居西澗劉屯田之墓孝子熊仁贍
之閭旌顯之猶以不得悉行其志爲恨明年詔監司郡守
條具民間利病遂上疏言天下之大務莫大於恤民恤民
之本又在人君正心術以立紀綱今日民間特以稅重爲
苦正緣二稅之入朝廷盡取以供軍而州縣無復贏餘則
不免於二稅之外別作名色巧取於民今民貧賦重若不
討理軍實去其浮冗則民力決不可寬惟有選將吏覈兵
籍可以節軍貲開廣屯田可以實軍儲練習民兵可以益

邊備今日將帥之選率皆膏粱子弟厮役凡流所得差遣
廢費已是不貲到軍之日惟望裒斂刻剝以償債負緫餽
餉之任者亦皆倚負幽陰交通貨賂其所驅催東南數十
州之脂膏骨髓名爲供軍而輩載以輸權倖之門者不可
以數計然則欲計軍實以紓民力必盡反前之所爲然後
乃可冀也授將印委利權一出於朝廷之公議則可以絶
苞苴請託之私而刻剝之風可革務求忠勇沉毅實經行
陣之人則可以革輕授非才之弊而軍士畏愛蒐閱以時
竄名冗食者不得容於其間又擇老成忠實通曉兵農之

務者使領屯田之事付以重權責其久任則可以漸省列
屯坐食之兵稍損州郡供軍之數軍籍既覈屯田既成民
兵既練州縣事力既紓然後可以禁其苛斂責其寬恤庶
幾困窮之民得保生業無復流移漂蕩之患矣所謂其本
在於正心術以立紀綱者蓋天下之紀綱不能以自立必
人主之心術公平正大無偏黨反側之私然後紀綱有所
繫而立君心不能以自正必親賢臣遠小人講明義利之
歸閉塞私邪之路然後方可得而正今宰相臺省師傅賓
友諫諍之臣皆失其職而陛下所與親密謀議者不過一

二近習之臣此一二小人者上則蠱惑陛下之心志使陛下不信先王之大道而說於功利之卑說不樂莊士之讜言而安於私謽之鄙態下則招集士大夫之嗜利無恥者文武彙分各入其門所喜則陰爲引援擢寘淸顯所惡則密行訾毀公肆擠排交通貨賂則所盜者皆陛下之財命卿置將則所竊者皆陛下之柄陛下所謂宰相師傅賓友諫諍之臣或反出入其門牆承望其風旨其幸能自立者亦不過齷齪自守而未嘗敢一言以斥之其甚畏公論者乃畧能驚逐其徒黨之一二既不能深有所傷而終亦不

敢明言以擣其囊橐窟穴之所在勢成威立中外靡然向之使陛下之號令黜陟不復出於朝廷而出於此一二人之門名爲陛下之獨斷而實此一二人者陰執其柄蓋其所壞非獨壞陛下之紀綱乃併與陛下所以立紀綱者而壞之民又安可得而恤財又安可得而理軍政何自而脩土宇何自而復宗廟之讎恥又何時而可雪耶先生在任嘗用劄子奏事後因臺諫言用劄子非舊制遂奏乞罷黜又以致人戶逃移自劾者再以疾請奉祠者五將滿除江西提舉常平茶鹽事待次初廟堂議遣先生使蜀上意不

欲其遠去故有是命詔以脩舉荒政民無流殍除直秘閣凡三辭皆以前所奏納粟人未推賞難以先被恩命會浙東大饑易提舉浙東常平茶鹽事時民已艱食卽日單車就道復以南康納粟人未推賞辭職名具乞奏事之任納粟賞行遂受職名入對其一言陛下臨御二十年間水旱盜賊畧無寧歲意者德之崇未至於天與業之廣未及於地與政之大者有未舉而小者無所繫與刑之遠者或不當而近者或幸免與君子有未用而小人有未去與大臣失其職而賤者竊其柄與直諒之言罕聞而諂諛者衆與

德義之風未著而汙賤者驕與貨賂或上流而恩澤不下究與責人或已詳而反躬有未至與夫必有是數者然後足以召災而致異其二言陛下卽政之初蓋將選建英豪任以政事不幸其間不能盡得其人是以不復廣求賢哲而姑取軟熟易制之人以充其位於是左右私褻使令之賤始得以奉燕閒備驅使而宰相之權日輕又慮其勢有所偏而因重以壅已也則時聽外廷之論將以陰察此輩之負犯而操切之陛下既未能循天理公聖心以正朝廷之大體則固已失其本矣而又欲兼聽士大夫之公言以

爲駕馭之術則士大夫之進見有時而近習之從容無間士大夫之禮貌既莊而難親其議論又苦而難入近習便嬖側媚之態既足以蠱心志其胥吏狡獪之術又足以眩聰明此其生熟甘苦既有所分恐陛下未及施其駕馭之術而先墮其數中矣是以雖欲微抑此輩而此輩之勢日重雖欲兼采公論而士大夫之勢日輕重者既挾其重以竊陛下之權輕者又借力於所重以爲竊位固寵之計中外相應更濟其私日往月來浸淫耗蝕使陛下之德業日隳紀綱日壞邪佞充塞貨賂公行兵愁民怨盗賊間作災

異數見饑饉荐臻羣小相挻人人皆得滿其所欲惟有陛下了無所得而國家顧乃獨受其弊其三言捄荒利害如州縣旱傷早行檢放從實蠲減勸諭人戶賑糶務得其下納粟之人早行推賞所納米數仍減其半乞撥豐儲倉米三十餘萬石以備濟糶州縣新舊官物並且住催紹興丁身等錢預行蠲放及免米商力勝稅錢量立賞格官吏違慢者奏劾昏病者別與差遣仍差選得替待闕宮廟持服官員時暫管幹其四言水旱三分以上第五等戶免檢並放五分以上第四等戶依此施行乞行著令及請頒行社倉條約於諸路其五言紹興和買乞議草其弊其六言南康嘗乞蠲減星了租稅有司拒以對補吝細鄙狹不達大體其七言白鹿書院請賜書額先生所對奏劄凡七其一二皆自書以防宣洩又以南康所上封事繕寫成册用袋重封於閤門投進後五劄亦有非一時捄荒之急者當倥傯不暇給之際而憂深慮遠從容整暇蓋急於捄民饑渴忠悃不敢有所隱也先生所居之鄉每歲春秋之交豪戶閉糶牟利細民發廩強奪動相賊殺幾至挺變先生嘗帥鄉人立社倉以賑貸之米價不登人得安業至是乞推行

之白鹿書院事本不暇及前期執政使人諭以且宜勿言先生因念主上未必有鄙薄儒生之意而大臣先爲此言不可及對卒言之上委曲訪問悉從其請先生初拜命即移書他郡募米商蠲其征及至客舟之米已輻輳復以入奏荒政數事推廣條上情詞懇惻條目詳密日與僚屬寓公鈎訪民隱至廢寢食分畫既定按行所部窮山長谷靡所不到拊問存恤所活不可勝計每出皆乘單車屏徒從所歷雖廣而人不知郡縣官吏憚其風采倉皇驚懼常若使者壓其境至有自引去者由是所部肅然而尤以戢盗

捕蝗興水利爲急大抵措畫悉如南康時而用心尤勤奏紹興和買之弊至是乞先與痛减歲額然後用貫頭科紐惟恐貞下戶受其弊則請參用高下等第均數及减免下戶丁錢以優之又乞免台州丁錢至於差役利害亦嘗條具數千言申省義役之法則乞令均出義田罷去役首免排役次官差保正副長輪收義田仍令上戶兼充戶長又乞取會福建下四州見行產鹽法行於本路沿海四州又乞倣處州見行之法改諸郡酒坊爲萬戶於救荒之餘猶悉及他事以爲經久之計先生猶以徒費大農數十萬

緡無以全活一道饑民自劾又以前後奏請多見抑却幸而從者又率稽緩後時無益於事蝗旱相仍不勝憂憤復奏言爲今之計獨有斷自聖心沛然發號責躬求言然後君臣相戒痛自省改其次惟有盡出內庫之錢以供大禮之費爲收糴之本詔戶部無得催理舊欠詔諸路漕臣遵依條限檢放租稅詔宰臣沙汰被災路分州軍監司守臣之無狀者遴選賢能責以荒政庶幾猶足以下結人心消其乘時作亂之意不然臣恐所憂者不止於饑殍而在於盜賊蒙其害者不止於官吏而上及於國家也復上時宰書云朝廷愛民之心不如惜費之甚是以不肯爲極力救民之事明公憂國之念不如愛身之切是以但務爲阿諛順旨之計然民之與財孰輕孰重身之與國孰大孰小財散猶可復聚民心一失則不可復收身危猶可復安國勢一傾則不可復正至於民散國危而措身無所則其所聚有不爲大盜積者耶九年以賑濟有勞進直徽猷閣辭知台州唐仲友與時相王淮同里爲姻家遷江西提刑未行先生行部訟者紛然得其姦贓僞造楮幣等事劾之時久旱而雨奏上淮匿不以聞仲友亦自辯且言弟婦王氏驚

悸病篤論愈力章至十上事下紹興府鞫之獄具情得乃奪其新命授先生先生以爲是蹊田而奪之牛辭不拜遂歸尋令兩易江東辭及辭職名且言唐仲友雖寢新命已具之獄竟釋不治則是所按不實難以復沾恩賞並不許受職名再辭新命且乞奉祠言所劾贓吏黨與衆多並當要路大者宰制斡旋於上小者馳騖經營於下若其加害於臣不遺餘力則遠至師友淵源之所自亦復無故橫肆觝排爲臣之計惟有乞身就閑或可少紓患害時從臣有奉時相意上疏毀程氏之學以陰詆先生者故有是言十

年差主管台州崇道觀先生守南康使浙東始得行其所學已試之效卓然而卒不果用退而奉崇道雲臺鴻慶之祠者五年自是海內學者尊信益衆十四年除提點江西刑獄公事待次以疾辭不許遂拜命十五年促奏事又以疾辭不許遂行又以疾請奉祠者再淮罷相遂力疾入奏首言近年以來刑獄不當輕重失宜甚至涉於人倫風化之重者有司議刑亦從流宥之法則天理民彛幾何不至於泯滅又言州郡獄官乞注有舉主關陞及任滿銓試第二等以上人常調關陞及省部胥吏並不得注擬若縣獄

則專委之令或不得人則無所不至亦望令縣丞或主簿同行推訊又言提刑司管催經總制錢起於宣和末年倉卒用兵權宜措畫其始亦但計其出納之實數而隨以取之及紹興經界民間投印違限契約所入倍於常歲自今遂以是年爲額而立爲比較之說甚至災傷檢放倚閣錢米已無所入而經總制錢獨不豁除州縣之煎熬何日而少紓斯民之愁嘆何時而少息又言江西諸州科罰之弊至其末篇乃言陛下即位二十有七年而因循荏苒無尺寸之效可以仰酬聖志嘗反覆而思之無乃燕閒蠖濩之中虛明應物之地天理有未純人欲有未盡與天理未純是以爲善不能充其量人欲未盡是以爲惡不能去其根一念之頃公私邪正是非得失之機朋分角立交戰於其中故禮貌大臣非不厚而便嬖側媚得以深被腹心之寄寤寐英豪非不切而柔邪庸謬得以久竊廟廊之權非不樂聞公議正論而有時不容非不堲讒說殄行而未免誤聽非不欲報復陵廟讐恥而不免畏怯苟安非不欲愛養生靈財力而未免嘆息愁怨凡若此類不一而足願陛下自今以往一念之發則必謹而察之此爲天理耶爲人欲

耶果天理也則敬以充之而不使其少有壅閼果人欲也則敬以克之而不使其少有凝滯推而至於言語動作之間用人處事之際無不以是裁之則聖心洞然中外融徹無一毫之私欲得以介乎其間而天下之事將惟陛下之所欲爲無不如志矣是行也有要之於路以正心誠意爲上所厭聞戒以勿言者先生曰吾平生所學只有此四字豈可回互而欺吾君乎及奏上未嘗不稱善曰久不見卿浙東之事朕自知之今當處卿清要不復勞卿州縣除兵部郎以足疾丐祠未供職本部侍郎林栗前數日與先生

論易西銘不合至是遣部吏抱印迫以供職先生以疾告遂疏先生欺慢時上意方嚮先生欲易以他部郎時相竟請授以前江西之命仍舊職名又令吏部給還改官以後不曾陳乞磨勘蓋先生改秩既出特恩其後累任祠官無績可考以故不曾陳乞磨勘者十有四年先生行且辭曰論者謂臣事君無禮爲人臣子有此名罪當誅戮豈可復任外臺耳目之寄章再上除直寶文閣主管西京嵩山崇福宮栗亦罷辭磨勘及職名不許轉朝奉郎未踰月再召時廟堂知上眷厚憚先生復入故爲兩罷之策上悟復召

先生受職名辭召命以爲遷官進職皆爲許其間退方竊難進易退之褒復爲彈冠結綬之計則其爲世觀笑不但往來屑屑之譏又促召劄先生入奏事迫於疾作嘗面奏以爲口陳之說有所未盡乞具封事以聞至是再辭遂併具封事投匭以進其畧曰今天下大勢如人有重病内自心腹外達四支無一毛一髮不受病者臣不暇言且以天下之大本與今日之急務爲陛下言之蓋大本者陛下之心急務則輔翼太子選任大臣振舉綱維變化風俗愛養民力脩明軍政六者是也古先聖王兢兢業業持守此心雖在紛華波蕩之中幽獨得肆之地而所以精之一之克之復之如對神明如臨淵谷猶恐隱微之間或有差失而不自知是以建師保之官列諫諍之職凡飲食酒漿衣服次舍器用財賄與夫宦官宮妾之政無一不領於冢宰使其左右前後一動一靜無不制以有司之法而無纖芥之隙瞬息之頃得以隱其毫髮之私陛下之所以精一克復而持守其心果有如此之功乎所以脩身齊家而正其左右果有如此之效乎宮省事禁臣固不得而知然爵賞之濫貨賂之流閭巷竊言久已不勝其籍籍則陛下所以脩

之家者恐其未有以及古之聖王也至於左右便嬖之私恩遇過當往者淵覿說抃之徒勢焰熏灼傾動一時今已無可言矣獨有前日臣所面陳者雖蒙聖慈委曲開譬然臣之愚竊以爲此輩但當使之守門傳命供掃除之役不當假借崇長使得逞邪媚作淫巧於内以蕩上心立門庭招權勢於外以累聖政臣竊聞之道路自王抃既逐之後諸將差除多出此人之手陛下竭生靈膏血以奉軍旅而軍士顧乃未嘗得一溫飽是皆將帥巧爲名色奪取其糧肆行貨賂於近習以圖進用出入禁闥腹心之臣外交將

師共爲欺蔽以至於此而陛下不悟反寵暱之以是爲我之私人至使宰相不得議其制置之得失臺諫不得論其除授之是非則陛下所以正其左右者未能及古之聖王又明矣至於輔翼太子則自王十朋陳良翰之後宮寮之選號爲得人而能稱其職者蓋已鮮矣而又時使邪佞儇薄闒冗庸妄之輩或得參錯於其間所謂講讀亦姑以應文備數而未聞其有箴規之效至於從容朝夕陪侍遊燕者又不過使臣宦者數輩而已唐之六典東宮之官師傅賓客既職輔導而詹事府兩春坊實擬天子之三省故以

詹事庶子領之今則師傅賓客既不復置而詹事庶子有名無實其左右春坊遂直以使臣掌之何其輕且褻之甚耶夫立太子而不置師傅賓客則無以發其隆師親友尊德樂義之心獨使春坊使臣得侍左右則無以防其戲慢媟狎奇衺雜進之害宜討論前典置師傅賓客之官罷去春坊使臣而使詹事庶子各復其職至於選任大臣則以陛下之聰明豈不知天下之事必得剛明公正之人而後可任哉其所以常不得如此之人而反容鄙夫之竊位者直以一念之間未能撤其私邪之蔽而燕私之好便嬖之

流不能盡由於法度若用剛明公正之人以爲輔相則恐其有以妨吾之事害吾之人而不得肆是以選掄之際常先排擯此等眞之度外而後取凡疲懦軟熟平日不敢直言正色之人而揣摩之又於其中得其至庸極陋決可保其不至於有所妨者然後舉而加之於位是以除書未出而物色先定姓名未顯而中外已逆知其決非天下之第一流矣至於振肅紀綱變化風俗則今日宮省之間禁密之地而天下不公之道不正之人顧乃得以窟穴盤據於其間而陛下目見耳聞無非不公不正之事則其所以熏

烝銷鑠使陛下好善之心不著嫉惡之意不深其害已有不可勝言者矣及其作姦犯法則陛下又未能深割私愛而付諸外廷之議論以有司之法是以紀綱不能無所撓敗紀綱不正於上是以風俗頽敝於下蓋其爲患之日久矣而浙中爲尤甚大率習爲軟靡之態依阿之言以不分是非不辨曲直爲得計下之事上固不敢少忤其意上之御下亦不敢少拂其情惟其私意之所在則千塗萬轍經營計較必得而後已甚者以金珠爲脯醢以契券爲詩文宰相可啗則啗宰相近習可通則通近習惟得之求無復

廉恥一有剛毅正直守道循理之士出乎其間則羣議衆排指為道學而加以矯激之罪十數年來以此二字禁錮天下之賢人君子復如崇宣之間所謂元祐學術者排擯詆辱必使無所容其身而後已嗚呼此豈治世之事而尚復忍言之哉至於愛養民力修明軍政則自虞允文之為相也盡取版曹歲入窠名之必可指擬者號為歲終羨餘之數而輸之內帑顧以其有名無實積累挂欠空載簿籍不可催理者撥還版曹以為內帑之積將以備他日用兵進取不時之需然自是以來二十餘年內帑歲入不知幾

何而認為私貯典以私人宰相不得以式貢均節其出入版曹不得以簿書勾考其存亡其日銷月耗以奉燕私之費者蓋不知其幾何矣而曷嘗聞其能用此錢以易敵人之首如太祖皇帝之言哉徒使版曹經費闕乏日甚督趣日峻以至廢去祖宗以來破分良法而必以十分登足為限以為未足則又造為比較監司郡守殿最之法以誘脅之於是中外承風競為苛急此民力之所以重困也諸將之求進也必先掊克士卒以殖私財然後以此自結於陛下之私人而蕲以姓名達於陛下之貴將貴將得其姓名

即以付之軍中使自什伍以上節次保明稱其材武堪任將帥然後具為奏牘而言之陛下之前陛下但見其等級推先案牘具備則誠以為公薦而可以得人矣而豈知其論價輸錢已若晚唐之債帥哉夫將者三軍之司命而其選置之方乖剌如此則彼智勇材畧之人孰肯抑心下首於宦官宮妾之門而陛下之所得以為將帥者皆庸夫走卒而猶望其修明軍政激勸士卒以強國勢豈不誤哉凡此六事皆不可緩而本在於陛下之一心一心正則六事無不正一有人心私欲以介乎其間則雖欲憊精勞力以

求正夫六事者亦將徒為文具而天下之事愈至於不可為矣疏入夜漏下七刻上已就寢亟起秉燭讀之終篇明日除主管太乙宮兼崇政殿說書時上已有倦勤之意蓋將以為燕翼之謀先生嘗草奏疏言講學以正心修身以齊家遠便嬖以近忠直抑私恩以抗公道明義理以絕神姦擇師傅以輔皇儲精選任以明體統振綱紀以厲風俗節財用以固邦本修政事以攘夷狄凡十事欲以為新政之助會執政有指道學為邪氣者力辭新命除秘閣修撰仍奉外祠遂不果上先生當孝宗朝陛對者三上封事者

三其初固以講學窮理為出治之大原其後則直指天理人欲之分精一克復之義其初固以當世急務一二為言其後封事之上則心術宮禁時政風俗披肝瀝膽極其忠鯁蓋所望於君父愈深而其言愈切故於封事之末有曰日月逾邁如川之流一往而不復不惟臣之蒼顏白髮已迫遲暮而竊仰天顏亦覺非昔時矣忠誠懇惻至今讀者猶為之涕下先生進疏雖切孝宗亦聞懷容納武博編修秘省郎曹之除蓋將引以自近守南康持浙東江西之節又知其不可强留而援之至是復有經幃之命先生之盡

忠孝宗之受盡言亦未為不遇也然先生進言皆痛詆大臣近習孝宗之眷愈厚而疾者愈深是以不能一日安其身於朝廷之上而孝宗内禪矣光宗即位再辭職名仍舊直寶文閣降詔獎諭除江東轉運副使以疾辭者再覃恩轉朝散郎賜緋衣銀魚改知漳州又再以疾辭不許時光宗初政再被除命遂以紹熙元年之任奏除屬縣無名之賦七百萬減經總制錢四百萬加意學校教誘諸生如南康時又以習俗未知禮採古喪葬嫁娶之儀揭以示之命父老解說以教子弟釋氏之教南方為盛男女聚僧廬為

傳經會女不嫁者私為庵舍以居悉為之禁俗大變郡有故迪功郎高登忤秦檜貶死為奏請昭雪褒其直會朝論欲行泉漳汀三州經界先生初仕同安已知經界不行之害至於訪事宜擇人物以至弓量之法洞見本末遂疏其事上之且言必可行之說三將必至於不能行之說一蓋謂經界法行息爭止訟大為民利而占田隱稅侵漁貧弱者所不便乃具宣德意榜之通衢則邦民鼓舞而寓公豪右果為異議以沮之遂因地震及足疾不赴錫宴自劾其冬有旨先行漳州經界南方春旱事已無及明年屬有嗣

子之喪再請奉祠除秘閣修撰主管南京鴻慶宮先生以當上初政嘗辭前件職名已降褒詔從其請難以復受辭者再詔諭撰之職以寵名儒乃拜命除荊湖南路轉運副使再辭漳州經界竟報罷遂以前言經界可行自劾三年再以病辭乞補滿宮觀從之又數月差知靜江府廣南西路經略安撫辭四年又辭主管南京鴻慶宮未幾差知潭州荊湖南路安撫以辭遠就近不為無嫌力辭五年再辭有旨長沙巨屏得賢為重會洞獠擾屬郡遂拜命赴鎮至則遣人諭以禍福皆降之申教令嚴武備戢姦吏抑豪民

先生所至必興學校明教化湖湘士子素知學日伺公退則請質所疑先生爲之講說不倦四方之學者畢至又以南康漳州所申改正釋奠儀式爲請錄故死節五人爲之立廟孝宗升遐先生哀慟不能自勝又聞上以疾不能執喪中外洶洶益憂懼遂申省乞歸田里言天下國家所以長久安寧惟賴朝廷三綱五常之教建立脩明於上然後守藩述職之臣有以稟承宣布於下所以內外相維大小順序雖有強猾姦宄無所逞志不然以一介書生置諸數千里軍民之上亦何所憑恃而能服其衆哉又草封事極

言父子天性不應以小嫌廢彝倫言頗直切會今上即位不果上上在潛邸聞先生名每恨不得先生爲本宮講官至是首召奏事先生行且辭除煥章閣待制侍講辭不許又再辭且言陛下嗣位之初方將一新庶政所宜愛惜名器若使倖門一開其弊豈可復塞至於侍延儒臣專意講學蓋將求所以深得親懽者爲建極導民之本思所以大振朝綱者爲防微慮遠之圖顧問之臣實資輔養用人或謬所繫非輕蓋先生在道聞南內朝禮尙闕近習已有用事者故預有是言又不許遂奏乞且依元降指揮帶元官

職奏事者再及入對首言乃者天運艱難國有大咎所謂天下之大變而不可以常理處者太皇太后躬定大策陛下寅紹丕圖可謂處之以權而庶幾不失其正矣然自頃至今亦既三月或反不能無疑於逆順名實之際禍亂之本又已伏於冥冥之中竊爲陛下憂之猶有可諉者亦曰陛下之心前日未嘗有求位之計今日未嘗忘思親之懷此則道心微妙之全體天理發用之本然所以行權而不失其正之根本也誠即是心而充之則所謂求仁得仁而無怨終身訢然樂而忘天下者臣有以知陛下之不難

矣借曰天命神器不可無傳宗廟社稷不可無奉則轉禍爲福易危爲安亦可以舍此而他求哉充吾未嘗求位之心則可以盡吾負罪引慝之誠充吾未嘗忘親之心則可以致吾溫凊定省之禮始終不越乎此而大倫正大本立矣次言爲學莫先於窮理窮理必在於讀書讀書之法莫貴於循序而致精致精之本又在於居敬而持志又三劄言湖南歲計入少出多不可支吾乞裁減差到諸班換授歸正雜色補官員數郡州邊防全無指畫以致猺人侵犯乞移置寨栅增撥戍兵潭州城壁乞行計度脩築旣對面

辭待制侍讀不許翌日又辭待制職名乞改作說書差遣以爲未得進說而先受厚恩萬一異時未效涓埃而疾病不支遂竊侍從職名而去則臣死有餘罪上手札卿經術淵源正資勸講次對之職勿復牢辭以副朕崇儒重道之意遂拜命會趙彥逾按視孝宗山陵以爲土肉淺薄摇深五尺下有水石旋改新穴比舊僅高尺餘孫逢吉覆按亦乞少寬月日别求吉兆有旨集議臺史憚之議遂中寢先生竟上議狀言壽皇聖德神功宜得吉土以奉衣冠之藏當廣求術士博訪名山不宜偏信臺史罔上誤國之言固

執紹興坐南向北之說委之水泉砂礫之中殘破浮淺之地不報覃恩轉朝請郎賜紫章服兼實錄院同修撰再辭不許拜命受詔進講大學先生以平日論著敷陳開析務積誠意以感上心遂奏乞除朔望旬休及過宫日分不以寒暑雙隻月日諸假故并合蚤晚進講又乞置局看詳四方封事瑞慶節免稱賀皆從之復因有旨修葺舊東宫爲屋三數百間遂具四事奏言當上帝震怒災異數出畿甸百姓饑饉流離太上皇帝未獲進見壽皇因山未卜太皇太后皇太后皆以尊老之年煢然憂苦不宜大興土木以

就安便壽康定省之禮所宜下詔自責頻日繼往顧乃遂延舒緩無異尋常太上皇帝必以爲此徒備禮而來其深閉固拒而不得見亦宜矣朝廷紀綱尤所當嚴上自人主下至百執各有職業不可相侵今進退宰執移易臺諫皆出陛下之獨斷大臣不與謀給舍不及議正使其事悉當於理亦非爲治之體況中外傳聞皆謂左右或竊其柄而其所行又未能盡允於公議乎此弊不革臣恐名爲獨斷而主威未免於下移欲以求治而反不免於致亂末復申言攢宫之卜不宜偏聽臺史膠固繆妄之言墮其交結眩

惑之計皆不報先生進講每及數次復以前所講者編次成帙以進上亦開懷容納且面諭以求放心之說甚善所進冊子宫中嘗讀之今後更爲點來先生知上有意於學遂以劄子勉上進德其畧言陛下日用之間語默動静必求放心以爲之本而於玩經觀史親近儒臣已用力處益用力焉數召大臣切劘治道俾陳今日要務畧如仁祖開天章閣故事至於羣臣進對亦賜溫顔反覆詢訪以求政事之得失民情之休戚而又因以察其人情之邪正短長庶於天下之事各得其理又奏禮經敕令子爲父嫡孫承

重爲祖父皆斬衰三年嫡子當爲父後不能襲位執喪則嫡孫繼統而代之執喪自漢文短喪歷代因之天子遂無三年之喪爲父且然則嫡孫承重可知人紀廢壞三綱不明千有餘年莫能釐正壽皇聖帝至性自天孝誠內發易月之外猶執通喪朝衣朝冠皆以大布所宜著在方冊爲世法程間者遺詔初頒太上皇帝偶違康豫不能躬就喪次陛下以世嫡承大統則承重之服著在禮律所宜遵壽皇已行之法一時倉卒不及詳議遂用漆紗淺黃之服不惟上違禮律且使壽皇已行之禮舉而復墜臣竊痛之然

旣往之失不及追改惟有將來啓殯發引禮當復用初喪之服則其變除之節尚有可議欲望明詔禮官稽考禮律預行指定會孝宗祔廟議宗廟迭毁之次有請併祧僖宣二祖奉太祖居第一室祫祭則正東向之位者有旨集議僖順翼宣四祖祧主宜有所歸自太祖皇帝首尊四祖之廟以僖祖爲四祖之首治平間議者以世數寖遠請遷僖祖於夾室未及數年王安石等奏僖祖有廟與稷契無異請復其舊詔從之時相雅不以熙寧復祀僖祖爲是先生度難以口舌爭遂移疾上議狀條其不可者四以爲藏之夾室則是以祖宗之主下藏於子孫之夾室至於祫祭設幄於夾室之前則一不得謂之祫欲別立一廟則喪事卽遠有毁無立欲藏之天興殿則宗廟原廟不可相雜議者皆知其不安特以其心急欲尊奉太祖三年一祫時暫東向之故不知其實無益於太祖之尊而徒使僖祖太祖兩廟威靈相與爭校强弱於冥冥之中并使四祖之神疑於受擯徬徨躑躅不知所歸令人傷痛不能自已今但以太祖當日追尊帝號之心而默推之則知太祖今日在天之靈於此必有所不忍又况僖祖祧主遷於治平不過數年

神宗皇帝復奉以爲始祖已爲得禮之正而合於人心所謂有其舉之而莫敢廢者乎又擬爲廟制以辯議者一旦併遷僖宣二祖析太祖太宗爲二之失復引元祐大儒程頤之說以爲物豈有無本而生者今日天下基本蓋出僖祖安得謂無功業議狀旣上廟堂持之不以聞卽毁撤僖宣廟室更創別廟以奉四祖宰相旣有所偏主樓鑰陳傅良又復牽合裝綴以附其說先生所議頗達上忽聽有旨召赴內殿奏事因節畧狀文及爲劄子畫圖以進上然之且曰僖祖國家始祖高宗孝宗太上皇帝不曾遷今日豈

敢輕議欲令先生於榻前撰數語以御批直罷其事先生
方懲內批之弊因言乞降出劄子再令臣寮集議既退復
以上意諭廟堂而事竟不行經生學士知禮者皆是先生
一時異議之徒忌其軋已權姦遂從而乘之上之立也丞
相趙汝愚密與知閤門事韓侂胄謀之侂胄於太皇太后
爲親屬因得通中外之言侂胄自謂有定策功居中用事
先生自長沙辭免待制侍講已微寓其意及進對復嘗再
三面言又約吏部侍郎彭龜年共攻之龜年出護使客侂
胄益得志先生又於所奏四事疏中斥言左右竊柄之失

後因講筵留身復申言前疏乞賜施行既退卽降御批云
憫卿耆艾方此隆冬恐難立講已除卿宮觀宰相執奏不
行明日徑以御批付下臺諫給舍亦爭留不可除寶文閣
待制與州郡差遣力辭尋除知江陵府又力辭仍乞追還
新舊職名詔依舊煥章閣待制提舉南京鴻慶宮慶元元
年又乞追還舊職不許趙丞相亦罷謫以不軌謫永州丞
相既當大任收召四方知名之士中外引領以觀新政先
生獨惕然以侂胄用事爲慮既屢爲上言又數以手書遺
生徒密白丞相當以厚賞酬其勞勿使得預朝政且有分

界限立紀綱防微杜漸謹不可忽之意丞相方謂其易制
所倚以爲腹心謀事之人又皆持祿苟安無復遠慮丞相
既逐而朝廷大權悉歸侂胄先生自念身雖閒退尚得侍
從職名不敢自黙遂草書萬言極言姦邪蔽主之禍因以
明其寃詞旨痛切諸生更諫以筮決之遇遯之同人先生
黙然退取諫藁焚之自號遯翁以廟議不合乞收還職名
又以疾乞休致不許先是吏部取會磨勘至是轉朝奉大
夫又辭職名乞休致又以嘗妄議山陵自劾又言已罷講
官不敢復帶侍從職名詔依舊秘閣修撰二年又言昨來

疏封錫服封贈磨補磨勘轉官皆爲已受從官恩數乞改
正沈繼祖爲監察御史上章誣詆落職罷祠四年十二月
以來歲年及七十申乞致仕五年依所請六年三月甲子
終於正寢十一月壬申葬建陽縣唐石里之大林谷嘉泰
二年除華文閣待制與致仕恩澤傅伯壽故家子嘗執弟
子禮恨不薦已先生辭次對除修撰也伯壽行祠有僞慢
等語及先生没伯壽守建寧又不以聞故復職之命猶生
存也自先生去國侂胄勢益張鄙夫憸人迎合其意以學
爲僞謂貪黷放肆乃人真情廉潔好禮者皆僞也科舉取

士稍涉經訓者悉見排黜文章議論根於理義者並行除毁六經語孟悉爲世之大禁猾胥賤隸頑鈍無恥之徒往往引用以至卿相繩趨尺步稍以儒名者無所容其身從遊之士特立不顧者屏伏丘壑依阿巽懦者更名他師過門不入甚至變易衣冠狎遊市肆以自别其非黨先生日與諸生講學竹林精舍有勸以謝遣生徒者笑而不答先生既没善類悉已排擯羣小之勢已成侂胄志氣驕溢遂至擅開邊釁幾危宗祏而生靈塗炭矣開禧三年侂胄伏誅兇徒憸黨根株斥戮嘉定元年詔賜謚與遺表恩澤明

年賜謚曰文又明年贈中大夫特贈寶謨閣直學士後以明堂恩累贈通議大夫先生平居惓惓無一念不在於國聞時政之闕失則戚然有不豫之色語及國勢之未振則感慨以至泣下然謹難進之禮則一官之拜必抗章而力辭厲易退之節則一語不合必奉身而亟去其事君也不貶道以求售其愛民也不徇俗以苟安故其與世動輒齟齬自筮仕以至屬纊五十年間歷事四朝仕於外者僅九考立於朝者四十日道之難行也如此然紹道統立人極爲萬世宗師則不以用舍爲加損也自韋齋先生得中原文獻之傳聞河洛之學推明聖賢遺意日誦大學中庸以用力於致知誠意之地先生蚤歲已知其說而心好之韋齋病且亟囑曰籍溪胡原仲白水劉致中屏山劉彦冲三人吾友也學有淵源吾所敬畏吾即死汝往事之而惟其言之聽則吾死不恨矣先生既孤則奉以告三君子而稟學焉時年十有四慨然有求道之心博求之經傳徧交當世有識之士雖釋老之學亦必究其歸趣訂其是非延平李先生學於豫章羅先生羅先生學於龜山楊先生延平於韋齋爲同門友先生歸自同安不遠數百里徒步往從

之延平稱之曰樂善好義鮮與倫比又曰頴悟絶人力行可畏其所論難體認切至自是從遊累年精思實體而學之所造者益深矣其爲學也窮理以致其知反躬以踐其實居敬者所以成始成終也謂致知不以敬則昏惑紛擾無以察義理之歸躬行不以敬則怠惰放肆無以致義理之實持敬之方莫先主一既爲之箴以自警又筆之書以爲小學大學皆本於此終日儼然端坐一室討論典訓未嘗少輟自吾一心一身以至萬事萬物莫不有理存此心於齋莊靜一之中窮此理於學問思辨之際皆有以見其

所當然而不容已與其所以然而不可易然克其知而見於行者未嘗不反之於身也不睹不聞之前所以戒懼者愈嚴愈敬隱微幽獨之際所以省察者愈精愈密思慮未萌而知覺不昧事物既接而品節不差無所容乎人欲之私而有以全乎天理之正不安於偏見不急於小成而道之正統在是矣其爲道也有太極而陰陽分有陰陽而五行具稟陰陽五行之氣以生則太極之理各具於其中天所賦爲命人所受爲性感於物爲情統性情爲心根於性則爲仁義禮智之德發於情則爲惻隱羞惡辭讓是非之

端形於身則爲手足耳目口鼻之用見於事則爲君臣父子夫婦兄弟朋友之常求諸人則人之理不異於己參諸物則物之理不異於人貫徹古今充塞宇宙無一息之間斷無一毫之空闕莫不析之極其精而不亂然後合之盡其大而無餘先生之於道可謂建諸天地而不悖質諸鬼神而無疑矣故其得於己而爲德也以一心而窮造化之原盡性情之妙達聖賢之藴以一身而體天地之運備事物之理任綱常之責明足以察其微剛足以任其重宏足以致其廣毅足以極其常其存之也虛而靜其發之也果而確其用之也應事接物而不窮其守之也歷變履險而不易本末精粗不見其或遺表裏初終不見其或異至其養深積厚矜持者純熟嚴厲者和平心不待操而存義不待索而精猶以爲義理無窮歲月有限常歉然有不足之意蓋有日新又新不能自已者而非後學之所可擬議也其可見之行則修諸身者其色莊其言厲其行舒而恭其坐端而直其閒居也未明而起深衣幅巾方履拜於家廟以及先賢退坐書室几案必正書籍器用必整其飲食也羹食行列有定位匕箸舉措有定所倦而休也瞑目端坐

休而起也整步徐行中夜而寢既寢而寤則擁衾而坐或至達旦威儀容止之則自少至老祁寒盛暑造次顛沛未嘗有須臾之離也行於家者奉親極其孝撫下極其慈閨庭之間内外斬斬恩義之篤怡怡如也其祭祀也事無纖鉅必誠必敬小不如儀則終日不樂已祭無違禮則油然而喜死喪之際哀戚備至飲食衰絰各稱其情賓客往來無不延遇稱家有無常盡而懽於親故雖疏遠必致其愛於鄉閭雖微賤必致其恭吉凶慶吊禮無所遺賙恤問遺恩無所闕其自奉則衣取蔽體食取充腹居止取足以障

風雨人不能堪而處之裕如也若其措諸事業則州縣之設施立朝之言論經綸規畫正大宏偉亦可槩見雖達而行道不能施之一時然退而明道足以傳之萬代謂聖賢道統之傳散在方册聖經之旨不明則道統之傳始晦於是竭其精力以研窮聖賢之經訓於大學中庸則補其闕遺別其次第綱領條目粲然復明於論語孟子則深原當時答問之意使讀而味之者如親見聖賢而面命之於易與詩則求其本義攻其末失深得古人遺意於數千載之上凡數經者見之傳註其關於天命之微人心之奥入德

之門造道之域者既已極深研幾探賾索隱發其旨趣而無所遺矣至於一字未安一詞未備亦必沉潛反覆或達旦不寐或累日不倦必求至當而後已故章旨字義至微至細莫不理明詞順易知易行於書則疑今文之難澁反不若古文之平易於春秋則疑聖心之正大決不類傳注之穿鑿於禮則病王安石廢罷儀禮而傳記獨存於樂則憫後世律尺既亡而清濁無據是數經者亦嘗討論本末雖未能著爲成書然其大旨固已獨得之矣若歷代史記則又考論西周以來至於五代取司馬溫公編年之書繩以春秋紀事之法綱舉而不繁目張而不紊國家之理亂君臣之得失如指諸掌周程張邵之書所以繼孔孟道統之傳歷時未久微言大義欝而不彰先生爲之裒集發明而後得以盛行於世太極先天二圖精微廣博不可涯涘爲之解剥條畫而後天地本原聖賢藴奥不至於泯沒程張門人祖述其學所得有淺深所見有疎密先生既爲之區別以悉取其所長至或識見小偏流於異端者亦必研窮剖析而不沒其所短南軒張公東萊呂公同出其時先生以其志同道合樂與之友至或識見少異亦必講磨辯

難以一其歸至若求道而過者病傳註誦習之煩以爲不立文字可以識心見性不假脩爲可以造道入德守虚靈之識而昧天理之眞借儒者之言以文老佛之説學者利其簡便詆訾聖賢捐棄經典猖狂叫呶側僻固陋自以爲悟立論愈下者則又崇奬漢唐比附三代以便其計功謀利之私二説並立高者陷於空無下者溺於卑陋其害豈淺淺哉先生力排之俾不至亂吾道以惑天下於是學者靡然向之先生教人以大學語孟中庸爲入道之序而後及諸經以爲不先乎大學則無以提綱挈領而盡語孟之

精微不參之以語孟則無以融會貫通而極中庸之旨趣然不會其極於中庸則又何以建立大本經綸大經而讀天下之書論天下之事哉其於讀書也必使之辯其音釋正其章句玩其辭求其義研精覃思以究其所難知平心易氣以聽其所自得然爲已務實辯別義利毋自欺謹其獨之戒未嘗不三致意焉蓋亦欲學者窮理及身而持之以敬也從遊之士迭誦所習以質其疑意有未喻則委曲告之而未嘗倦問有未切則反覆戒之而未嘗隱務學篤則喜見於言進道難則憂形於色講論經典商畧古今率

至夜半雖疾病支離至諸生問辨則脫然沉痾之去體一日不講學則惕然以爲憂摳衣而來遠自川蜀文詞之傳流及海外至於四夷亦知慕其道竊問其起居窮鄉晚出家蓄其書私淑諸人者不可勝數先生既沒學者傳其書信其道者益衆亦足以見義理之感於人者深矣繼往聖將微之緒啓前賢未發之機辨諸儒之得失闢異端之訛謬明天理正人心事業之大又孰有加於此者至若天文地志律歷兵機亦皆洞究淵微文詞字畫騷人才士疲精竭神常病其難至先生未嘗用意而亦皆動中規繩可爲世法是非資禀之異學行之篤安能事事物物各當其理各造其極哉學修而道立德成而行尊見之事業者又如此秦漢以來迂儒曲學既皆不足以望其藩牆而近代諸儒有志乎孔孟周程之學者亦豈能以造其閫域哉嗚呼是殆天所以相斯文篤生哲人以大斯道之傳也先生疾且革手爲書囑其子在與門人范念德黃幹尤拳拳以勉學及脩正遺書爲言翌日門人侍疾者請教先生曰堅苦問溫公喪禮曰疎畧問儀禮頷之已而正坐整衣冠有頃而逝門人治喪者既一以儀禮從事而訃告所至從遊之

士與夫聞風慕義者莫不相與爲位而聚哭焉禁錮雖嚴有所不避也嗚呼天又胡不慭遺以永斯道之傳而遽使後學失所依歸哉先生所著書有易本義啓蒙蓍卦考誤詩集傳大學中庸章句或問論語孟子集註太極圖通書西銘解楚詞集註辨證韓文考異所編次有語孟集義孟子指要中庸集畧孝經刊誤小學書通鑑綱目本朝名臣言行錄古今家祭禮近思錄河南程氏遺書伊洛淵源錄皆行於世先生著述雖多於語孟中庸大學尤所加意若大學論語則更定數四以至垂沒大學誠意一章乃其絕

筆也其明道悉敎拳拳深切如此楚詞集註亦晚年所作其愛君憂國雖老不忘通鑑綱目僅能成篇每以未及脩補爲恨又嘗編次禮書用工尤苦竟亦未能脫藁所輯家禮世多用之然其後亦多損益未暇更定平生爲文則季子在類次之矣生徒問答則後學李道傳嘗裒輯鋟版未備也娶劉氏追封碩人白水草堂先生之女草堂即韋齋所囑以從學者也其卒以淳熙丙申其葬以祔穴原本誤以令人卒於乾道丁酉坊刻悉從之今改正子三人長塾先十年卒次埜廸功郎監湖州德清縣戶部新市犒賞酒庫後十年亦卒季在承議

郎提舉兩浙西路常平茶鹽公事女五人婿儒林郎靜江府臨桂縣令劉學古奉議郎主管亳州明道宮黃榦進士范元裕仲季二人亦早卒孫男七人鉅銓鑑鐸鋌鉉鑄鉅從政郎新差監行在雜買務雜賣場門銓從事郎融州司法叅軍鑑廸功郎新辟差充廣西經畧安撫司准備差遣餘業進士女九人婿承議郎主管華州雲臺觀趙師夏進士葉韜甫周巽亨鄭宗亮黃輅從政郎紹興府會稽縣丞趙師郡黃慶臣李公玉曾孫男六人淵洽濬濟瀶澄女七人先生沒有年矣狀其行者未有所屬筆在以榦從學日久俾任其責先生既不假是而著榦之識見淺陋言語卑弱又不足模倣萬一追思平日步趨謦欬則悲愴哽咽不忍書亦不忍忘也竊聞道之正統待人而後傳自周以來任傳道之責得統之正者不過數人而能使斯道章章較著者一二人而止耳由孔子而後曾子子思繼其微至孟子而始著由孟子而後周程張子繼其絶至先生而始著蓋千有餘年之間孔孟之徒所以推明是道者既已煨燼殘闕離析穿鑿而微言幾絶矣周程張子崛起於斯文湮塞之餘人心蠧壞之後扶持植立厥功偉然未及百年踳

駁尤甚先生出而自周以來聖賢相傳之道一旦豁然如大明中天昭晰呈露則摭其言行又可畧歟輒採同志之議敬述世系爵里出處言論與夫學問道德行業人所共知者而又私竊以道統之著者終之以俟知德者考焉謹狀

嘉定十四年辛巳正月　日門人奉議郎主管亳州明道宮黃榦狀

紫陽夫子遺像

明英宗像贊

德盛仁熟理明義精
佈諸方策啟我後人

朱子自寫照銘 乾道九年癸巳時年四十四歲而容髮凋悴遽已如此然將修身以畢此生而已無他念也唐福元爲予寫照因銘其上以自戒云

端爾躬肅爾容檢於外一其中力於始遂其終操有要保無窮

朱子自題警語 紹熙元年孟春時六十一歲對鏡寫真題以自警

從容乎禮法之場沉潛乎仁義之府是予蓋將有意焉而力莫能與也佩先師之格言奉前烈之遺矩惟闇然而日修或庶幾乎斯語

朱子自題像詩 慶元庚申二月八日南城吳氏社倉書樓爲予寫真因題其上云

蒼顏已是十年前把鏡回看一悵然履薄臨深量無幾且將餘日付殘編

像贊 宋 門人陳 亮

體備陽剛之純氣合喜怒之正睟面盎背吾不知其何樂端居深念吾不知其何病置之釣臺捺不住寫之雲臺提不定天下之生久矣以聽上帝之正令

又 宋 門人陳 淳

德禀純陽清明剛健篤學真知全體實踐集儒之粹會聖之真金聲玉振紹古作程

又　宋門人陳　宓

貌溫而嚴德剛而粹春融秋肅淵澄嶽峙道光二程識高百氏生遇明時難進易退天假之間斯文大備偉哉夫子垂教萬世

又　宋門人趙汝騰

理明義精德盛仁熟折衷羣言如射中鵠末學梯航斯文菽粟在慶元初中行獨復

又　宋門人林興祖

自甲子來凡幾庚戌不有二庚戌安有今日前庚作後庚續日月行天照人心目

又　宋後學熊　禾

周東遷宋南渡夫子生文公出元氣之會應期而興筆削千古闡明六經精其知聞力其踐行玉振金聲集厥大成在一郡必達在一道必達亦足以發在天下必達在後世必達必來取法

又　元後學吳　澄

義理精微蚕絲牛毛心胸恢廓海潤天高豪傑之才聖賢之學景星慶雲泰山喬嶽

又　元後學王　栢

龍門遺韻冰壺酌源理一分殊折衷羣言潮吞百川雷開萬戶灑落荷珠霈然教雨

又　明後學丘　濬

全體大用之學繼往開來之儒析之極其精而不亂合之盡其大而無遺

又　明後學楊四知

道衍濂洛統承洙泗集諸儒之大成闡六經之精義遺像清高報祀無匱

漢口紫陽書院志畧卷之三

建置

千秋垂範一日肇基簣土方覆積漸而恢規模宏遠制度整齊餘力偹舉罔有或遺鬱葱具瞻漢水之湄

流覽者樂其崇閎心計者嘆其美備衣裳在笥千絲萬縷不知紅女之勞著盧盡釐夕耨朝耕莫悉農夫之瘁書院之締造至於如是後之繼今亦可以息肩矣然而創之難守之者亦難高門大廈疇非祖宗之遺而肯堂構者必待其人愈崇閎則必無失其爲崇閎而後可愈美備則必無失其爲美備而後可是有待於我新安後來之秀

紀書院本末　原

漢鎮固非通都鉅邑然襟江帶湖綿亘大别之陰占籍編戶者踵相接人衆則情渙渙則必思所以聯結之居安則志懈懈則必思所以振勵之顧俗尚神宇未有書院有之自紫陽書院始所以尊先賢正人心厚風俗亦仰承　國家振興教化風勵末俗之盛心也康熙甲戌歲余姓以基地求售適當漢脈中區吾徽人士甫有成議然慮彈丸不足以展崇祀事會接壤業主知其議紛紛衒價以俟遂謀諸同志樂厚其值而收之縱横得地若干丈於時協議者二

十四人乃公舉吳君蘊予汪君文儀余君南宜靴牛耳以董率厥任於是上其議於督撫兩院報曰可復請之漢陽守令然後敬謹奉行主測形勝宜負癸抱丁以迓文明不敢越理僭擬學宮不得狥俗比類神廟爰募徽地工師一遵吾郡世族祠堂規制庀材蠲吉百役齊興不虞一二亡賴忽爾操戈要挾佈棘環攻好事者從中萋菲幸賢有司特加懲創始爲斂跡經始於乙亥仲春越明年正月庚申日爲上樑期時太史祁邑張公瑗典試西蜀告俊取道漢江適遇是期與漢陽太守戴公夢熊迭爲主賓酌酒爲文

以祭焉嗣雲南主考太史廬江宋公衡粵西主考太史全
椒吳公爲其先皆嶽人慕書院之舉維舟諮訪冠蓋相望
一時傳爲盛事無何蜩螗復沸欲赴部訐告已而通籍諸
先達覺其謀事尋寢又一年門樓成擇嘉平月庚申日修
釋菜禮奉安　朱子神主與其事者則有四川學使江公
皐內閣中書孫公皐吏部候補主政程公寉疑荆州府別
駕吳公榮苑署夔州府叅戎事金公章兵部主事李公其
式當是時規模巳巍然大觀執事者經營五載亦旣手胼
足胝矣然塗墍丹雘所需尚繁將伯之呼四顧莫應以故

新置公產旋購旋質而吳君蘊予亦焦勞成疾嘔血酸辛
未幾下世繼其志者則又羣推余君本立公爾忘私先後
一轍前此未竟事功不數載與南宜文儀兩先生艱貞砥
礪克底於成洵爲書院始終之大願力大護持也嗟乎吾
郷山峻水清固不乏慷慨激昂奇男子然往往出於衣食
祖給之人至擁大業稱素封者雖不乏好義之士亦間有
以爲迂濶好語仁義而無實濟者視四君挺七尺軀成千
秋業寧不汗顏建祠配饗僉議允宜雖然踵事增華莫謂
無人歲丁酉而戴子艮玉江子箴極陳子漢先汪子次山

等又以西廳客舍落成於書院之偏矣或曰書院之崇美
固不遺餘力第聞大廈之傾支非一木不葺將隳壞於是
汪子天澤憂之而無佐理之者辛丑冬會吳蘊予族姪明
經任文創建之始與有勳勞因詣書院集衆僉議乃與江
子箴極汪子兆瑜元長二三老成爲之倡區畫聯會贖產
之策一時赴約者四十八人得金三百兩焉於時汪子貞佑
葉子廉臣陳子漢先戴子艮玉楊子雲士汪子長公次山
等復以其朋儕舊置市屋輸入爲助原有羨息五十六兩
并聯會共成三百餘金贖回市屋大小若干間歲入租稅

百餘兩三年之內吳子獨肩厥責一一如數相償經理度
支洪纖畢載尋議修葺議續置日新月盛漸有可觀所急
者惟河路未通祀產未立義學未成强弩之末殆不能破
縞劄雍正甲寅以文公之靈天假湖南觀察許公登瀛考
績鄂城爰齋沐過漢江瞻謁書院毅然以成就鉅舉爲巳
任購基址闢津衢便民水火於是六邑士商無不踴躍用
命時領袖程子輯瑞等十一人則更以烝嘗無托歲箕斂
以從事非禮也因窮溯新安巷屋原委始知昔年有朵頤
經管之人遷沿隱沒漸致失傳至是羣起理爭猶弗予會

大中丞襄平楊公秘來撫楚甫下車六邑士民徃愬之飭觀察邦江朱公濡廉得其實追浮冒歸還祠屋事始明而祀費有助明年魁星閣及紫陽坊成一切經費甚不貲然工以次竣六邑僑居咸誦中丞觀察之德而樂爲襄事也是歲楊大中丞巳移節西蜀少司馬奐與吳公應棻繼其任比入楚卽造書院謁朱子宣講　聖諭黃童白叟皆拱聽歡呼稱僅見盛事爰倣朱子白鹿洞遺規捐金從憑以風同郡於是義學講堂不日告成實補書院之闕典回視期月之間向之所急三事天作之合靡不綱舉目張積

願畢伸常以爲落落難合乃有志者事竟成吾徽郡占籍漢口者之幸亦　聖朝崇儒重道化流江漢浸淫漸漬中於人心故或先或後贊勷匡佐以迄於成豈不休哉至若主持名教翊道右文前此諸名公鉅卿如大學士某暨先後講學其中諸薦紳先生如大中丞某以及剏始要終或輸貲効力或捍敵勤勞或奔走翊贊或設法善後不避怨嫌不辭艱險前後諸君子稽其姓氏如某某等是皆有功於書院誠不可泯例得附書并垂不朽嗚呼盛哉

祠宇依重修規式

尊道堂康熙甲戌建嘉慶丁巳重造棟高二丈八尺八寸東西廣五丈七尺前堂深四丈四尺達於簷簷高一丈八尺堂後深一丈五尺達簷簷高一丈六尺東西廊深各八尺南北廣各六丈儀門內廊簷深一丈廣與堂等儀門脊高二丈二尺四寸外深一丈有六寸東西四丈各劃八尺五寸以爲門塾門簷高一丈七尺有二寸門堂寬廣如舊式地視前培高二尺有四寸

寢室康熙甲戌建嘉慶丙辰重造棟高三丈八尺有五寸

樓下高一丈七尺有八寸東西廣五丈七尺深三丈一尺簷高一丈九尺有五寸樓上簷高一丈二尺東西序深各八尺廣各三丈一尺有八寸式如舊地培高二尺有四寸

戟門康熙甲戌建嘉慶丁巳重造脊高三丈二尺五寸寬廣與堂等兩旁有房東房西牆西房東牆相距三丈五尺有七寸門高一丈四尺廣六尺有六寸深九尺簷高二丈四尺

戟門內向爲平臺春秋二祭演劇則以直木承板爲臺

平時折去其板木中廣一丈六尺（原一丈四尺今增）兩邊廣各一丈一尺五寸（原一丈今增）深一丈六尺（原一丈四尺）脊高三丈三尺中簷口二丈四尺兩邊簷口一丈九尺有五寸

門旁兩房廣各一丈有五寸深各一丈九尺

自戟門至儀門兩簷間相距五丈四尺自戟門簷至照牆四丈八尺五寸如舊式

照牆高二丈三尺廣五丈六尺如舊式

祟祀先達報功始建二祠在文昌閣下乾隆乙卯建深各二丈七尺廣各一丈三尺簷高二丈一尺二寸

半畝池康熙甲戌建嘉慶丙辰重造在寢室之階下周以石欄兩層池面縱廣一丈四尺六寸橫廣一丈七尺五寸深一丈二尺受水三千餘石

樓閣

御書樓在寢室之上康熙甲戌建嘉慶丙辰重造樓高一丈七尺八寸深廣與寢室等中奉　聖祖仁皇帝

御書朱子六言詩一首二十四字康熙四十一年十二月二十四日　賜前湖北學政臣潘宗洛四十五年三月初一日敬摹勒石庋奉於樓上碑高四尺有五寸廣一尺有七寸載湖北通志

附錄六言詩春曉雲山烟樹炎天雨壑風林江閣月臨靜夜溪橋雪擁寒襟

藏書閣舊在主敬堂嘉慶癸亥重建在近聖居之樓上脊高二丈五尺廣一丈四尺有八寸深一丈七尺有五寸

文昌閣乾隆乙卯建在寢室之後棟高三丈八尺有八寸閣下高一丈七尺有五寸東西至二祠之牆廣二丈九尺深三丈七尺有五寸前簷高一丈八尺有五寸閣上簷高一丈東西廊深各九尺廣各二丈八尺二寸東西

簷高一丈六尺

對廳中廣一丈六尺有五寸兩邊廣各二丈深一丈四尺有五寸

附經造事畧

後簷牆脚自東至西掘土深八九尺然後入松樁自一丈四五尺至二丈三四尺者止

西首牆脚亦同後簷（即閣西大門一帶牆）

東祠西牆西祠東牆掘土深如前惟樁稍短數尺脚石窄尺許

以上共用松椿一千一百餘根與掘下土平以大石週圍塡築再用紅條石鋪蓋三層每濶七尺橫直相錯上漸收窄以次收至面仍有四尺餘濶總計砌石共十三層用紅條石四千六百餘塊乃以漕河白石鋪面爲脚內外兩層參差排砌計濶一尺六寸文昌閣三層直抵寢樓後牆

西首牆脚同前

東首牆脚自下至上計十三層一眠一竪參錯布列外係白石內塡紅石

閣下前簷柱脚及東西祠前牆則就昔年所築磡岓竪立因舊而造約濶三尺

閣下磉脚塡築與正牆相彷

牆垣俱屬頭城甎（每塊十七觔至十八觔止）錯綜兩行眠砌直至樓板方繼以二城甎至頂俱是眠甎下廣約一尺五寸上廣約一尺三寸然後結脊識此以見創造之不苟其餘大槩可以類推

魁星閣雍正甲寅年建在新安渡口自渡口登岸爲石級四十有一又北行十餘步始至閣下閣負木蘭面大別爲漢口登覽之勝地閣高四丈一尺二寸深三丈二尺四寸廣二丈八尺五寸閣下南北門洞軒敞南曰新安津梁北曰安士敦仁自閣下至紫陽坊長二十三丈

廳舍

讌射軒在文昌閣之西偏嘉慶癸亥年建爲公私燕會之所乃前人有規而未造者軒高二丈二尺廣二丈九尺二寸深三丈三尺五寸南北東西各四楹四分之前堂有其三後室有其一室北達近聖居前庭羅石爲小阜雜植花木從簷至垣一丈八尺西序之西有小軒地不

盈丈南有對廊達啓秀書屋東簷下爲小回廊出西內巷直抵夾街焉

近聖居在讌射軒北嘉慶甲子建深廣各得軒之半高踰之地最幽靜宜誦讀上有藏書閣

啓秀書屋在讌射軒南嘉慶癸亥建廣與軒相稱深稍殺南北五分之以三爲堂二爲室東西四分之以二爲堂二爲房房分南北有樓樓上前後左右皆房以便諸生徒肄業焉

六水講堂嘉慶己未建亦前人有規而未成者棟高二丈

八尺堂廣三丈一尺六寸堂深四丈堂北五尺東西四楹南北五楹簷高一丈六尺簷廣一丈二尺至牆

主敬堂在六水講堂之北舊建嘉慶巳未重造視舊基增廊脊高二丈五尺八寸廣二丈一尺深三丈三尺堂分三之一以爲室室簷口闊六尺二寸堂簷八尺三寸對廳深一丈一尺樓下高一丈三尺樓以展祭器與西軒通

顧學軒在主敬堂之西舊建嘉慶巳未重造舊基在今六水講堂之西南隅廣深僅踰丈許今移建於此深與主

敬堂齊廣一丈五尺六寸亦分三之一以爲室簷徑入尺三寸對廳深如主敬堂樓與堂相連

致一齋在六水講堂之前嘉慶庚申建廣一丈四尺四寸深一丈二尺爲祭時更衣之所

兼山麗澤康熙丁酉建嘉慶丁巳重造在致一齋之東南卽舊所謂西廳也脊高二丈有八寸廣二丈四尺有五寸深二丈五尺簷高一丈四尺廣九尺對廊深九尺

厨房在主敬堂之北縱廣二丈七尺有五寸橫廣三丈六尺

門巷

義路在西牆之南東與禮門相對門廣七尺有二寸高一丈一尺

禮門在祠東牆之南西與義路門對門位高廣同

東巷在祠牆之東南至夾街榜曰康衢接武寬廣八尺深直達後堤

西內巷在祠牆之西諸廳舍之東北抵藹射軒南出夾街寬廣四尺有五寸深二十九丈有三尺

新安街在書院照牆之前原名新安巷地頗狹乾隆乙未

始闢而成康衢廣一丈餘深自夾街至大街長三十二丈兩旁市屋皆書院基業歲收其租以入祠街南榜曰道啓賢關

紫陽坊在大街之南與新安街斜對南出魁星閣至新安馬頭坊北榜曰紫陽遺澤自坊至魁星閣長二十三丈

西水巷舊有在新安街西長與街等廣僅二尺有四寸近又增設東巷以便行汲往來焉

東水巷名太平里在新安街之東嘉慶甲子買宅重闢深與新安街等北出夾街與祠東巷相直廣四尺

義埠即新安馬頭也雍正甲寅創開廣二丈九尺為石級四十有一上建魁星閣

別建

準提菴在書院牆外西北隅堂有兩進東有廳舍西有隙地初未有書院時始建此庵以為同鄉公事聚會之地此吾郡會館之初基也南北東西四至詳契墨曾因僧人盜賣基地勒石永禁焉

三元殿在準提庵之西為殿兩進殿後有大廳旁有客廳室舍備具外有隙地比準提庵更擴初吾郡之來漢上

者謀建一公所始於準提庵繼之以三元殿此皆書院之嚆矢也四至詳契據

玉皇殿在十里鋪乾隆乙巳造正殿兩進東偏有餘屋地基寬廣有碑記

義舍舊在三元殿之旁因同鄉遊宦往來無處下榻留住書院又恐啓冗雜之漸故建屋數椽以為仕宦暫寓之所今室屋坍塌提續修理完備以補前賢遺制焉

義阡有數處一在十里鋪紫霞觀下首乾隆已未契買劉姓麥地東西十六丈南北十八丈有三契辛酉壬申續買丈尺詳契

一在十里鋪玉皇殿對過乾隆丙戌契買胡姓業地名懷三里又一甲東西三十四丈五尺南北二十七丈五尺

一在潘家廟上名陶家山

一在十里鋪紫霞觀面前西首乾隆乙巳契買朱家林麥地丈尺詳契據有三契

一在許家灣嘉慶甲子契買許家灣山地一段東至西寬十一丈二尺南至北長二十六丈二尺與乾隆壬申所買劉姓山地毗連

漢口紫陽書院志畧卷之四

崇祀

道尊德貴俎豆馨香祠宇展成寤寐羹牆祀綿風遠異地同疆褒封升配國有典常鄉人祗恪百禩允昌

紫陽夫子生當宋季歷官九考在朝才四十日一二憸人排擠之幾同伐檀削迹詎知紬於一時而信於百代累朝優卹奕世尊崇至我 聖祖仁皇帝 命升配十哲復頒 御書扁額於婺源書院漢口雖非朱子生長之地而某等皆生居闤里因僑寓而建書院慶奉烝嘗敢不摹勒 御書懸之書院用紀 聖代之恩榮并志從前之卹賚其享祀儀文規則亦附載於後

聖祖仁皇帝上諭

朕自沖齡即好讀書亦好寫字一切經史靡不徧閱成誦在昔賢哲所著之書間或字句與中正之理稍有未符或稍有疵瑕者後儒即加指摘以為理宜更正惟宋之朱子註明經史闡發載籍之理今五百餘年其一句一字莫有論其可更正者觀此則孔孟之後朱子可謂有益於斯文厥功偉矣朕既深知之而不言其誰言之特諭集議優崇之典今以朱子向祀孔廟東廡之列應如所議移於大成殿十哲之次配享先聖以昭表章先賢之意其以六月十五日丁卯木主升配祭告特諭

康熙五十一年五月二十日

欽惟我
皇上睿資天縱聖學日新郅治時雍化邁堯舜禹湯文武之上經筵恒御道契詩書易禮春秋之全旨追洙泗心源深晰經傳奧旨乃乘萬幾之暇獨勤乙夜之觀謂先臣朱熹者本誠正之學殫註釋之勤講道以格致爲先空寂非流二氏爲學以性天爲要精微獨闡千秋洵爲孔孟功臣實過漢唐學者特申
上諭通飭追崇自廡廊以躋升居殿堂而配享揖讓顏曾思孟之下儼如躬侍門牆追陪閔冉游夏之中恍若

親承几席
允俞廷議特舉隆儀更傳命於九區俱造主於十哲肅申祭奠虔告升堂此眞萬古未有之洪恩實著百世不刊之盛典臣坤世承俎豆分列草茅曩蒙
御扁褒崇久仰
天章雲漢玆奉
隆儀升配益窺聖學淵源爰望
闕以叩首并闔族以鏤心世祝
聖治彌隆儒風丕著行見虹井雲騰五色叨異數而逾光紫陽山聳千層誌
隆恩於不朽

翰林院五經博士臣朱坤恭紀

春秋祭欵

先賢祠廟舊有額編祭款多寡不一乾隆五年奉
旨各祠廟每歲一體給予祭銀四十兩故婺源闕里向只一十八兩自五年以後有二十二兩之增其銀在於本省地丁銀內動支誠　聖朝褒崇之盛典也漢口創立書院自乾隆二十九年亦蒙前道憲朱詳鹽院題明文公祠春秋祭費每祭給銀一百五十兩由部　奏請其銀自鹽運使庫解湖北省道庫給發每年二祭共給祭銀三百兩司鹽首士者屆期承領付書院爲辦祭分胙之用　奏請以來於今已四十餘年矣書之以志　恩榮之所自云

祀儀

春秋祭期定以三九月十五日蓋九月十五乃　文公之誕辰故春祀亦以季月之望祀期有定則各事乃可先期預備不必拘拘於仲月及二丁也

祭器爲祀典之重平日藏於主敬堂昭愼重也前祭之旬日司事者啓櫝省視有缺壞則修補有不潔則澼滌不可稍捭以輕心致貽簡褻之咎如尊爵碗箸盤盒爐盆壺勺瓶盎巾帨以及琴劍書硯圖畫一切凡祭所陳者俱當整飭祭畢洗濯什襲仍藏之櫝中

祭品所以奉神當有定式孔子以簿書正祭器不以四方之食供簿正非不欲美多品也蓋一有一無者物產之不常而以妥以侑者肸蠁之有則茲酌禮與俗之中定爲祭品儀式俾得永遠遵循

迎神神位前設筵席湯點二事茶酒獻用嘉果十五盤皆棗栗榛柿常用之品檀速降香大燭

正祭設筵席殽核庶饈醴酒嘉果黍稷獻用三爵三饌雞魚肉　牲用少牢羊豕楮帛檀速降香奠茅燭各物俱先事預備

辦事人員年首今定爲二十八人幷上年年首共四十人俱於初八日入書院辦理祀事凡應辦事物應辦祭品皆各供其職事不到者有罰

三九月之朔司年令祠役徧啓諸同鄉告以祭期初八日啓請主祭者或同鄉仕宦道此經過或同鄉有官湖北者皆可主之啓交鹽司月之家送以此事由鹽務專辦故也書院另俱啓二十八副令祠役徧啓諸執事之家俾得先期習禮無致隕越

執事人員凡二十有八人外奉祀生四人以小童爲之

祭之前三日執事者二十八人俱入祠演儀西廳備茶果四席待之排班壹肆登降揖讓奉奠祝嘏一如正祭之禮

前祭之夕滌祭器省牲視殺以小盤盛毛血置之堂下爲祭時瘞埋之用

陳設設尊爵於東廡設盥盤巾帨於西廡設爐瓶祭品香燭於堂上設香案於中堂諸物各隨其所宜設之

前夕迎神執事者六人同司年首者入寢室二人執燭立於前一人捧香二人引導一人告祝司年者俯伏四拜奉主登堂就座安神俯伏四拜

黎明司年者設奠行禮執事贊祝如堂祭祭畢入祭先達二祠

堂祭儀注　是日早復啓請主祭者司事者待於門內主祭者入先就西廳致一齋坐茶罷俟發鼓更衣引贊者二人前導立於儀門內西偏待鼓樂參堂三周然後排班序立

執事序立時除引贊二人同主祭者立於門內餘二十六人左右各依次排班班各十三人大贊居左班之一

司罇者一人次之司香者次之司酒者次之司帛者次之司爵者次之司饌者次之亞獻司爵司饌者二人又次之終獻司爵司饌者二人又次之司茶者居末陪贊居右班之一司盥者二人次之司祝者次之司果盒者次之司茶壺者次之司酒壺者次之引嘏詞者二人次之讀嘏者次之撤饌者三人居末排班畢然後執事通贊者二人先立通贊所奉祀生四人立神座兩旁餘人各立其位

儀節　通唱序立（執事者分立東西兩廡）　執事者各司其事　主

祭者就位（引贊二人揖導）降神（引贊者揖導主祭者詣西廡盥洗所揖）（引唱）盥
洗 授巾（復揖旋詣東廡尊爵所揖司彝者舉冪酌鬯司鬯者奉鬯司香者奉香升堂引贊者揖升）
（趨中案）詣灌獻位 揖 跪 灌茅（主祭者以鬯灌地）上香（凡三）
上 伏 興 復位（降自西階有揖）（通唱）參神鞠躬拜（四拜平身）奠
帛行初獻禮（引贊者揖導至東廡司尊所揖司尊者舉冪酌酒司帛者奉帛司爵者奉爵司饌者
奉饌升引贊揖升趨神座前）（引唱）詣神位前 揖 跪 奠帛 獻爵
獻饌 伏 興（揖降自西階由西廡旋至東廡司祝者捧祝升引贊揖升趨中案）
詣讀祝位 跪 告祝（司祝者跪於主祭者之右讀祝畢）興 復位
（降揖如前）（通唱）鞠躬拜（二拜平身）行亞獻禮（引贊揖導至司尊所揖執事酌酒奉

爵奉饌升如前儀）（引唱）詣神位前 跪 獻爵 獻饌 伏
興 復位（如前）（通唱）鞠躬拜（二拜平生）行三獻禮（導升儀同亞獻禮）
（引唱）詣神位前 跪 獻爵 獻饌 伏 興 復位
（如前）（通唱）鞠躬拜（二拜平身）行侑食禮（引導至司尊所司壺者奉壺司果者奉果）
（升揖如前）（引唱）詣神位前 跪 侑酒 獻果 伏 興（通唱）
飲福受胙（引唱）詣飲福位（降由西廡旋至東司報者奉報詞升引導升趨中案）
跪 宣嘏（司嘏者立於左宣畢）飲福 受胙 伏 興（引唱）鞠躬
（四拜平身）伏位（通唱）辭神鞠躬拜（四拜平身）徹饌 司帛者捧
帛讀祝者奉祝司爵者奉爵各詣燎所 望燎（主祭者出就燎

所祭酒復入）送神登位（引導升堂奉主入寢室四拜平身出復位）禮畢（退就西廳更衣）
二祠儀注行一獻禮先設饌於筵主祭者就位跪上香奠
酒奠帛司祝者讀祝畢行禮鞠躬四拜焚帛禮畢
主祭官正祭畢更衣即送歸寓另擇日欵待迎送欵禮俱
鹽司月之家承辦以 頒賜祭欵係司鹽處承領也
執事者二十八人俱於十六日在書院設席欵待
祭畢頒胙主祭及諸禮生者俱係鹽務司月之家辦理
新開水巷後聯會者復議頒胙每股春秋二祭各給胙肉
二觔餅四對此項由書院出支

三月初九日爲 文公夢奠之辰設筵席祭於寢室或同
鄉官主之或老成主之或司年首者主之禮行三獻祝
嘏楮帛儀物畧如正祭之禮
仕宦往來官長莅任必謁書院司年不盡能應酬公舉老
成練達之士十人凡遇往來恭謁者司年先期知會答
應迎送
司年從前只十二人後增至十四人今增至二十人以祀
產漸增祠務綦繁不如是不能董理周密也每年秋祭
後廿六日揭清所存銀兩一切祭器祭物文契公交下

首務期明悉周詳毋得延缓

歲入正項除一切支用外有餘項在司年公舉妥處生殖不必希圖多利致有虧欠俱於祭後交盤之期歸齊現銀公交下首遇有產業公商卽置司總不得私行挪移假名借領如有存匣者公設三鎖三鑰司總互相稽察庶覬覦之心不生而侵漁之弊永杜矣

祠役四人分事值月務擇同郡小心謹愼勤勞辦公者充之每年額給工食外有市屋小禮令其公分祠之內外門巷每日打掃朔望倍加誠敬灑掃潔淨早開中門以

便紳士恭謁祠之祀產市屋務聽司年者調撥催取租息不致稍懈祠之堂廡樓房不許聽人囤積貨物以及容留閑人飲酒戲耍致生事端祠之街巷屢有示諭嚴禁不許收荒擺攤祠役不得狥昇容隱不報如敢不守祠規狥私偷懶卽行斥革　以上二條俱舊規約附錄

附載

文昌之祭以二月初三日設奠於閣上書院司年者行禮獻用果品三牲酒醴香燭禮行一跪四叩首贊者讀祝焚楮帛三揖禮畢

按文昌之名取諸星象其神於經史無可攷世所傳陰隲文皆是教人爲善之詞則其奉爲明神列之祀典也允宜書院於寢室後新建文昌閣既奉其神例當有祭然不可以常禮褻之又不當以祭先賢之禮混用之記曰大禮必簡今以簡爲敬旣用以示尊嚴之意且於書

院春秋正祀有以昭其別云

魁星之祭以八月初三日設果茗於閣上司年者行禮畧如祭文昌之禮不用祝

迎神告文

維年月日後學某等敢昭告於

太師徽國文公朱夫子之神位茲值奠楹嶽降之辰恭迎神主

出就饗筵惟神歆格敢告

春祭文 黎明用此

在天日星行地江河日星在天遠燿高羅江河行地浩無津涯夫子道統遠紹洙泗唐宋元明諸儒振起道集大成位十哲次頖宮升配典祀優隆聖居生近教澤素蒙雖在僑寓與闔里同今當春月祀典虔舉少長咸集升階列序

躋躋鏘鏘拜啓跪俯夫子靈爽陟降在茲顧我鄉人獻俎捧卮神怡情悅食飲庶幾尚饗

春正祭文

於惟夫子百世之師後孔而聖淑程於私綱常日麗經教雲垂地維鎮定天柱扶持緬南渡際似東遷時黃裳既奏丹詔新披忤韓見斥暨蔡是嗤四十六日五百年期參同論難騷屈唔咿乃彰問學毋俾昏迷道未墜地文實在茲澤流奕葉功鑄鐘彝桑梓誌慕俎豆攸宜吳山崒嵂楚水漣漪在漢之陽用建厥祠當此嘉會敬獻春卮秋針臬臬麥浪離離雨催蔬甲風捲著旗於惟夫子尚來格思尚饗

生日祭文 十五日黎明用

維我夫子日照月臨扶道統于將絕金聲玉振集諸儒之大成今幸瞻仰有依羹牆如在一年降誕稱觴同存日之躋堂每歲季秋延首冀在天之來享藉馨香之上達誠格重霄綿教澤於後生福垂千禩矢切精虔伏惟昭格尚饗

秋正祭文

於惟夫子仁熟義精繼道統於千聖金聲玉振集大成於諸儒大小在人遺澤未墜矧羹牆實切而瞻仰有依茲當

嶽降之期敬修稱壽之典通古今於一息與天地而無窮伏願陟降於昭佑啓後哲蒸嘗歆享示我周行尚饗

嘏詞

文公命工祝承致多福無疆於汝後賢來汝後賢使汝受祿於天希聖希賢眉壽永年勿替引之

忌日祭文

夫子之生爲千秋之道統而篤其生夫子之殁形雖離而自有不殁者歷萬古而常存今幸門牆式廓靈爽攸憑對春露而神傷循憶山頹之日望講堂而肅拜敢弛神在之

忱矢祭奠之不渝企神靈之俯鑒尙饗

文昌祝文 詹鈞

伏以桂殿宏開大地壯江山之色薇垣高聳同文瞻日月之輝故聯軫翼於南維市壓交會而燦斗牛於東壁桑梓分光仰維 帝君探陰隲之本原司下方之祿籍轉洪鈞於一氣朗列宿於三台神宜宅乎紫陽之宮彩特絢乎朱衣之筆式瞻高閣同晉升階簠簋且以告虔展葵忱以將事伏願鑒茲誠悃錫以栴幪煥六邑之文星昭如雲漢麗九霄之卿月朗徹天都降福孔多依光曷罄尙饗

報功祠祝文

於維羣公尊德樂義扶正抑邪　先賢道契護衛功多倣初卜築首靖紛拏中更差忒刮垢爬羅垣墉旣奠康衢載歌通津利涉建閣嵯峨煌煌大功百禩不磨重修倡首梓誼攸加理宜合祀用荅幽遐春秋時享廟貌靜嘉几筵式潔籩豆則那思成綏賚靈斿降過於茲歲歲虔報無涯尙饗

始建祠祝文

惟我列公系出名家學宗先哲鄉邑之型四方之傑旅寓漢皋崇祠肇設教奉紫陽以端學術羣邪嫉正鼓簧弄舌力闢榛蕪志堅於鐵弗恤其私惟公之切堂構克成規模宏徹合郡歡聲羣公熱血旣明若仁兼以勇決身歿百年芬馨彌烈專祠虔報典禮無闕有醪在樽嘉肴成列庶用顧歆鑒茲蠲潔尙饗

漢口紫陽書院志畧卷之五

學規

黌堂講席聖學相承菁莪棫樸髦士蒸蒸盡性致命各有知能下學上達循理而登後生小儒戒懼戰兢

記曰學以聚之書院之設尊朱子聯梓誼也今聚其人而不學則所以奉朱子之意云何亦失所以爲聚之義矣然而學非弋取功名之具聖賢之緒言具在將以體諸躬而見諸行非嚴之于蒙養之先非積之以涵濡之久不爲功此眉卷中亟創舉義學之說也今建學舍延明師與弟子約先器識而後文章先學問而後功名一遵吾紫陽夫子分年讀書法浸潤乎經史而納躬於軌物藏焉修焉息焉游焉或以道德或以文章務爲有用之學生而言起而行經知守變亦知權書曰惟學遜志務時敏于以希聖希賢未必不由此基也

教條

白鹿洞書院揭示

父子有親　君臣有義　夫婦有别

長幼有序　朋友有信

右五教之目堯舜使契爲司徒敬敷五教即此是也學者學此而已而其所以學之之序亦有五焉其别如左

博學之　審問之　慎思之　明辨之　篤行之

右爲學之序學問思辨四者所以窮理也若夫篤行之事則自修身以至於處事接物亦各有要其别如左

言忠信行篤敬　懲忿窒慾遷善改過

右修身之要

正其義不謀其利　明其道不計其功

右處事之要

己所不欲勿施於人　行有不得反求諸己

右接物之要

某竊觀古昔聖賢所以教人爲學之意莫非使之講明義理以修其身然後推以及人非徒欲其務記覽爲詞章以釣聲名取利祿而已也今人之爲學者既反是矣然聖賢所以教人之法具存於經有志之士固當熟讀深思而問辨之茍知其理之當然而責其身以必然則夫規矩禁防之具豈待他人設之而後有所持循哉近世於學有規其待學者爲已淺矣而其爲法又未必古人之意也故今不復以施於此堂而特取凡聖賢所以教人爲學之大端條列如右而揭之楣間諸君其相與講明遵守而責之於身焉則夫思慮云爲之際其所以戒謹而恐懼者必有嚴於彼者矣其有不然而或出於此言之所棄則彼所謂

規者必將取之固不得而畧也諸君其亦念之哉

玉山講義

先生曰某此來得觀學校鼎新又有靈芝之瑞足見賢宰承流宣化興學誨人之美意不勝慰喜又承特設講座俾爲諸君誦説雖不敢當然區區所聞亦不得不爲諸君言之蓋聞古之學者爲己今之學者爲人故聖賢教人爲學非是使人綴緝言語造作文辭但爲科名爵祿之計須是格物致知誠意正心脩身而推之以至於齊家治國可以平治天下方是正當學問諸君肄業於此朝夕講明於此必已深有所得不然亦須有疑今日幸得相會正好商量彼

此之間皆得有益時有程珙起而請曰論語多是説仁孟子却兼説仁義意者夫子説元氣孟子説陰陽仁恐是體義恐是用先生曰孔孟之言有同有異固所當講然今且理會何者爲仁何者爲義曉此兩字義理分明方於自已分上有用力處然後孔孟之言有同異處可得而論如其不曉自已分上元無工夫説得雖工何益於事且道如何説箇仁義二字底道理大凡天之生物各賦一性性非有物只是一箇道理之在我者耳故性之所以爲體只是仁義禮智信五字天下道理不出於此韓文公云人之所以爲性者五其説最爲得之却爲後世之言性者多雜佛老而言所以將性字作知覺心意看之非聖賢所説性字本旨也五者之中所謂性者是箇眞實無妄底道理如仁義禮智皆眞實而無妄者也故信字更不須説只仁義禮智四字於中各有分別不可不辨蓋仁則是箇温和慈愛底道理義則是箇斷制裁割底道理禮則是箇恭敬撙節底道理智則是箇分明是非底道理凡此四者具於人心乃是性之本體方其未發漠然無形象之可見及其發而爲用則仁者爲惻隱義者爲羞惡禮者爲恭敬智者爲是非

隨事發見各有苗脈不相殽亂所謂情也故孟子曰惻隱之心仁之端也羞惡之心義之端也恭敬之心禮之端也是非之心智之端也謂之端者猶有物在中而不可見必因端緒發見於外然後可得而尋也蓋一心之中仁義禮智各有界限而其性情體用又自各有分别須是見得分明然後就此四者之中又自見得仁義兩字是箇大界限如天地造化四序流行而其實不過於一陰一陽而已於此見得分明然後就此又自見得仁字是箇生底意思通貫周流於四者之中仁固仁之本體也義則仁之斷制也

禮則仁之節文也智則仁之分別也正如春之生氣貫徹四時春則生之生也夏則生之長也秋則生之收也冬則生之藏也故程子謂四德之元猶五常之仁偏言則一事專言則包四者正謂此也孔子只言仁以其專言者言之也故但言仁而仁義禮智皆在其中孟子兼言義以其偏言者言之也然亦不是孔子所言之外添入一箇義字但於一理之中分别出來耳其又兼言禮智亦是如此蓋禮又是仁之著智又是仁之藏而仁之一字未嘗不流行乎四者之中也若論體用亦有兩說蓋以仁存於心而義形

於外言之則曰仁人心也義人路也而以仁義相爲體用若以仁對惻隱義對羞惡而言則就其一理之中又以未發已發相爲體用若認得熟看得透則玲瓏穿穴縱横顛倒無處不通而日用之間行著習察無不是著功夫處矣

珙又請曰三代以前只是說中說極至孔門答問說著便是仁何也先生曰說中說極今人多錯會了他文義今亦未暇一一詳說但至孔門方說仁字則是列聖相傳到此方漸次說親切處爾夫子所以賢於堯舜於此亦可見其一端也然仁之一字須更於自已分上實下功夫始得若只如此草草說過無益於事也先生因舉孟子道性善言必稱堯舜一章而遂言曰所謂性者適固已言之矣今復以一事譬之天之生此人如朝廷之命此官人之有此性如官之有此職朝廷所命之職無非使之行法治民豈有不善天之生此人無不與之以仁義禮智之理亦何嘗有不善但欲生此物必須有氣然後此物有以聚而成質而氣之爲物有清濁昏明之不同禀其清明之氣而無物慾之累則爲聖禀其清明而未純全則未免微有物慾之累而能克以去之則爲賢禀其昏濁之氣又爲物慾之所蔽

而不能去則爲愚爲不肖是皆氣禀物慾之所爲而性之善未嘗不同也堯舜之生所受之性亦如是耳但以其氣禀清明自無物慾之蔽故爲堯舜初非有所增益於性分之外也故學者知性善則知堯舜之聖非是强爲識得堯舜做處則便識得性善底規模樣子而凡吾日用之間所以去人慾復天理者皆吾分內當然之事其勢至順而無難此孟子所以首爲文公言之而又稱堯舜以實之也但當戰國之時聖學不明天下之人但知功利之可求而不知已性之本善聖賢之可學聞是說者非惟不信往往亦

不復致疑於其間若文公則雖未能盡信而已能有所疑矣是其可以進善之萌芽也孟子故於其去而復來迎而謂之曰世子疑吾言乎而又告之曰夫道一而已矣蓋古今聖愚同此一性則天下固不容有二道但在篤信力行則天下之理雖有至難猶必可至况善乃人之所本有而爲之不難乎然或氣稟昏愚而物慾深錮則其勢雖順且易亦須勇猛著力痛切加功然後可以復於其初故孟子又引商書之言曰若藥弗瞑眩厥疾弗瘳若但悠悠似做不做則雖本甚易而反爲至難矣此章之言雖甚簡約然

其反復曲折開曉學者最爲深切諸君更宜熟讀深思反復玩味就日用間便著實下功夫始得中庸所謂尊德性者正謂此也然聖賢教人始終本末循循有序精粗巨細無有或遺故纔尊德性便有箇道問學一段事雖當各自加功然亦不是判然兩事也中庸曰大哉聖人之道洋洋乎發育萬物峻極於天優優大哉禮儀三百威儀三千待其人而後行故曰苟不至德至道不凝焉是故君子尊德性而道問學致廣大而盡精微極高明而道中庸温故而知新敦厚以崇禮蓋道之爲體其大無外其小無内無一

物之不在焉故君子之學既能尊德性以全其大便須道問學以盡其小其曰致廣大極高明温故而敦厚則皆尊德性之功也其曰盡精微道中庸知新而崇禮則皆道問學之事也學者於此固當以尊德性爲主然於道問學亦不可不盡其力要當時之有以交相滋益互相發明則自然該貫通達而於道體之全無欠闕處矣今時學者心量窄狹不耐持久故其爲學畧有些少影響見聞便自主張以爲至是不能遍觀博考反復參驗其務爲簡約者既蕩而爲異學之空虛其急於功利者又溺而爲流俗之卑近

此爲今日之大弊學者尤不可以不戒某又記得昔日曾叅見端明汪公見其自少即以文章冠多士致通顯而未嘗少有自滿之色日以師友前輩多識前言往行爲事及其晚年德成行尊則自近世名卿鮮有能及之者乃是此邦之人諸君視之丈人行耳其遺風餘烈尚未遠也又郡縣大夫當代名家自其先正溫國文正公以盛德大業爲百世師所著資治通鑑等書尤有補於學者至忠潔公㞐從北狩囘守臣節不汚僞命又以忠義聞於當世諸君蓋亦讀其書而聞其風矣自今以往儻能深察愚言於聖賢

大學有用力處則凡所見聞寸長片善皆可師法而况於鄉之先達與當世賢人君子之道義風節乎詩曰高山仰止景行行止願諸君留意以副賢大夫教誨作成之意毋使今日之講徒爲空言則區區之望也

讀書之要

或問程子通論聖賢氣象之别者數條子既著之精義之首而不列於集註之端何也曰聖賢氣象高且遠矣非造道之深知德之至鄰於其域者不能識而辨之固非始學之士所得驟而語也鄉吾著之書首所以尊聖賢今不列於篇端所以嚴科級亦各有當焉爾且吾於程子之論讀是二書之法則旣撮其要而表之於前矣學者誠能深考而用力焉盡此二書然後乃可與議於彼耳曰然則其用力也奈何曰循序而漸進熟讀而精思可也曰然則請問

循序漸進之說曰以二書言之則先論而後孟通一書而後及一書以一書言之則其篇章文句首尾次第亦各有序而不可亂也量力所至約其程課而謹守之字求其訓句索其旨未得乎前則不敢求其後未通乎此則不敢志乎彼如是循序而漸進焉則意定理明而無疎易淩躐之患矣是不惟讀書之法是乃操心之要尤始學者之不可不知也曰其熟讀精思者何耶曰論語一章不過數句易以成誦成誦之後反復玩味於燕閒靜一之中以須其浹洽可也孟子每章或千百言反復論辨雖若不可涯者然

其條理疎通語意明潔徐讀而以意隨之出入往來以十百數則其不可涯者將可有以得之於指掌之間矣大抵觀書先須熟讀使其言皆若出於吾之口繼以精思使其意皆若出於吾之心然後可以有得爾至於文義有疑衆說紛錯則亦虛心靜慮勿遽取舍於其間先使一說自爲一說而隨其意之所之以驗其通塞則其尤無義理者不待觀其他說而先自屈矣復以衆說互相詰難而求其理之所安以考其是非則似是而非者亦將奪於公論而無以立矣大抵徐行却立處靜觀動如攻堅木先其易者而

後其節目如解亂繩有所不通則姑置而徐理之此讀書之法也

童蒙須知

夫童蒙之學始於衣服冠履次及語言步趨次及灑掃涓潔次及讀書寫文字及有雜細事宜皆所當知今逐目條列名曰童蒙須知若其脩身治心事親接物與夫窮理盡性之要自有聖賢典訓昭然可考當次第曉達兹不復詳著云

衣服冠履第一

大抵爲人先要身體端整自冠巾衣服鞋襪皆須收拾愛護常令潔淨整齊我先人常訓子弟云男子有三緊

謂頭緊腰緊脚緊頭謂頭巾未冠者總髻腰謂以絛或帶束腰脚謂鞋襪此三者要緊束不可寬慢寬慢則身體放肆不端嚴爲人所輕賤矣

凡著衣服必先提整衿領結兩衽紐帶不可令有闕落飲食照管勿令污壞行路看顧勿令泥漬

凡脫衣服必齊整摺疊箱篋中勿散亂頓放則不爲塵埃雜穢所污仍易於尋取不致散失著衣既久則不免垢膩須要勤勤洗澣破綻則補綴之儘補綴無害只用完潔

凡盥面必以巾帨遮護衣領捲束兩袖勿令有所濕

凡就勞役必去上籠衣服只著短便愛護勿使損汚

凡日中所著衣服夜臥必更則不藏蚤蝨且免敝壞苟能如此則不但威儀可法又可不費衣服晏子一狐裘三十年雖意在以儉化俗亦其愛惜有道也此最飭身之要毋忽

語言步趨第二

凡爲人子弟須是常低聲下氣語言詳緩不可高言喧閧浮言戲笑父兄長上有所教督但當低首聽受不可

妄大議論長上檢責或有過誤不可便自分解姑且隱嘿久却徐徐細意條陳云此事恐是如此向者當是偶爾遺忘或曰當是偶爾思省未至若爾則無傷忤事理自明至於朋友分上亦當如此

凡聞人所爲不善下至婢僕違過宜且包藏不應便爾聲言當相告語使其知改

凡行步趨蹌須是端正不可疾走跳躑若父母長上有所喚召却疾走而前不可緩舒

灑掃涓潔第三

凡爲人子弟當灑掃居處之地拂拭几案常令潔淨文字筆硯凡百器用皆當嚴肅整齊頓放有常處取用既畢復置元所父兄長上坐起處文字紙劄之屬或有散亂當加意整齊不可輒自取用凡借人文字皆置簿抄録主名及時取還窗壁几案文字間不可書字前輩云壞筆汚墨瘝子弟職書几書硯自黥其面此爲最不雅潔切宜深戒

讀書寫文字第四

凡讀書須整頓几案令潔淨端正將書册整齊頓放正

身體對書册詳緩看字子細分明讀之須要讀得逐字響亮不可誤一字不可少一字不可多一字不可倒一字不可牽強暗記只是要多誦遍數自然上口久遠不忘古人云讀書千遍其義自見謂讀熟則不待解說自曉其義也余嘗謂讀書有三到謂心到眼到口到心不在此則眼不看子細心眼既不專一却只漫浪誦讀決不能記記亦不能久也三到之法心到最急心既到矣眼口豈不到乎

凡書册須要愛護不可損汚縐摺濟陽江祿書讀未完

雖有急速必待掩束整齊然後起此最爲可法

凡寫文字須高執墨錠端正研磨勿使墨汁汙手高執筆雙鈎端楷書字不得令手楷著毫

凡寫字未問寫得工拙如何且要一筆一畫嚴正分明不可潦草

凡寫文字須要仔細看本不可差誤

雜細事宜第五

凡子弟須要早起晏眠凡喧鬨鬭爭之處不可近無益之事不可爲謂如賭博籠養打毬踢毬放風禽等事凡

飲食有則食之無則不可思索但粥飯充飢不可闕凡向火勿迫近火傍不惟舉止不佳且防焚爇衣服凡相揖必折腰凡對父母長上朋友必稱名凡稱呼長上不可以字必云某丈如弟行者則云某姓某丈凡出外及歸必於長上前作揖雖暫出亦然凡飲食於長上之前必輕嚼緩嚥不可聞飲食之聲凡飲食之物勿爭較多少美惡凡侍長者之側必正立拱手有所問則必誠實對言不可妄誕凡開門揭簾徐徐輕手不可令震驚響凡衆坐必斂身勿廣占坐席凡隨長上出行必居路之右住必居左凡飲酒不可令至醉凡坐處必去外衣下必浣手凡夜行必以燈燭無燭則止凡待婢僕必端嚴勿得與之嘻笑執器皿必端嚴惟恐有失凡危險不可近凡道路遇長者必正立拱手疾趨而揖凡夜臥必用枕勿以寢衣伏首凡飲食舉匙必置筯舉筯必置匙食已則置筯於案

雜細事宜品目甚多姑舉其畧然大槩具矣凡此五篇若能遵守不違自不失爲謹願之士必又能讀聖賢之書恢大此心進德修業入於大賢君子之域無不可者

汝曹宜勉之

讀書法

今讀書緊要是要看聖人教人做工夫處是如何

讀書將以求道不然讀作何用今人不去這上理會道理皆以涉獵該博爲能所以有道學俗學之别

開卷便有與聖賢不相似處豈可不自鞭策

聖賢之言須常將來眼頭過口頭轉心頭運

立志不定如何讀書

學須做自家底看便見切已今人讀書只要科舉用已及第則爲雜文學古人態不爲自已受用而反做外面事看

有何益哉人常讀書庶幾可以管攝此心常存横渠有言書所以維持此心一時放下則一時得性有懈其何可廢耶

世間凡事須臾變滅皆不足以寘胸中惟窮理修身是究竟法耳可記可記

讀書理會道理只是將勤苦脡將去不解得不成就今世上有一般議論成就後生懶惰如云不敢輕議前輩不敢妄立論之類皆中怠惰者之意前輩固不敢妄議然論涉行事之是非何害固不可鑿空立論然讀書有疑有所見自不容不立論其不立論者只是讀書不到疑處耳將精義諸家説相比並求之亦便自有合辯處

某之爲學乃銖積寸累而成

誦數以貫之古人讀書亦必是記遍數所以貫通也

書須熟讀所謂書只是一般然讀十遍時與讀一遍時終别讀百遍時與讀十遍又自不同也今人未嘗讀得十遍便道我已曉可戒可戒

既識得了須更讀百十遍使與自家相乳入便説得也響

今學者本文尚且未熟如何會有益

因言讀書之法曰且先讀十數遍過了已得文義四五分然後看解又得二三分矣却讀正文又得

子以其章長故也因如此讀元來他章雖長意味却自首尾相貫

嘗看横渠讀書多遍成誦之説最爲捷徑

學以靜爲本讀書閒暇且靜坐教他心平氣定見得道理漸次分明昔伊川見人靜坐便嘆其善學門人問何謂也伊川曰這箇却是一身總要處他日長進亦只是在這裏人只是一箇心做本須存得在這裏識得道義條理脉絡

自有貫通處

讀書須是有精力楊至之云亦須是聰明曰須是聰明亦須是靜靜方運得精神蓋靜則心虛道理方看得出

讀書須將心貼在書冊上逐句逐字各有著落方始好商量大凡學者須是收拾此心令專靜純一日用動靜間都無馳走散亂方始得其看文字精審俱如此方是有本原之學

讀書看文字多是以昏忽了事所以不仔細今學者且於靜處收拾教意思在裏然後盡心去看則其義理未有不

明者也

讀書須靜著心寬著意思沉潛反復將久自會曉得去

讀書覺得困倦時即瞑目靜坐使神逸氣定[illegible]覺得閑思雜慮起來纏繞即當掃除靜定使其心收斂不容一物則思慮自息矣

昔陳烈先生苦無記性一日讀孟子學問之道無他求其放心而已矣忽悟曰我心不曾收得如何記得書遂閉門靜坐不讀書百餘日以收放心却去讀書遂一覽無遺

章子厚欲問康節先生傳數學康節曰必相從林下二十年而後可與語數學既能靜坐二十年則數學不待傳靜坐之久而虛靈不昧凡事自可知之昔延平先生說羅先生解春秋也淺不似胡文定後來隨人入廣在羅浮山住兩三年去那裏心靜須看得較透二三年者尚得如此受用而況二十年靜乎

讀書須是要身心都入在這裏面一段更不問外面有何事方見得一段道理出今人却一邊去看文字一邊去思量外事只是枉費了工夫不如放下文字待打疊教意思靜了去看方好

書須成誦惟精思多在夜間或靜坐得之

讀書看義理須是胸次放開磊落明快恁地去第一不可先責效纔責效便有憂愁底意只管如此胸中便結聚一餅子不散今且放置閑事不要閑思量只專心去玩味義理便會心精心精便會熟

學者讀書多緣心不在故不見道理聖賢言語本自分曉只畧畧加意自見得若是專心如何不見

心不定故見理不得今學者讀書須先定其心使之如止水如明鏡暗鏡如何照得物

只合看自家底留心去看不是自家在了思量

讀書須且虛心靜慮依傍文義推尋句脉看定此句指意是説何事畧用今人言語襯貼替換一兩字説得古人意思出來先教自家心裏分明歷落如與古人對面説話彼此對答無一言一字不相肯可此外都無閑雜説話方是得箇入處

學者讀書須要歛身正坐緩視微吟虛心涵泳切已省察又云讀一句書須體察這一句我將來甚處用得又云文字是底固當看不是底也當看精底固當看粗底也當看

讀書有箇法只是刷刮淨了那心後去看若不曉得又且放下待他意思好時又將來看而今却説要虛心心如何解虛得而今正要將心在那上面

今人讀書看未到這裏心已在後面纔看到這裏便欲舍去了如此只是不求自家曉解須是徘徊顧戀如不欲去方會認得

讀書不可有欲了底心才有此心便心只在背後白紙處了無益

人做功課若不專一東看西看則此心先已散慢了如何看得道理出須是看論語專只看論語看孟子專只看孟子讀這一章更不得看後章讀這一句更不得看後句這一字理會不得更不得看下字如此則專一而功可成若所看不一汎濫無統雖卒歲窮年無有透徹之期某舊時看文字只是守此拙法以至於今思之只有此法更無別法

讀書固收心之一助然今於讀書時收得心到不讀書時便爲事所奪則是心之存也常少而其放也常多何益胡爲而不移此讀書工夫向不讀書處用力使動靜兩得而

此心無時不存乎況有卽讀書時亦收不得心者深爲可戒

初學於敬不能無間斷只是纔覺間斷便提起此心那知覺處便是接續某要得人只就讀書上體認義理日間常讀書則此心不走作

今有聖賢言語有許多文字却不去做而師友只是發明得道理人若不自向前用工師友如何著得力

讀書不可不先立程限政如農功如農之有畔爲學亦然今之始學不知此理初時却説用著心去終至都不理會

了此是當初不立程限之故

觀書須從頭循序而進不以淺深難易有所取舍自然意味詳密至於浹洽貫通則無緊要處所下工夫亦不落空矣今人多是揀難底好底看非惟聖賢之言不可如此間別且是只此心意便不定舋縱然用心探索得到亦與自家這裏不相干突兀聱牙無田地可安頓此病不可不知也

讀書之法當循序而有常致一而不懈從容乎句讀文義之間而體驗乎操存踐履之實然後心靜理明漸見意味

不然則雖廣求博取日誦五車亦奚益於學哉故程子曰善學者求言必自近易于近者非知言者也此言殊有味

讀書須是徧布周滿某嘗以爲寧詳毋畧寧下無高寧拙毋巧寧近毋遠

學者當以聖賢之言反求諸身一一體察須是曉然無疑積日既久當自有見但恐因循怠惰或貪多務廣或得少爲足皆無由明耳

山谷與李機仲帖云大率學者喜博而常病不精汎濫百書不若精於一也有餘力然後及諸書則涉獵諸篇亦得其精蓋以我觀書則處處得益以書博我則釋卷而茫然某深喜之以爲有補於學者

學者只是觀書都不知有四邊方始有味

讀書須是虛心切已虛心方得聖賢意切已則聖賢之言不爲虛說

讀書法悉載性理大全此乃家訓中勉勵初學數條餘餘不盡錄

諭條

諭學者

朱子曰學如不及猶恐失之此君子所以孜孜焉愛日不倦而競尺寸之陰也今或聞諸生晨起入學未及日中而各已散去此豈愛日之意也哉夫學者所以爲已而士者或患貧賤勢不得學與無所於學而已勢得學又不爲無所於學而猶不勉是亦未嘗有志於學而已矣然此非士之罪也教不素明而學不素講也今之世父所以詔其子兄所以勉其弟師所以教其弟子弟子之所以學舍科舉

之業則無爲也使古人之學止於如此則凡可以得志於科舉斯已爾所以孜孜焉愛日不倦以至乎死而後已者果何爲而然哉今之士唯不知此以爲苟足以應有司之求矣則無事乎汲汲爲也是以至於惰遊而不知反終身不能有志於學而君子以爲非士之罪也使教素明於上而學素講於下則士者固將有以用其力而豈有不勉之患哉某是以於諸君之事不欲舉以有司之法而姑以文告焉諸君苟能致思於科舉之外而知古人之所以爲學則將有欲罷而不能者某所企而望也

滄洲精舍諭學者

老蘇自言其初學爲文時取論語孟子韓子及其他聖賢之文而兀然端坐終日以讀之者七八年方其始也入其中而惶然以博觀於其外而駭然以驚又其久也讀之益精而其胸中豁然以明若人之言固當然者然猶未敢自出其言也歷時既久胸中之言日益多不能自制試出而書之已而再三讀之渾渾乎覺其來之易矣予謂老蘇但爲欲學古人說話聲響極爲細事乃肯用功如此故其所就亦非常人所及如韓退之柳子厚輩亦是如此其答禮

翊韋中立之書可見其用力處矣然皆只是要作好文章令人稱賞而已究竟何預已事却用了許多歲月費了許多精神甚可惜也今人說要學道乃是天下第一至大至難之事却全然不曾著力蓋未有能用旬月功夫熟讀一人書者及至見人泛然發問臨時湊合不曾舉得一兩行經傳成文不曾照得一兩處首尾相貫其能言者不過以已私意敷演立說與聖賢本意義理實處了無干涉何況望其更能反求諸已真實見得真實行得耶如此求師徒費脚力不如歸家杜門依老蘇法以二三年爲期正襟危

坐將大學論語中庸孟子及詩書禮記程張諸書分明易曉處反復讀之更就自己身心上存養玩索著實行履有箇入處方好求師證其所得而訂其謬誤是乃所謂就有道而正焉者而學之成也可冀矣如其不然未見其可故書其說以示來者云

又諭學者

書不記熟讀可記義不精細思可精唯有志不立直是無著力處只如而今貪利祿而不貪道義要作貴人而不要作好人皆是志不立之病直須反復思量究見病痛起處

勇猛奮躍不復作此等人一躍躍出見得聖賢所說千言萬語都無一事不是實語方始立得此志就此積累功夫迤邐向上去大有事在諸君勉旃不是小事

諭諸生

朱子曰古之學者八歲而入小學學六甲五方書計之事十五而入大學學先聖之禮樂焉非獨教之固將有以養之也蓋禮義以養其心聲音以養其耳采色以養其目舞蹈降登疾徐俯仰以養其血脈以至於左右起居盤盂几杖有銘有戒其所以養之之具可謂備至爾矣夫如是故學者有成材而庠序有實用此先王之教所以爲盛也自學絕而道喪至今千有餘年學校之官有教養之名而無教之養之之實學者挾筴而相與嬉其間其傑然者乃知

以干祿蹈利爲事至於語聖賢之餘旨究學問之本原則罔乎莫知所以用其心者其規爲動息舉無以異於凡民而有甚者焉嗚呼此教者過也而豈學者之罪哉然君子以爲是亦有罪焉爾何則今所以異於古者特聲音采色之盛舞蹈降登疾徐俯仰之容左右起居盤盂几杖之戒有所不及爲至推其本則理義之所以養其心者故在也諸君日相與誦而傳之顧不察耳然則此之不爲而彼之久爲又豈非學者之罪哉僕以吏事得與諸君遊今期年矣諸君之業不加進而行誼無自著於州里之間僕心愧

焉今旣增修講問之法蓋古者禮義養心之術諸君子不欲爲君子耶則誰能以是強諸君者苟有志焉是未可以舍此而他求也幸願留意毋忽

諭諸職事

嘗謂學校之政不患法制之不立而患禮義之不足以悅其心夫禮義不足以悅其心而區區於法制之末以防之是猶決湍水注之千仞之壑而徐翳蕭葦以捍其衝流也亦必不勝矣諸生蒙被教養之日久矣而行誼不能有以信於人豈專法制之不善哉亦諸君子未嘗以禮義教告之也夫教告之而不從則學者之罪苟爲未嘗有以開導教率之則彼亦何所趨而與於行哉故今增修講問之法諸君子其專心致思務有以漸摩之無牽於章句無滯於舊聞要使之知所以正心誠意於飲食起居之間而由之以入於聖賢之域不但爲舉子而已豈不美哉然法制之不可後者亦旣議而起之矣惟諸君子相與堅守而力持之使義理有以博其心規矩有以約其外如是而學者猶有不率風俗猶有不厚則非有司之罪惟諸君留意

摘訓

德業相勸

朱子曰德謂見善必行聞過必改能治其身能治其家能事父母能教子弟能御童僕能肅政教能事長上能睦親故能擇交遊能守廉介能廣恩惠能受寄託能救患難能導人爲善能規人過失能爲人謀事能爲衆集事能解鬬爭能決是非能興利除害能居官舉職

業謂居家則事父母教子弟待妻妾在外則事長上接朋友教後生御童僕至於讀書治田營家濟物畏法令謹租賦好禮樂射御書數之類皆可爲之非此之類皆爲無益

過失相規

過失謂犯義之過六犯約之過四不脩之過五

犯義之過一曰酗博鬬訟 酗謂縱酒喧競博謂賭博財物鬬謂鬬毆罵詈訟謂告人罪惡意在害人誣賴爭訴得已不已者若事干負累及爲人侵損而訴之者非 二曰行止踰違 踰禮違法衆惡皆是 三曰行不恭遜 侮慢齒德者持人短長者恃強凌人者知過不改聞諫愈甚者 四曰言不忠信 或爲人謀事陷人於惡或與人要約退則背之或妄說事端熒惑衆聽者 五曰造言誣毀 誣人過惡以無爲有以小作大面是背非或作嘲詠匿名文書及發揚人私隱無狀可求及喜談人之舊過者 六曰營私太甚 與人交易傷於掊克者專務進取不恤餘事者無故而好干求借貸者受人寄託而有所欺者

犯約之過一曰德業不相勸二曰過失不相規三曰禮俗不相成四曰患難不相恤

不修之過一曰交非其人 所交不限士庶但凶惡及游惰無行衆所不齒者而已朝夕與之遊處則爲交非其人若不得已而暫往還者非 二曰游戲怠惰 游謂無故出入及謁見人止務閒適者戲謂戲笑無度及意在侵侮或馳馬擊鞠而不賭財物者怠惰謂不修事業及家事不治門庭不潔者 三曰動作無儀 謂進退太疎野及不恭者不當言而言當言而不言者衣冠太華飾及全不完整者不衣冠而入街市者 四曰臨事不恪 主事廢忘期會後時臨事怠慢者 五曰用度不節 謂不計有無過爲多費者及不能安貧非道營求者

禮俗相交

禮俗之交一曰尊幼輩行二曰造請拜揖三曰請召送迎四曰慶吊贈遺

尊幼輩行凡五等○曰尊者 謂長於已三十歲以上在父行者 曰長者 謂長于已十歲以上在兄行者 曰敵者 謂年上下不滿十歲者長者謂稍長少者謂稍少 曰少者 謂少于已十歲以下者 曰幼者 謂少于已二十歲已下者

造請拜揖凡三條○曰凡少者幼者於尊者長者歲首冬至四孟月朔辭見賀謝皆爲禮見 皆具門狀公服若當行禮而有故皆先使人白之或遇雨雪則尊長先使人諭止來者 此外候問起居質疑白事及赴請召皆爲燕見 尊者受謁不報 歲首冬至具已名牓子令子弟報之如其服 長者歲

首冬至具牓子報之如其服餘令子弟以巳名牓子代行

凡敵者歲首冬至辭見賀謝相往還門狀名紙同上唯止服帽子凡尊

者長者無事而至少者幼者之家唯所服深衣凉衫道服背子可也敵者

燕見亦然○曰凡見尊者長者下馬俟於外次乃通名凡往見入門必

問主人食否有他客否有他幹否有妨則少俟或且退後皆倣此主人使將命者先出迎

客客趨入至廡間主人出降階客趨進主人揖之升堂禮

見四拜而後坐燕見不拜旅見則旅拜少者幼者自爲一列幼者拜則跪而扶之少者[illegible]

則跪扶而答其半若尊者長者齒德殊絕則少者堅納[illegible]請尊者許則立而受之長者許則跪而扶之拜訖則揖而[illegible]

退主人命之坐則致謝訖揖而坐退凡相見語終不更端則告退或主[illegible]有倦色或方幹事而有所俟者皆[illegible]

退可也後皆倣此則主人送於廡下若命之上馬則三辭許則揖

而退出大門乃上馬不許則從其命凡見敵者門外下馬

使人通名俟於廡下或廳側禮見則再拜稍少者先拜旅見則特拜退

則主人請就階上馬徒行則主人送於門外凡少者以下則先遣人

通名主人具衣冠以俟客入門下馬則趨出迎揖升堂來

報禮則再拜謝客止之則止退則就階上馬客徒行則迎於大門之外送亦如之

仍隨其行數步揖之則止望其行遠乃入○凡遇尊長於道皆徒行則趨進揖

尊長與之言則對否則立於道側以俟尊長已過乃揖而

行或皆乘馬於尊者則迴避之於長者則立馬道側揖之

俟過乃揖而行若已徒行而尊者乘馬則迴避之若已乘

馬而尊長徒行望見則下馬前揖已避亦然過既遠乃上

馬若尊長令上馬則固辭遇敵者皆乘馬則分道相揖而

過彼徒行而不及迴避則下馬揖之過則上馬遇少者以

下皆乘馬彼不及避則揖之而過彼徒行不及避則下馬

揖之于幼者則不必下可也

請召迎送凡四條○凡請尊長飲食親往投書禮薄則不必書專召

他客則不可兼召尊長既來赴明日親往謝之召敵者以書簡明日

交使相謝召少者用客目明日客請往謝○曰凡聚會皆

鄉人則亦以齒非士類則否若有親則必敘若有他客有爵者

則坐以爵不相妨者坐以齒若有異爵者雖鄉人亦不以齒異爵謂命

士大夫以上今陞朝官是若特請召或迎勞出餞皆以專召者爲上客

如昏禮則姻家爲上客皆不以齒爵爲序○曰凡燕集初

坐別設桌子於兩楹間置大杯於其上主人降席立於桌

東西向上客亦降席立於桌西東向主人取杯親洗上客

辭主人置杯桌子上親執酒斟之以器授執事者遂執盃

以獻上客上客受之復置桌子上主人西向再拜上客東

向再拜興取酒東向跪祭遂飲以杯授贊者遂拜主人答拜

上客酢主人如前儀主人乃獻衆賓如前儀唯獻酒不拜若衆賓中有齒爵者則特獻如上客之儀不酢也若婚會姻家爲上客則雖少亦答其拜○曰凡有遠出遠歸者則迎送之少者幼者不過五里敵者不過三里各期會於一處拜揖如禮有飲食則就飲食之少者以下俟其旣歸又至其家省之

慶弔贈遺凡四條○曰凡同約有吉事則慶之冠子生子預薦登科進官之屬皆可賀婚禮雖曰不賀然禮亦曰賀娶妻者蓋相以物助其賓客之費而已有凶事則弔謂喪葬水火之類每家只家長一人與同約者俱往其書問亦如之若家長有故或與所慶弔者不相接則其次者當之○

曰凡慶禮如常儀有贈物或其家有不足則同約爲之借助器用及爲營幹凡弔禮聞其初喪未易服則率同約者深衣而往哭弔之此弔尊者則爲首者致辭而旅拜敵以下則不拜主人拜則答之少者以下則扶之不識死者則不弔不識死者則不哭且助其凡百經營之事主人旣成服則相率素幞頭素服素帶具酒果食物而往奠之死者是敵以上則拜而奠以下則奠而不拜主人不易服則亦不易服主人不哭則亦不哭情重則雖主人不變不哭亦變而哭之賻禮用錢帛衆議其數如慶禮及葬又相率致賵俟發引則素服而送之賵如賻禮或以酒食犒其役夫及爲之幹事及卒哭及小祥及大祥皆常服弔之○曰凡喪家不可具酒食衣服以待弔客而客亦不可受○曰凡聞所知之喪或遠不能往則遣使致奠就外次衣弔服再拜哭而送之唯至親篤友爲然過期年則不哭情重則哭其墓

患難相恤

患難之事一曰水火小則遣人救之甚則親往多率人救且弔之二曰盜賊近則同力追捕有力者爲告之官司其家貧則爲之助出募賞之三曰疾病小則遣人問之甚則爲訪醫藥貧則助其養疾之費四曰死喪缺人則助其幹辦乏財則賻贈借貸五曰孤弱孤遺無依者若能自贍則爲之區處稽其出內或聞於官司或擇人教之及爲求婚姻貧者協力濟之無令失所若有侵欺之者衆人力爲之辦理若稍長而放逸不檢亦防察約束之毋令陷於不義六曰誣枉有爲人誣枉過惡不能自

伸者勢可以聞於官府則爲言之有方備可以救解則爲解之或其家因而失所者衆共以財濟之七曰貧乏有安貧守分而生計大不足者衆以財濟之或爲之借貸置產以歲月償之

右呂氏鄉約訓條朱子摘以誡學者茲於義學廳壁表而揭之使後生小子知勸善規過交友事長睦婣任卹之道詎可以其淺近而忽諸

漢口紫陽書院志畧卷之六

禋產

薪傳統緒德馨弗替肅雍駿奔蘋藻釜筥崇德報功愼厥終始仰止高山溯洄漢水恒產恒心永腆禋祀

禋產者何市屋也市屋曷云祠產也曰以屋之所入供祠之所出終歲沛然而有餘創於昔增於今擴充於後猶子興氏所謂恒產也烏可以不誌初鄉之善士醵金購東隅之屋改置市房若干椽續又贖還西廛改置若干椽今復闢基展地達巷開津總計較舊置加倍要之六邑之人心一一則堅堅則久而不懈故綜其歲入歲出之規著之於冊繩繩相續自今已往以歲息之盈裒而益產無論市廛田畝歲月遞增即黍稷馨香粢盛豐潔以及膏火修葺均有所出可百禩相仍也寧僅目睫之見哉

契墨

書院基址五契

立大賣基地文契人劉仁菴劉咸有同姪以韶聲玉有祖遺分受基地一段計寬六丈坐落漢鎮循禮坊四總後街前至街南本基港心北至塘坡港心東至本基大巷余鄧牆脚西至劉乾吉基地四至明白立有水程先儘親族典主並無承買復請牙中說合出賣與新安文會爲業當日三面議定時值正價紋九銀三百兩外親族荅賀表勸折席銀三十兩仁等兄弟同姪當日眼同收足並無貨物準折逼勒等情自賣之後聽從買主塡基蓋造劉門不得生端異說其基地係承祖遺業倘存字跡日後刷出無用所有質典與受分不明等情俱係仁等承管地課地糧買主照冊完納今欲有憑立此文契存照康熙三十三年六月

日立大賣基地文契人劉仁菴劉咸有同姪以韶聲玉

押

立大賣基地房屋文契人余大霱承父百圭先年價買族人應菲兄弟基地一段計寬三丈六尺坐落漢口循禮坊四總後街東至李楊屋地西至買主巷地南至官街北至鄧宅牆脚四至明白身父蓋造鋪面樓房三間後層土庫樓房三間四圍牆垣板壁俱全併後餘地至鄧牆止該身分法一半今因父柩久停在屋無力搬回立有水程先儘親族原業俱不承買復請牙中說合情願出賣與新安文會名下爲業當日三面議定時值紋九價銀一百三十五兩滿門親族答賀表勸折席銀十三兩五錢其銀當日一

併收足此係二比情願並無私債准折貨物抬算逼勒成交等情自賣之後聽從買主蓋造管業內外人等不得異說基地錢糧照冊完納來脚地契俱已繳付今恐無憑立此文契存照康熙三十三年七月　日立大賣基地房屋契人余大霱押

立大賣基地房屋文契人余大震承父百圭先年價買族人應菲兄弟基地一段計寬三丈六尺坐落漢口循禮坊四總後街東至李楊屋地西至買主巷地南至官街北至鄧宅牆脚四至明白身父蓋造鋪面樓房三間後層土庫樓房三間四圍牆垣板壁俱全併後餘地至鄧牆止該身分法一半今因父柩久停在屋無力搬回立有水程先儘親族原業俱不承買復請牙中說合情願出賣與新安文會名下爲業當日三面議定時值紋九價銀一百三十五兩滿門親族答賀表勸折席銀十三兩五錢其銀當日一

併收足此係二比情願並無私債准折貨物抬算逼勒成交等情自賣之後聽從買主蓋造管業內外人等不得異說基地錢糧照冊完納來脚地契俱已繳付今恐無憑立此文契存照康熙三十三年七月　日立大賣基地房屋契人余大震押

立大賣基地文契人翟鳴霄今將自己價置基地一段坐落循禮坊四總後街地尾前至鄧宅牆脚後至塘邊左至楊宅基地右至買主基地今因出路不便請憑中牙説合情願出賣與新安文會名下爲業當日三面時值估價紋九銀四十二兩其有荅賀表勸一併在内係翟親手收訖此係二比情願並非勒逼等情自賣之後聽從買主蓋造倘前業首尾不明俱係翟人承管外有老契一紙當時繳付恐後無憑立此文契存照康熙三十三年七月　日立大賣基地文契人翟鳴霄押

立大賣基地房屋文契人鄧聚芝今因不便管業所遺兄弟基地房屋一所坐落循禮坊四總塝後土庫平房三進廂房披厦四間屋内裝修門扇牕槅板壁四圍牆垣石岸俱全四至俱以本宅牆脚爲界憑中牙議明情願出賣與新安文會名下爲業當日得受時值紋九價銀四百六十兩表勸雜項在内係聚親手收訖自賣之後其基屋悉聽拆卸改造永遠爲業鄧氏内外人等倘有藉端生説俱係聚承管今欲有憑立此文契存照其契内價銀係聚一併親收倘日後聚兄昇如異説在聚承管此批康熙三十四年六月　日立大賣基地房屋文契人鄧聚芝押

無基浮屋三十一契

三十五年十月 契買楊士美瓦屋一所價銀一百十三兩

三十五年四月 契買謝惟賢趙黃甲瓦屋一所價銀七十兩

三十五年三月 契買羅自明瓦屋一所價銀七十兩

三十四年十二月 契買曾傳禮瓦屋一所價銀一百四十兩

三十三年十二月 契買吳定民瓦屋一所價銀二百兩

三十三年十二月 契買余永祥瓦屋一所價銀三十七兩

三十四年三月 契買熊翼六瓦屋一所價銀三十五兩

三十三年十二月 契買王伯華土窨一所價銀十八兩

三十三年十一月 契買李士尤竹屋一所價銀六兩

三十三年七月 契買翟鳴霄竹屋一所價銀二十八兩

三十五年八月 契買楊秀卿顧顯卿竹屋一所價銀十八兩

三十四年四月 契買秦特起竹屋一所價銀十一兩五錢

三十四年四月 契買汪廷爵竹屋一所價銀十一兩五錢

三十四年四月 契買周文卿竹屋一所價銀三十五兩

三十四年四月 契買蕭明宸彭君美竹屋一所價銀五兩

三十四年四月 契買楊繼美竹屋一所價銀十六兩

三十四年四月 契買李正賢竹屋一所價銀十一兩五錢

三十四年四月 契買周元卿周一臣草屋一所價銀六兩

三十四年四月 契買羅卿明草屋一所價銀四兩六錢

三十四年四月 契買萬世文草屋一所價銀六兩

三十四年四月 契買胡明甫草屋一所價銀十三兩

三十四年四月 契買張瑞林草屋一所價銀二兩

三十四年四月 契買陳伯言草屋一所價銀一兩八錢

三十四年四月 契買熊以公王公化草屋一所價銀二兩六錢

三十三年十一月 契買任源澤竹屋一所價銀四兩

三十七年十二月 契買周門黃氏鋪樓二間價銀三十三兩

以上所買各屋俱爲拆造書院基地之用

三十八年正月 契買馬凌霄竹屋一間價銀四十四兩

三十九年五月 契買劉文遠劉修遠瓦屋二間價銀五十兩原該書院地租扣清補此數

四十一年十二月 契買羅自明土屋一進價銀二十七兩

乾隆七年十月 契買朱黃氏瓦屋一進價銀一百二十兩在劉順玉基地內

乾隆七年十月 契買袁祖耀瓦屋二間價銀一百二十兩仝前

乾隆七年十一月 契買劉文進瓦屋一所價銀三十六兩仝前

乾隆七年十一月　契買劉克成住屋一所價銀三十六兩仝前

二十七年三月　契拼陳斌店屋一所價銀二十四兩沈家廟橋頭書院內

後河麥地

立大賣麥地文契人蕭位極蕭俊極今將祖遺受分漢口循禮坊堤外湖岸麥地一大段東至本壟路邊西至曾純甫麥地南至王祥宇麥地北至巳地壟溝今因移業就業請憑牙中情願出賣與新安文會名下爲業當日得受時値價紋九銀三十三兩外荅賀表勸等項銀三兩五錢一併收訖其地有應納湖岸麥課憑中議定買主帮認平戥銀八錢交付蕭茂戶內承領完納自賣之後聽從更佃招種永遠管業蕭門親族不致異說如有重複來歷不明等

情俱係位極承管今恐無憑立此文契存照康熙三十四年五月　日立大賣麥地文契人蕭位極蕭俊極押

漢陽基屋

立大賣基地房屋文契人廖仲崑仝男鉉等今將父遺自已受分基地一段自蓋竹瓦草房二重竹披二間屋內虎皮牕格門扇裝修俱全坐落鼓樓前集賢坊前至官街後至郎官湖漘左至萬宅牆界右以本宅牆脚爲界四至明白今因移業就業請憑牙中說合情願絕賣與新安文會名下爲業當日得受時價紋九銀一十五兩整答賀表勸一併在內係仲崑父子親手收訖自賣之後其基房聽從買主移舊換新永遠爲業廖門親族不得藉端異說以及重複典當不明等情俱係賣人承管今欲有憑立此文契永遠爲照

康熙三十四年十月　日立大賣文契人廖仲崑男鉉[illegible]代筆胞弟廖叔崑廖素峯押

新安巷基屋

立杜賣基房文契人鄧聚芝自置漢鎮土庫基地房屋一所計七進廻披樓及門扇板壁牕槅鼓皮俱全水呈開載明白坐落循禮坊頭總上岸前至官街後抵巷心左至謝宅右至水巷牆垣四至明白今因住居窎遠管業不便先發水呈請憑中牙吳蘊宇汪天澤等說合出賣與新安文會名下爲業當日得受時值紋九正價銀一千二百兩外滿門答賀表勸起神畫字等項銀一百二十兩係聚芝一併親手收訖彼卽契明價足並非貨物准折此係自售自分房族人等毋得異說上首老契總付買主收執聽從移舊造新永遠爲業其基地錢糧聽卽過戸完納今欲有憑立此杜賣文契永遠存照

康熙四十年三月　日立杜賣基地文契人鄧聚芝押

照牆前基屋

立大賣基房文契人余楚玉今有父遺漢鎮循禮坊四總基地鋪面樓房三間併後披屋內裝修板壁門扇閘板樓梯俱全左右牆垣牆脚俱係本宅造就北至官街南至謝宅牆脚今因年邁回籍父子商議先儘親族並無承買請憑官牙中親友説合情願賣與嶽國文公祠內雜貨店名下爲業當日得受衆店已捐紋九正價銀一百八十兩正外滿門答賀表勸起神折席小禮雜項銀二十兩正係楚玉父子親手收訖並非債利准折其業亦無分受不明等

情自賣之後一杜一絕聽從衆雜貨店移舊造新永遠爲業楚玉家庭親族不致藉端異説如有等情俱在賣主父子承當不涉買主之事今欲有憑立此絕賣基屋文契永遠存照康熙四十六年四月　日立大賣基房人余楚玉

仝男大海大源押

循禮坊後街橋頭市屋

立杜賣基房文契人朱坤林仝姪清泉有自置土庫樓房一所并邊廂平屋一間四圍牆垣石脚基地鼓皮門窗及一切浮裝俱全坐落循禮坊四總前至街心後至本宅牆脚左至街心右至本宅牆脚四至清白今因移業就業伯姪好作商量先儘親族並無承買請憑牙中説合情願賣與文公書院爲業當日得受時值價銀足紋二百五兩正答賀表勸起神下匾折席小禮一并在內係伯姪眼同親手收訖此係自賣自業遵奉新例永遠杜絕自賣之後聽

從書院移舊造新倘有原業藉端及不明等情盡是賣人承當其門攤地糧聽憑更名完納今欲有憑立此文契存照雍正八年八月　日立大賣文契人朱坤林同姪清泉

押

循禮坊正街市屋

立大賣房屋基地契約人金峻階同嫂彭氏今情願將祖遺基地鋪面土庫樓房兩進坐落循禮坊新安巷上首前至街心後至黃宅牆脚東西皆至本家牆脚其屋內牕檽板壁鼓皮樓梯櫃臺上下裝修俱全先儘親族人等俱不承買央中出賣與文公書院爲業三面公估議定時値九五足紋銀三百兩整原業契賣表禮起神畫字等項一切在內其銀當日眼同中親等賣主親手收足自賣之後聽從買主居住管業完納門攤楚圍銀三錢二分如有重復典當不明等情盡是賣主承管無得異說今恐無憑立此

嘉慶二十一年十月　日立大賣契約人金峻階仝阿彭押

熊家巷基

立大賣巷地契人熊蓉磯同姪聖卿荊山今有自已戸下祖遺巷路一條計寬三尺前至官街後至河邊東至熊牆脚西至魏牆脚土名熊家巷坐落循禮坊二總因管業不便憑中人鄭卜孚等出賣與文公書院爲業受價紋銀四十五兩整折席小禮一併在內其銀當日親手收足並無貨物抬折抑勒等情自賣之後任憑書院折改火巷其地並無重疊典賣親隣爭執情弊倘有熊姓親戚內外人等生端異說俱係賣人理値不干買主之事今恐無憑立此賣契永遠存照其上首老契一紙幷繳買主收執又批雍

正十二年八月　日立大賣巷地熊蓉磯同姪聖卿荊山押

循禮坊後街基屋

立大賣房屋基地文契人劉順五今有分得先年祖父用價買龔姓循禮坊四總後街基地於上自造土庫鋪面樓房二間廂披二間又大廳對樓共四進格扇鼓皮牕槅地板雨䙘曬台俱全前至官街後至行路左以本宅牆脚右至彭宅牆脚爲界後地尾一大段四至眼同釘界明白其地課照冊完納今因移業就業先儘親族人等並無承買情願憑中說合一併掃土絕賣與文公祠名下爲業當日三面議定時値估價九五色銀一千一百兩整答賀表勸

起神下匾小禮折席一并在內其銀當成契日係順手收足並無准折抬算等情自賣之後一杜一絶任憑買主管業起造無得異說倘有內外人言盡是賣人理直不涉買主之事所有上首承買龔姓房屋基地赤契當日一併繳付買主收執倘有上首未繳來脚與一應契墨日後檢出槩作廢紙今欲有憑立此大賣基地房屋文契付買主永遠存照乾隆元年十二月　日立大賣房屋基地文契人劉順五押

基地房屋

立大賣基房文契黃仲華同弟鼎元姪文錦文明今有祖遺土庫樓房基地一所計六進坐落循禮坊二總下岸前至官街後至河心東至許捧日所買黃宦屋牆脚西至黃廷佐宅屋牆四至明白屋內門扇板壁牕槅鼓皮回披廂樓俱全今因兄弟叔姪管業不便好作商量開立水程先儘親族並無承買請憑牙中徐敬五方有章等說合賣與徽州文公祠內爲業當日三面得受時値紋九銀九百兩整滿門答賀表勸起神下匾折席畫字等項一併在內並

無貨物抬算錢債准折此係兄弟叔姪商量情願公賣公業一杜一絶契明價足眼同牙中收訖其屋隨即交祠管業聽從折造無得異說所有上首老契當日繳出基地錢糧聽祠過戸完納倘有家門親族人等生情異說盡是賣人承當不涉買主之事今欲有憑立此文契付文公祠永遠存照雍正十二年十二月　日立大賣基房文契黃仲華黃鼎元同姪文錦文明押

循禮坊大街基屋

立大賣基屋鋪面文契戴正位今有先年買受謝姓基屋一所坐落循禮坊大街新安馬頭對面老岸坐北朝南前進鋪面官街爲界左抵本家原開謙吉典屋右抵新安書院基屋後抵本屋牆脚四面牆垣俱屬本屋自前鋪面起計八進屋內門扇鼓皮隔格對樓廂房腰牆寸木條石俱屬本屋又後過本基夾街另有鋪屋三大間坐北向南左抵本屋牆脚右與新安書院共業戴佔三股之二後抵書院之業照本屋牆脚拖後管業今書院衆等議照新安馬

頭開通大路防回祿利濟行人洵屬義舉倩價通商義不容辭願照原買謝姓價銀市紋曹平七千五百兩自應加立大賣文契絶賣新安書院名下爲業其銀當日收足其屋任聽書院折毁改造此係情通禮讓兩無反悔倘有本家親族以及旁人異説總在賣主一身承當不涉買主之事所有錢糧聽書院推收完納批列於後老契紙當日批明交出並無片紙存留今欲有憑立此大賣文契付據乾隆四十一年 月 日立大賣基屋文契戴

沈家廟後街基屋

立大賣基地土庫樓房文契余祖志同子（三房國逵 二房國邁 四房國遴）長房孫昌寵今有自置基地土庫樓房東西廳二所坐落循禮坊二總沈家廟後街其東廳一所計一大棟前至官街後至白家巷左至羅宅牆脚右至戴宅牆脚其西廳並鋪面前後計五棟前至官街後至本宅右至孫宅牆脚左至以本宅新牆毗連姚宅牆脚爲界四至悉載明白其屋內鼓皮格扇門戶隔槅欄杆板壁廂房廚房樓梯梘筒各處曬臺以及鋪面鋪板四面牆垣一應裝修俱全更有屋內磚

瓦木植石塊等項一併在內外有廚屋基地三尺係孫宅牆脚餘地每年租銀三兩二錢因搬眷回里管業不便祖孫父子兄弟好作商量出立水程先儘親族原業俱不承買只得請憑族友説合情願立大賣文契出賣與新安書院名下爲業當日三面議定時值價銀三千二百兩整外起神下匾各賀表勸折席雜費銀一百兩整其銀當時係同子孫等眼同三面親手收訖契明價足並無勒買抬算等情亦無重複典賣等事自賣之後拳石寸木皆屬買主管業聽憑改造自住招租基地錢糧任從過戶照册完納

余姓內外人等不得生端異説倘有首尾不明一切異議盡在余人承管不涉買主之事今欲有憑立此大賣文契付青院永遠存照大清乾隆五十年十二月　日立大賣文契人余祖志

三皇殿後基屋

立大賣基地房屋文契人劉國富貴今有父遺下土庫樓房基地一所計三進坐落循禮坊二總三皇殿後前至官街滴水後至書院牆脚左至本宅板壁右至本宅牆脚爲界四至明白今因移業就業共有屋內門扇牆壁牕槅鼓皮晒臺俱全今因乏用開立水程先儘親族並無承買只得請憑中証傅坤喻文龍說合時值價銀九兑一百二十兩整情願揮土出賣與徽州文公祠內名下爲業其銀當日憑中三面眼同劉姓弟兄親手收足其滿門答賀表禮起神下

匾代筆折席等項一并在內此係劉姓弟兄自相情願並無貨物抬算錢債准折以及重復典賣勒逼等情自賣之後一杜一絕任憑買主管業起造無得生端異說倘有內外人言語盡是賣人承當不涉買人之事所有來脚紅契一紙並錢糧券當日一並繳付買人收執其基地錢糧聽從過戶完納無阻今欲有憑立此大賣文契永遠存照乾隆六十年十月　日立大賣契人劉國富貴押

新安街東基屋

立杜大賣契戴紹武等緣漢鎮新街爲　文公書院甬道上首水巷窄小水夫往來多由甬道日無乾路未能潔淨本家向有下首土庫樓屋及夾街餘屋書院公同情商讓與折通水巷利濟行人誠爲美舉今三大房兄弟公商自願將承祖遺下漢鎮循禮坊坐落新安馬頭對面坐北朝南土庫樓屋鋪面七大進并基地巷衕其屋東至本巷牆垣牆脚爲界西至書院新街鋪屋牆脚爲界前至官街後至夾街四至界明屋内牆垣門牕格扇俱全又將夾街

餘屋樓房兩間半四至照原界爲定一併盡行憑中立契出賣與文公書院爲業當日得受曹平淨圓絲價銀一萬兩整自賣之後聽從折通巷路水火均可無虞以全盛事錢糧門攤在於戴謙吉戶内推入書院戶内辦納收租無異倘有内外人言等情盡是本家承值不涉書院之事今欲有憑立此杜大賣契久遠存照嘉慶八年七月　日立

杜大賣契戴紹武　介維　履中　戴　虞風　靄堂　押

所有老契因三大房公產彼此交代向年遺漏日後檢出不作行用又批

祠後基屋

立大賣契人程門倪氏同孫程紹元今因需用自願將子手置買鋪面樓房並基地共三間坐落土名循禮坊三總文公祠後其屋前至官街後至胡宅左至官街右至吳宅上至青天下至黃泉四圍牆壁磚瓦階簷條石櫃臺樓梯鋪板板片門扇裝修一應俱全發立水程已儘親族無人承買今請憑周正昌等説合立契出賣與新安書院名下爲業當日三面議定得受時值價銀一百四十兩整其銀當日憑中眼同程紹元親手一併收足其屋隨即交與買

人管業聽從折改建造此係自賣自業無得異説倘有内外人言説及一切來歷不明等情盡是賣人承值不涉買人之事今欲有憑立此大賣屋契一紙永遠存照嘉慶九年八月二十四日立杜大賣屋契人程門倪氏同孫程紹元親筆押

準提菴契約

立杜後約人黄光顔仝頴陽兄君榮同表親蔡時卿有後湖荒地一塊作成與徽僧長樂塡墩募蓋準提禪林種植樹木屢遭水泛傾圮俱僧苦行護持廿載方今徽郡衆善姓等捐貲鼎建殿宇永遠香火垂成功德其有西傍相連荒地一塊係蕭雲章所賣與本菴作菜地長樂去價約據於上年四月間因地致起訟端彼此俱控本縣侯老爺前任守道陳老爺兩詞俱經審結道批立案今西復塡墩興造三元殿顔善向衆說明前情衆念作福盛舉僧且弱門

公議將所募佈施銀兩内捐出十八兩整憑本坊約所王公對等及善信陳郢恒余仲達等付顔收訖顔對神立誓自後再不得藉端生事侵害永杜異說如顔再有異說聽衆經公理論立此杜約永遠存照康熙七年十一月十八日立杜後約人黄光顔押

執照

馬頭基屋照

湖廣漢陽府漢陽縣正堂紀録一次梁爲承買基房價已呈繳懇給執照以便管業事雍正十二年十一月二十四日奉布政司批據許捧日呈前事呈稱有原任工部尚書黄奉部變價還項基地樓房一所在漢口循禮坊二總正街下岸係原買魏嗣文等契載樓房並基地一所鋪樓一進内樓房五進披厦廂房與鋪面門總戸扇俱全計價紋銀九兑一千三百六十八兩向因地處河濱又係多年未

經修理之房懸價莫售捧日因其接連新安書院人烟稠密之通衢情願照價承買折造通河火道馬頭以利居民商旅業經黄尚書奉部差出家人費文貴楊發具呈漢陽縣詳解憲庫在案此屋係照原契之價兑足絲毫無欠其解費已經聲明悉係黄尚書家兑出與許捧日無涉所有原買契二紙與現在租約俱已繳收但係奉部變價還項業主並無賣契理應呈懇憲臺伏乞俯給執照以便管業折造馬頭則居民商旅均戴洪慈於無旣矣等情奉批

仰漢陽縣給照報查等因奉此合行給照為此牌給原呈照原買契約管業其所買房屋價銀俱係承賣家丁費文貴楊發兑足收清其有觧費不得干涉買主餘照契載界址拆造火道馬頭管業無違右牌給原呈執照雍正十二年十一月二十九日

承買繳價呈

具呈新安書院許捧日為賜批執照以便管業事切有原任工部尚書黄在漢口循禮坊二總正街下岸買有魏嗣文等樓房並基地一所鋪樓一進內樓房五進披厦廂房與鋪面門廳戸扇俱全奉部變價還項今照原契紋銀九兑一千六百兩市平扣實紋銀庫平一千三百六十八兩轉賣到新安書院開火道馬頭以利居民行商客旅往來灣泊之津梁黄尚書奉部差出家人費文貴楊發具呈天臺捧日照數呈繳屋價折實庫平紋銀一千三百六十八兩懇賜兑收批解藩庫此屋係照原契之價兑足所有此項銀兩日後解費悉係黄尚書家兑出與買主許捧日無涉所有前後黄尚書家原買契二紙與現在租約俱繳許捧日處事屬兩相情願為此呈明伏乞天臺賜批執照以便管業頂戴靡涯矣雍正十二年七月　日漢陽縣正堂梁准據轉

受買退業呈

具呈原任工部尚書黄變產家人費文貴楊發爲呈明變產繳價湊完賠項事切文貴老主因原任廣西布政司任內有捐納一案經九卿議賠銀二十四萬餘兩咨請兵部給發路引差文貴等來楚變產湊完家主賠項除已變解咨抵外今有老主原買漢口循禮坊二總正街下岸樓房連基地一所鋪樓一進內樓房五進披厦廂房鋪面門牕戶扇俱全照原契價紋銀庫平一千三百六十八兩出賣與新安書院許捧日所有原賣契二紙并現在租屋約三

紙俱繳許捧日照契約管業其價許捧日交送天臺彈收理合呈明伏乞恩賜詳請咨明大部湊完家主賠項沾恩無旣雍正十二年七月　日漢陽縣正堂梁批准據詳

準提菴三元殿執照

漢口鎮衆商汪公達等稟爲懇恩賞照杜後事有僧人長樂苦修衆等捐貲買地蓋菴因逐年屢被地惡侵佔控告不休今蒙審立案踏清界址伏懇天臺批奪准照沾恩無旣上稟

前抵汪館港岸　左抵宋宅尾港岸

右抵容膝港岸　後抵義塚

兩邊抵港

康熙七年十二月　日具

漢陽縣侯老爺十三日批准照

紀產

紀贖市屋入祠

文公書院建於漢濱爲吾鄉講學敦仁地當時六邑之衆莫不踴躍從事迄今三十餘年棟宇巍峩規模宏敞莫不羡乎輪奐之美然剏建賴有羣賢而修葺竟無公槖不得不亟爲未雨綢繆之計因查祠內向有樓房鋪面祇緣公事掣肘悉皆典質於人今欲圖新莫如贖舊帷時汪箴極汪兆瑜汪元長吳任文倡邀布店同志共集會銀三百兩隨同汪天澤汪公遠戴艮玉吳斯友公交朱穆文向程輔

臣子旣白讓價一百四十三兩贖出原質樓房兩進（郎今義學）鋪面一進（即義學前）併將先年給存汪元長處會銀五十六兩向汪元長謝友蘭讓價四十四兩贖出原質鋪樓一間（即照牆前）因思雜貨衆店從前所買照牆外鋪樓三間并基地一片久有樂輸之議今會同汪貞佑葉廉臣陳漢先戴艮玉楊雲士汪長公汪次山等議明以三年租息抜還各輸會本原數其房屋租息同入書院以備遞年修葺公費所謂弗遺餘力從玆書院不朽同人之心志亦不朽也時康熙六十年十二月　日

同贖姓氏

汪兆瑜　汪筆友　汪箴極　吳爾玉　汪元長
汪千古　吳任文　程理安　程我雲　黄鼎先
程師遠　程叔茂　戴德艮　汪毅元　戴景文
汪兆聲　潘汝先　項東白　程舜公　程子允
張文聲　查肇周　汪盛侯　朱穆文　吳有容
汪涵碧　程輯瑞　汪尹嘉　汪公璜　汪啟文
張德文　許克三　張含中　金殿揚　李佑臣
吳元貞　邵伯容　汪漢臣　汪伯颺　程作舟

立調換墨據浙寧公所新安書院緣我兩郡人士薈萃漢皐均經創立會館崇祀　先賢敦聯桑梓茲因浙寧公所重新建造限以基址淺窄未遂宏敞規模覗得公所屋後毘連隙地係屬新安書院發祥之三元殿屋外餘基蓋思闔郡公業非價值可容求割爰請託居間再四同詣新安書院情商俯湊衆議慨允今浙寧公所公將原置南京會館前首仕屋一所鋪面一所又新置循禮坊程姓鋪屋三間檢同契據交與新安書院執業過戶輸糧新安書院公將三元殿前照牆外西南隙地劃割一塊深計四丈其寬前計三丈

後計二丈七尺眼同釘界調換與浙寧公所合錦成造至落成之後浙寧公所永以牆爲界此外隙地原係新安書院本業浙寧公所後人不得飾詞侵佔而公所屋後開啓便門聽由出入但新安書院業產歷來稅賦錢糧載入冊籍有增無減未便割稅開除所有換給之地每年應納錢糧新安書院永代完納後人不得競較此乃通商調換情義允協兩無私徇繼啓英賢咸宜信守恐後無憑立此調換墨據二紙各執一紙永遠存照

一浙寧公所原契買南京會館前劉姓之屋印契一紙

一浙寧公所新契買循禮坊程姓鋪面樓房屋契一紙均交新安書院收執　再批　其新安書院所更換與浙寧公所地基之錢糧因大契連產未便開除當日議定每年浙寧公所交出銀五分原寄新安書院戶內代納

嘉慶九年八月　日立調換墨據

浙寧公所董事　葉顯揚　劉鳳鳴　宋端華

新安書院董事　汪衡士　胡克能　余闓望　黃威候

憑中見議　浙寧公所　馮甸安　余允安　馮用韜　沈西成

新安書院　金霞青　余逢源　吳星源　許尚德

汪恒盛　李殿鰲　吳際南　黃仲容

司書余超宗

立永遠杜賣基地房屋約人劉齡萬同子廷光孀長媳張氏今有自置土庫樓房一棟鋪面一間廂房一間并後出頭後路房內門扇板壁樓梯鼓皮窗槅格扇並鋪面鋪板櫃臺鋪內裝修以及房內寸木拳石一應俱全不得擅動絲毫前至官街爲界後至南京會館牆脚爲界東至本宅牆脚爲界西至鋪面本宅牆脚爲界廂房正屋南京會館牆脚爲界四界明白坐落循禮坊二總今因移業就業父子同孀媳好作商議先儘親族人等無人承買情願請憑親中說合出杜賣與浙寧公所名下爲業當日議定時值

價銀元絲銀三百八十兩整其有搭賀表禮起神下匾折席一併在內契明價足當日齡萬父子眼同中人親手收訖並無貨物抬算逼勒准折等情亦無重復典賣等弊自賣之後聽從買主蓋造居住招租劉門親族人等不得生端異說倘有生端此等情弊俱係賣主一身承管不涉買主之事已賣已業一杜一絕永無異說今欲有憑立此杜賣文契一紙付買主永遠存照

再批其有老契因被竊去請有印照一紙一併繳出

又批門攤一錢五分四釐六毫在許明宇戶內完納

乾隆三十七年二月初六日立大賣劉齡萬押

同子劉廷光押

立懇借字人劉廷光同母曾氏嫂張氏茲因乾隆三十七年間同故父劉龄萬將自置房屋基地二所出杜絶大賣淅寧公所契明價足無詐本無異說今因父親身故家道蕭條度日艱難情不得已只得央原中向公所哀求懇借銀八十兩整以爲養母度日嗣後永斷葛藤今欲有憑懇借字爲據乾隆四十二年四月二十四日劉廷光親筆

立絶賣地契人劉成位魯贍今有承父受分麥地一段坐落紫霞觀前院子地南至行人大路北至本宅花地東至地田坡西至本宅地四至眼同釘界明白今因移業就業情願出賣無人承買憑中說合出賣與新安書院名下爲業作義塚三面議定時値價銀一百二十兩表勸折席小禮代筆等項一併在内當日銀契兩相交明並無貨物抬算准折等情其地自賣之後一杜一絶聽從築塹安葬冊載麥糧二斗一升在玉二里又五甲劉參生戸内本年已經完納其後買主起割過戸完納無辭倘有來歷不清重複典賣及内外人等生端異說俱係賣主一身承管不涉買主之事今欲有憑立此絶賣文契永遠存照乾隆四年十二月

日立賣地契人劉成位魯贍親筆

立絶賣地契人劉舒菴新運有承父受分麥地一段坐落紫霞觀院子地南至書院本地北至人行路東至田坡西至本地溝四至眼同釘界明白今因移業就業情願出賣無人承買憑中說合出賣與新安書院名下爲義塚三面議定時值價銀九十兩整表勸折席小禮代筆等項一併在內當日銀契兩相交明並無貨物抬算准折等項其地自賣之後一杜一絶聽從築塹安塟冊載麥糧二斗三升半在玉二里又五甲劉大興運生二戸各半其後買主過戸完納無辭倘有來歷不清重複典賣及內外人等生端異說俱係賣主一身承管不涉買主之事今欲有憑立此絶賣文契永遠存照乾隆六年十一月二十七日立絶賣契人劉舒菴劉新運押

立絶賣田契人劉舒菴成位同姪揆貴今有承父受分糧田三坵坐落紫霞觀前其田東抵人行走路西連義塚北抵走路南抵走路四界明白眼同釘界其有走路不在界內今因移業就業憑中說合出賣與新安書院名下爲業作義塚三面議定時值價紋銀一百三十兩整表勸折席小禮一並在內當日銀契兩相交明並無貨物抬算准折等情其田自賣之後一杜一絶聽從築塹安葬冊載民米二斗四升在玉二里又五甲劉參生大興聽生三戸過割完納無辭倘有來歷不明等情重複典賣及內外人等生端異說俱係賣主一身承管不涉買主之事今欲有憑立此絶賣文契永遠存照乾隆十七年五月初一日立賣田契人劉舒菴成位同姪揆貴

立賣麥地契人鄒自龍陳正暙同母彭氏今將自置麥地大段一塊坐落地名紫霞觀西首朱家林東至西十五丈南至北十四丈計麥地二石三斗東至姜姓為界南至楊姓為界西至鄒姓為界北至黄李二姓為界四至明白並無別界混連情因歲歉錢糧緊急二姓相商央中說合自相情願大賣與新安書院名下為業其麥苗一併在內憑中言定時值價銀紋九色一百二十兩整其銀當時三面親手一並收足並無准折逼勒等情自賣之後聽從買主管業立界圍塹塋墳立坊無得異說其業在先並無典當他人及

重複交易等情其錢糧在懷三里又一甲正銀一錢在姜天章戶內完納交割新安書院名下完納倘有親族人等生端盡在一身承當不涉買主相干今欲有憑立此大賣契約永遠存照乾隆五十年十二月初八日立大賣麥地契人鄒自龍陳正泰陳正明押

立大賣麥地契人姜蔡氏今將自置麥地二塊坐落地名紫霞觀西首朱家林東首一塊西邊東至西四丈五尺南至北五丈中間東至西三丈五尺南至北七丈東邊西至東三丈五尺南至北二丈計麥地三斗二升東至袁宅塹脚為界南至坡為界西至本宅為界北至黄李二姓為界又西首一塊東至西九丈五尺南至北十丈零五尺計麥地一石零五升東至鄒姓為界南至塹脚為界西至蕭姓為界北至黄李二姓為界四界明白並無別界混連情因歲歉錢糧緊急無處設辦央中說合自相情願大賣與新

安書院名下為業其麥苗在內憑中言定時值價銀紋九色六十八兩整其銀當時三面親手一并收足並無准折勒逼等情自賣之後聽從買主管業立界圍塹塋墳立坊無得異說其業在先並無典當他人及重複交易等情錢糧在懷三里又一甲姜天章戶內完納正銀六分交割新安書院名下完納倘有親族人等生端異說盡在賣主一身承當不涉買主相干今欲有憑立此大賣契約永遠存照乾隆五十年十二月十一日立大賣麥地契人姜蔡氏押

立大賣麥地契人陳正泰明同母彭氏今將自置麥地大段一塊坐落地名紫霞觀朱家林東南至西北十一丈五尺西南至東北到嘴尖二十二丈計麥地二石八斗西北至山埂爲界東南至地邊爲界西南至山邊爲界東北至山邊爲界四至明白並無別界混連情因歲歉錢糧緊急母子相商央中說合自相情願大賣與新安書院名下爲業其麥苗一併在內憑中言定時值價紋九色一百三十兩整其銀當時三面親手收足並無准折逼勒等情自賣之後聽從買主管業立界圍塹壅墳立坊無得異說其業在

先並無典當他人及重複交易等情其錢糧在懷三里又一甲姜天章戶內完納正銀一錢二分交割新安書院名下完納倘有親族人等生端異說盡在賣主一身承當不涉買主相干今欲有憑立此大賣契約永遠存照乾隆五十年十二月十五日立大賣麥地契人陳正泰明

立大賣花地契人陳門辛氏同子陳光祖今有承父受分花地一大段坐落十里鋪東嶽廟西首鳳棲鄉許家灣東至劉宅塘坡爲界西至程姓花地爲界南至塘坡爲界北至本宅地坡爲界四至眼同釘界明白計長二十六丈二尺寬十一丈二尺今因乏用母子相商發立水程已儘親族人等俱不承買請憑親中徐文亮說合情願出賣與新安書院名下爲義塚三面議定時值價銀六十兩整表勸折席代筆小禮等項一併在內其價銀當日眼同陳光祖親手收足自賣之後一杜二絕聽從買主築塹安塟其有

錢糧元銀四分整在前湘河辛克寵戶內完納本年已經完納以後聽其買主起割過戶完糧無辭倘有來歷不明重複典賣及內外人等生端異說俱係賣主一身承當不涉買主之事此係自賣受分已業永無異說今欲有憑立此大賣文契一紙付買主永遠存照嘉慶九年八月十八日立大賣地契約人陳門辛氏子陳光祖押

立大賣水田約人羅吳氏同子正理今有父遺受分水田一坵二斗整坐落許家冲北至新安義地坡脚爲界南至本坵田脚爲界東至本坵田脚爲界西至水溝爲界四界明白每年額租二石整冊載錢糧正銀五分六厘正米三升二合在玉二里又五甲羅義生戶内完納今因乏用出立水程先儘親族人等俱不承買今母子商議請憑親中吳洪發等説合時値價元銀曹平九六二十四兩五錢整表禮折席一併在内情願出賣與徽郡士商名下爲業其價銀當日憑母舅眼同吳氏母子親手收足訖並無抬算

逼勒圖謀等情亦無重複典賣等弊自賣之後聽從徽郡士商耕平改作義扦安塟管業其約内錢糧正米聽從買主過戶完納羅門親族人等不得藉口生端此係自賣已業一杜一絶永無異説今欲有憑立此大賣文約一紙付徽郡士商永遠存照乾隆六十年　月　日立大賣水田約人羅吳氏子正理押

歲入

新馬頭市屋十家歲收租銀二百零六兩

新安街東市屋十八家歲收租銀一千一百一十二兩

新安街西市屋十八家歲收租銀一千一百三十七兩

大平里水巷號屋歲收租銀八百六十兩

利濟通津東水巷夾街北市屋六家歲收租銀一百六十五兩

書院西巷南隅市屋歲收租銀一百兩

後街西首至沈家廟九家并鍾山分秀三家歲共收租銀五百兩

陞基巷後街五家歲收租銀三百二十四兩

後湖地租歲收銀六兩

以上歲收市屋租銀共計四千四百零四兩

歲出

文公祠錢糧歲納銀二兩二錢零二釐

又文公祠錢糧歲納銀一兩二錢五分四釐

又新安書院錢糧歲納銀一錢五分半

右係已過戶頭納糧之數仍有照原業戶頭納稅者開

後

戴正位戶歲納錢糧銀五錢八分半

戴謙吉戶歲納錢糧銀八錢八分

李兆有戶歲納錢糧銀三錢二分三釐

羅義生戶歲納錢糧銀五分六釐

胡達生戶歲納錢糧銀九分三釐

辛克寵戶歲納錢糧銀二分三釐

以上錢糧

朱文智門攤歲出銀二錢五分七釐

朱文仁門攤歲出銀二錢五分七釐

朱文聖門攤歲出銀二錢五分七釐

朱文義門攤歲出銀二錢五分七釐

朱文忠門攤歲出銀二錢五分七釐

水龍工食每歲共給銀八十四兩

門差雜費

修屋檢漏

添補器用

馬頭添燈

水龍房燈

魁星閣香紙

右六項每歲約用銀三百兩零

祠役工食四人每歲共給銀七十二兩向止五十六兩今增十六兩

三元殿香烛每歲給銀四十八兩丙寅年新增

玉皇殿香燈銀每歲給銀一兩二錢

書院守夜三人每月給銀二兩七錢每年共銀三十二兩四錢　又看守馬頭一人每年給工食銀陸兩

茶烟燈油卷燈各項每歲共銀二十一兩六錢

會館雜工一人歲給工食銀十八兩

以上歲用數共計銀約一千八百三十兩

修理新置各鋪

以上歲用共計銀約

漢口紫陽書院志畧卷之七

藝文

垂天爲文畫地成章作者嗣興炳炳烺烺韓湖蘇海宋艶班香用表道德曰維闡揚裒集成函藝苑之光

凡志必載藝文藝文者借他人之詞藻爲本地之風光然必傳聞海內綿歷久遠名公鉅卿凭眺登陟日積月累次第裒集然後盈冊書院新搆匾題者少間有作著集未須布亦無由捃摭今就現有者列入次及匾對匾對亦題咏也兼及尺牘尺牘則取建造以來於書院有關系者以其體屬藝文錄存以見始建之艱又不止爲辭藻設矣覽者原之○尺牘今移入第八卷

御書樓題辭

潘宗洛書源

緊書院之枕漢濱兮屏木蘭而几大别中有縹緲之飛樓兮瞰江南而踞湖北吾徽人士之肯構兮仰止乎紫陽夫子而景行列聖相傳之道脈余家自婺山遷於荆谿兮榮叨一第侍講於　經筵之側沐　君恩之浩蕩兮沉芷畹蘭　命衡文于三湘七澤向寶吾　皇大書子朱子之詩兮頒　宸章於秘笈意臨池之染翰兮必有取乎六義之精切　賜微臣之諷咏兮勉勵乎風雅比興之法則選良工鐫於貞珉兮以垂　聖澤於無斁慶斯樓之齊雲兮離奎壁而咫尺迺擇吉以正位兮表風雲之遇合士庶羣瞻而胥樂兮共訝赤文綠字之奇特等神農之穗書兮類伏羲之六畫狀筆力於千鈞兮化右軍之八法儼神虬之戲海兮駕浪騰空譬彩鳳之鳴岡兮朝陽振翼瞻龍跳而虎臥兮豈人間之所易得爰額斯樓曰御書兮至大至高而不褻若夫序寂滅爲聖教摹虛無云道德匪不筆超而墨逸兮烏敢擬我　天王之濬哲文明崇吾夫子之道于億萬斯年而光昭乎日月

御書樓賦

趙申喬

翼軫之會江漢之交名山砥柱於大別衆流溯湃以來朝敞晴川以歷歷敷芳草之夭夭爰有紫陽書院宅其靈阜寓賢遊士斯咏斯陶建　御書之樓閣偉峷嵂以岧嶤蓋紫陽之在南宋也學集濂關心宗洙泗偶遺興於六言亦渾涵夫四氣當春而山樹烟縈經秋而江樓月繫炎威正熾喜雨壑之涼生冬日方寒快溪橋之雪霽對景怡情歌風見志恍若襟開明道偏在傍花隨柳之間宛如趣叶堯夫恒居梧月楊風之際洵足佑啓夫後人遂極優崇于

聖世爾其啓聖鑰握賢樞協天作則與古爲徒一道統承既禮陶而樂淑萬幾清宴亦筆染而墨濡昔咏歌而徵道妙今揮灑而見　御書龍鳳翔舞雲霞卷舒寫象外之元機塵腐之恒情盡洗狀眼前之實景清虛之客氣皆除睠彼鄂渚校文之使即是黄山受業之儒　天章下賁　宸翰攸敷氣蒸雲夢之澤光溢洞庭之湖萬世從兹而共寶小臣豈得而私儲爰以瑞日卿雲之藻奉諸崇儒講學之廬于是高躡雲紅迴纏氣紫奎光騰湧佾繡闥以宏開藻采繽紛翼雕甍而突起上凌霄漢近俯蒼茫烏革翬飛波譎雲詭東瞻黄鶴憐甍牖之渺然西眺漢陽笑孤城之蕞爾幸宮牆之有階樂菁莪其難巳鳳藻凌虛而振采仰九嶷而識廬阜非遥　龍章飛影以流光俯七澤而驚婺源伊邇豈比并幹崇麗專示高華魯殿靈光徒誇靚美云爾哉賦巳系之以詩詩曰紫陽書院兮江之濱御書樓兮高嶙峋凌風雨兮驚鬼神　天王手澤兮億萬春欲登道岸兮入此門

尊道堂序原

堂以尊道名者何蓋尊道卽所以尊吾紫陽夫子也夫子以實踐之學紹不傳之緒無在不以身體力行爲事所謂道也者乃日用事物當行之理天下古今之所共由初不遠人而人不可須臾離也孔孟以後聖道廢置不講久矣有宋諸儒崛起至吾紫陽夫子集其成而聖道復明天下後世始如長夜之復旦是以歷久彌高追崇獨異而升配十哲則　聖朝重道之曠典爲尤著焉吾儒讀夫子傳註體夫子志固無論矣卽如農工商賈亦莫不同此綱常

倫理之當然但病不求耳曾子曰夫子之道忠恕而已矣孟子曰堯舜之道孝弟而已矣聖如堯舜孔子而其道究不外於孝弟忠恕孝弟修於家而忠恕行於外苟能體認力行拳拳弗失道在其中矣漢鎭爲商賈總匯熙熙穰穰以爭旦夕之利吾鄉之僑於此者懼其久而淪於薄也取輔仁之義焉慮其衆而難齊也創合渙之規焉於是卜地拓基建夫子祠宮牆堂奧規畫宏壯歲率同鄉父老子弟修祀事陳俎豆列管絃相與升降周折誦歌蹈舞使之顴乎耳目束乎筋骨以暢其煩鬱而坊其淫越四方之士觀者如市登其堂靡不嘖嘖奮興而道心生焉以故吾鄉無貴賤老少咸知循禮守義不肯自棄於四方之末而不與聞君子之大道也所以然者則以生近夫子之居家秉夫子之教其由來尚矣山川間氣所鍾篤生夫子以啓廸來學文際昌明　盛世重道尊儒文明之象麗日星而流江湖俾闤闠貿遷之人咸知尊道樂義創遵典禮夫豈徒然者哉鄉人之建是祠要知非徒以棟宇之隆儀文之盛而遂謂吾崇祀夫子也必也從事於倫常日用之間不悖孝弟忠恕之道斯尊夫子矣故曰尊道卽所以尊吾紫陽夫

子也豈若一切尋常廟貌以禍福動人起人敬畏爭相祈禱者所可同日語哉爰盥沐敬爲之序以告吾同鄉焉

尊道堂記

吳鎮兗濟平

昔夫子講學於紫陽之山六邑之士或及門而受業或私淑而得傳稽之郡志所稱聞道者三十二人而此三十二人者推明朱子之學以訓閭里凡冠婚喪祭謹循家禮以爲鄉人法故新安人生而聞朱子之言長而循朱子之禮漸漬涵濡移風易俗不知遺澤之深教化之積也第新安土薄田少計其地產不足以共生齒之繁不能無仰給他方故漢鎮列肆萬家而新安人居其半亦其勢使然也然平時之所漸摩既習且久雖居闤闠而理之講明於心者

震耀於平旦夜氣之間而所循之禮又皆其耳目手足所習慣而不可易而夫子之流風餘韻遂載之以俱南矣於是有志之士思構堂以奉夫子而習禮其間以講明正學其議一創聞者響應此由誦法服習舊有根源故道義之氣鬱於中而大作於外捐貲若營已私効力如趨父事沛然若決江河而不能已也爰選期度土掄才鳩工議主事者四人襄事者二十四人積地千步積屋百間議貲萬緡以康熙甲戌年始事甲申年落成而顏其堂曰尊道蓋新安人尊其素所得於心者不敢肩越而時時講習於此因

萃其明德之馨香以達於朱子在天之靈庶或鑒之此新安人之志也方營造之初不足於地乃售民房以益之既付價而仍令暫棲以俟遷移人苦不知足既獲厚值又不費銖黍雇屋貧得暫依止及至營構毀拆久假之後反生溪壑好事者遂憑之作競鼓動浮言幾興大訟其爲計也不啻盡輟弦誦之音盡毀羹牆之志不止賴世教昌明名公鉅卿皆當時理學鴻儒同心扶輪極力攘斥其氛乃靡然後新安人得遂其尊道樂義之心則知斯道非新安一郡之人所獨尊而天下賢士大夫所共尊也堂既成公卿

涖茲土者進而行釋奠之禮其文物之繁盛禮節之閑都觀光者咸有所感於心而翕然向化豈獨新安人入市而忘其市心居其地而不沿其俗哉蓋仁義禮樂之風駸駸乎蒸被江漢之區而振其不競吾於是而知創造諸人之功等於三十二人不可沒也主事者吳蘊予汪文儀余南宜余本立襄事者二十四人而先人建周其一也兗也不才不能光昭前德應試春官取道江漢以對越夫子之靈而受其福胙于焉仰榱桷之巍峩視堂基之爽塏覩牆垣之周匝而想前人締造之深心誠欲垂諸無窮其爲斯道

討至深遠也因爲遡其始末記而藏之俾敬承於勿替云

義學記　吳應棻

五百餘歲以來天下言學者咸奉夫子爲大宗而新安人士近闕里之居竊藏書之秘流風餘韻繼繼承承經術發明後先相望卽入塾而肄負笈而遊者亦莫不墨守彝訓於勿諼乙卯春予奉　命攝撫湖北道經漢口首摳衣謁夫子祠知爲新安僑寓者尸祝之所觀其禮器祭法有條不紊未嘗不歎東南鄒魯之稱洵然而聖賢詩書之澤之足以衣被於後人者至無窮也考朱子生平游歷內外所至不廢講學江漢會同之地舟車尤數往來焉紹興戊

寅暨隆興改元請祠兩得監南嶽廟之命紹熙癸丑有湖南安撫之命甲寅後有湖北安撫之命其再予嶽祠也訪南軒張氏於長沙與論喜怒哀樂未發之旨其撫湖南也更建嶽麓書院迄今倏爲盛觀假使湖北之節不寢當必有樹立於晴川芳草間者祠之設雖鄉後進不忘其所自乎夫亦猶行朱子之志也其不可以飾俎豆而廢弦誦也明矣爰進諸生之有事於祠者語之少長協從講堂學舍不日而成吾知朱子之所學不以旅處而輟業者於是乎聿興而釋菜有儀橫經有教其所以衍朱子之緒者亦於

是乎大備也因濡筆而記其歲月若夫學規之本末進修之次第朱子之書具在固鄉人所習聞安用予申命以行事哉

義學記

許象紀

古者教化行而風俗美學所先也文翁治蜀修講塾于成都市聲教大洽比于齊魯張霸在會稽舉賢士講藝功課境徧書聲野無草竊此漢治所以興也迨學校廢而老成謝雖有賢者出任封疆下郡縣勸置義學上以誠求下不以誠應久亦視爲具文比比皆是我　國家文教振興超越前古歲乙卯吳大中丞眉庵先生以文學侍從來撫湖北甫下車即渡江至書院宣講　聖諭凡孝弟農桑講信修睦皆一一爲父老子弟親加勸勉及宣至端士習崇

學校二條輒憮然謂吾鄉人曰　聖天子作人雅化一道同風今茲書院旣興宜有義學昔我紫陽夫子始在玉山開講院嗣於白鹿洞岳麓書院教授弗倦今吾捐俸爲之倡願諸君繼之用以敬承夫子之志于時鄉人咸頓首奉命閱三月而義學成余適偕家觀察蘧園先生來鄂渚中丞商義學師于觀察觀察未有所舉中丞曰君家固有人嚮余見洞庭石臺賦斯人其在歟翌日觀察命余赴轅謁相見如平生歡禮優意摯爰命余秉鐸余固辭而首事諸君遂下榻委任焉自入講堂以來小心祇懼無怠無荒

日與諸子弟敦詩説禮一本吾夫子之所以教人者爲法居無何中丞奉召還朝予賦短章送江干中丞顧謂余曰義學既建行將請于朝定客籍使小子有造彬彬焉蒸蒸焉歌鹿鳴而占鴻漸務其教以實學毋蹈虚名昔漢孝明時羽林介胄之士悉通孝經矧玆商民子弟漸摩起迪有不蔚爲王國之楨榦者歟予感中丞已離棘轅縶臥者載道鼛鼛鼓發登舟行矣尚諄囑及此回念初下車創議今則勗以實學望以王國楨榦始終之教育不倦是卽文翁張霸之心也豈若奉行故事徒爲粉飾具哉余爲歎然義學生徒其何以仰承盛意也爰拜手而爲之記

六水講堂記原　汪

徽之屬邑有六曰歙曰休寧曰婺源曰黟曰祁門曰績溪里之人僑於楚者建書院祀文公西構廳事顔之曰六水講堂蓋萃六邑之人而講學於此也嗟夫吾新安之有紫陽夫子紹先聖之薪傳爲諸儒之統會衆水朝宗羣山尊岳固爲孔孟以後直接道統之人然而彭蠡巨區寬比望洋匡廬太白高同太華徽郡六邑六邑之中後先繼起講明義理號稱儒宗于歙則汝節羅先生白雲唐先生休寧則東山趙先生楓林朱先生婺源則玉齋雙湖雲峯三胡

先生黟則黟南程先生祁門則環谷汪先生績溪汪先生山川孕毓使然實亦近其居者熏其德父兄有師傳耳目有聞見是以理學之幟於新安爲獨盛今既去故鄉遷異地理學種的或亦因所居而漸移此講堂之所以不可不設而堂不以六水名則後之人士且將忘其鄉先生闡發講貫之勤留遺至今日以有此書院而目爲故事視爲遊眺燕會之所則今日創興諸君子之盛心亦淹沒而不章矣讀朱子之書而參之以諸先生之著述朝于斯夕于斯涵濡而浸淫身體而力行紫陽夫子有傳人卽六水諸先

生有繼起名山峻嶺無不分幹於崑崙長江大河無不朝宗於海若豈不盛哉往者猷庵汪先生常講學於此六邑之人至今耳其訓不敢忘卽漢口四方雜處之人亦無不沐浴熏陶感發興起則書院之爲功於人心風俗者又不獨六邑之人被其澤也繼今而起者其所關非淺鮮矣

兼山麗澤記　原

易曰方以類聚物以羣分蓋未有類而不聚者也亦未有羣而不分者也善惡之趣舍或殊而吉凶之感召亦異天人理欲之間辨之誠不可不早辨也是故擇不處仁不足言知羣居終日言不及義聖人難之古君子能安所止而不爲俗所累者大抵相資於詩書禮樂友朋講習之力居多孟子曰一鄉之善士斯友一鄉之善士一國之善士斯友一國之善士推而天下論世尚友亦未始或異也吾徽介處萬山之中地狹人稠散而之四方者其勢使然然守

先王之制卽事俯畜共此恒心終不至於放僻邪侈則又易地皆然也漢口舟車輻輳爲宇內第一都會曩吾鄉之居是邦者念桑梓雖離寄籍此鄉仍羣聚一方是聚而分分而仍聚也源同流別久而渙散又慮居處闤闠習俗移人後生小子幾不知籍本新安鄒魯絃歌之化先疇舊德之謂何特建紫陽書院奉子朱子神主祀焉榜其堂曰尊道相與陶淑乎禮樂以收其心甚盛舉也余雖未登其堂久矣心焉嚮往之乃者踵事諸君補闕增華復於書院西偏另構廳事若干楹後置廊房數椽以爲學者朝夕講肄

之所從此薰蒸陶淑敬業樂羣庶無負鄉先生德澤之流傳久而彌耀也乃因戴子良玉走書索記於余余方嘉鄉人之能安所止而善於相輔以成仁也殿撰戴有祺以兼山麗澤顔之盎悟易類聚羣分之旨取艮止兌説之義以發明之俾鄉人從善如登斯廳共書院不朽矣是爲記

半畝池記

汪　份武曹

池顔半畝本夫子之詩也天光雲影池中之景象若隱若現而源頭活水果能識所從來乎蓋吾人各具方塘各有活水汨汨沒沒不覺其鑑也不知其來也徘徊斯池徒爲半畝囿已可慨已茲於尊道堂後鑿斯池也要使學者塵淨天空涵煦萬有溯流窮源觸處見道夫水凝則垢活則清日日清又日清源頭在我矣故其渟蓄不洩得坎之道焉含宏光大得坤之義焉滿而不溢得謙之用焉順澈流通得巽之旨焉將見雲淨池虛天鑑鑑人人鑑鑑心則半

畝中一鑑道源洋洋乎隨在皆夫子之德水謂爲天池也可謂爲文淵學海也可是爲記

西廳記原　闕名

尊道堂旣成十餘年首事之人後先凋謝其存者亦老且歸休矣於是戴君艮玉起而總理其事因西偏隙地謀作廳事諗於衆曰古者澤宮之制有文廟以妥先師則必有明倫之堂棲士之舍燕射之圃庖廚之所蓋宮室之制備而體統始尊今吾屬構堂以奉朱子而宮室之制不備公卿來謁或更衣於堂廡之下非禮也春秋祭祀則無以爲致齋之地非敬也祭畢又無以爲燕私醻酢之居非情也衆咸曰然時適逢

聖祖仁皇帝萬壽普天同慶張

燈設綵於尊道堂乃就堂西擬構廳事以爲簪組晏閒休息之所衆皆踴躍捐貲不日告成閱二年並其餘屋石岸一切就理則戴君之力也大抵新安人在漢各有生業不難於捐貲急公而難於出身任事蓋奉公者必廢私故創造書院之人生業多致中落俗以爲鑒是以西廳之成非戴君之慷慨任事不能爲也先是事無大小皆聚議於尊道堂自有西廳則非行大禮集大衆尊道堂之門不啓而桑梓間二三賓旅聚情話舊亦樂西廳之便豈非公私咸得者乎西廳成戴君之業敗遊廣東不得志復至漢江衣敝不能更爲而見書院之體統日以尊朋情日以密較未有此廳時氣象迥然不同脫帽大笑縱飲懽呼以爲此生平得意之事翼日病卒以喪歸

紫陽書院藏書閣序

查景璠冠璵

經者聖賢明道之言也史者古今得失之蹟也皆晰乎天人理欲之界嚴乎是非趣舍之辨以為萬化之權輿者也六經非日月之經天乎諸史子集非羣星列宿之分羅而碁布乎是安可不兼收而並蓄也耶我紫陽夫子生於宋產於徽精研理窟目破萬卷遙遙一燈直接道統其於經史子集不啻燭照暗室而使之明茫茫長夜而使之旦洵五百年道統所屬爰稽朱子一生遯志時敏于易有本義有啓蒙詩有集傳學庸有章句論孟有集註加之語錄或

問尤闡道德之奧而達聖賢之閫於孝經又有分編太極圖通書西銘又各有解而且禮記編次有端以屬黄榦書傳有旨以屬蔡沈功誠偉矣而所著有近思錄小學書宋名臣言行錄伊洛淵源錄通鑑綱目家禮諸書若離騷若韓文若陶詩又皆有註有考著述如林未易悉數此經朱子手定之書所宜藏者也蓋以書之有經也所以闡明夫內聖外王之道明體達用之實以及致治撥亂之原所以正君臣父子夫婦昆弟朋友之倫篤親踈長幼之序所以著名物象數品節制度之大而下逮乎禽魚草木昆蟲之細吾夫子無不貫通而精察焉則斯閣宜藏若夫歷代之史自史漢迄金元或稱書或稱史其間因革損益之宜治亂興亡之鵠以暨天文地理輿服兵刑民物食貨君臣上下忠佞邪正莫不羅列而可鑑況吾夫子因通鑑而成綱目於以繼春秋賞罰之權史尤學者之所宜留心也則斯閣也宜藏至若諸子百家自佛老之異端邪說以外其各成一家言者莫不具有上下古今之識依乎仁義道德之旨雖支分派别不無異同而皆衷乎吾道者也則諸子百家亦宜藏於斯閣矣璠質本駑駘學無根柢一登斯閣見

夫玉軸牙籤青箱縹帙煌煌乎大觀也迨徘徊其中抽甲乙之編檢丙丁之籍循循乎儼與聖賢相酬酢即儼與夫子相晤對誰謂積簡成編不足以啓人之奮發而可弁髦視之也哉夫吾鄉不乏奇雋之士尚冀於斯閣之書口不絕吟手不停披經則窮夫聖賢道德之藴史則推夫是非得失之實子集百家則尋求其輔經贊史之意津津焉娓娓焉醞釀而粹精焉則采其華而擷其實於以深究夫格物致知誠意正心修身齊家治國平天下之旨達爲名臣處爲鴻儒則是書也不第爲東諸高閣之載籍是閣也不

苐爲庋藏奇秘之淵藪而直作良士之菑畬也矣茲猶始創規模畧舉未盡搜羅繼今以往宋元諸儒箋疏不在十三經之中漢晉以來各家撰集不列二十一史以內者將出餘力廣諮博采以充牣其中未必不爲藝林學圃之大觀斯則幸矣是爲序

藏書閣跋

金德瑛

予少閱朱子藏書閣記乃知學聖人之道未有不讀聖人之書者也顧易詩書禮樂春秋語孟之緒言別黑白而定一尊必折衷於朱子抑又知讀聖人之書未有不遵朱子之書者也自宋乾道戊子閣始建於婺源學宮淳熙丙申朱子爲知縣事宣敎郎林虙所藏御書石經暨羣籍千四百餘卷而記其事越明神廟甲辰復從朱子裔孫崇沐之請而改建於闕里之後其所藏則獻靖公集外朱子遺書悉在焉嗚呼朱子之學正而能博經解積數百萬言他若周程張邵五子之書司馬氏之史屈之騷昌黎之文名臣之言行經濟旁及叅同雜學諸家莫不網羅研鏡各有成編平日詩古文奏疏筆札以逮門弟子記錄之語卷帙又甚富非鍵戶十年用心於內者往往不能卒其業我

聖祖仁皇帝御纂朱子全書提綱挈要以爲學者指南曩日祗讀之下竊謂學朱子者當由此書沉潛反覆超然有得然後進窺其全庶不至望洋向若而歎乎鄉人有事於湖北者祠朱子以爲嘉會之地而復倣闕里規制建閣藏書首奉　御纂一函居中凡屬朱子論定者用以

次第插架嗚呼其亦可謂知所學矣今春介子戚友趙君其書公車之便請記厥繇予惟朱子之記其所以發明讀書者至詳且盡後人何敢復贊一辭然予聞族祖正希太史占楚籍時與熊魚山黃門究研性命其文章多得於悟境卓然成一家言而近時汪默庵築密窩於逆旅玩易著書熊孝感相國張儀封尚書皆亟推之此鄉先生善學朱子而有聲於江漢者今之人其尚克聞風而興起乎慎無記誦剽竊而不知窮理修身之要有如朱子之記所戒也因附跋簡末以爲閣中之讀藏書者勸

講射軒記

董桂敷

古者學校修明家有塾黨有庠州有序國有學天子將祭則先習射於澤下及侯國莫不皆然天子諸侯之射也先行燕禮卿大夫士之射也先行鄉飲酒之禮其爲典至重周官國子春合諸學秋合諸射以考其藝而進退之鄉大夫賓興賢能以鄉射之禮五物詢衆庶州長春秋以禮會民而射于州序黨正國索鬼神而祭祀則以禮屬民而飲酒于序以正齒位蓋其時三德六藝之教行凡庠序之地觴酒豆肉之旁無人不盡志於射以習禮樂所謂以燕以

射則燕則譽也大燕者所以會賓朋之歡也射者所以觀士君子之德行也先王於會歡之餘而寓德行之意所以養天下之人材俾之優悠服習和平其心軌物其身此其所關於世教者甚大故其人材之成溫文儒雅入則侍帷幄備宿衛出則折衝禦侮可以爲天子將帥之臣蓋自膠庠講習時而華國制勝之畧已裕矣孔子觀於鄉飲鄉射間而歎王道之易易者良以此也自子衿賦而學校教衰不特和容興舞參連剡注之法不詳并鄉飲之儀亦缺行葦賓筵之詩槩置弗講而坐遷屢舞號呶側弁之態是循

是率誰復起而問古意之存者乎我　國家敦崇學校明著禮文所在郡縣自學宮外俾得建立書院諸生以時肄禮咸彬彬秩秩然吾鄉承紫陽遺澤士大夫多知禮意故漢皋之書院昔之創建者既有學舍進子弟而課之以學問又於寢室後西偏擬作廳事命之曰譙射軒將放古之道以行於今意不徒爲公私燕會之地而已今書院重修是軒始成乃於中堂大書其額而著之夫名之於義猶輿之於馬舟之於楫相輔而行相因而著非虛爲此標榜也由乎命名之意而循乎古人之法相與從事於雍容爾雅

之場教化有不興風俗有不醇人材有不備者乎吾故著譙射之義所繫於儒術輕重者如此以爲吾鄉人士勸若夫構造之完密木石之修潔足以豁人心目者姑置弗論云

啓秀書屋記

董桂敷

凡書院必有廳舍其分堂布室榜署之書莫不各有意義存其間漢口紫陽書院昔立學舍今治而新之如六水講堂兼山麗澤之屬皆前人所命名惟書屋爲近時增置特取陸士衡文賦啓夕秀於未振之語顔之曰啓秀余繹命名之義爲文以著之曰天下未嘗無才也造物精靈之氣匯於山川磅礴而鬱積必有所洩以出其奇其鍾於物則蔚然而深秀草木得之而華實禽鳥得之而文章水得之而珠石得之而玉其於人也爲士剛者爲高明柔者爲沉

潛故人者五行之秀氣而士又四民之最秀者也是以古者育材命鄉論秀士升之司徒曰選士司徒又論選士之秀者而升之學然後樂正論秀以升之司馬而授之官周官賓興賢能鄭司農註以爲興賢若漢時舉孝廉興能若漢時舉茂才茂才即今之所謂秀才也秀才之名由來已久人嘗忽之而不知當其名而無愧乎其實者蓋天地之所誕鍾國家之所樂育萃數十年數百年之菁華發洩而成培植醞釀而出非第如世俗之所稱俊秀而已湖北爲江漢所會大別黃鵠高冠九眞諸山聳峙於江之南北其

雄偉浩瀚之槩當必有魁奇卓犖之士出其間而又值國家久道化成之餘文采之彬彬踰於往昔不特生斯土者然也士商遊處其子弟固亦不乏人矣命曰啓秀義豈苟然已哉其啓之之法奈何曰正學術勤功課擇師儒厚培養四者備而後可以言善今之入塾者受經書句讀後輒從事於科舉之學身心德行本原之地置不復講即聖經賢傳之旨亦未嘗研繹探索惟取所謂時文者朝哦而夕誦之偶或見售輒以其術自耀人亦從而交譽之此其所以自待與人之相待者何太薄也儒者之學務舉其大

以孝弟忠信禮義廉恥爲基以詩書禮樂易春秋孔孟之書爲的以射御書數諸子百家歷代之史爲游藝以日用事物倫類酬酢言行進退爲經緯如是而學術端矣其致功也則又立之程度朝而受業晝而講貫夕而服習夜而計過無憾而後即安寒暑弗輟風雨不易雖有外務勿棄其功如水之流而無使間斷然而後生小子知自刻厲者蓋鮮其責成當有所歸必求其品行醇正學問淹貫講說勤懇者屬之雖如韓昌黎之抗顔鄭康成之答問柳子厚之口講指畫世不多覯要亦不愧其爲經師人師者而後可以居其位若夫修脯之資薪米之費膏火之給宜稍寬之以有餘俾人人無内顧之憂始得專志向學又於其中擇賢能勤勉者時時獎賞之以爲怠惰廢業者勸如是而四者備矣循是以行十年之間吾見人材之出皆儼然有名儒碩輔之思居鄉則一鄉之望在朝則天下之望以是言造物之所鍾國家之所育不誠當之而無愧也乎然則今之立書屋者其於啓秀之法安可以不亟講也哉

主敬堂記

董桂敷

六水講堂之北曰主敬堂祭器之所藏弆也經師弟子之所講肄也其命名也固宜書院之祭也以春秋之季旬有五日行事是月之朔司事者徧啓諸同鄉省視祭器有不整者修之不具者補之越八日司年之家新舊四十人俱入治事凡祭物祭器祭費預籌而備之啓告主祭者及諸執事皆有啟旬有二日夙興諸執事者二十八人及奉祀生四人俱入肄儀登降揖讓如祭禮前祭之夕陳祭器省牲視濯視殺祝告期曰質明行事設奠奉主於中堂之北

祭之日執事者各共乃職治乃事交戸交階罔敢踰越主祭者齋肅盛服趨蹌以入即事自灌獻饋食以及酳爵送神莫或不虔禮成溫溫而退其敬也如是其講學也師坐於上子弟執業立於下長者進受業有問之應唯敬對請益而後退諸弟子進請業皆以函勤者誘掖之惰者警戒之有不率教者則夏楚以收其威日課不畢不敢即安月試無功不敢與勤勉者齒出入進止規行矩步毋或縱肆其敬也如是故敬者與神交之道也初學入德之門也堂名主敬厥惟稱哉雖然主敬之義將盡於此而已乎曲禮曰毋不敬武王之銘曰安樂必敬春秋傳曰敬者德之聚也能敬必有德故君子應事接物言必忠信行必篤敬不以地而移不以人而忽不以時而間斂其神於至靜靜之至則動亦齋居也操其心於至密密之至則疎亦防維也詩曰相在爾室尚不愧於屋漏豈待於祭乎易大傳曰無有師保如臨父母豈待於學乎登斯堂者顧其名而思其義庶幾乎可與入於聖賢之域而無愧吾朱子主一無適之訓也歟

願學軒記　　董桂敷

山不能皆泰華，川不能皆河海，光輝照臨不能皆日月，此宇宙之精英間氣所獨聚，雖造物亦末由自主者也。人之有孔子也，猶夫泰華河海日月也。自開闢以來，天地之生人不知其幾千萬億矣，而不聞有二孔子，天地之所窮也。然而窮於勢而不窮於理，理有所不可窮，則人不得諉其咎於天，天亦不能限其量於人。此孟子所以有願學孔子之說也。夫孟子之視孔子有間矣，而其言曰人皆可以爲堯舜，曰聖人先得我心之所同然耳。雖推孔子爲生民未

有，而志願所在不以自外，何也？其同然者天命之性無不善，而其皆可以爲者則存乎其人之學。有聖性而益以聖學，孔子之所以爲孔子，由所性而學聖人之學，孟子所以結願於孔子。此固非孟子一人之私言，而天下萬世人人之公言也。然而孟子以來，抱此願而無忝者幾人哉？漢世人才稱盛，學之醇者惟董子；唐之時有韓愈，其言曰孔子傳之孟軻，軻之死不得其傳焉，則未嘗以斯道之傳歸董子也。而韓子之學，其於孟子果若是班乎？迨宋周程張諸大儒出，始能上溯道統之源，而我朱子集其大成，乃爲孟子以後第一人。其學則自格致誠正以及修齊治平之道，無不體用具備。然則朱子之學，孟子之學也，即孔子之學也。其所願同於孟子，故其所學至於孟子，則謂孟子之言即爲朱子道也可。今夫如堂如防隒者陗者歸者崧者嶠者，其巉巖聳峙，皆學乎泰華者也；岷嶓之原，桐柏鳥鼠熊耳王屋百川之流，逶迤奔赴，皆學乎河海者也；熒惑太白歲星辰星鎮星二十八宿之燦著，皆學乎日月者也；自天子以下公侯卿大夫士庶人，皆學乎孔子者也。其所學者何也？君臣父子夫婦昆弟朋友之倫，視聽言動日用事物

之則，推而至於天地日星風雲雷雨山川草木鳥獸金石之變，禮樂射御書數之文，陰陽鬼神寒暑屈伸往來進退存亡之理，即物以致其知，本身以踐其行，無間於須臾，無移於異術，敬修其可願，如是焉終身而已矣。苟能如是，是即朱子，是即孟子也已，則謂孟子之言即爲天下後世之爲學者道也可。新安書院於主敬堂之西軒署曰願學，余來斯軒，諸君曰願有記，因述其義而著之。若謂謙讓不遑，自託於公西氏未能願學之列，則非所以名斯軒之意也。

近聖居記

董桂敷

方丈之居盈尺之几可以置筆硯攤經史亦足欣然自得無求於外者矣然而境之所處有不同焉者今夫荒山深林窮谷僻壤無弦誦之聲溫文爾雅之士日與樵夫牧豎相遊處則繭室也陋矣蓬戶甕牖板牀將穿妻孥戚戚聲聒於耳米鹽之末掘揣凌雜則環堵也困矣衡門近市湫隘囂塵入營錐刀出谷貨賄時或傭夫丐徒喧呶叫嘯於側則敝廬也俗矣夫求大木者必依於山采珍貝者必宅於水天下之至情也巖巒石罅中有球璧則十里之內草

木皆生其輝澄潭巨浸中有蠙珠則一川之流淪瀾並寫其韻非草木淪瀾之獨异也其所附近之勢然也孟子曰遊於聖人之門者難爲言非聖門之士獨异也亦其近於學問者然也彼夫百世而聞風千里而聲應離遠近之迹以求之則凡亘宇綿宙皆得謂之爲近原不在區區咫尺之間若乃太甲之徂宅孟母之三遷則實以居止之近而移其性故諺曰近朱者赤近墨者黑言乎身之所習必將有所轉移變化觸於外而動於中此卽擇不處仁焉得智之說也昔者魯恭王壞孔子宅升堂聞壁中有金石絲竹之聲乃不壞宅夫以舊宅之壁而有金石絲竹之聲足以動後世之王公貴人則知聖賢精靈之氣隨所託而呈露苟以吾儒親炙其間其所感發當有不知其然而然者矣新安書院於正室後之西北隅因隙地爲室廣不過一弓而幽靜雅潔足以讀書考道異夫前之所謂陋者困者俗者故取孟子終篇之語顏之曰近聖居近朱子也近道也卽以近夫千古而上之聖人也曩余幼時讀書紫陽闕里之側其居亦曰近聖從師其中殆將十年稚弱顓蒙不能有所奮發至於今茲學不加進無以大异於常人記是居

蓋不勝俯仰愧悔之情焉書之以爲居是居者勗也

致一齋說

董桂敷

尊道堂之西其廳大者曰六水講堂講堂之南有小廳春秋祭祀之辰主祭者入先莅此廳齋肅更衣然後將事余顔之曰致一齋客問其說余曰古者之祭也散齋七日以定之致齋三日以齊之齊不齊而致其齊斯志專專斯一一者誠也誠而後可以格於神明祭之爲言察也又際也內自察其心之誠上以與神明相際夫如是之爲一記曰專致其精明之德又曰致其恍惚以與神明交庶或饗之此致一之說也客曰唯唯已復從而申之曰凡人之心未

有無所檢制而能定者也酬酢之煩千變萬化憧憧往來私意日積而不可遏故聖門答仲弓問仁曰出門如見大賓使民如承大祭蓋謂見賓承祭之時必將絕其憧憧之私使不至於紛擾人能常持此心斯能戒慎恐懼主一而無適是故聖人之制祭祀也爲之禮以展其意爲之樂以達其情禮有升降揖讓周旋裼襲之文鼎俎籩豆簠簋尊彝之器樂有金石絲竹匏土革木之音淸濁高下疾徐疎數之節不一也而其本曰敬曰和敬和者禮樂之精人心之聚而鬼神之會也故聖人曰夫禮必本於太一又曰樂者審一以定和禮會於一而繁文治樂協於一而衆聲諧志定於一而百慮齊道統於一而萬殊貫一之爲義大矣哉昔之聖賢所以洗心退藏於密不顯亦臨無射亦保者其道皆由於此吾朱子本格致誠正之學折衷羣儒由博返約大旨亦不外乎此此致一之說所爲會通也執祭而言之特一隅之舉而已旣以語應客遂書而爲之記

報功祠記　原

緊吾紫陽夫子聖門道統南渡儒宗闡發六經之微剖晰
百氏之奧一燈遙接光照五百餘年二祀推崇班逾七十
二士於是同鄉思慕立書院於漢濱肇建有年切羹牆於
鄣水其如爭端猝起久假忘歸賴羣公匡救之功宜克配
俎豆之永大中丞楊公馝二酉名家四知令譽復新安之
古巷義路宏開建始闢之豐碑禮門生色大中丞吳公應
棻三讓家風一經世德秉金麾而撫楚壯我　皇猷駕
采鷁以渡江謁吾夫子倡貲建學振靡起衰三鄣之士氣

雲蒸百代之人文蔚起湖北觀察朱公濡紫陽賢裔青瑣
儒臣猝犴無私津巷之居廛判成銕案蜩螗知徽市衢之
祀產難蔽冰壺衡永觀察許公登瀛月旦評高湖湘澤遍
創開津巷（即今新安馬頭魁星閣）捐養廉之祿三千構建崇樓架虹
霓之觀百尺肇興義學廣置祀田凡前人未逮之志悉倚
賴今日之四公而當年贊翌之勳亦難忘兩邦之太守初
書院之建也漢陽太守戴公夢熊一肩重道息蚍蜉於鑠
金銷骨之時五馬憑軒化魍魎於烈日炎霜之下迨後棟
宇雖成宮牆未峻安陸太守吳公肇榮竭捐清俸不負初
心堅約同人董成厥志故能竹苞松茂莫不朽之丕基鳥
革翬飛壯無休之巨麗今日者馨鄉人慨慕之忱報羣公
衛道之力立祠昭祀克配明禋佇看漢陽江上和風甘雨
遙連黄海三十六峯之雲大別山前春祀秋嘗永附紫陽
百千萬年之享

始建祠記　原

蓋聞偉績豐功共仰先賢令範濬源培本難忘哲士鴻規而況樹業千秋匡扶道德聯情六邑振肅紀綱者乎吾鄉建紫陽書院於漢口自康熙甲戌始勞心勞力歷數多年成始成終羣推四老其一默庵汪先生潛心理學馳譽儒林著書立說門多問字之侯芭闡幽發微座有談經之匡鼎自任事以來目營心算惟矢眞誠骨瘁神枯了無退悔其二蘊如吳先生東山雅度北海高風身入書院之中家置浮雲之外一呼四應工師來自故鄉九鼎片言木石聚

於江岸經權有道出入無私正當大舉之時忽有外氛之集披肝瀝胆沐雨櫛風爰是九載工程托鉢之金錢無濟屢書告急太倉之粒粟難分遂罄槖而輸工遽嘔心以下世其三南宜余先生開元博士之後裔嘉魚寄籍之諸生志切匡時心存衛道感一時之義激致數載之蔓延涉水攀轅不禁大聲呼籲勦姦扞敵遂使狂吠潛消天不慭遺傷于勞瘁其四本立余先生卽南宜先生之族弟也協力承肩同心任事迨至三君繼没猶能隻手完工樹蔭他年繞屋之松杉徧植流徽奕祺連雲之金碧交輝竊慚不支一孑之書香庶幾裕後老能益壯卅年之締造務欲觀成凡我後人步趨之所孰非前輩剏建之功今荷各上憲稽古右文仰體　聖天子崇儒重道倡義學而澤及後生歸古巷而路通四達義阜宏開明禋永賴是皆大慰四先生之志矣四先生有知得無含笑於九京乎鄉人思四先生始建之功羣議於寢堂後闢地爲祠以饗春秋之祀余樂斯議之有光前烈而能鼓舞後來也爰筆記之以爲同人告焉

東祠祔祀畢制軍述

董桂敷

文昌閣下東祠所以崇祀楊吳兩中丞朱許兩觀察戴吳兩太守者也六公者皆以尊道創義扶正抑邪爲任時不必同事亦不必盡合要其有功蹟於書院則先後如出一轍焉乾隆戊申畢秋帆先生奉　簡命制軍全楚數謁祠堂見庭宇歲久棟桷欹側階下莓苔延緣柱礎牆根隙地鄰逼湖蕩率沮洳未治謂宜崇築厥址煥而新之至乙卯而重修之議定矣先是鄉之老成有念及此者以土木奮興資用繁鉅前之人竭精畢慮閱數十年始得罷役今

之材木物價倍值於前而經營籌畫又不敢與前人比遂遲遲未發蓄念以待時會自制軍議創人心協同於是醵金庀材大工肇舉揆度築削向之下濕者培以高傾欹者治以堅遺基未就者完以固十年之間堂構塗塈纖悉畢備此固同鄉之好義樂輸任事者之經理周密實亦制軍之創於前勸諭於後有以助而成之也鄉人士以制軍之功不在前六公下宜在崇祀之列爰建木主奉入東祠偕六公春秋致祀焉

文昌閣記

查景璠

聞之德行者本也文藝者末也士人匡居誦讀動期科名顯達莫不知奉文昌帝君而忠君孝親敬兄信友之道漠不加意就使詞華爛然適以佐其浮囂之具耳書云作善降之百祥作不善降之百殃易曰積善之家必有餘慶詩曰嘉樂君子顯顯令德宜民宜人受祿於天稽於古訓若合符券天何言哉理之所是心之所安則天之所與即帝君之所默相爾帝君本末正史未經見然就化書所述十七世爲士夫九十二化身所行皆崇德祛惡所言皆克己

利人天地日星山川壇壝不必定列名姓定有出處而二帝之所特祀六宗之所備列精之所寓神斯顯焉即託爲之書亦未嘗非原其意而代之口也今奉帝君者儒衣冠無不尊崇頂禮虔若宗祖然日誦所爲陰騭文訓飭士子文不啻諄諄然耳提而面命焉而卒莫知取法不亦辜帝君而失崇奉之意乎吾鄉建書院向奉紫陽夫子茲更建閣以奉帝君夫亦欲束身于道德之場範我馳驅于聖賢之域吾願登斯閣者即取平日所爲務科名期顯達之心而從事于德日崇惡日祛己必克人必利涵泳乎其所已

知增益乎其所未能以循至乎忠孝敬信內可自慊而外亦可以勵俗浮雲之過未必不爲響遏而停則又不祈福而自福不求祥而祥至帝君其亦心許之不然而徒誇飛閣之崇窿丹堊之輝煌聖像之莊嚴帝君豈有私於人者而妄加之福耶同人其勗諸卽以斯言爲之記

魁星閣記

許登瀛

綴文家多奉魁星爲司文章之柄考之紀傳未見所出天官書斗魁戴匡六星曰文昌宮或取義於此而所謂六星者上將次將貴相司祿司命司寇又不盡主文明顧寧人常辨之然萬物之精爲星魁之義爲首文章固天下之至精而首出者也象以心生經緯以人名何必盡有所據乎鄉人士客漢濱建書院以祀紫陽夫子有年矣甲寅秋予以公事來鄂渚留連彌月渡漢謁祠因與桑梓耆舊握手道故仰瞻堂構輪奐顧而樂之旣稔津渡湫隘未免猶有

憾予固知闢其徑之非易易也乃捐俸爲之倡購基拓巷經營肇興自是禮門之衢直達漢江上流爰建魁星閣於渡埠背木蘭面大別與黃鶴晴川樓閣相鼎峙天地自然之文章具焉予酹一觴於魁星之前以語鄉人士曰新安爲人材淵藪占客籍擢巍科者代不乏人今建茲閣正欲使吾鄉之僑寓漢濱者父兄訓其子弟朋友勉其同儕相與砥礪切磋浸淫於詩書禮樂之中挹其精華發爲文章黼黻　皇猷羽儀上國以克副　聖天子作人雅化行請督撫大吏題立商籍則新安俊乂聯翩競起若鹿鳴

之盛典表鴈塔之新聲未必不由此基之予爲吾鄉祝亦爲吾鄉操觚挾策者勗也若夫雕甍聳萃黼祀流丹吞山光而挹江瀨閣中之勝槩無窮自有作賦巨手予不多贅

文公忌日設祭記

朱世潤霖望

余居闕里垂髫時聞漢上紫陽書院落成心嚮往之而未遑一謁也歲辛亥奉　召入都應襲乃於春仲戒行李渡彭蠡由潯江泝流而上上巳日抵漢濱齋沐謁我祖文公即止宿書院西廳之後閣而鄉之耆舊親串日相往來意洽而情摯傳所謂授館具從薪燎蒭濯致餐獻饎執祀展事者罔不畢至誠賓入如歸矣越朔九日適我祖薨奠之辰余設俎豆陳犧牲率鄉人同致祭焉是日也微雨初晴風恬氣朗歆福於尊道堂后碩彥咸集舉昭穆旅酬之禮其

杖者挹余而言曰書院之始建也興者三躓者三六邑千百人中得二十四人爲之倡二十四人中又舉四人力厚志堅勇往奮發者爲之主而事務之煩叢錙銖莫可勝算迨其後三君即世復賴一二杰士勛勤維持矢志不衰崛起而振興之官斯土者自連帥方伯以及百執事疇不崇儒重道樂覩厥成初有好事者擾攘不已百方嶲揑思有以阻撓之賴內外諸鉅公侃侃正論邪說熄焉及功垂九仞而一簣告虧斯時也攄壹探囊誰爲捐醵首事輩公不惜傾囊倒篋手足胼胝竭心思廢寢食以底于成余聞斯

言重有感於吾鄉人之勇於爲善也夫始事十年貲累數萬等於平地爲山初無畏縮逡巡之念歷艱難越險阻禦災捍患幾於隕身而不顧克成其事是誠學識胆力透闢宗顛者歟烏可以不誌謙亨既退乃於夜窻篝燈而爲之記

與祭記

吳肇榮子華

孔子曰吾不與祭如不祭蓋篤於誠也凡祭皆誠而況與吾紫陽夫子之祭乎初吾鄉人士建書院於漢濱祀吾夫子首事者亟請於當事當事體　聖主稽古右文崇儒重道之盛典僉署曰可於是鳩工選材期於不日成之頃爲好事者所忌流謗蜚鼓駭駭乎邪說充塞仁義而厥功幾隳余自甲戌奉　命守安陸爲之倡捐乃復多方捍禦始得宫牆巍焕奉吾夫子之神主於寢室以享烝嘗而予之微衷庶乎無愧矣今當秩滿言歸維舟漢上謁吾夫

子祠鄉人士進爲言曰季秋望日爲夫子生辰例鄉大夫主祭先生有功於祠非先生不可予以老拙辭咸曰先生篤於誠者也誠則格格則饗幸無負所請乃齋沐届期夙興偕鄉人士而與祭焉噫幸矣苐予以薄德藐躬靦然居諸鄉先生之右抑又愧矣夫吾夫子大本達道格致誠正自秦漢以來賴茲一燈紹列聖之薪傳以集諸儒之大成是以　聖朝特加褒錫配享頖宫況吾鄉人薰其德沐其化愈久而不能忘者耶昔吾夫子之在閩也顔其書室曰紫陽蓋以紫陽爲徽之故山夫子表之示鄉關之在望

也吾鄉人建祠於漢上亦不啻依吾徽之闕里朝夕趨承薦俎豆奉粢盛竭如在之誠恍然夫子之式臨僾聞愾見何莫非一誠之所通也哉乃戰兢敬翼再拜起立歌高山仰止之詩而退

重修紫陽書院後序　程健學

吾郡書院高踞紫陽山爲　子朱子講學之地至今洙洛餘澤咸遵其禮法而有志之士以躬行實踐爲務學其所學代不乏人宜其祟祀勿替堂構時新也健偕計北上往來吳越間見所在皆有紫陽書院側聞吾鄉前賢之請建於漢皐者竝有義學義渡有藏書閣有先儒講堂非襲書院名而有其實規模尤爲宏遠竊心嚮往之未能至也戊午春適當重建鼎新落成釋奠而健得與於祭仰瞻榱桷之巍峩堂基之爽塏目覩又過於耳聞凡夫爲寢爲堂爲

門爲甃前賢之記備矣抑猶有未備者廟之前爲魁星閣翼然臨於漢水之上自閣而北以達於門夾道皆闤闠櫛比鱗次而莫之整齊矢直砥平而莫不豁達廟之後爲文昌閣北枕木蘭其南則下瞰漢陽大別如俯而憑几閣之下敞其中爲習禮之地東西兩專祠則又張拱而翼如始建以祀先賢報功以祀名宦皆祀其大有功於書院者稽之書院志畧一編肇造於康熙甲戌年自尊道堂旁及六水講堂譙射軒以次竣工尚未有今日之裔皇壯麗也乃南北兩閣及二祠之記記而未成也爲記者區畫摹繪其

樓閣已不啻與黃鶴晴川鼎峙於大江左右而責成於後之人以實之後之人遙距百餘年曲盡其制若善成夫畫宮於堵者之所爲斯已奇矣又況廟門至魁星閣今之所見櫛比鱗次廼昔之竹屋參差犬牙錯雜者今之所見矢直砥平廼昔之水巷逶迤滂泥濯淖者不讀志畧孰知締造艱難前後賢如出一轍哉夫懋遷非必循族姓之所鬻郎僑寓亦非必食舊德服先疇用高曾規矩也猶拳拳服膺奉　朱子之禮法而非徒飾廟貌爲觀美况居紫陽之故居者宜何所持循乎書院重修多賢襄事任其勞而不居其功亦竝不欲人之著其名是亦敦本尚實之徵也諸父老屬健爲落成後序故備書之

漢口重修新安書院碑記

董桂敷

漢口之有新安書院也自康熙甲戌歲吳公蘊予汪公文儀等創始之閱十二年而成至乾隆乙卯歲畢秋帆制軍以祠宇寖久恐就傾頹建議重修汪君衡士等實經理之亦閱十年而後成余以嘉慶丙寅春自京師乞假南歸取道漢上展謁祠堂仰瞻榱桷周覘垣墉規模嚴峻既碩且固未嘗不歎前人創業之恢宏與後人經理之周密相得益彰也三月望爲春祀之辰郡人士不鄙棄余俾主祼獻既而出書院舊編志畧屬余增訂辭不獲則爲詳覽周咨

詮次而補綴之將成復以重修勒石之文爲請余維書院之建一舉而三善備焉尊先賢以明道立講舍以勸學會桑梓以聯情三者創立之大端而興修之所亟也其鑒闢艱難之故捍禦維持之力昔人誠倍於今人若夫經營劭勵振成規而光大之厥功有不後於昔人者矣方制軍之創議也一呼而百諾旬月之間慨然懷必成之志固激於意氣哉迨夫度五十餘丈之規築數仞之牆集萬夫之役銖積寸累頭會箕斂輸者已竭其力而作者莫竟其功四顧屏營幾於憊已卒能從容措置不懈益虔舉凡尊道

之堂棲神之寢以及齋廚廳舍前人已有者新之文昌之閣譙射之軒講堂書屋之設前人未竟者補之外若水龍之製街東汲道之闢并前人所缺畧者增之星紀未終條理畢具何其備也事有極艱鉅萃精勤旁觀視之若以爲自然而成不殫心力者試使當局而籌之其煩頤勞瘁殆將避之惟恐不暇又何心與力之有今諸君之任此也非特尊賢勸學敦崇梓誼其所樹立卓然足以不朽抑其審度區畫之有方出內權衡之有道亦可爲後之興功立業者法况乎讓美於前而不自居其撝謙之度尤深有得於

先賢遺敎而非近俗之所能及者歟余不敏於諸君子無能爲役而興復之難則實已洞見之故於志畧既詳載其建置增修之大槩而書碑之文則獨表其功蹟非徒以表諸君也堂構之成率百數十年而不能無敝壞百數十年之後將復有起而任此事者省視余文當益奮然感發歎成功之不易而思媲美於前賢是則今日之所預爲厚期也夫

新安通衢記

王恩注

古者崇禮大賢宮室則圬人塓之道路則司空易之其有門不盈車道茀難行者有心人竊爲之深憂况於崇祀先賢高山深仰止之思嘉賓喜周行之示既已高閈閎而厚牆垣矣可無坦坦履道以與內美相稱合哉我徽士僑寄遠方所在建祠以祀　朱子而唯漢鎮最鉅明宮齋廬宏廓靜深覲饗式時嚴嚴翼翼自門闕堂階以達於寢室複廟重簷莫不饜飫心目然而康衢未通委巷局促瞻謁者每以不稱爲嘆歲在辛卯董事諸公顧瞻吞嗟商便居

民厚予其直於是廛宇之非已有者道路之机棿反側者羅致而恢廓之砥平矢直心舒目開對宇望衡軒豁呈露由水濵而逕望宮牆幾以爲天然平衍而不知心與力之俱瘁也先是傭人之行汲者接跡周道不雨而濡因重設之臨巷令明禁宣街衢嚴飭綺羅錦繡之交錯玩好百物之燦陳此前日湫隘囂塵估客斂迹焉者也季春重九搢紳先生來雝而至肅此前日人不得顧車不得旋焉者也昔者人謂斯何今者人謂斯何使非明敏公直而矢之以無倦安能外觀燦燿適與內美相稱合也哉注來漢上虔

謁廟堂間步康莊聞之同人最悉故樂得而記之夫禮門義路　先師遺教具存使後人顧名思義履周道而興率由之思其貽澤豈淺鮮哉

題咏

寄題漢口紫陽書院　陳祖范亦韓

孚齋身居闔印記猶紫陽晦翁述先志更以顏其堂至今仰止者泰華相低昂書院（蘇州書院名紫陽）衍道脈嘉名披吳閶近傳漢江口棟宇尤煒煌問誰集衆力徽國乃宗邦旁以憩賓旅中以肄文章來往必敬恭曾不異維桑美哉此建置名實誠相當

又　查祥星南

道統傳洙泗儒宗集大成聖宮隆俎豆家廟盛齍盛梓里尊崇切僑居奉事誠闢基臨漢水建院列江城奉主嚴時享升堂勵景行書樓羅典籍學舍集諸生鉅細欽全備勤勞嘆始營創興皆碩彥繼續悉才英不受羣囂沮難忘衆力擎歷時工始竣踵事費猶宏簷桷看飛翥庭墀見敞明餘工兼博濟盛舉表昇平近過爭瞻仰遙觀即震驚龜山青鬱鬱鴛瓦碧晶晶民俗潛薰德傳聞著有名寰中多創建莫並此崢嶸

匾額

福 欽賜 乾隆五十六年十二月二十日兵部尚書都察院右都御史湖廣總督臣畢沅

徽國文公祠

尊道堂 康熙戊寅之春 黄元治書

異地同師 康熙丁丑春月 後學張瑗敬題

過化存神 康熙丁丑嘉平月 中憲大夫湖廣安陸府後學吳肇榮題

繼往開來 康熙丁丑季冬月 陝西驛鹽道程兆麟題

輝映齊雲 康熙丁丑仲春月 丙子科雲南大主考翰林院編修宋衡題

道山學海 康熙三十八年春月 武英殿大學士吏部尚書李天馥敬題

吾道中天 康熙己卯仲春月 湖廣總督部堂東萊郭琇題

如日中天 康熙己卯仲春月 內閣大學士宛平王熙題

道源洙泗 康熙己卯季冬月 後學程鶴翥敬題

斯文在兹 康熙庚辰春月 文華殿大學士禮部尚書張英題

漢南教澤 康熙三十九年春月 知黄州府事加五級許錫齡題

承先啓後 康熙庚辰菊月 賜進士出身分守武昌道莊搢敬題

道統攸傳 康熙庚辰仲秋月 翰林院檢討充三朝國史纂修官婺源後學吳文炎題

道接魯鄒 康熙壬午孟夏月 賜進士第翰林院編修後學汪灝敬題

道啓來兹 康熙癸未歲孟夏月 督學使者西河王祚興題

眞儒集成 康熙甲申孟春月 提督湖廣全省學政翰林院檢討潘宗洛題

統接大成 康熙乙酉孟冬月 欽差湖廣大主考後學文岱題

聖域賢關 康熙丁亥桂月 詹事府左春坊左贊善翰林院檢討戴紱敬題

心傳如揭 康熙丁亥季春月 時知江南徽州府事柯宗仁敬題

聖學淵源 康熙戊子冬月 居越後裔嘉敬題

道統正傳 康熙己丑季春月 武昌府通判海陽後學王鼎廷敬題

千古眞儒 康熙庚寅仲夏月 知成都府崇慶州後學王爾類題

仰止景行 康熙辛卯仲夏月 山西汾州府知府休寧後學姚震敬題

學炳日星 康熙壬辰仲秋月 戴朝冠敬題

鄒魯功臣 萬壽恩科湖廣大主考 康熙癸巳孟夏月 李天祥敬題

聖道薪傳 康熙甲午冬月 提督湖廣全省學政大興薄有德敬題

班列十哲 康熙五十六年春三月 福建汀州府知府休寧吳淛敬題

理闡精微 康熙丁酉仲冬月 知雲南府安寧州事休寧後學程夢英題

修道垂教 康熙戊戌仲春月 湖北布政使司督理糧儲道參議許大定

敬題

江漢秋陽　康熙戊戌仲春月　後學吳𤇍敬題

洙泗津梁　康熙戊戌中秋　海陽後學程儀千敬題

道與天長　康熙庚子仲春　同知江南嶶州府事趙艮埔敬題

功襄關洛　康熙辛丑仲春　湖廣岳州府通判後學程子琨題

格致誠正　雍正丁未季秋月　中憲大夫知湖廣辰州府事汪立名敬題

百代儒宗　欽命　雍正丁未十二月　督理福建鹽政汪亮卿敬題

南渡尼山　欽命　雍正乙卯春月　巡察湖北湖南等處地方湖廣道監察御史後學程仁圻敬題

紫陽書院志畧　卷七　六十一

源宗江漢　欽命　雍正八年八月　提督湖北學政日講官起居注翰林院侍讀凌如焕敬題

天下第一人　雍正庚戌之秋　後學夏力恕題

學海朝宗　雍正庚戌菊月　署理廣東等處提刑按察使司按察使潭濵後學黃文煒敬立

孔道以明　雍正癸巳仲春月　督理湖廣湖北等處驛傳兼理清軍鹽法道楊晏敬題

治紀南國　雍正甲寅季夏月　署理湖南按察使司後學許登瀛敬題

學宗洙泗　雍正乙卯仲春月　湖北巡撫都察院後學楊馝敬題

列聖功臣　雍正十三年九月　武昌守道後裔濡敬立

江漢窮源　雍正乙卯九月　湖廣湖南布政使司分守岳常澧道按察使司副使休寧孫元題

日月經天　雍正乙卯夏月　提督湖南學政翰林院檢討吳大受敬立

統接聞知　乾隆丙辰仲春月　督理湖廣湖北等處驛傳兼理清軍鹽法道程世綏題

重昭道統　乾隆丁巳季夏　同知江南嶶州府事加一級任宗游題

仁義之府　賜進士出身　乾隆丁丑孟春月　誥授光祿大夫　內廷供奉經筵講官軍機大臣太子太傅吏部尚書前刑部尚書協辦大學士軍功加六級休寧後學汪由敦敬題

紫陽書院志畧　卷七　六十二

正學標準　賜進士出身　乾隆五年仲秋月　翰林院編修四川道監察御史休寧後學程盛修題

雨化南天　特授　乾隆五年季夏月　奉直大夫刑部浙江清吏司員外郎後學黃元題

羽翼聖經　賜進士出身　乾隆七年六月　覃恩誥授奉政大夫山東道監察御史吳煒題

道源永滙　乾隆丁卯季春月　後裔明儀敬立

綱維全史　乾壬申孟夏月　雲南武定府和曲州婺源後學王廷言題

道尊南紀
乾隆癸酉春三月
武漢黄德道潭濵後學黄履㚖敬題

聖學光明
乾隆二十年
湖廣湖北武昌府知府歙邑後學吳穀題

凝德以道
乾隆二十年仲秋月
召試博學閎亂文林郎護湖南寶慶府理
徭同知署理常德府同知候補知縣後學
戴永植敬書

孔孟正宗
乾隆二十五年二月
湖廣湖北武昌府事海陽後學黄與讓題

道衍尼山
賜進士第翰林院編修辛卯科　欽命廣西正
主考加三級紀録三次休寧後學汪存寛
敬題

聖學正宗
賜進
乾隆三十六年九月
士第翰林院編修辛卯科　欽命湖北副
主考加一級紀録二次休寧後學黄艮棟
敬立

儒言宗海
乾隆辛丑五月
湖北學政後學吳省欽敬立

正學醇儒
賜進
乾隆乙未季秋月
士及第　勅授承德郎翰林院修撰充四
庫全書纂修官加一級紀録一次休寧後
學黄軒沐手敬題

微言翼教
賜進
乾隆乙未季秋月
士及第　勅授承德郎翰林院修撰加一
級歙縣後學金榜敬題

洙泗薪傳
賜進
乾隆乙未季秋月
士及第　勅授承德郎翰林院修撰充四
庫全書纂修加一級休寧後學吳錫齡敬
題

道學流芳
誥授
乾隆乙未年立　嘉慶戊午孟秋月更銜
資政大夫兵部侍郎兼都察院右副都御史廵撫
雲南等處地方提督軍務兼理糧餉加三級紀録
十六次隨帶軍功加二級歙縣後學江蘭立

化雨先霑
乾隆四十一年三月
署理湖北按察使司印務分守武漢黄德
道、後學吳之黼敬書

諸儒集成
乾隆四十二年九月
海陽後學戴第元敬題

私淑淵源
賜進
乾隆丙申五月
士第中憲大夫知四川夔州府事歙縣後
學江權敬立

濂洛同揆
賜進
乾隆戊戌孟冬月
士出身文林郎內閣撰文中書舍人里後
學吳泰來敬立

岳峙淵渟
賜進
乾隆乙巳季春
士出身　誥授朝議大夫掌山西道監察
御史加二級前翰林院編修加二級歙邑
後學鄭爔敬題

宗邦遠式
欽授
乾隆甲辰季秋月
修職郎世襲翰林院五經博士加三級文
公十九世嫡裔學彬百拜立

江漢同流
特授
乾隆甲辰春月
湖北漢陽府同知古歙後學姚任道書

模楷永垂
欽命
乾隆五十一年九月
湖北正考官文淵閣校理翰林院編修記
名御史鄣後學吳敬輿謹題

大道心傳
誥授
乾隆丁未季冬
光祿大夫戶部右侍郎管理錢法堂事務
兼署兵部左侍郎軍功加一級休寧後學
汪承霈敬題

斯文不墜
賜進
乾隆己酉秋九月
士及第　誥特光祿大夫兵部尚書兼都
察院右都御史湖廣總督後學畢沅敬題

綏往開來　乾隆三十九年季秋　誥授中憲大夫刑部廣西司郎中歷任貴州石阡府知府加二級紀錄八次祁門後學洪彬敬題

道閑先聖　乾隆甲寅季春　誥授中憲大夫湖南辰沅永靖兵備道歙西後學潘成棟敬題

六經一貫　乾隆己亥仲冬月　後學汪熹敬書

表章功重　嘉慶元年孟夏月　賜進士出身　誥授光祿大夫經筵講官太子太保南書房供奉戶部尚書兼管順天府府尹事務加三級歙邑後學曹文埴敬題

道闡聖經　嘉慶戊午季秋月　賜進士出身　誥授中憲大夫日講起居注官咸安宮總裁詹事府少詹事教習庶吉士戊午科湖北正主考官提督廣東學政加

一級歙邑曹振鏞敬題

濂洛集成　嘉慶戊午季春　賜進士出身國子監學政加一級後學程健學敬立

聖學宗風　嘉慶己未春月　賜進士出身刑部主事山西司員外郎加一級績邑後學方體敬題

道隆化洽　嘉慶四年孟春月　署黃州府知府後學謝登雋敬題

百世興起　嘉慶庚申季春月　賜進士出身　敕授文林郎翰林院庶吉士加一級歙縣後學鮑桂星敬題

闔洛同源　嘉慶庚申嘉平月　賜進士出身　敕授文林郎翰林院庶吉士實錄館纂修官加一級古歙程國仁敬題

道宗洙泗　嘉慶辛酉季秋月　誥授奉直大夫知廣西寧明府事休寧後學戴霆敬題

道學流芳　嘉慶辛酉冬月　誥授中憲大夫議敘道刑部正郎雲南貴州清吏司加四級紀錄四次歙西汪必誠敬書

功侔神禹　嘉慶壬戌秋九月　賜進士出身欽點國子監學政績邑後學石城敬立

筆繼春秋　嘉慶甲子季春月　覃恩誥授中憲大夫兵部武選司員外郎加三級又軍功加一級隨帶後學江淦敬立

百世師傳　嘉慶乙丑夏月　誥授資政大夫欽授鹽運使司又軍功議敘加四級歙西汪必相敬立

源深澤遠　嘉慶丙寅仲夏月　賜進士出身　敕授文林郎翰林院庶吉士加一級婺源後學董桂敷敬書

西廳

六水講堂 乾隆丙辰夏午月曹文埴書

兼山麗澤 康熙丁酉之春戴有祺書

主敬堂 乾隆戊辰之秋程珣題

願學軒 乾隆巳巳之春夏力恕題

致一齋 嘉慶丙寅仲夏董桂敷敬書

啓秀書屋 嘉慶甲子之春吳世准書

讌射軒 嘉慶戊子之夏馬家驥書

近聖居 嘉慶甲子之春汪元愷書

魁星閣

文光遠射 雍正歲次旃蒙單閼孟秋朱涵題

光映天都 乾隆元年丙辰仲春程世綏敬立

象著文垣 乾隆丙辰仲春月金承統敬題

文昌閣

光騰雲漢 嘉慶二年丁巳孟春總制全楚使者畢沅題

經緯揚華 嘉慶二年丁巳春二月海陽汪承霈題

義塾

新安津梁 雍正十三年孟秋月許登瀛題

達道共由 雍正乙卯仲秋夏力恕題

吾道共南

聯句 照原銜

作綱目繼春秋涑水司馬公頫筆削而史書不謬
由問學盡德性廬山白鹿洞辨異同而聖道始明
後學汪繹題

闡六經奧旨註千聖微言昭昭然若日月當天孔孟以來
於斯再旦
塞百氏旁流滙諸儒正派浩浩乎如江漢朝海周程而後
大矣蔑加
後學黃元治題并書

水之行地猶神之在天況嶽麓有遺踪則鄂渚蘋蘩盍見
道昌朱烏
生近其居如親炙其世雖日月無私照而鄉人俎豆還同
號繫紫陽
後學張瑗拜書

九州郡邑皆祀廟庭爰集六水枌榆挹江漢洋洋遙望文
瀾於虹井
萬禩師儒具瞻山斗肆會兩湖桑梓仰宮墻翼翼儼沾教
澤於紫陽

天都後學吳肇榮題

大別峙龜崇之秀千巖萬壑擁五岳以紛羅惟鄗嶺孤標
眞作道峯砥柱
漢水分洙泗之源三湘七澤滙百川而爭遊信紫陽一派
能廻學海狂瀾
後學江皐拜題

承千聖之危微業在守先信史凜於春秋巍巍道山秀聳
嶽闕爭望岳
闡四子之秘奧志存待後大義昭於日月淵淵學海澤流

江漢盡朝宗
後學宋衡敬題并書

剏合漁之宏規羡威儀雖肅山若增高水若增遠
崇國故之元祀願訓行無斁天與同久地與同長
後學汪瓏敬題并書

銜雲護几筵倣鹿洞遺規凜彝牆以修睦所過所存咸被
千年教澤
漢水潔蘋藻分虹井佳氣光俎豆以樂羣有嚴有翼永欽
萬古心傳

後學姚震敬題

承千聖道統
正百代儒宗
後學汪嘉樹并題

道統纘唐虞遡本窮源知遺風之未遠
聲靈鍾院宇僾聞僾見信斯文其在玆
居越後裔嘉題

惟精惟一亘古之光華如旦
無聲無臭千秋之俎豆聿新
三韓後學柯宗仁敬題

循是路而由是門式遵古訓
登斯堂而入斯室矧敢斁思
後學汪鈞敬題

遠接尼山道在黃巖白嶽之間宜六邑羣英奉爲千秋俎
豆
近宗濂水祠於廣漢沔江之畔知兩湖人士共瞻數仞宮
牆
永年後學李天祥敬題并書

到南渡後誰知孔聖人尙存卽今日仰廟貌於黃鶴樓前
豈不是秋陽江漢
便北朝中也問朱先生安在想當年寄學規於白鹿洞口
何處尋汴水錢塘
後學夏力恕薰沐拜題

接危微精一之傳遠遡唐虞近宗孔孟千百世道心不絕
闡河洛圖書之秘約該周邵博采程張億萬年性學當明
後學許大定敬題

功著六經聖道之薪傳顯垂千古

位崇十哲盛朝之典祀榮冠羣儒
鐵嶺後學楊晏敬題

學闡羣經越秦漢晉唐而始標眞諦
道光千古滙周程張邵而重集大成
維揚後裔滈敬題

白鹿山房著述文章皆妙道
紫陽理學東南鄒魯得眞傳
莘野吳㬊敬題

文獻著丹巖萬世宗師傳道脈

淵源照漢水千秋俎豆仰儀型

海陽後學吳元倫拜題

道脈衍千年自孔孟垂教以來誠意正心闡薪傳儼授受

乾隆二十四年歲在己卯夏六月

一堂永作今古師儒之極

人文聚六邑當春秋展虔而外型仁講讓敦梓誼看冠裳

異地依然東南鄒魯之鄉

後學汪艮選沐手敬題

乾隆癸酉春三月既望

傳道脈於紫陽沅芷澧蘭鄂渚同歆俎豆

接心源於黃岳風琴雅管晴川遠叶笙簧

潭濱後學黃履吳拜題

乾隆己酉秋九月

道統得薪傳經史遺文獨軼漢唐標奧義

心香崇梓里春秋秩祀遥從江沔溯真源

休寧後學畢沅敬書

緒宗洙泗功翼傳經瞻教澤佈九州勝地永治乎於邦國

徽聲歷代彌尊缸井毓靈章五色

典肅春秋崇俎豆仰光華照三楚名區長溯洄夫漢江

文運齊天不朽紫陽鍾秀脈千尋

海陽後學楊奮飛拜獻

三綱底柱留全史

千古功成在六經

後學夏力恕敬題

雜聯

道學慕前徽爰萃六邑諸生於茲講習
文明昭聖代佇看千秋百世貽厥謨猷

仰大成於往聖觀海難言却就這江永漢廣分泗水之支流盍信此中洙川有自
爾徽緒於來賢指迷未遠請都向義路禮門範考亭之正軌不須他處問道所由

里人夏力恕題

乾隆丙辰之夏

挈斗鬼儀型開文運於紫陽筆蘸長湖描不盡鸚鵡洲邊草痕波影
符狀元詩讖接仙風於黄鶴金儲大別買不了胭脂山下月色江聲

寶田洪元聲沐手敬書

舊學商量加邃密
新知培養轉深沉

子朱子句
汪應銓書

肇開文運立中極
旋轉玉衡見太平

嘉慶二年丁巳春二月

左挹鶴樓右攬晴川溯十載漢渚經遊枌社簪纓崇道脈
瑞靄斗魁祥凝東壁三千里楚江星耀天都人士頌奎垣

海陽汪承霈題并識

嘉慶二年丁巳孟春

璧月耀奎躔瑞彩繽紛生漢渚
卿雲輝黟籍祥光煥爛映天都

總制全楚使者畢沅題

嘉慶三年春月

觀象六星鄣郡人文珠映采
登樓百尺漢皋雲物鏡生輝

祁閶謝登雋敬書

嘉慶丙寅仲夏月

聖譯如聞庭下笙鏞符孔壁
心源未遠眼前江漢卽朱塘

後學董桂敷敬題并書

嘉慶丙寅仲夏月

功在紫陽千載干城維道統
祠依東序百年黎獻仰官師

後學董桂敷敬題并書

嘉慶丙寅仲夏月

盛服正容大祭入方觀典型
升堂入室先賢吾欲見羹牆

星江董桂敷敬題并書

嘉慶丙寅仲夏月

作室溯勤墉漢濟重瞻闕里

專祠隆報績靈旂長護寢筵

星江董桂敷敬題并書

嘉慶甲子之冬

學禮首系弧集蘭襟於江漢名區既句既堅無忘天地四方之志
歌詩陳瓠葉設蒲筵兮春秋佳日言慈言孝私淑程朱三子而來

華陽胡秉虔題并書

太乙明從金殿下
斗牛光並玉壺懸

朱靁再題

漢口紫陽書院志畧撰述增訂　嘉慶二十四年冬月刊

紫陽書院志畧序

趙玉

紫陽乃江南徽郡城外山也綿亘蜿蜒壁立千仞文峯出松栝之表靈秀所鍾爾雅謂大山岋小山峘大山宮小山霍小山別大山鮮茲殆所稱別者與而幽邃平夷綽有餘地易於登陟與黃海問政諸山同爲勝境山多祇樹林有宋名儒祝公確墓碑存焉確以貲雄於歙而與婺源朱韋齋先生同爲南渡理學之宗韋齋名松文公父也雖家婺源常與其徒講學於郡之紫陽山及成進士任福建龍溪

尉遂挈眷之閩屢遷至朝奉大夫以不附和議忤秦檜棄官歸是時文公年十九成進士亦官於外經方臘之亂道阻絶公父子不能歸里韋齋慟焉以在閩所寓之室顏其額曰紫陽并刻私印以見講學故山未嘗一刻忘也韋齋遂殁於建陽文公居喪服闋復以紫陽之室恢而大之以祀親繼其志也遵父遺命徒步千里從學於李愿中羅從彦之門遂得周程嫡派而集大成屢徵不起强之應命未幾辭職如是者三四先後在朝止四十日章疏數十上皆以報仇雪耻正心誠意爲諫言之激烈甚於賈生之痛哭汲黯之批鱗雖爲權倖所嫉而名重三朝暫蹟旋起身殁後數年耳韓侂胄死理陵悔悟即謚爲文贈太師徽國公錄其三子於朝賜紫陽書院額於講學之故里此又自古忠臣之受報未有如此之速也然則紫陽之名亦稱於漢口何居蓋斯文不喪公之神在天無所不之者也而况漢口寰區巨鎮徽人客遊天下惟漢口爲多有成邑成都之漸其在故鄉車服禮器薰公之德子子孫孫經數百年雖來異地不能忘根本也又况公曾兩次奉祠皆在湘湖嶽麓白鹿洞兩書院皆公創建則此地乃公所經遊樂親戚

之情話者而鄉人之思公如慈父母祀展春秋亦固其所不但已也必以紫陽名之蓋神所依憑如仿新豐於漢代疑縮地於長房公在漢口相對無非鄉人一如在紫陽也蓋嘗論之名省之會館遍天下此之書院即會館也而有異焉崇祀者道學之宗主而不惑於釋道之無稽參贊之源流而不墮於利名之術數入學有師育嬰有堂講射有圃　御藻有樓藏書有閣祭儀本家禮禦災有水龍遍津有義渡賓至如歸教其不知卹其不足皆他處會館之所無即有亦不全者而後知創始諸君之功不朽也茲配

享諸君勞心力於前者畢制軍復繼於後已載志畧無庸再贅後之人嗣而葺之儆俗古稱好義必多踵事而增無美不備者將附前志開雕悠久而無疆矣至若祠宇之壯觀規條之嚴肅名曰書院而不曰會館以其非浮屠老子之宮而先聖先賢之明德維馨也玉雖籍隸桐城本屬天都之桑梓承乏守土嘗叨灌獻於几筵俎豆之間其愾聞僾見之情不僅如羹如牆而已諸同鄉請紀其畧何敢以固陋辭是為序

漢口紫陽書院志畧題咏增訂　嘉慶二十四年冬月刊

匾額

安撫萬禩　賜進士及第　尚書房行走翰林院侍講學士歙後學程昌期敬題

脈道流馨　乾隆辛巳孟秋　江州守休寧後學黃肇隆薰沐敬書

隱然爲霖　嘉慶十二年春三月敬集　朱文公閑雲詩帖
勅授文林郎前舉孝廉方正給六品銜　御試
太和殿　召對　乾清宮特用知縣海陽後學黃世埰拜題

與造物遊　嘉慶十三年歲在戊辰孟夏之月
誥授奉政大夫特調武黃江防同知加二級又隨帶加一級紀錄六次二十世孫慶光百拜敬書

紹古作程　嘉慶十三年歲次戊辰季秋月
誥授朝議大夫署陝西潼商兵備道知同州府事軍功加二級尋常加五級紀錄十次古歙後學洪範敬書

闡緒定史　嘉慶己巳年仲春月
賜進士出身　欽命提督山東學政歷任陝甘福建山東舉考官福建道監察御史古歙後學程世淳敬題

願學孔子　嘉慶庚午秋月
賜進士出身　誥授中憲大夫　欽命湖南正考官刑部貴州清吏司員外郎後學程祖洛敬題

聖道薪傳　嘉慶十五年歲次庚午孟冬月
誥授奉政大夫乾隆甲辰　南巡召試　欽取一等二名特賜舉人授內閣中書加五級古歙後學鄭宗洛敬題

闕里同瞻　嘉慶壬申季春月
賜進士出身　勅授文林郎翰林院庶吉士歙

後學羅永符敬題

正誼明道　勅授儒林郎　嘉慶十八年歲次癸酉孟春月　誥授奉直大夫　誥封朝議大夫布政司理外加四級後學黃家鳳敬題

溫嚴剛粹　賜進士出身翰林院庶吉士歙後學程恩澤敬題

正心誠意　賜進士出身　嘉慶丁丑秋七月　誥授朝議大夫知湖北漢陽府事前翰林院庶吉士後學趙玉敬題

聖道昭明　誥授資政大夫署理浙江寧紹台海防水利兵備道　嘉慶二十二年仲冬月　欽命督理海關衙署杭嘉湖道事丙子科鄉試提調加四級紀錄十次古歙後學程立乂敬題

聖學宗風　賜進士出身　嘉慶己卯夏月更銜　誥授通議大夫湖北按察使司按察使績溪後學方體敬題

聖學宗傳　賜進士及第　嘉慶二十四年九月望日　日講官起居注　南書房供奉　己卯科　欽命湖北正考官左春坊左庶子加三級紀錄八次休寧後學吳信中敬書

道闡聖經　賜進士出身　嘉慶二十四年歲次己卯孟冬月更銜　誥授光祿大夫　經筵日講起居注官太子太保體仁閣大學士管理工部事務翰林院掌院學士會典館正總裁加三級古歙後學曹振鏞敬立

聯句

嘉慶彊圉赤奮若之歲

倣新安習禮爲楚淨升香誦過三澨至大别遠哉明德紹以正心誠意啟奕禩聖域賢關功侔禹跡

從泮水居歆降南都時亨仰濯江漢暴秋陽煥乎文章迄今一道同風集諸儒聲金振玉統接尼山

賜同進士出身國子監學正前新安紫陽書院肄業弟子休寧金琛敬題

嘉慶丁丑季秋月

對鄉人説鄉語靈爽式憑似講格物致知于黃山白嶽

明聖學接聖傳羹牆如見直驗存神過化于漢水方城

漢陽郡守趙玉并書

文昌閣聯句

嘉慶丁丑秋日

奠位三台讀周官槱燎升香統領星辰風雨而泰階平人文化成天下

過宮百吉降漢水薪傳嘉會御兹蘭蕙酒椒而靈旗展陰騭錫福生民

知漢陽府事趙玉敬書

漢口紫陽書院志畧題咏增訂　道光十二年六月刊

匾額

章天漢倬　道光元年三月朔日　欽取召試二等勅授文林郎歷任湖北天門遠安應城南漳恩施漢川等縣前辛酉丙子兩科鄉試同考官知漢陽縣事後學詹應甲敬題

聖脉眞傳　道光壬午季春月　賜進士出身欽點即用知縣候選員外郎歙西後學鄭兆杞敬立

功翌聖經　道光二年歲次壬午秋九月　欽命湖北副主考刑部山西清吏司主事總辦秋審加四級後學趙炳言敬題

聖學淵源　道光二年九月之吉　欽命湖北提督學政光祿寺卿楊懌曾敬題

功崇道統　道光三年秋九月　誥授奉政大夫軍機處行走吏部文選清吏司員外郎前內閣中書加五級又恩加二級古歙後學程振甲敬立

澤流湘漢　道光八年歲次戊子季春月　特恩湖北直隸州知州即補知府前知均州事歙邑後學胡源敬題并篆

道宣聖蘊　道光九年嘉平月　賜進士及第御前侍衛上行走欽命湖南永州鎮總兵官鮑友智敬題

漢口紫陽書院志畧題咏增訂　咸豐元年七月刊

匾額

功兼作述　道光十五年歲次乙未季秋月　賜進士出身掌京畿道監察御史兼戶科給事中乙未科湖北鄉試正考官古歙後學許球敬立

濂洛淵源　道光二十年歲次庚子春三月　賜進士出身誥授奉直大夫工部虞衡司主事兼都水司事歙西後學程葆立

經神學海　道光二十年冬十月　欽命提督湖北學政翰林院編修記名御史後學方錯立

洙泗功臣　道光癸卯歲仲春月　賜進士出身賞戴藍翎即陞知州湖北天門縣代理崇陽縣原任浙江雲和武義等縣海陽後學金雲門立

學冠羣儒　道光丙午仲冬月　欽加鹽運使司銜賞戴花翎鹽課司提舉古歙後學姚有恭敬題

斯道永明　道光丙午仲冬月　欽命甘肅分巡平慶涇鹽法兵備道賞戴花翎古歙後學姚有寬立

功參刪定　道光戊申秋九月　後學吳璪敬立

漢口紫陽書院志畧卷之八

雜志

承承繼繼　昭兹來許　儒先宜師　絕學務舉　前人創功　後人繼緒　景其始難　勿以懈沮　彙爲雜誌　垂及萬古

志末附以雜志者何事之無所統系别爲一弓以備稽考也噫事既雜矣曷爲乎志志之蓋欲使四十餘年之事如判指掌前人之經營圖度千辛萬苦千百年後如將見之披斯志也文不嫌俚事不厭瑣雖曰雜事其所關係非淺鮮也

啓建書院序

汪璲　默菴

易著旅卦詩載嚶鳴誠以閉門家居非丈夫事然而行路之難昔人言之稔矣或牵車而服賈或游學於他邦事久情適安於所寓一枝匏寄千里萍遊梓里聯情友于契合安可以無其道哉所以都會叢集之地每糾合同郡爲公所即京華首善通籍仕宦者莫不皆然程子曰人生天地之間未有不相親輔而能自存者也予嘗攷先生合渙之道矣爲之享帝立廟以萃天祖之精神教民設宗祧以序其昭穆爲大宗小宗以統其族姓至於一鄉之中吉凶有無相周恤歲時伏臘禜酺飲射相周旋凡所云敦族睦婣拯災恤患之制無不纖悉具備至於離鄉井櫛風沐雨之徒行李往來則又有迎送之館庫廐脂轄矜其不能而恤其不足民生其間遵道遵路居者有禮讓愛敬之心行者無覊棲寒窶之苦何風之厚也然則公所之設詎非先王合渙之遺意歟漢鎮爲楚省翊輔吾新安之人負笈來遊掇巍科而贊皇猷者碩輔真儒後先輝映而服賈經商亦不乏偉人且壤接江右吳越甌閩之交幽冀青齊秦蜀滇黔之會聯轂結袵鱗次而麕集雖同井親故子弟相距數

千里之外者又往往於此而遇之統紀管攝之道尤不可不講也於是合郡同志之士不敢泄泄卜地於中區表以南山背負木蘭廣十二丈縱四十丈建造書院崇奉紫陽夫子之主不敢以禱祀混之懼其瀆於諂也不敢以狹隘鄙猥褻之懼其等於陋也第規模宏敞經費繁鉅非協情合志共勷盛舉其何以整齊而統攝之於以副我夫子之赫聲濯靈而不即於諂瀆褻慢也耶凡我同人自有同情踴躍輸將不日而成矣爰推古昔先王合渙之旨爲有取於旅次嚶鳴之義焉是爲序

再勸樂輸文原

有志者事成力倦者終輟今紫陽書院之舉志亦堅矣而終未成則非倦於力也輟於力之不能繼也輟於力之不能繼則非一人之責凡我同郡力可有爲而未經爲或爲之而未竟其力者之責也曾具啓徧告同志訖少應者此不憚再三之瀆也以爲不足重乎紫陽夫子宋代聖人也舉世所尊事也以爲未必成乎則規模已大備矣今止一簣也以圖節省乎則琳宫紺宇恐不乏布施也以爲一之爲甚其可再乎聞之樂善之誠惟日不足視其力何如不

以重疊而自沮也且協助者中道而止任其事者亦竟廢然告退是置前功於盡棄也諸同鄉不唾其面否唾之誠甘諸君之心未必不顧而自慚則不得以有志不成力倦中輟責之矣嗟乎可與觀成難與圖始此爲百姓言也非爲士大夫言也且今日書院業已垂成非圖始也爲書院惜更爲諸同鄉念從前亦曾協力縱未經協助亦未經倡言以爲書院不當建者則心許諒亦久矣今再漠然則某等志未嘗不堅而力自不繼後有議論責亦有歸康熙戊寅之秋里人方佺查宗倬孫皐王光裕吳晅程鶴趯謹啓

再勸樂輸啟 原

諺云謀事易成事難始事易終事難詩不云乎靡不有初鮮克有終蓋今日之謂也方紫陽書院之初建也人心踴躍趨事恐後所謂一鼓作氣也迨歲序遷流力疲心瘁貲斧既不充囊朋輩又皆星散無怪乎衰而竭矣此所以十載以來惟吳蘊翁一人堅心奮志竭歷經營然孤掌奚鳴縱使百計圖維難作短袖之舞耳今門堂樓室巍然可觀惟塗垩丹雘一切階壁傍廡尚未完備勢不能停工輟作侄一簣之終虧用是分項計貲約畧三千餘金今除已注承認外仍缺千金以合郡濟濟多士稍爲解囊成功亦易爲此公募諸鄉臺先生以如雲如雪之襟斯遂希聖希賢之盛舉各隨願力署簿概輸將芳名與貞珉并垂而勝事同漢江俱永矣謹啟

募建文昌閣啟

竊以千秋勝事古人樂覩厥成一簣功虧君子莫辭其責維茲新安書院背臨湖渚受朔氣以淒涼襟逼桑榆騰炎蒸而鬱燠依傍成基尚餘隙壤思欲適方佈景栽桃李以成蹊選勝標奇結亭臺而映水北構文昌之閣高拱薇垣西開讌射之軒遙通柳岸或報功而崇祀爰增黝垩之堂或遊目以騁懷亦啓艙蓬之室朱欄碧沼觸處生情翠竹紅花引人入勝俾名士文旌卒至據梧卽以談元大夫使節光臨登樓於焉作賦斯亦桑梓之盛事風雅之勝場也第開基祇闢荒蕪奚事鋪金以買地締造因其缺陷終須煉石而補天運土填湖難作鳥啣木石塗丹施雘寧同蜃吐樓臺堵上畫宮雖規爲之有則道傍築舍知成就以何時爰啓同袍復謀解橐俾滄江成於剩水遙通道學之淵源碣石開自殘山永作宮墻之屏翰不遠勝於擲金淨土佈粟空門者哉

乾隆五年歲次庚申孟夏月吉旦

募修漢鎮新安書院序

漢鎮爲楚省通衢遠方士商輻輳雲集於此一大都會也向建有新安書院奉祀　徽國文公粟主凡我同郡之士往來過從即次如歸非獨團聚鄉井且以寓羹牆先哲之意藍蘼自康熙甲戌鄉前輩捐資共捓閣丁酉有西廳之舉辛丑有義學講堂之設至乾隆乙未復開康衢以通商旅并置市屋十餘椽取給租賃以足春秋二祀之需周井井有條第歷年久遠風雨飄飆棟梁剝落且地形坎窞積水漫溢歲次戊申遭漢鎮水患水積數月後檐牆垣又復

頹塌若不及今修葺難免前功驟毀余自戊申春　命持節來楚於今七載幸得歲物豐成而民氣恬寧今年春鄉人漢臨衛士等集同人爲請曰此書院之議修舉久矣顧築室道謀不成且以物力維艱又各因他故未暇今幸明公屏翰三楚惟此福曜所臨莫非天作之合念此工程浩大非撮土可成必賴衆擎則易舉且北構文昌閣西開藏射軒前人已立成格空餘基址有志未逮某等公議襄此鉅役願公賜一言弁首余惟江漢名區南北往還會館之設所在多有而新安之以書院名者獨以　文公之鄉而重也余世家新安而通籍於吳念鄉人之爲此舉無非充其好義樂善之懷而爲維繫桑梓之本且其所以恪守　文公之道誼家法者深矣余特述其所以謀始之意如此惟冀同鄉諸老體昔賢締造之難爲後起觀型之勸交相樂助共破慳囊鳩工庀材刻期告竣俾館舍如舊規式一新往來者有於處之安而免瑣尾之歎則余於諸君有共樂焉是爲序

賜進士及第　誥授榮祿大夫兵部尚書兼都察都院右都御史總督湖廣等處地方軍務同郡後學畢沅撰

覆吳子丹書　吳積隆

冬廿有七日捧讀翰教極荷關注諸同人感佩靡已獨某久仰鴻名無緣識荆知非常之人必建非常之業爲朝廷增一番事業必能爲吾道擔一分責任欣慕欣慕某等不揣螙力妄任文公書院之舉爲首數人三載以來備歷艱辛一應鳩工庀材苦於費少尚在進退維谷之時張朱兩翰苑道經目擊卽同鄉莅任於楚之諸公咸以舉行非妄而懷忌操戈者誠不知其何意也然書院議舉之先幸而呈明督撫各憲無不嘉與舉行卽舉之後幸邀同鄉諸先

達培植作養其間幾番搆訟又幸而蒙各憲不次創懲今欲誆聳大部更幸而遇先生凡此皆我朱子之道德感孚迹其所行不惟欺我都人士且藐視吾鄉諸先達不小承教云云殊爲雀躍敢祈先生作狂瀾砥柱商酌於同鄉諸先達俯念崇儒重道併力玉成倘得入　告邀沛　恩光則功侔天地否則止沸徙薪亦只在鉅卿之一言而宵小自遁都人士感戴靡涯矣所有序文聯扁案牘總錄呈覽仰祈照拂勒名貞珉千古不朽

附吳子丹來書

漢鎮建立會館乃吾鄉義舉內奉文公朱子神位崇儒重道名義昭然實千古盛事也弟聞此舉慽不得爲諸公少分擔荷之力以迮不逮此心徒切向往近聞楚人嘵嘵不已弟竊異之訪之同鄉中咸無知者適友人相見出袖中一冊云此土著人有沮撓此舉者因楚之同鄉走就商酌極力周旋將此冊存下緩爲調攝蓋不知吾友祖籍亦吾鄉也今弟卽俛之緩其來意探其首從及匪類之倚附者先此星馳奉聞恐多一番舉動卽多一番紛更祈諸公留神候妥示以便遵行不宜

上姚太史書　汪璲

旆臨三楚德荷二天榮幸既多栽候屢闕客夏世兄由漢莅滇把晤之下備悉愚衷茲有吾鄉同人啓建紫陽書院於漢口誠以　聖朝崇儒右道理學重光　特許直省營建書院爲士民觀摩地況我徽國文公　宸翰表異迥出羣賢之右以故江南建書院於姑蘇浙江建書院於西湖所以舍親吳積隆余倘煜等念本新安下士今隸江漢編氓鼓篋肇牽麕集於此既不得時瞻闕里而登講堂又無所居肆以成其事是一出戶終無以聞詩禮而沐

聖化矣用是協議捐資剏建書院設立義學庶幾麗澤有所觀摩有基鄉井旅寓同歸大道所以仰副　聖世振民育德之至意也已蒙當事嘉與批詳炳據此老先生按楚時所親見近聞有好事者懷嫉流謗幸當事諸公曉以道義共爲排解自必潛消默釋然竊意其所執以相攻者不過以我文公既崇祀學校又特祠闕里何必漢上多贅此舉夫文公書院與異端淫祠孰正孰邪三綱五常之教與無父無君之說孰得孰失今佛老之宮徧天下即漢鎮蕞爾地豈止數百區而日增月益勢猶未已且各省之建祠於此者皆巍然壯麗競相矜尚未聞有起而非之者何獨於我文公反不能忘情何獨於漢口地方反不應建造昔者文公嘗請建大成殿於白鹿洞時亦有倡此說以沮之者文公疏闢始息可見先後暗合古今一轍無足怪也當代鉅公名卿皆久秉清樞治神人而和上下固必扶正抑邪而位尊威嚴詎敢輕以下情上達惟老先生沐愛分輝匡朝伊夕故敢爲吾鄉同人陳其梗概伏翼仰承道統俯察輿情將見日午中天魍魎避遁豈惟棠休一時而老先生維持振興之功將與昔賢疏闢匡扶并垂不朽矣謹啓

附太史姚華曾覆書

道路修阻音書闊絕雲樹之思時形夢寐去冬捧讀瑤函如聆玉屑伊人秋水殊慰鄙懷家兄由楚回滇即有小緘奉復不意此札竟付洪喬疎畧之愆仰祈慈鑒至尊諭云云聞之舍親甚爲不平且素習老年臺理學家傳夙推祭酒此事本屬正大若輩狂吠何足爲慮倘須扁額可寄信來以便轉致順候近履諸惟心照謹覆

上張太史書　　吳積隆

一函諒呈慈覽茲不贅瀆專懇者適接吳子丹翁書云有人欲沮書院之舉謀之有力者彼不知有力者亦吾鄉人也因即酌之子翁密書囑爲籌畫第思三載以來心力之竭一切鳩工庀材多從挪移措勉今且追呼逼迫何能向長安道上一問津耶惟有仰望同鄉諸老先生固此藩籬耳我老先生賁臨漢江時即蒙光降始終關切固不待懇而廣平先生亦經枉駕目覩情形聞此必爲髮指今并肅託再汪文儀翁亦有所專致祈老先生砥柱狂瀾不惜齒

頰餘芬鄉人士匪直感逾頂踵即文公在天之靈更藉庇不朽矣矣子翁忼慷豪傑亦吾鄉之望捍禦必有同心幸鑒鄙懷以慰鄉恍引領禱切不戩

附張太史靜齋覆書

客冬小仟來都得接手教緣乏便鴻未及裁答頃復接手翰知吳子丹馳書云云眞爲識者所哂此中原委諒已悉知但解鈴還須繫鈴之人因同程天翼翁往晤三槐渠見詞嚴義正答以來日設筵力行勸解仍送扁到祠弟即額謝總之見怪不怪其怪自滅倘槐堂扁到即修函致謝亦酬酢之常禮浮論置若罔聞而已率覆不宣

與同鄉書　　吳積隆

誌稱吾鄉山峻水清靈秀之氣磅礴扶輿往往多奇節砥行之士崛起特立以故事無大小不爲則已爲則斷不肯寄人籬落務必副其願望之所欲至竭其力而後止此自古迄今莫不皆然勿謂古今人果不相及也漢鎮爲仕商輻輳重地各省皆藉廟貌以名會館金碧輝煥互相矜尚獨吾鄉缺然積隆等不自量力議修缺事建立紫陽書院爰奉　特旨祟祀朱子既事順而名正闡道閑邪又足以淑人心而端風化豈淫祠之可同日語哉意謂吾鄉好

義之士如林稍分其餘便可不日而成遂於謀始之初妄創宏規且未遍告諸先生以致事事相左然諸先生族望聲華夙所仰賴舉足群追發聲爭和今合郡創大工兩年未有樂輸致啓奸心既而置冊認輸各載親筆恃以無恐五載以來次第就舉外侮叠侵皆化飛灰矣而工尚未竟事多缺畧無如樂輸之項有批少而二三倍出者有既批而半出未足者多寡相形皆視諸公而上下其手於是五載拮据翻成債窟欲暫停工以俟後之君子竊恐風雨漂搖棟折榱崩前工盡廢貽譏大雅此去冬所展轉躊躇正難擘畫孰意冬間有自都門頒示綮言嘖嘖得書亦未敢輕聞左右急飛尺一遍告同鄉先達幸我夫子之道如日中天諸閣下皆欲賜銜題額滿漢大宗伯無不嘉惠行且龍跳虎臥來自天上帚劈椽書寵錫日邊矣然竊念頒輔名卿所以不靳栽培作養者亦以我夫子爲繼起宣聖之一人而吾鄉之同業漢上者寧無水源木本之思乎念欲仰副培植之盛心則前此暫停之說勢既不可已然今踵事而告成功則惟諸先生是望倘獲宏大願力如疾雷震耳彼出納稍吝之家亦且欣然解囊追隨恐後抑思道院

精藍糜費金錢者何限究無補於風教苟叱彼糜費之餘成此一簣之功六邑共仰永垂不朽某等庶叨末光以告無罪於桑梓相提而論孰得孰失惟諸先生辨之竊恐不察尊賢衛道之苦衷謂爲請益之張本似非某等所望於諸先生暨諸先生始終玉成之雅意也故敢以書聞惟鑒察不宣

奉神主入祠祭文

維康熙三十七年歲次戊寅季冬月辛丑朔越祭日庚申新安後學四川學政江皐內閣撰文中書孫臯吏部主事程鶴嶷荆州府通判吳宗苑進士金章李其武生員余尚煜吳積隆等敢昭告於太師徽國文公朱夫子之神位嗚呼惟我夫子德懋學醇修二帝三王之道理明義晰闡六經四子之微是以　聖朝褒典逈出諸儒之右特允言官請　詔直隷各省營建書院爲士民觀摩地以故闕里紫陽壇壝巍煥雲蒸霞蔚月盛日新某等客居漢濱久睽梓里羣切私淑之衷悵無講習之地於是積隆尚煜等購地捐資倡建書院厥功將竣爰祀維新乃卜兹吉奉夫子神主於寢室庶幾羹牆在望步趨有依會極歸極是訓是行用以仰副　聖天子崇儒重道化民成俗之至意敬率合郡紳衿士庶用修釋菜之禮伏願昭格上下陟降庭止啓佑後賢永垂無斁尚饗

書院上梁記　　張　瑗蘧若

漢鎮鉅吾鄉僅一彭蠡耳黄山白嶽與大别高觀靈氣遥相應接吾鄉六邑人士以其地利之美食貨之繁挾筴而遊者比比也叢集萃處久而安焉比户多鄉人不啻旅於鄉矣方今文運昌明咸有志於學乃糾同志創建書院祀我紫陽夫子以紹禮樂詩書之緒誠繼往開來之盛舉也予薄宦京師久睽鄉閭歲丙子奉　命典試西蜀歸由漢上艤舟獻歲首春三日鄉之學博汪子文儀吳子蘊予過余蓬牕椒酒舊雨新箋相與把臂言歡揖而告曰穀日庚申書院上梁之吉幸遇文旌請與祀余躍然曰有是哉夫紫陽夫子爲吾鄉宋代一聖人（出闕里志）闡幽發微續千百年道統之緒余焉敢不與屆期黎明就道見夫燈綵煇煌香花縟匝中漢陽太守戴君（夢熊）安陸太守吳君（肇榮）一時畢至少焉日光晶瑩照耀畫棟雕甍間爰舉觴介鄉人而祝之曰維兹梁木庇乎大厦枕江面漢居高撫下道通洙泗世際虞夏景運天開文明永賴余與二太守酌而慶之鄉之人士鱗次雁集皆各歡欣鼓舞丐余作記乃臨風拜手而爲之書

祀后土文

維康熙三十三年歲次甲戌八月丙申朔越二日

徽郡六邑首事人吳蘊予余南宜余本立汪鄰石金幹臣吳希耳徐公儒楊藎臣江子寬余靜先汪子蒼金敬思汪公逵金雲五余西謨吳建周汪去華方君英吳以寧汪肇源等公祀

后土之神而言曰書院之舉聯合郡之客漢皐者講信修睦正人心倡教化而資行旅之難者也第工程浩大費用維艱凡我同人既仔肩撫始務矢志觀成毋畏縮毋苟安

毋惑於浮言而生猜忌毋格於時勢而致因循毋是巳而非人毋私心而罔利毋以謗爲懼毋以譽爲喜戮力齊心量能任事同聲相應同氣相求噫是舉也類愚公之移山等精衛之填海稍有懈縮鮮不功虧一簣貽笑千年茲當闢土之期潔誠齋沐對神合志銘戒宣文后土有靈是糾是鑒謹告

紀火

康熙庚寅八月二十六日武漢二府同日災漢口特甚自晨至夕燬萬餘家火光燭天河水皆熾自市廛巷陌渡口延燒巨艦小舠夾岸濱河焚溺跺躪死者不可勝紀書院牆垣高峻幸無恙附近民居悉爲灰燼男婦老幼逃於宮牆戟門內及尊道堂寢堂前其箱篋衣飾皆擔荷貯書院無失保全生命不下數千人遠近聞之咸謂書院之有裨於闤闠匪淺鮮云

紀水

雍正丁未六月初六日江水暴漲堤岸崩潰漢口街市低處可行舟堤內居民水平簷角皆駕板爲巢洶洶焉有不可終日之勢惟書院基高水僅盈尺民皆避入書院蟻聚雁集堂廡充塞階除及戟門後院搆篾蓬數百所可炊可寢幾三閱月間有病者給醫藥死者助棺歛吾郡人悉竭力捐貲樂施不倦

祀后土文

維雍正十二年歲次甲寅孟冬月癸卯朔越二十有二日甲子之辰按察司副使朱濡布政司叅議許登瀛漢陽府知府張廷慶同知田三樂知縣梁瑛經歷饒鋭紳商程璋吳宗懃汪朝錄江涵蒼吳元度吳元倫吳鼎和吳繼敦汪會進程兆鳳宋兆權吳浣等敢昭告於

后土之神嗚呼維神坤德上配乾元不重不洩萬物載焉緊惟漢鎮億井兆烟祝融弗戒回祿堪憐爰開火巷紫陽祠前履道坦坦利涉大川壬交丙合坎後離先庶民其又

澤溥市廛茲當啓土齋沐告虔事期久大工倍力堅周行康濟於萬斯年謹告

復新安巷碑記

紫陽朱夫子闡明聖學繼述洙泗文章功業固已昭著彪炳垂於萬世我　朝崇儒重道配享之曠典超邁千古尤爲罕覯故薄海內外靡不奉爲師範道其道而德其德者也楚之漢鎮爲商賈雲集之區而新安人來於此者尤多彼邦人士慕夫子之德之學建祠於斯已歷年所又於祠前購地以廣前衢幷起市屋賃租息以備祠用迨歲久爲某姓侵隱余甫下車據士民公呈批朱觀察廉得其情溯本窮源踞佔之屋宇既歸於祠而侵漁之租息亦償於公

趙璧復還士民之勇敢好義洵足嘉美而歙邑文穆公後裔許觀察復捐購基址擴充祠宇剏設馬頭利濟行旅尤爲振興起廢之舉士民程　璋等又請余記余何能以不敏辭爰成數語置於祠側庶後之任斯土者振文教而保賢祠恤元元而諳溱洧覽予斯記諒有同心今而後祠中擇人稽覈弗致糜費而蹈前轍推廣　聖朝崇祀之典久而彌篤是又余之所厚望焉捐資董理諸姓氏應勒碑陰共誌不朽是爲記時雍正十二年歲次甲寅季冬月湖北巡撫加五級紀錄七次襄平楊馝記

重修書院首事紀蹟

董桂敷

書院之修倡議者畢制軍董理者二十有六人而汪翁衡士其首也初創修議興旁觀者莫不以兹役重大人事難齊恐興工之後費用不繼中輟則墮前人之功圖終又無將伯之應首事者物議叢集將何以自謝或以此勸翁且諉厥任翁曰此闔郡公事人人思諉夫誰肯任者余既承制軍之命及同鄉之舉余不敢辭兹事之成余與諸君其任之於是擇吉興工同鄉捐輸者咸集各以其說進翁俱領之而莫測其所從也乃與襄事諸君謀役所始命工築

基於寢室之後測深培高首建文昌閣閣成度其費可以成寢室乃毀舊而重新之室成又度其費可以成正堂然後毀新如寢室由內及外秩然有序人始服翁之識見加人一等也蓋常情皆務外觀之耀先其內則在外者易以圖功祭其堂構之可成而始毀其舊則或有費用不繼而舊觀固依然在也其捐輸之入先後皆歸於翁而工食材物之出悉由諸君之手無纖毫之不昭晰者此其所以祠宇廳舍次第成功悉能舉前人遺規而光大之歟方書院之興役也時值邗匪擾攘北逼於孝感孝感距漢口不百里旦夕可至居民聞此皆蒼黃怖恐或浮家挈妻孥遠去或艤舟津渡以待有勸書院停工者翁曰書院中夫役凡百餘人一旦盡罷去則近旁見者將訐為賊且至遠近震駭民心何以安吾姑舉吾事安靜以待之時役夫有二十餘人家孝感者去無所之亦不欲罷遂興役如故居民日來窺伺見書院舉動無異則相與慰藉既而官軍剿賊撲滅漢口安堵無恙前之將避去而視書院為行止者竊意書院乃制軍首倡必有確實消息因暫倚以為安而豈知翁識量之超膽量之雄置身家於度外而思以安合鎮之

人心固假書院為干城之衛也乎夫措置之秩然有序出入之毫髮不苟求之流輩雖不易得然智計老成之士猶能及之若夫不罷工於蒼黃之日而志在安人則非有學術幹濟者不能也翁少長於市而顧見及此其所挾持何如哉余來漢上與翁數相見問其年七十有七矣而精神耳目志氣一如少壯與人立談終日不倦吾以是知翁之非常人也其二十餘人余不能遍知所知之深而有行蹟可紀者翁以外如李君殿鰲日在書院中家距書院約三里而遠卒常朝至暮歸夜庀其家事而晝任書院之事雖

風雨亦然工役之興區畫多出於君去鎮十里有玉皇殿亦同鄉諸公捐建君實經理之朝暮出入如書院其行事精勤類如此余以增修志畧屬有所詢君言之皆歷歷有據其於今昔事宜隨在留意書院之事殆無有熟於君者又於諸事皆能見其大體視方隅之士相去奚可以道里計也外若余君曉新任事勤勉能克己以濟公余聞而重之而相見日淺僅得其大畧又吳君潤蒼向任書院事最久勤慎明敏爲諸君所推服以嘉慶壬戌年卒於督工之次鄉人父老子弟設奠西廳痛之如失所親今諸君每言

及之猶各相太息也其餘諸君或佐理經費或助視興作或兄弟交贊或父子并勤蓋皆好義樂善持公履潔者噫世間重大之任何限而能勝與不能勝則器識別焉事業之成豈不重賴有人哉豈不重賴有人哉

紀水龍

董桂敷

漢鎮民居稠密不下數十萬户火災之患常有雖開通火道以便行汲往來然倉卒之頃難於施力以一肩之水敵方揚之火勢不能勝又接續不時指揮不及往往連延櫛比甚者男女奔竄無所出遂厄於一爐於是汪君衡士與諸君議以爲書院興修以來諸利人之事罔不悉舉惟救火之策無聞宜增設水龍以備緩急補書院之缺而爲郡邑之倡諸君皆謂善從而慫恿之乃募蘇工之善製者爲水龍二製成立之程式凡用役夫二十二人平居無事月

給工食白金七金使各自治其業有事而用之則各衣皂衣操水具或挑或挽各隨其宜而奮其力火熄乃已每水龍出則給賞以四金司鹽之家給之事宜既定聞之郡守長吏頒示而行之由是漢鎮有火災水龍至則視其高下向背縱之橫之水勢所建燎應手撲滅附近民居得以安息其有益於人者如此余維五行之相勝也有時而窮惟人巧能操必勝之權雖造物鬼神亦避之而莫能與爭而五行乃得各奠其位金之克木也鈍則不入木之克土也拔則不受制其銳培其根而金與木之勝固在今夫水陽

類也火陰類也陽之勝陰常也火上炎而烈得風以助之則陰者轉竊陽之勢以相陵而水以柔順善下反處於陰弱無能是陽轉屈而陰轉勝有良工者逆水之性而善用之激一綫之水以達於至高而出乎煙焰之上則剛陽得位而竊其勢者遂失其據而不能敵其衝而藏之也如斬蛇之劍一擊而中分其懸而注之也如將軍之從天而下飛瀑之自崖而瀉其遙而射之也如養由基之發矢穿楊葉徹七扎投無不中中無不深其猛而制之也如錢塘之潮方怒吳越王水犀萬弩矢出齊發弦響而濤聲息且夫

龍爲水屬人不得而狎之然其嘘雲噴雨水下土汨崖谷有神於用者矣取其用之神而適得乎水之分以制乎鬱攸之威此卽古聖人所爲立成器以爲天下利與神物以前民用之遺意也書院之有此舉也其利不誠普哉汪君與諸君創之其存心濟物亦可謂有加而無已者矣

集會彌胙議　董桂敷

紫陽書院重造既成又買室於新安街之東而通水巷焉先是街西故有巷狹窄殊甚汲者相逢輒左右格碍而街乃書院之中衢使汲者出入泥濘載道則無以示敬於是任事諸君集議更通一巷適戴氏宅在街東自街南直達街北諸君請售戴以書院公舉許之價值用費計一萬一千金而書院自興修以來貲用甚鉅雖藉衆力捐輸會其用數尚虧四千金加買宅通巷之費則已虧至一萬至千金書院歲入房租凡四千三百餘金春秋二祭及各度支

不下二千餘止二千三百餘金僅敷每歲一萬五千金之息而此一萬五千金之虧乏終不得補諸公相與熟慮深思以爲前此建造時同鄉既各有捐輸且并取其釐金矣此時重捐則無名不捐又無濟於是倡爲集會之舉每百金爲一籌凡作一百五十籌隨人度力受籌每籌歲給還十六金以十年爲率十年之後各籌已得百六十金矣除母金百數外尚得子金六十亦不爲無所贏餘自是而後不復給計每年書院所給凡二千四百金歲取屋租之入給焉卽有不足所乏無幾十年之後以有餘補不足補之

而有餘則皆書院之餘矣如是而書院乃可久遠無虧乏第念集會之始皆以會捐輸爲辭未必盡能踴躍且此既在捐輸之後前之捐輸者已勒名於石矣此時若重勒石則已有名者更何所慕是必有變通之計而後可行於是復議散胙入會者每祭頒胙肉二觔傳之子孫永遠勿墜彼既收歲給於前又綿胙肉於後則莫不相爲鼓舞而事克舉矣議成聞者僉曰善或疑前之捐輸者未給胙而今給胙於義似未安是殆不然捐輸在書院未成之前則書院之成皆衆人之力其名已與書院同不朽矣不假於胙

也集會在書院既成之後書院之成不由於會彼不得有名故以散胙者永其名於子孫義則同勢則異也且人慕頒胙則已捐輸者復入會既勒名又受胙夫誰謂不宜者況乎前此之捐輸或數百金數十金數金多寡懸殊勢有必不能一例給胙者乎且即今之入會者雖每歲有十六金之獲以常情生息準之則十年後其母金已畢入書院矣有所入於書院而無名又不給以胙人誰愛之故吾謂此舉行則人情各得書院之虧費可補事之盡善而議之不可復易者也是議也汪君衡士倡之任事諸君和之屬

余書顛末於會簿之首爰本其意而書之如此

鼎建玉皇殿碑記

漢南懐三里前有東嶽古刹去城十里遠接山光平挹野色幽深寂靜莫能具狀往來行人嘗憇息於其間余等籍隸新安客遊楚省昔年兩置義阡於廟前設立阡葬號簿始經十里鋪僧照管繼交廟僧綜理廟僧謂誰即今住持之永清也因來此甚密酬酢益深每值清明令節不無哀念孤魂覩孟蘭大會難免慘傷朋儕仰叩佛法超昇上乘俯仗僧力解脱下阨或三五爲期一七爲率雖伊蒲青精可修淨供而夙興夜寐莫寄棲帷且 玉帝金身現無

事奉爰與度畫廟東隙地一段計寛丈餘狹隘不能展佈又公輸購置胡姓水田 四界契載明白 充其方圓增其廣闢居近父老僉稱斯地自元明以來歷屬廟址今復建廟理所當然虔誠公立字據以垂永照此君子成美與人爲善之心也選乙巳十月鳩工庀材經營伊始迨辛亥九月垣墉塗墍輪奐維新題顔曰 玉皇殿由是旅進旅退誰敢戲豫馳驅或遠或近無不齋慄祇肅仰瞻 聖容袞冕黼黻有威有儀昭其嚴也遥望宮闕巍巍峩峩去雕存樸昭其質也桷梴楹閑昭其度也五色比象昭其文也寶鴨噴烟昭其潔也炬光煒煌昭其明也禋祀如斯 神其吐乎殿前存有餘地構木爲椽疊瓦爲覆以蔽風雨左植樹木幾株右列卉草數種綴石爲山掘地成池維斯鄉人花晨月夕聊以暢叙幽情縱撫景傷懷不無家鄉萬里之思而握手言歡亦可頓釋紆鬱不啻對桑梓而興敬止也時有晉觴而祝者曰公等既設義阡以事鬼是其仁也又建峻宇以奉 神是其敬也仁敬兼至自茀祿爾康矣保艾爾後矣在祝者或以理當如是豈知某等之恪恭奉 神者肅其心也竭誠事鬼者哀其類也非圖報而後者此竊

願凡我同人後之視今亦猶今之視昔思既有創於前務求繼美於後俾斯廟之不朽即義阡之不朽爾休邑汪塘詹鈞撰稿 渠口李慶掄書丹

汪文儀傳

新安汪子文儀諱璿庠諱燧號默菴頑叟其晚號也生而穎異不凡四歲見垢中有金器弗取歸聞以失環詰侍婢廼指其處得之九歲通經書善屬文十三值國變暫撤制藝惟事節錄理學諸先儒書沉潛體認慨然具希賢之志昭然有黑白之分焉父惟晦公以孝友聞璲承之愈篤有弟三人早年痛弟璞不壽嘔血數升厥後復哭其季血症又作幾斃嘗嘆今人於妻子則曰分內事於父母則曰有兄弟在至於兄弟之倫則久不講爾我較然矣即有資助

周之已耳殊不知分形一氣天合固無可比也所以古人不曰宜爾兄弟如夫如婦而反曰宴爾新婚如兄如弟璲家三百餘指待哺一身手口卒瘏而絲粟不私老死不二故能先行後從如此壯遊三吳聞東林講洛闗之學遂執贄高彙旃先生會講印證郵筒往復者四十年如一日其論學書有曰朕兆之説發自梁谿蓋見金谿所托於孟子先立乎其大者及求放心良知良能等語未暇推勘因謂入道各有派别者孟子之於孔子氣象迥不相同斷以吾儒學脉有二孟子微見朕兆朱陸遂成異同文清文成便分兩岐云云以調停之以爲學陸王者之倣而非陸王之自爲倣也不知金谿姚江當身陽儒陰釋欺已欺人心勞日拙已自一齊差却豈待學者而後流而大壞也哉故竊疑發此語時似未得讀清瀾之書良有以也且毋論其是調停與非調停細研此語原自有病説文曰幾微形見謂之眹兆然則眹兆者其未著未顯之異同兩岐乎異同兩岐者其已著已顯之朕兆乎微見者其遂成便分之所由始遂成便分者其微見之所由終乎蓋道豈容有二以爲氣禀則不止有二律以文章脉絡得毋等孟子於陸王乎

夫岐孟子與孔子而二之與等孟子於陸王也而一之皆不可也在先儒一語之偶誤原不宜過爲推求今援爲甄别儒先之定論則恐僞以傳僞所失非淺尠也娓娓千言其嚴辨如此中年學易晚而成書大抵以閑邪爲存誠之學素位爲寡過之方是誠有得於易者著有讀易質疑語餘讀錄周易便讀平點學蔀通辨等書行世年七十四乙酉卒於漢寓密寓越丁亥始聞訃於其從弟珽爲位而哭以詩悼斯道之益孤也其一曰皓首窮經斥異聞扶筇擔笈總論文新安家學堪千古江漢先生又見君其二曰交深

契厚已多年荏苒浮沉各一天自恨虛生長面靦追遙叟
杖讓君先今春余以省墓還楚其孤匍匐舟次乞一言爲
先人光往來江上倉卒未能也暑退凉生檢閱其狀述及
遺書而高生大西適至重以爲請兩姓道義之交蓋三世
矣因力疾詮次其學行以答其意且以見斯人之自有可
傳而亦以見余疇昔締交之不苟若夫易解之精詳文章
之醇肆有目者自能知之何俟余呶呶爲子一曰鈞廩膳
生孫三曰震亭升元師貞

論曰國初士大夫懲前朝之禍深晦講學之名有言東林

二字輒口噤而不敢應賴梁谿二三遺老守先待後爲兢
兢耳汪子生紫陽之鄉裹糧走千餘里拜道南而從高氏
遊通紫陽之志使東南學脈稱會歸焉厥功懋矣然書有
之曰非知之艱行之維艱覩其修身教家無疚無惡以跡
夫後口而談道學與緘口而不敢出者其相去何如也噫
希賢之志吾謂惟汪子踐之時康熙歲次戊子桂月中秋
日澴川熊賜履拜書於清凉舊圃

文學汪默菴先生傳

文學汪先生諱璲字文儀號默菴新安之金城里人也系
出周魯成公子汪侯而分派則自唐開國鐵佛公始代有
聞人歷傳至文學頴悟過人十齡通經史大家然不屑事
俗儒章句而惓惓於韓之原道年十六即手錄理學諸書
潛心體認可謂聞道甚蚤矣性孝友色養其尊鄉賓惟晦
公繼志守身貽親令名丁內外艱哀毀骨立行道傷之以
弟殀憂勞成咯血症越四十餘年復爲其季病且殁兩發
舊疾幾憊人服其至性近世希覯少遭喪亂家中落兼治

生以佐甘旨贍仲季而一燈午夜雖祈寒暑雨終其身弗
少懈中年僦居漢陰因占籍楚中文譽日噪不十年棄去
淡如也惟力於躬行一言一動必秉成法身修教成庭內
肅然生平樂與善而不妄交所師友者錫山高彙旃先生
吳趨徐俟齋先生及同里汪石樵葉簡崖紫陽還古數會
友而已故高寄詩有曰遊吳握手皆奇士還里論心有碩
儒蓋紀實也於憂患中以讀易求寡過之旨故所著有質
疑二十卷凡八易稾而研究愈精孝昌熊文端先生亟稱
之曰足下辯志既勤衛道復力立言端以洛閩爲宗而其

才又足以發明之故詞旨明晰發前人所未發誠大有功於四聖近大中丞濬川張公序之曰力學篤行道宗孔孟理本程朱其實地發明處都從身心體驗吾知大易眞詮自伊川紫陽而還汪子分一席矣爰從公請以先生從祀東林龜山楊先生道南祠其見重於有道如此又有語餘謾錄文集悠然草詩集儀典堂文錄大學章句繹義周易補註便讀月課問答各如干卷其他校録評選前賢書甚富或行於世或藏於家皆可垂諸不朽者年七十四卒疾革之前數日仍手答吳門蔡九霞論格物致知之義闢異說闡正學娓娓數千百言則生平之所養可知也已有子曰鈞食餼有年能世其家學

贊曰予少與鄰右同庠得拜先生於漢寓密窩儀範嚴肅望如山嶽及聆其謦欬談論則累日坐春風中不忍去也尤善言易每與予反覆於吉凶消長進退存亡之道不啻二致意焉後予作令西安猶寓書敦勉進予以古之循吏意氣固已懃懇矣今先王没名愈尊道愈顯雖未少見諸設施而著述宏多皆大有關於名教開示來學蓋彬彬質有其文醇儒之業不徒稱獨行君子云時康熙庚寅歲清

和上浣長沙後學陳鵬年滄洲拜手書於句吳官舍

書汪文儀先生傳後　董桂敷

始建書院任事者凡四人今惟汪文儀先生有傳二篇粗具梗槩而吳蘊予先生及余南宜本立二先生傳皆缺於例宜補然傳者以傳信也三先生之行蹟其詳不可得聞矣於其所不知而傳之是誣也以今日之鄉評證之當日之紀載雖未嘗有傳而其可傳者固在汪先生之爲人不待述已而當時任事獨首推吳吳歿汪爲文祭之稱其具卓傑之才可以立事濟人重然諾信友慈衆且奉爲道義之宗稱許之者至矣其述書院之事則曰蜩螗羹沸談笑

揮之譸張讋伏外侮悉平又曰百折而志彌貞此其光明雄偉之概雍容整暇之度非有大學問大經濟者不能及也汪先生以理學自任必不爲過情之譽以汪先生之所推許則可以信吳先生矣南宜先生與吳汪同事衆推三人僉執牛耳前後俱無間詞其爲人亦大概可知吳先生之歿也時襄事者甚衆而代吳者羣舉本立先生既而委私任公正直如吳辛勤勞瘁如吳其爲人又可知已今志中載吳先生筆札數條皆慨然以公事爲己事其言吾鄉多奇節砥行之士事無大小爲之則不肯寄人籬下務副其願望之所欲至竭其力而後止斯言也蓋以自道亦爲諸同事者信也古人有言曰景不爲曲物直響不爲惡聲美生而爲合郡所推崇歿而專祠以享之人心之公夫豈偶然倖獲者哉

公祭吳蘊予先生文

江璲

維康熙壬午冬月初七日同里戚友汪璲等謹致祭於蘊予吳隱君之靈而言曰嗚呼孰使翁而竟止於斯耶孰使吾儕忽然不得見翁竟呼翁之靈以哭翁耶計翁之年甲子一週有六矣胡爲乎疎者哭之如哭所親親者哭之如痌瘝於乃身且若以爲夭而不壽若以爲天之降割而不仁者何也蓋翁具卓傑之才可以立事可以濟人重然諾赴人之阨不愛其身怒不藏而怨不宿不保其往也唯予其進而不輟其勤信於友歷數十年恆如一日慈於衆雖

少長咸集各饜以去而無不欣欣誠所謂道義之宗坊表之式而兼服其氣誼如雲宜乎其有以感人肺腸不期哭而哭不期悲而悲豈能託太上之忘情若夫我文公書院之初議也誠補吾郡之缺事然而大工大役欲舉而事不易成加以乘墉者伏莽者蜩螗沸羹以書院爲質的環伺而齮齕之翁則無事呼號談笑揮之譸張讋伏而外侮悉平至於有終鮮克倦勤者亦屬人情翁則百折而氣彌貞手足既疲於胼胝心思復竭於經營近者人心復振落成可期翁則忽爾蟬蛻乘虬上升得無積忿於功虧一簣九載之績未獲遂願而寧以身殉者鼓厥後英一腔熱血死賢於生目雖未瞑而其志皎然則與日月而爭明嗚呼已矣今則亡矣戚友悵悵失所依矣晴川共客攜手同趨自翁之往而誰與歸嗚呼以翁之襟懷無滓其行於天也爲風之清爲霞之麗其藏於地也爲金之精爲玉之玭纘聞有孫紹衣有子區區延促何足爲翁營弟燧等溯洄無從恍中央之宛在音容彷彿悵笑語之莫追謹按尙書記功之文循祭法勤事之典勒石立主躋附兩廡僉議旣同春秋歲舉百世不毀翁其歆我嗚呼尙饗

始建書院姓氏

吳積隆　汪[illegible]　余尚煜　余宗經　吳定邦　余應菲
汪大中　金生　汪映濤　余祖儀　黃雲生　余廷㸃
朱之貴　程祥　余紹基　徐如珍　汪亦遐　金成兆
張繼曾　汪鈞　金啓楨　汪振崙　方君英　吳江

開建馬頭姓氏

程璋　吳宗熟　汪朝録　江涵著　吳元度　吳元倫
吳浣　吳任文　吳繼敦　汪會進　程兆鳳　宋兆權

開建新街姓氏

汪掌明　汪衡士　汪天吉　姚勳臣　吳敏修
程右獻　程東書　余毓輝　吳洪茂　余用賓
方位存　汪孚遠　舒聖功　汪宏濟　金育存
許耀文　吳廣明　余毓華　畢坤成　汪萬候
汪賡虞　徐秀升　黃識堂　江韶九　余正宗
汪文宗　吳允成　汪廷顯　汪萃中　吳涵遠
孫士融　余允康　汪文濟

重修書院姓氏

汪衡士 名湘 休寧富溪　江岱川 名禎 歙邑　程東書 名震元 休東率口
汪秉衡 名必相 歙邑　余用賓 名漢臨 休北碧山　余允康 名迪 休北藍田大宅
吳潤蒼 名應溥 休北礵溪　余曉新 名皓 休北唐川　汪耀廷 名鍈 休寧富溪
胡克能 名嘉勝 休北小溪　汪嘉會 名亨 休寧富溪　李殿鰲 名慶掄 休西渠口
李益三 名慶友 休西渠口　余曉江 名晶 休北唐川　吳湧川 名北灘 休西上溪口
余闐望 名崑 休北唐川　汪鼎大 休寧富溪　余祥茂 休北
姚保合 休南賀陽　余超宗 名國偉 休北唐川　黃仁泰 休南古林
詹肇村 名宏鈞 休寧流塘　黃方至 休南古林　汪旭江 名會漢 休西上資

吳維堯 名應巍 休北礵溪　余子美 名錦 休北溪口

興工示

湖廣漢陽府正堂加一級戴　爲崇文教厚風俗懇恩嚴示以杜紛擾以便興工事本年二月初二日據生員耆民吳定鄒余尚煜余應菲汪大中汪映濤金生余祖儀程祥黃雲生汪鈞吳江余廷璣朱之貴余紹基徐如珍汪亦遐金成兆吳積隆張繼曾余宗經金啓楨汪振嵩等呈稱營建書院爲士民觀摩地所購基址久蒙印給惟租地人戶舊構草竹房屋在上今興工伊邇業經契明價足理合遷徙第人衆心雜覬望游移若不請示曉諭誠恐化民成俗

之盛舉反滋紛爭擾壞之澆風云云爲此示仰該坊牙行諸色人等知悉傳諭衆戶於所購地內有現住草竹瓦房籬園等物盡行遷移聽候興工康熙三十四年二月初三日示

漢陽邑侯張公捐免門攤稅碑

爲先賢旣邀曠典懇賜勒石以垂永久事據舉人金生州同汪應春等呈前事詞稱生等購買漢口循禮坊四總基地一段原係佃民胡堯臣等七戶共納門攤錢糧一兩零八分二釐二毫蒙臺尊賢重道捐補豁免批詞印照炳若日星誠曠典也但筆墨恐歷久消磨勒石則萬年不弊懇乞恩賜碑記永行捐補豁免生等摩勒貞珉則培植洪恩直與天地同永矣等情據此爲照剏建書院崇祀先賢以爲後學仰瞻有功名教不淺其祠基原名胡堯臣等七名

共額門攤錢糧一兩零八分二釐二毫本縣已經捐補註冊開除後莅茲土者崇儒重道諒有同心合行勒石以垂永久爲此示仰豁免門攤人戶胡堯臣萬寶甫朱雲霄周壽喻允吉上林班洪秀華及看祠人等一體遵照須知牌者一勒石一立案康熙四十四年五月　日

捐金育嬰詞

具呈徽州府屬六邑寄籍士民程璋吳宗熟汪朝錄江涵蒼吳元度吳元倫等爲另勸善舉叩請憲裁事情因某霸吞祀產激弁撫憲蒙送臺審明斷令退產歸祠清算多收租息某央黃澤乾等勸念同鄉除還原質借本銀壹千兩外退還多收租銀壹千兩仍該祠息情求免算璋等因開造馬頭業經許捧日捐買有基六邑紳士樂輸有項是以允從誼讓此固難逃憲鑒前月二十八日奉委漢分府照約清產歸祠共計退還鋪面一十六間偏廳一所廚房二

間當經具領在案統計每歲可收租銀三百六十餘兩除祭祀需用而外積其盈餘自此修葺不致缺費矣六邑士民焚頂憲仁無旣至於某捏捐火路謊聳撫轅蒙送臺前審明不加深究恩予薄罰某自當感戴凜遵但據黃澤乾等呈請將所罰銀兩湊開馬頭費用蒙諭璋等具領切思祠前馬頭係六邑士民仰體各上憲德化共勸義舉并不須他鄉外縣資助分文況某名下仍該退還祠息尚且依勸情讓是馬頭需費已足焉敢領湊埋沒六縣公舉但事由覇吞祠產而起若不遵領誠恐上負憲恩因思各上憲胞與爲懷口碑載道而育嬰堂之舉尤屬仁心仁政官斯土者旣推保赤之恩蒙其澤者應體如天之德願將所領罰銀二千兩內捐出原銀一千兩呈繳臺前伏乞驗明賞收育嬰堂內少助乳育之需餘一千兩若再捐助他處則本祠無以用誌甘棠又非所以仰體憲仁也查祠後地處卑窪半屬湖蕩久欲填築成基搬建文昌閣併造偏廳書屋於西首以保護祠牆庶可免風雨漂搖之患向因工程浩大衆力不齊以致因循玆蒙憲恩請將此銀爲倡雖不敷項璋等情願再行勸募捐輸共勸其事謹將原銀一千

兩公封存貯俟馬頭告竣卽便興工落成之日仍懇詳請勒石俾賢者知感而不肖者知警亦以仰副上憲崇儒右學之盛心也伏乞批示遵行雍正十二年十一月初八日

具

分守道憲朱　批准據情轉詳銀兩發交武漢二府轉發當商生息以充育嬰堂公用可也

曉諭示

湖北分守武漢黃道兼理水利事務布政司參議朱為嚴行曉諭以杜侵佔事案奉署撫部院楊批前事又奉督部堂邁批同前事奉此為照某霸佔文公祠祀產侵禾租息捏捐火路誑呈撫憲并據六邑士民程璋等呈控前由均批到道當經本道審明清產歸祠外續據程璋等呈稱開造馬頭業經詳捧日捐買有基士民捐輸有項不便將罰銀兩領湊埋沒六邑公舉請將罰項銀二千兩以一千兩捐入育嬰堂生息少助乳育之需以一千兩存祠俟馬頭

告成再行勸募捐輸湊造祠後文昌閣之費等情已經詳明兩院批示在案誠恐賢愚不等日後復生覬覦侵漁糜費亦未可定合行出示曉諭為此示仰徽州府屬六邑寄籍士民人等知悉嗣後凡祠中經費務擇殷實端方之人督理一切出入公同登記稽覈毋致侵漁糜費復蹈前轍有干未便各宜凜遵毋忽雍正十三年正月二十一日

準提菴三元殿府禁示勒碑

特調湖北漢陽府正堂加五級又隨帶加三級紀錄十二次潘　為顯示勒碑恩垂不朽事據職監程鍾瑄余敦吳起稟前事稟稱職等徽郡商民前在治循禮坊公建準提菴又於西傍添建三元殿供佛停棺守業百餘年近遭流民余裕芳等呼引族衆佔踞廟内膽敢捏造悖謬不經合約冒稱家廟山主夥串僧源玉郎月影行慧等盜賣廟傍餘地分肥不均訐使老朽余漢宗隱匿真情架詞妄控經汪縣主審訊詳掌責逐碑禁在案詎料若輩怒不畏法

膽將禁碑碎毀職等情出不得已只得於去冬月十三日以頂恩再叩等情繳稟崇轅蒙批候飭縣訊詳去臘月署縣訊明分別懲創詳奉鈞批如詳分別重懲諭令另招住持將該處餘地丈量栽立界至以免盜賣繳結存職等現在遵奉慎選住持但兩廟餘地甚寬内多棚民賃棲第恐年深日久奸徒仍蹈前轍復滋訟累只得公叩賞示勒石以垂永久再一應閒雜人等一例賞禁不許停留廟内如有強梗佔踞者許首士及住持稟究如蒙恩允則榆火永賴上稟等情據此除稟批示外合行出示曉諭為此示仰

徽郡紳士及彼地保甲人等知悉所有廟傍餘地應照此次丈量栽立界至永遠執管該廟僧等毋得串同流棍冒認準提菴三元殿山主名色覬覦盜賣以及閒雜人等盤踞廟內滋生事端如有不遵許該管首士具呈赴府以憑究處各宜稟遵毋忽特示乾隆三十八年閏三月十七日

示

準提菴三元殿永禁示 勒碑

特調湖北漢陽府漢陽縣正堂加三級紀錄三次汪　爲懇恩示禁永靖佛地事據商士程鍾瑄方應謙吳日淶徐名進戴世昂孫天昭汪有彬汪鳴鏞程大灝許正芳戴維銑江士烜余淳汪森泰吳啓錞吳敦復程震元潘龍旗吳超汪聯鑑姚文河余其懌潘怡大方祥泰羅泰寧汪立泰汪永成余萃珍汪意隆汪松華吳洪茂汪錦茂具呈前來呈稱緣順治年間徽僧長樂等先後在漢披剃漢鎮徽人聚斂捐資公買蔡時卿蕭云章後湖荒地一段建造準提

菴次建三元殿招徽僧長樂住持香火一切地契等物交付長樂收執百餘年來相沿無異康熙四十九年復又買堵仁山空地一段界址分明契字炳據詎三元殿住持僧月影素行不端罔守清規串通準提菴僧行慧流寓漢鎮之同鄉余漢彩余希敏余漢宗余裕芳等將廟西基地三尺東界九尺五寸膽敢立契盜賣與浙寧公所爲業今書院衆等俯念餘地尙多誠恐孽僧等仍蹈前轍若不呈明示禁將來何所底止爲此叩乞電情作主恩賜示禁以杜後患並懇飭差押逐該廟僧月影行慧并余漢彩等毋許

在廟為匪庶佛地得以永靖六邑商民均戴鴻慈無既矣上呈等情據此除批稟押逐外合行示禁為此示仰彼地居民及廟僧公所嗣後毋許藉佔準提菴三元殿廟基及餘地之處倘有不法之徒任意故違許該管商士指名具呈以憑究處毋違特示　右仰知悉

乾隆三十八年閏三月十七日復立

義舍示禁

特調湖北漢陽府正堂軍功紀錄二次陳　為籲恩賞示禦悍安良事據貢監生程璋吳繼祺吳元倫汪朝錄汪會建程兆鳳吳浣吳應法李日煊畢大震程清遠朱昌源汪大灝汪雲壆汪時誘汪維龍吳師宗余大宜徐德璋余成龍等呈前事呈稱生籍隸徽州向在漢鎮循禮坊崇建文公書院設立義學敦睦雍肅罔敢忽褻間有同鄉往來視為公所屢欲居停竊懼狎瀆騷擾未便開端爰以書院餘基三元殿傍蓋造樓屋十楹耑為桑梓過客暫時棲息之所此皆生等仰沐德化盡鄉情而肅書院也但闔郡人稠來踪未易辨晰因立簿扇議定規條雖不過偶爾暫寓亦藉面熟躭保方敢登明容留如期遷去庶幾源澄而流可清又恐日久法弛或恃强覇住或久假不歸或非法妄為或酗酒滋事均未可定不請示禁恐難約束為此連名公籲伏乞春生筆底賞示儆戒嚴肅於今玆杜患於未萌則旅寓靖而良善安矣上呈等情據此合行出示禁約為此示仰徽籍往來人等知悉嗣後不許在於院內恃强覇住久假不歸或非法妄為或酗酒生事倘有不遵示禁仍

蹈前轍者許管書院之人扭稟該管衙門解府以憑究治決不寬貸各宜凜遵毋違特示

旹

乾隆八年閏四月　　日示

一重修飭禁示

兵部尚書兼都察院右都御史總督湖廣等處地方軍務兼理糧餉畢　爲嚴行飭禁事照得漢邑　文公書院爲崇祀　先儒之所因歷年久遠日就傾圮急宜修葺完整以肅觀瞻兹據徽士商汪湘等具稟現在庀材鳩工卜吉維新實爲崇儒重道之盛舉誠恐漢鎮地方五方雜處人烟輻輳良莠不一或有無知棍徒乘間攫竊料物及藉端滋擾亦未可定合亟出示嚴禁爲此示仰該處保甲軍民人等知悉如敢乘此興工之際攫竊木料磚石及藉端尋釁滋擾許該商等指名赴地方官具報以憑嚴拏究辦不稍寬貸各宜凜遵毋違特示　乾隆六十年七月十一日實貼新安書院曉諭

新街諭禁示

特授湖北漢陽府正堂加三級軍功隨帶加一級紀錄十二次劉　特授湖北漢陽督捕清軍府加十級軍功加五級紀錄十次木　爲諭禁事照得漢鎮徽州會館前面街道爲行人往來要津故於街之左右各開水路一道一爲挑水上岸一爲下河汲水左右廻環其間使中道不淋漓原以利行人而免擁擠無如近今以來挑水人夫只圖便捷舍却水道輒於正街挑走沿途潑撒漬滿街衢行旅深爲不便合亟出示諭禁爲此示仰該地保甲及水夫人等

知悉嗣後爾等挑水人夫上岸下河務仍由水道行走不得再於中途往來挑送有碍行旅如敢故違許該地保甲即行扭稟地方官以憑究懲倘該保甲人等敢於藉端滋事查出定亦併拏重究不貸各宜凛遵勿忽特示

嘉慶五年二月二十五日示

水龍曉諭示

特授湖北漢陽府正堂加三級軍功隨帶加一級紀錄十二次劉　特授湖北漢陽督捕清軍府加十級軍功加五級紀錄十次木　爲申明添設水龍章程以防火患而靖地方事照得漢鎮爲商賈輻輳之區人烟稠密每多風火之虞經本府於上年勸諭新安會館衆商於原設水龍之外復添設水龍二座並因本地製造未能合式特令捐資遣人赴蘇購辦回漢存貯公所召募水頭給與工食專司撲救在案兹屆隆冬風高物燥火燭尤宜預防第恐奉行

日久原募水頭人等稍事怠玩合將前議章程再行臚列曉示於後

計開十條抄五

一新添水龍宜安設適中公所以期救應迅速也漢鎮地方寬廣道路不一唯新安會館尙屬適中之地且係本館所捐以之收貯庶於遠近有備

一召募水頭宜分別酌給工食也查水龍要在用之得法必須召募水頭方克有濟兹水龍二座應募水頭各二名係曾正邦山雲曾正安山正茂等並雇募人夫統共二十

二名每月給銀七兩每年共給工食銀八十四兩此項銀兩原係會館衆商按年公捐應聽自行按季給發至每次賞勞銀四兩八錢係匣商公捐亦聽按次賞給均毋庸官爲經理

一原設水龍五座應仍遵循舊章也查漢鎮向設水龍鈞搭一切俱有舊定章程毋庸更異以免藉口倘因現新添不卽同往撲救查出定行究治

一酌定賞罰以示懲勸也救火務須勇往如夫役人等有能冒烟走險登時撲滅者自當捐廉獎賞倘聞風火事故

不及前來撲救以致延燒多處或火已落架始將水龍遅到塞責者定卽分別責革召募頂補以昭炯戒

一勸諭商民宜廣爲捐資照式添備也漢鎮風火靡常舊有水龍所汲不能高出樓房新製水龍最爲得用惜又止此二座設遇風猛火烈水少難濟必須多備預防以期充足倘該商民人等亦有急公好義情願捐資製備者不妨稟請照式添造同貯公所更與地方有裨本府等深有厚望焉　以上各條務各凛遵如敢故違定行拏究特示

嘉慶五年十月二十六日示　實貼新安馬頭曉諭

印契錄示

特授湖北漢陽府正堂加五級紀錄十次又軍功加一級紀錄二次明　爲呈簿請印給示勒碑以便稽查以垂永久事據新安書院紳商士庶汪湘汪相余兆崑余大晶等呈稱竊漢鎮新安書院供奉　文公歴爲徽郡士商公所置有基地市屋司事輪年承管收取租息以備春秋二祀之需自康熙七年至乾隆六十年先後買置公産契約六十七紙唯恐年代久遠契約繁多輾轉流交或有遺失散漫無憑稽核謹將各契彙錄成簿呈請鈐印發執俾有稽

查並懇給示勒碑用垂久遠庶公産無虞廢失客民永戴鴻慈等情據此除將呈到抄簿印發外合行給示爲此仰該書院紳商士庶人等知悉嗣後書院公産契約遇有司事交替均須按簿點收秉公承管如有遺失散漫許卽執簿鳴官以憑查究各宜凛遵毋違特諭嘉慶四年六月二十日示

新安義阡弁言

漢鎮　文公祠前新安馬頭告竣諸同事樂善不倦復念吾鄉旅櫬暴露荒郊久停古寺雖有子孫誰能辯其乃父乃祖蓋因客遊斯地患病云亡或一時不便謀歸或孤身無人代殯始而草率繼則因循以至棺枯骨露誠堪惻惻用是於乾隆巳未年製序勸輸公擇漢陽十里鋪紫霞觀前劉姓麥地一段東至西十六丈南至北十八丈冊載麥糧二斗一升不惜重貲買作義基一脈中抽兩砂合抱質之形家僉云吉壤官契既印憲示頒四圍釘界明白前

立坊表顏曰新安義阡自西而東分定層列由北而南編號挨塟塟定規則横五尺直八尺深壙四尺設簿二冊一存新安書院一給十里鋪玉皇廟凡扞塟須從書院給票將死者鄉里姓名按號註簿方許執票前往挨次安塟毋得紊亂守阡四人執票依號亦註玉皇廟簿庻日後孝子慈孫或立碑祭掃或遷回故土俱可按簿查考知在幾列幾塚不致認棺滴血慟哭呼天矣若非書院印票守阡之人不得濫行收塟條規既立永遠遵循毋怠毋荒如其未待號滿踵事增華則又望於同鄉好義諸君子焉

旨

乾隆五年　　日立

特授湖廣漢陽府正堂紀錄六次鍾　爲書院公置義塚籲請給示勒石以廣憲仁事據江南徽州府六邑士商程璋吳元掄余劻吳宗熱吳浣程日朗等呈前事呈稱竊惟民胞物與孰非天地之身存順沒寧共此死生之理聖朝疊沛澤枯之典蕩蕩難名草野爭推樂善之心孳孳不倦漢鎮商民雜處直省通衢旅櫬未封獨吾徽爲更甚貧棺相望豈抔土所能藏璋等目擊心傷用是捐貲公買憲治十里舖紫霞觀前劉參生戶內麥地一大段地勢平衍寬厚可塟千百棺以爲新安義塚四圍釘界明白竊恐

無知豪棍覬覦異鄉公業藉端漁利或縱放牛羊或暗謀侵盜非邀憲恩給示勒石嚴禁難以垂久爲此公籲臺前伏乞慈嘘彩筆弗致侵害於豪強庶澤遠黃泉永沐奠安於域兆矣等情據此除行漢陽縣查明申覆外合行示禁爲此示仰附近居民以及保甲人等知悉示後敢有不法土豪地棍在於義塚界內藉端漁利縱放牛羊暗謀侵盜等事許保甲人等扭赴該管衙門以憑法究決不姑寬倘保甲人等通同狥隱一并究治不貸各宜凜遵毋違須至碑示者乾隆伍年九月　日立

湖北漢陽府漢陽縣正堂加三級紀錄五次劉　爲公置義阡懇恩錫示勒石以永憲仁事據徽郡六邑士商程璋吳繼祺余劻吳元倫汪朝錄吳浣等呈前事詞稱竊惟掩骼埋胔明王之鉅典停棺露柩功令所首嚴璋等生逢盛世身沐憲恩竊念漢鎮黟黎多半異鄉赤子或客遊物故久淹蕭寺之中或貧櫬無歸遏殯荒郊之外以致朽棺遍野堪憐孤旅之魂暴骨成坵誰覆一抔之土用是六邑桑梓捐貲兩次公買憲治十里鋪紫霞觀前劉姓麥地一段東至西計一十六丈南至北計三十六丈照契册載麥糧共四斗四升半在五二里又五甲劉參生大興遷生戶內起割另

呈過入新安書院內完納四圍釘界明白築以土塹前立墓表顏曰新安義阡自上而下分定層列編號挨次而葬葬從書院給票將死者鄉里姓名註簿方許憑票前往照號扞埋弗致紊亂倘本人子孫昌盛後有願遷回故土者或力有不能不願輕舉者俱可按簿查考知在幾列幾塚立碑封誌逢時祭享不致錯認竊恐無知地著欺凌異孤藉端阻撓或日久侵佔耕種或縱放牛羊踐踏以及土豪聽信陰陽暗謀盜葬等情均不可不先事預防爲此公籲

臺前伏乞彩筆生春恩准錫示嚴禁勒石永垂庶幽魂下奠於北邙仁政上蹟乎西伯結草啣環存殁均感據此查捐置義塚收埋客旅屍棺善行可嘉合行給示禁諭爲此示仰附近居民保甲人等知悉凡書院給票在於界內安塟如有藉端阻撓以及侵佔耕種縱放牛羊踐踏者許即指名赴縣稟究各宜遵照毋忽須至碑示者乾隆七年三月　日立

新安義阡續置序

吾徽郡自來多好善樂施之士凡遇勝事莫不踴躍而爭先况乎恤我同鄉澤及枯骨豈其有創於前而無繼美於後者乎昔在漢鎮既巳建書院造馬頭而樂善之心孜孜不倦又公捐貲斧置買一地以爲新安義阡維時地取其寬計長一十八丈濶一十六丈編號而葬以横四尺直八尺爲規洵義舉也無如歷今二十有七年巳葬千百餘塚地雖寬廣棺賓停盈嗟吾鄉之旅櫬將不免暴棲之虞矣聖等目擊躊躕每與二三同志擬爲續置以繼前功奈貲

以力綿爲歎乃荷黃陂街各號諸君子願以圍拜會銀六十兩率先捐輸而一時新安人士無不欣然解囊而樂助之用是卜地於舊阡之半里許適有懷三里又一甲胡永生戶麥地一邱東至西三十四丈五尺南至北二十七丈五尺內惟西南一隅胡姓葬墳横直挖除七丈其餘盡行出售當同相度地維塽塏且亦寬舒質之形家僉云吉壤因不惜重價貲而購焉葬成於丙戌之冬鳩工於丁亥之夏前立墓表側構土祠如前之規模壯觀也周圍築塹堤石爲堦如前之工程鞏固也樹碑立禁左請府示右請縣

示如前之勒石示永垂也他如扞葬之規設簿以塡姓名給
票以憑開穴挨號鱗葬定其尺寸眉列悉一一如前之規
條而新之此義阡之續置始所爲繼美之勝事歟然非諸
公之樂善好施不及此爰敘其顛末書諸簿首以告來者
旹
乾隆三十二年　月　吉日立

特調湖北漢陽府正堂加四級紀錄十三次兆　爲仰體
仁化續置義阡公籲憲恩賞禁勒石事據漢陽縣詳前事
詳稱乾隆三十二年五月二十日奉憲臺批據前署縣左
令詳覆余聖伊張聲遠李萬彩汪萬秀汪萬林等公買基
地以爲義塚請示勒石一案詳由奉批余聖伊等續置胡
永生麥地以爲新安義阡誠屬樂輸善舉如詳飭令開明
四至勒石以垂永久繳等因奉此卑職莅任遵即飭令余
聖伊等將四至地界開呈去後隨據余聖伊張聲遠等赴
卑縣開呈四至納糧數目並懇請憲臺給與印示勒石前
來計單開懷三里又一甲胡永生出賣麥地一片坐落土
名十里鋪魯家山其地東至小路爲界南至古路爲界北
至胡姓園地高低分界其丈積自東至西計長三十四丈
五尺自南至北計濶二十七丈五尺內西南一角橫直過
園七丈胡姓挖除葬坟其餘外空地盡賣與新安書院爲
義塚每年上納官糧銀二錢四分等情據此該卑職查得
余聖伊等置買義塚誠屬善舉第恐日久被侵欲邀憲恩
頒給印示以便勒石垂久等情除詳批仰候給示勒石此
繳外合行給示勒禁爲此示仰附近有地居民人等知悉

茲有余聖伊張聲遠李萬彩汪萬秀汪旺林等公買胡永生麥地一片除原主扣除葬墳外其餘空地俱爲新安書院義塚四至納糧開載明白誠樂輸之善舉凡爾聯界地戶毋得潛行侵越以安幽魂如敢故違示禁許該商等指名赴府縣稟究斷不姑寬各宜凛遵毋違特示乾隆三十二年八月二十日示

署湖北漢陽府漢陽縣事漢川縣正堂加十級紀錄十九次左　爲稟明書院續置義塚公請示禁以廣憲仁事據余聖伊張聲遠李萬彩汪萬秀汪望林呈前事詞稱緣漢鎮多係徽商久居廛市昔年建有新安書院凡公置產業則歸書院完糧乾隆五年間六邑樂輸公買基地以爲義塚旁築土壍前立基表顔曰新安義阡當曾呈請前府憲前憲給示勒石至今永保奠安誠沐仁恩於不朽矣無如歷今二十有七年已葬千百餘塚地雖廣寬棺實停盈用是桑梓公商勵勸繼志復捐買憲治十里舖懷三里又一

甲胡永生戶麥地一片東至西計三十四丈五尺南至北計二十七丈五尺內惟西南一隅胡姓葬墳橫直挖除七丈其餘盡屬新安公業週圍定界明白其稅糧照冊折算每年上官二錢四分在胡永生戶內起割另呈過入新安書院完納所有築壍豎碑分列層次編號安葬悉與前塚無異但恐人心不古欺凌異孤或藉端阻撓或侵佔耕種或縱放牛羊踐踏或垂涎而謀盜葬非邀憲恩給示勒石嚴禁難以垂久爲此公叩春生彩筆弗致受害於豪強澤逮黄泉永沐棲安於域兆生死啣恩頂祝上呈等情據此

除詞批示外合行給示嚴禁爲此示仰彼地居民諸色人等知悉嗣後爾等各守已界毋許在於余聖伊等公買義塚界内藉端阻撓侵佔盜葬及縱放牲畜倘有不法地棍恃强欺孤有前項情事擾害義塚許本稟人等協同該地保甲指名立即赴縣具稟以憑嚴拏重究本縣言出法隨決不姑寬各宜凜遵毋違特示乾隆三十二年四月二十日示

許家灣新置義阡禁示

特授湖北漢陽府漢陽縣正堂加十級紀錄十次陳　爲呈明義塚乞恩賞示事據新安書院職貢監生汪湘吳陳胡嘉李慶掄余兆崑吳世淮等稟稱竊漢鎮乃商民雜處直省通衢之地旅櫬未封貧棺相望者不可勝計前程璋等於乾隆壬戌年買十里鋪劉姓山地已蒙　前憲恩賞示禁勒石奈年深久遠壘壘成邱已不堪葬且一成爲敦邱再成爲陶邱哀哀泉下鬼鄰何安湘等願述前意今復捐資買毗連山地一段土名許家灣東至西寬十一丈二

尺南至北長二十六丈二尺可葬千百棺爲新安義塚四圍釘界明白葬者向書院給票將死者鄉里姓名註簿憑票前往照號扦葬倘本人子孫昌達遷回故土按簿可稽不至錯誤誠恐無知豪棍覬覦異鄉公業藉端漁利畊種或縱放牛羊或暗謀侵盜非邀　憲恩給示勒石嚴禁難以垂久爲此公籲伏乞慈嘘彩筆賞示嚴禁沾恩上稟等情據此除呈批示外合行出示曉諭爲此示仰該地保甲及附近居民人等知悉爾等務知異鄉公業毋許藉端漁利暗謀侵盜或縱放牲畜踐踏墳墓致干查究倘有不遵

許該地保甲扭禀赴縣以憑究治決不寛貸各宜凛遵勿
違特示

嘉慶九年十一月　　日示

實勒許家灣曉諭

書院公同酌遵原議舊規開列於左

一尊道堂爲春秋祭祀　先賢之所理宜潔淨嚴肅凡屬桑梓不得在此設宴演劇以及廻廊東西兩廡均不得堆曬貨物庶昭誠敬

一凡春秋祭日辦事諸人理宜整肅衣冠各盡誠敬

一凡祀産租息司匣者按季發摺著祠丁收取如有過期不能全清者定於春秋祭期逼知值年司事諸公一同坐索否則鎖門另名不得狥情有誤公事

一凡司老匣者爲衆司事之統理務宜頻至書院查察各

盡勤慎

一新老兩匣弆璽印簿年例於十月初三日早晨公同查點封固存匣

一凡市屋修理撿漏司年公同估修惟令祠丁逐日照應不得任其擅專

一凡每年春秋祭典原有成規另牌張掛值年諸公臨期務宜敬謹照辦勿得稍存懈怠率意更張

一凡祭器陳設等物祭畢值年首事於九月二十六日交盤之期務須公同照簿查點當時封鎖不得狥情私借

倘有損壞遺失經手賠償無辭

一凡仕宦有至書院恭謁拈香者祠丁先期知會兩匣年首早至伺候以便迎送

一凡仕宦假館及桑梓借寓槩不奉命恐開雜沓之漸薦者高明各宜自諒

一照牆新街及本馬頭會經請官示嚴禁毋許擺攤挑水祠役隨時查察毋得疎惰

一文昌閣六水講堂主敬堂願學軒等處桌椅什物公議不借以免遺失損壞

一照牆前大街乃書院之中衢理宜開朗潔淨其東西鋪面當整飭清雅不許住居家眷如不依議者令其退屋另名

一凡祠丁應辦之事件另有條規各宜遵行違者即行斥革

一書院所設水龍兩座並器具等件司年者務令祠丁隨時查察遇有損壞即行修整不得疎忽夫役工食四季給發不得預支其餘章程另有規條懸掛倘有不遵約束詷遣者當即斥退另召妥役

一凡選用祠丁務要小心謹慎能幹辦事者充之不得輕舉濫進

漢口紫陽書院志畧原跋

漢口紫陽書院志畧八卷考書院創始於康熙甲戌迄今百數十年人物日盛規制日增前河後湖面大别而瞰長江清淑之氣呈於簷宇眞足以妥　子朱子之靈享祀不忒也吾鄉之人敦禮義重名教俎豆一先生尊聞行知服膺勿失者久矣漢鎮五方萃處吾鄉之人爲尤多每有地方義舉無不踴躍爭先况於崇祀　先賢盛事合衆力庀衆財經營揆度百工具興首事諸君子共勤且勞爲何如乎志畧一書編緝有年然後之人猶須詮次詳晰以成完

書余不敏竊願隨諸君子觀厥成焉　署黄州府事宜昌府同知候補知府祁門謝登雋跋

跋

志畧八卷修緝既成余自漢歸里五閱月而首事諸君裒然以板本見寄矣諸君之任事誠勤敏矣哉板本行而前人創建之功與今日重修之勞俱載以永久第斯志爲前賢卒業以板本爲告成爲後賢觀型於板本爲肇始編之數十年而成之以數月其中損益去取或猶有待於

精汰者如藝文卷中不皆名手所作以舊本僅存不遽概從芟抹也有待於增補者如建置禮產雜志各卷則覘書院之興修隨時而可附益者也其他或仍或削惟冀後來君子具鴻裁卓識者釐革創之勤加之以潤色是書庶其完備矣夫校閱終篇爰復書數語於後嘉慶丙寅仲冬月董桂敷跋

荊楚文庫

〔光緒〕問津院志

〔清〕王會釐 輯

《荆楚文库·方志编》编纂组

组　　长：贺定安　阳海清（执行）

副 组 长：刘杰民（执行）　王　涛　谢春枝　范志毅（执行）

参编人员（以姓氏笔画为序）：

王　涛　李云超　宋泽宇　范志毅　马盛南　陈建勋　梅　琳

张　晨　张雅俐　阳海清　彭余焕　彭筱溦　贺定安　杨爱华

刘杰民　谢春枝　严继东

编　　审：周　荣

顾　　问：沈乃文　李国庆　吴　格

前言

《（光緒）問津院志》六卷首一卷末一卷，清王會鼇輯，清光緒三十一年（一九〇五）刻本。牌記鎸『光緒乙巳年仲夏月續刊』。

王會鼇，字季和，號筱東，湖北黄州人氏，光緒甲午進士，授翰林院編修，歷任甘肅巡撫，國史館總纂等職。問津書院地處黄州，傳其得名於孔子『使子路問津』，宋末元初龍仁夫創建，盛於明，清亦興學不輟。院志凡五修。明萬曆問書院落成，邑諸生倡修院志，是爲首修，志成黄陂籍名臣黄彦士作序。崇禎間王士龍輯有墨本，清康熙四十四年（一七〇五）王掄士三修，道光二十年（一八四〇）曹翰四修，光緒三十一年王會鼇五修。

光緒庚子（一九〇〇）王會鼇來院取閲問津舊志，發現『蠹編斷爛，版毁於兵，年逾甲周未逞蒐輯』，甚爲感慨。光緒甲辰（一九〇四）王會鼇『奉母諱里居』，逢問津書院徐辰甫、王楚材、沈子木三位理事以修輯院志事相商。會鼇以爲康熙、道光兩届院志珠玉在前，恐有『兔園册子』之失，遂與諸友商榷詳定體例。效《白鹿洞志》事分六門，又仿《孔宅志》置卷首、卷末各一。經會鼇與諸友人、紳衿數月努力，終於次年夏完成《問津院志》之纂輯。

該志卷一『形勝』記山川脉絡及古蹟，卷二『建置』記院宇附祭器，載田畝諸項，卷三『祀典』録儀程以習禮樂，卷四『講學』列師友以爲尊，卷五『先正』立典型以爲昭，卷六『藝文』載諸生文體以擴張。全志分類明晰，各卷又按需分設下分綱目不等。卷首末備述修志原委，卷首有敘、目録、凡例、纂輯姓氏、圖像、廟制等；卷末有捐輸姓氏及跋。是志版刻工整，圖文皆善，體例完備，史料詳實。

一九九五年，江蘇教育出版社影印本《中國歷代書院志》輯入是志。兹據湖北省圖書館藏光緒三十一年刻本影印。底本鈐『蒲圻張氏無倦齋藏』印，有墨筆眉批，卷三『書院釋奠姓氏』第一頁有破損，以湖北省圖書館藏同版複本補配完整。（宋澤宇　楊愛華）

目録

問津院志

光緒乙巳年
仲夏月續刊

觀設黃武皐問津、书院旧志序、知問津有志明、始於明季但修、志、之年月無可考耳不得云創修於康熙乙酉

續修問津院志敘

庚子七月會鏊随

皇太后

皇上幸西安辛丑和議成返京歸覲主鬯来院取閱問津舊志蠹編斷爛版燬於兵年逾甲周未遑蒐輯竊為感慨係之旋入都供職甲辰九月奉母諱里居適問津理事徐辰甫王楚材沈子木三君以修輯院志為言瞿然曰茲事重大六十

餘年来邑人士有志未逮者三君子力為其難不辭勞瘁我輩讀

聖人書生過化地徵文攷獻奚敢以不文辭攷問津舊志創修於康熙乙酉王以三大令手輯陳仲夔前輩較訂之續修於道光庚子曹尊江茂才纂本萬梓巖前輩裁定之康熙志詞華典貴道光志攷据詳博可稱善本迄今年代遼遠中经亂離掌故人物多所散佚若依門綴緝必蹈兎園册子之譏儻數典遺忘又貽買櫝還珠之誚江淹云作史之難無出於志作志難修志亦不易也来院數月與梅書山徐彥人丙老友商推審定仿李崆峒白鹿洞志體例事分六門書成六卷首形勝轍環見矣次建置廟田詳矣三祀典禮樂習矣四講學師友尊矣五先正典型昭矣六藝文著作備矣為綱六為目四十有二又仿孔宅志分卷

首卷末二門備載原委雖學識謭陋於前賢無能為役而修墜拾遺悉遵成例蓋甚慎哉抑又思之問津在元明時為龍耿彭蕭諸公講學地當年同志月望一聚條規講說兢兢於實踐躬行文足載道不徒以弋取科第見長求道津梁實由於此逮及近代易為會課雖衡文校藝翹材輩出而講學之風漸微夫道之行不行關乎運會而道之明不明繫

乎學脩儒者慶事雜言厖之世幸得陟降宫牆張皇絕業自當以講道論德明體達用為旨歸庶上可承

先聖一綫之傳下可開千百載未來之運設有真儒傑士如曾左胡彭其人培

國脈挽時局正學術藉紓

朝廷宵旰之憂宇宙内事亦分内事耳循津塗以達閫域其視此志為前導乎是在究心實學者

光緒三十一年歲次乙巳夏五月穀旦

賜進士出身翰林院編修協辦院事撰文慶行走

國史館總纂甲辰　恩科會試同考官

京察一等

記名道府加四級紀錄三次後學王會釐謹譔并書

問津舊志原敘

吾郡諸同志以問津書院落成爰輯院志命武皋黃子敘數語簡端黃子何能敘之哉唯詳觀卷第考其序次本末益慨然聖道知志是者之用意良深矣天生夫子不唐虞三代而使之齊宋衞陳蔡及楚所如不合豈不謂窮耶顧窮矣而彼婦可出尼谿可沮書社可阻以至荒江野水幽閒寂寞之濱若丈人接輿沮溺者流無不闗其論説卒之攬轡踟蹰臨流數語昭來兹開萬古豈非聖道之無不函蓋哉顧其閒亦有幸不幸焉聖門之徒號三千家語闕里誌所載名姓可指者僅七十有七至見之論語不過十數人此十數人中若曾點漆雕開不過數語幸而有此數語設不幸而並此數語無之則曾點漆雕開亦與三千七十無所發明者等今去聖既遠幸從千百世下逆想吾夫子曩者適楚時既不見知於楚

公子申因不遇於楚之君以爲楚君臣之不幸而丈人接輿沮溺者流乃能以其若遠若近動夫子於荒江野水之濱使後之人識其地馨香其祀學者以時習禮儼登闕里之堂未始非楚人之幸也故雖聖人既往百家邪説惑亂千有餘年而濂溪周子舊跡楚南二程夫子復從吾邑興起是皆自楚地發之麟洲先生倡道於此宋元諸儒乃大興問津之業豈非幸之又幸與今

天子明聖躬行道化上自都城下暨郡邑築室聚講者無慮千計吾輩仰承

先聖下紹諸儒遺風共集斯地日有會月有課亦幸與四方諸同志互相質證以共發明夫子之道而是志適成其用意亦良可考矣盍第曰志彼山川遺跡已哉

明巡撫中州黃彥士譔

康熙院志原敘

問津書院始自執輿一問一聖一賢四顧躊躇徘徊津上不謂耦耕冷眼默伺潛窺趣或不同然味其滔滔莫易知津數語究未嘗不詫吾夫子之道大莫容共相致難因爲此不得已之語也而津遂以問名後之人因津遡問見聖無由彷彿往轍流連此津乃共羹牆乎廟以四時習禮其中謂聖轍雖往聖道無窮故羣起而抱吾夫子之遺經以日陟降於

至聖在天之靈是廟祀所由來亦即書院所託始矣觀漢末及齊梁人文字中多稱孔子河孔子山亦可概見迨自宋大儒龍麟洲先生倡道於此歷元明耆儒碩學繼踵振興數百年來日新月盛予不敏愧生其地值春秋享祀升降跪拜其閒景仰聖化遙企儒先幾欲考遡從前不獨漢唐以往僅屬依稀

即宋元明龍耿蕭王諸君子講學盛事盡付刼灰何啻慷慨繫之乙酉春正忽甘叔棟贍過余以志事相命余爲惶悚無似謂此何事何地敢竊擅筆記是何異枋榆鷽鳩妄意垂天之雲詎不負冥行不見泰山之誚況書闕有閒從何所徵兩君曰不然夫賢聖迭興言湮世遠古今之殘闕者多矣豈獨問津一志但以吾夫子一經過化數千百年相傳經臺書場墨池車埠山川古蹟爛然且有廟有祀有禮樂器數有牲醴時日拜獻儀注有田畝以供享祀有督理以時修葺有歷代理學語錄贈遺金石不刊碑版文字有正宗知津會業以存先正講學遺意是皆不足記乎縱往牒難追惟就耳目所及稍加裒輯亦足見聖道之廣及而啟後學之迷津予曷讓焉余逡巡唯唯遜謝不敢辭爰考郡邑前後志儒先語錄遺書

书院之名始于唐肄业之书院始于五季及宋初此竟以今日洙泗书院为孔子时之书院可笑之极

家乘軼事並訪問各故舊子弟所傳凡片文隻字事稍關乎此者無不備錄時往質之雨山太史徧發羣書積日累月互相考訂始得稍有所集共成九卷雖曰得一罣萬然即是以觀止此盈盈一水仰吾夫子之過化至今草木猶馨又觀歷宋元明龍耿蕭王諸君子倡道講學日新月盛俾海內皆稱吾楚黃人士有鄒魯遺風學者入廟升堂敬而承之仰而思之亦可以共興矣

康熙四十四年乙酉夏五端陽前一日王掄士謹撰

敘　岐亭同知王民皥臨川人

書院曷昉乎吾夫子著孝經成曾子抱河洛書夫子簪縹筆衣絳單衣磬折向北辰告備於天迨春秋成合而爲洙泗書院以藏弆之此書院之權輿也故夫子告備焉秦漢以來斯

文未墜珠囊金鏡揭日中天爰及有宋而鵝湖鹿洞岳麓嵩陽幾與令甲雜昭矣蓋嘗歷稽天下郡邑剏設書院二百有奇其祀

先聖者惟豫之頴谷浙之永嘉江右之南豐抑又非聖轍所涉歷楚黃郡爲古黃國在江汝之閒距今治所九十里而北相傳爲問津處宋儒龍麟洲先生嘗築室山麓講學著書至明而耿天臺蕭康侯諸公胚胎前光日新富有雖荒江帶水楸露松雲而聲騰實茂隱然與首善東林分壇樹幟矣今諸生鄒互初等繼踵前休規模麤備謀將輯爲記載以示來茲謂皥適官斯土屬筆弁言行見傳之梨棗光並琬琰諸公之記序詩歌鏘然韶鈞也諸公之扁字於楣偶句於楹與柱連貫琲珠也殿陛規制芙蓉水藻青陽總章也祀典陳列俎豆大糦

春禴秋嘗也諸公助錫山川土田我疆我里納秸納秷明德
馨香也志備矣他日者敬達
宸聰賜額賜書將告備於天如洙泗故事龜巘在縣龍池在泮於
以襄聖治而煥人文抑又奚疑焉

敘

王鳳采

憶五十年前吾鄉亂離甫定人士鮮少問津書院祀典荒鈌
采與鄧公逵輩訴於當道清還祭產羸舉墜緒相與謀曰流
寇肆焰寸地泰灰而問津獨廟貌依然松檜蓊鬱高山仰止
實有同心其典制大備以續先年之盛者姑有待但深懼舊
志爲繕本不可耐久且津之涯古蹟森森闕焉不錄即創始
增華諸先輩文章經濟理學節義紀傳弗詳有餘負焉値公
逵等投徒四方采亦鞅掌無寍遂不果然怏怏然未敢頃刻

釋諸懷也數十年來里中士大夫力爲勷贊當事多所捐輸
堂廡廟閾禮器田畝次第修置春秋兩祀不下千人諸生以
時課業講習駸駸盛矣又從甥以三慨然以修志爲己任蒐
羅攷核漁獵其所未備閱數月書成質訂於太史氏陳雨山
采雖耄不任勞亦聞抒管見參會其間甲午冬以三自武寍
捐俸投梓曩采客登州趨曲阜禮夫子像與問津無異繼過
洞庭訪嶽麓東泛彭蠡詣白鹿洞覩所謂服物采章俎豆鐘
鼓大都相倣因思夫子車轍馬迹偶歷於黃黃之人事之固
不能盛擬曲阜至於嶽麓白鹿皆以闡揚聖道講學明理源
流實一而問津特歲祀於鄉不及奉題請例遣官修祀斯文
未喪遺緒重光詎非後死者之責哉茲志成若干卷紀山川
序世次稽人物祭器祠產厥有成規不可謂非徵文考獻續
往開來之蒙泉矣采等飮問津之水履問津之庭薰蒸陶泳
上之不能身體力行企聖道於萬一次之不能如前輩諸君
子發明聖道開啟後學區區修志一事備弟子職於洒掃應
對進退之列方且少而壯壯而老遲之五十年後愧何如也
自茲以往規恢式廓宗祀光輝禮制益備人文益賢且多請
於
朝得與嶽麓白鹿並稱典隆萬禩則有望於後之覽斯志者

敘

王封濚

帝王御宇皆廣厲學宮崇奉聖祀以闡文教而一道德甚鉅
典也故自京師暨郡邑莫不黌序奕奕文物煌煌書院之設
始於唐代由宋迄明多因其地先賢遺跡爰建院宇而學士
大夫論道講學其中文人萃聚教鐸鴻宣是亦夫子杏壇之

餘風也黃邑問津書院豐碑樹表紀載流傳且廟貌崇宏
聖容肅穆余昔聞於先大父與諸先達咸嘖嘖書院舉祭時事車
服禮器習禮其間惜余薄宦羈縻不得一親見其盛也今
天子重道尊文車書合萬國命天下郡邑咸輯志以成大一統之
典則夫書院之表章斯文與學宮之宣修文教其義將毋同
郡邑之志風土人物凡勝蹟軼事咸入其中若書院之典祀
秩秩前後之講學課藝顧可畧而不詳以垂永久哉伏見
皇上特賜嶽麓濂溪書院匾額親灑宸翰光騰霄漢如日月中天
問津與嶽麓濂溪皆在楚服鼎峙而三則此書院志不亦爲
千載不朽之業哉

庚子院志原敘

問津書院昉於唐剏於宋遞有廢興舊志詳矣而版佚無存余少時見家弆一卷竊識其大略蓋先君子五主罍於茲嘗備述山川風景惜嚮往之未獲至也洎今歲秋來涖祀畢適理事梅玉亭孫文庵操揮五諸子爲言續修前志之舉余深韙之顧百餘年來文獻日增於前志未備宜補綴者固多恐網羅未易也三子爲言同里曹子尊江嘗恣意裒集具有成藁曹故篤行士窮年孳矻於舊志多所發明又加以三子釐訂則慮始難而圖終固易矣先是宋小阮先生慨倡斯議而齎志以沒迄曹子甫理就緒而又未及校刊聞易簀時猶惓惓於此有祇爲問津書一帙百年遺憾在黃岡之句其節概約可想見矣予惟志之作也仿於史作史者必具學識才書

院雖僅一方之志而問津爲
先聖遺跡動人仰止者所關爲尤重予自顧無一長而玉亭諸子謬以相屬於義未容辭也所幸前人采輯既成可藉之爲藍本就三子所釐訂者重加修飾俾無罣漏支離之弊夫掇拾遺文述往以詔來儒生之責也矧過化之地歷諸名儒講明絕學其賴志以顯者主持教化振勵人材豈僅奉行故事已哉是志也比事惟則立言有例首之以分野則星象昭矣次之以輿地則軌迹章矣又次之以圖像宮室則景行者至矣志禮樂則儀器詳焉志道學則淵源見焉金石藝文凡有關徵信者雖片語單詞無不畢錄而臚之以人物備觀程之要義終之以田畝裕經費之目圖蓋本末具而洪纖該於以見規模之盛大未有踰此者也今且剞劂而登於新邑人士皆樂爲輸貲恐後則藉力宏而收功也速維時董厥成者玉亭三子而修舉所自賴曹子爲多予故不沒其顛末而備著之若謂闡揚
先聖之道以宏來茲則豈予綿力薄識所能效其萬一與

道光二十年歲次庚子季冬　穀旦

賜進士出身　誥授朝議大夫貴州大定府知府戊寅己卯兩科同考官前翰林院庶吉士充　武英殿協修萬承宗謹譔

續修問津院志目錄

康熙院志目錄

道光院志目錄

凡例

一郡國入度鄭夾漈謂皆後世堪輿家言明武功志及黃州乙亥府志不紀分野自是卓識況問津僅帶水地如摭拾天官天文星緯諸書爲全部冠冕似近附會茲不登載以昭矜慎

一古者稱志爲圖經圖書並舉本撰著家正體卷首圖像各綴數語提挈原委仿一圖一說之例俾閱者本末瞭然

一郡縣志必詳紀疆域四至始明今問津建院周圍界址無事鋪陳祇載山川來脈以紀形勝再錄轍環遺蹟聃附徵引於輿地亦略見一斑

一郡邑建置必詳載壇廟城垣公廨關津隄防諸工作於學宮書院特分一門亦附載田畝覈計歲修經費今問津祀產皆由歷來官紳捐輸購置必併入建置中與院宇各自爲綱於

義始協

一建置院宇後附以禮器樂器祭服田畝後附以坵程佃名莊舍隄坊山場地段漕款例案庶各從其類不相攙雜若田畝中附載佃名例案實仿鹿洞紀佃戶孔宅紀公牘體例

一建置院宇以年爲綱而田畝則仿水道提綱之例以各莊爲綱其購置年代姓氏卽於各莊下依次登載凡大募修人捐款皆用特筆標明庶幾不沒前勞兼勸後之振興斯廟者

一史記備載禮樂祇入於書不列於志問津廟祀俎豆千古車服禮器在所必詳庚子志攷核賅洽茲更遵依闕里志圖並採錢鶴年禮樂總圖及同治年間奉頒

欽定書案入祀典惟院中佾舞不備但存舞譜以俟修明

一宋史道學儒林分二傳門戶氣習通人所識問津立院以講學爲宗旨麟洲開先有明耿王彭蕭諸公踵美於後師友講學道寓其中無庸攀附薪傳藉爲光寵故麟洲以前如張南軒蔡西山呂伯恭各大儒雖列名表端究與院中無涉今皆不載

一書院宗旨首講學次卽以會課輔之康熙志彙存正宗知津堂會課姓氏今與師友淵源依次登載並訪求近今數十人續登於後所望來茲傑士由會課層累而上漸復講學舊規

先聖先賢當默相之

一講學列傳兼收外籍仿闕里志大成志通例外此雖別以名宦鄉賢仍統之曰先正亦猶鹿洞先獻之意凡主鬯管理生存者例不立傳惟名宦籍表去思不在此例

一藝文書東凡涉講學自應併入講說中若再將金石文字刖

爲一綱殊嫌細碎今僅分記序各體依年代編次補刊者附後其有宏篇鉅製非關繫院中以及生存人文字概不採錄

一庚子人物志於建置講學會課主奠管理各門姓氏均列爲表其捐輸姓氏則又直行排書列諸人物之外皆有斟酌奈會課一門舉雍乾嘉道四朝竟未存什一於千百年代遼闊接續爲難有礙表體此次均遵康熙志一例直書各附卷後以便省覽

續修問津院志纂輯姓氏

後學王會釐總纂

梅　植　徐鍾俊　總輯

王作宗　尤聲瓚　參輯

詹慶元　劉蔭蘭　王受釐　高鳳鳴　操承嚴
趙永年　羅雲程　尤蔭桐　樊篤鉞　陳福珂
嚴用彬　邵　容　錢儒達　陳懷清　胡錫謙
邱　岳　陶子符　洪良耀　趙元猷　左恢先
程觀曜　劉丙甲　黃森焱　陳廷策　毛慶蘭
游亨銘　陳厚庵　陳倬霖　巴洪浩　吳樹勳

王嘉善　王永言　王紹槐　林鑑藻　周煜斌　仝輯
周繼昌　沈鳴岡　陳錫元　程　錦　涂浩源
梁鳳池　鄭希賢　汪象奎　郭金臺　張念祖
梅　楨　黃子昜　徐玉麟　汪鼎璜　夏福康
張繩祖　段壽松　靖成芬　杜瑞壽　萬　琦
林芙初　陶　璋　徐忠介　李逢酉　胡　藩
蕭秀一　郭守先　舒有壬　孫玉藻　史時敏
於賢照　梅作芙　周　翰　劉翊弼

沈開甲總校　徐若金圖繪

王用霖　王如淞

徐國均　經理　徐耀午　校刊

沈蔭芝　沈儀均

舊志墨本參輯姓氏

王士龍　王躬允　孫錫蕃　高思忠
詹大衢　王風徽　鄒亙初　王望雲
操之盛　鄭一灝　王嘉烈　王祖瞻
王田野　江封楚　胡承孫　方　亮
王風采　王以珱　操之漸　王久悅
胡　曄　夏漢楨　操日暹　蘇維楨
王友柏　高一位　孫　寅　操士望
王友松　胡　埧　孫　圻　陳　珽
張覲光　王漢準　邵之旟　王大有
王沛恩　王名超　劉漸逵

康熙院志纂修姓氏

後學陳大章　王風采
宋如辰　祝軒齡　校訂

王掄士編輯

操正都　王澎仁　王南朋　王湃仁
王啟后　王楙芴　劉　鋒　鄒受祉
王名啟　王漢周　姚元陳　丁立德
鄒江遐　邵　佐　鄒士通　王化龍
邵　璿　王元福　靖之鎬　王元標　仝校
王維翼　王漢業　王全才　王世通
吳秉哲　操　袞　鄒治署　陳如峰
王楙績　靖天濆　桂嗣宜

道光庚子院志參輯姓氏

後學 萬承宗
張履恆 裁訂

曹 翰彙輯

謝志烜 王基燫 熊之昱 徐 彪
王運宸 黃廷蘭 胡必暢 蕭開運
王大玉 胡玉森 洪恩峻 程樹森
胡華潤 游鴻運 李開善 秦立五
秦同煥 徐光岳 黃如瑛 陶光第 仝校
詹鈺文 洪 鐘 徐鳴岡 王景岡
程杭之 程發軔 宋 焜 錢莆田
曹金章 舒 纘

孫開煥 孫廣墉
梅 熟 經理 梅兆棠 校刊
操南薰 操 銙

聖像

宋末龍麟洲先生來孔子山下立院講學維時元兵屢出虎頭關寨圍黃所過焚掠廟祀典禮載籍不詳明隆慶元年知府孫光祖邑儒郭慶吴艮吉修復舊宇特遣工摹塑於曲阜遵用司寇冠服以問津在去魯之後冠服輿馬自當以司寇爲是紀實也萬歷四十三年郡守王世德推官許士奇暨彭黃蕭王諸人以廟制湫隘移建今地規制宏敞

聖像加新厥後迭經兵火重塑於康熙六年又再塑於咸豐同治其儀表皆仍隆慶有未敢擅易者

子仲子像

考書院萬歷碑記鄒南皋先生祇記右祠祀

仲子不云有像宋元以前無論矣康熙六年鄒亙初操之盛王望雲鄭一灝諸人聘工摹塑奉像於祠厥後黃自芳等改造兩廡移奉大成殿東廡第一閒卽今祠是也咸豐三年火於賊理事以時修復其塑像奉祀仍舊

子朱子像

書院自宋以來卽藏有朱子自題小影康熙五十五年靖之鎬王漢業劉鋒等公議建立神主其小影特於春秋配享時懸挂致敬厥後易神主而揑塑則乾隆五十二年聘工遵照小影爲之也小影經咸豐兵燹遺失謹識其題詞云蒼顏已是十年前把鏡回看一悵然履薄臨深諒無幾且將餘日付殘編卷尾署慶元庚申二月八日朱熹題

按朱子卒於是年三月甲子年七十一歲此小照題詞是其絕筆也

新舊廟圖

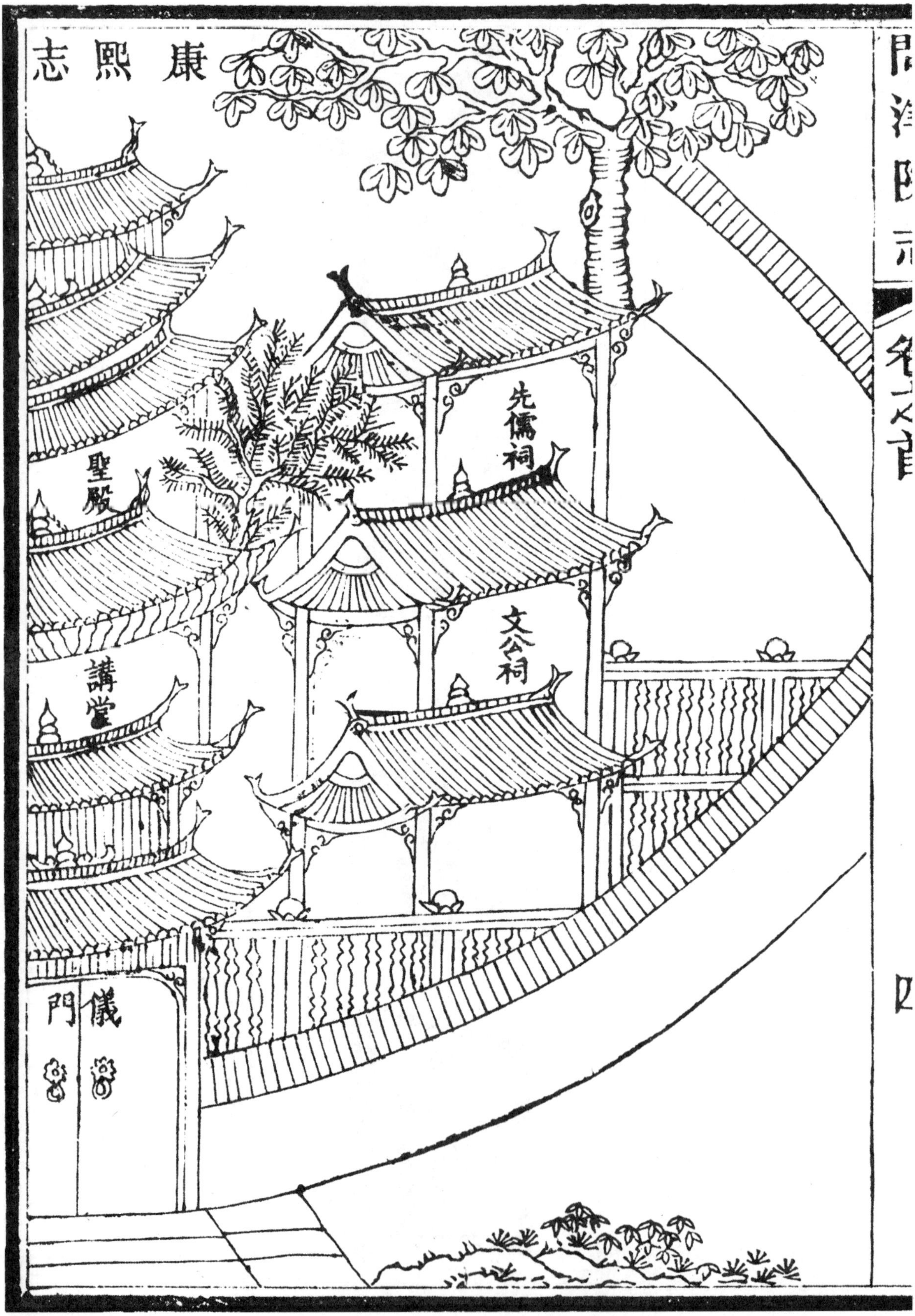
康熙志
先儒祠
文公祠
聖殿
講堂
儀門

舊廟圖

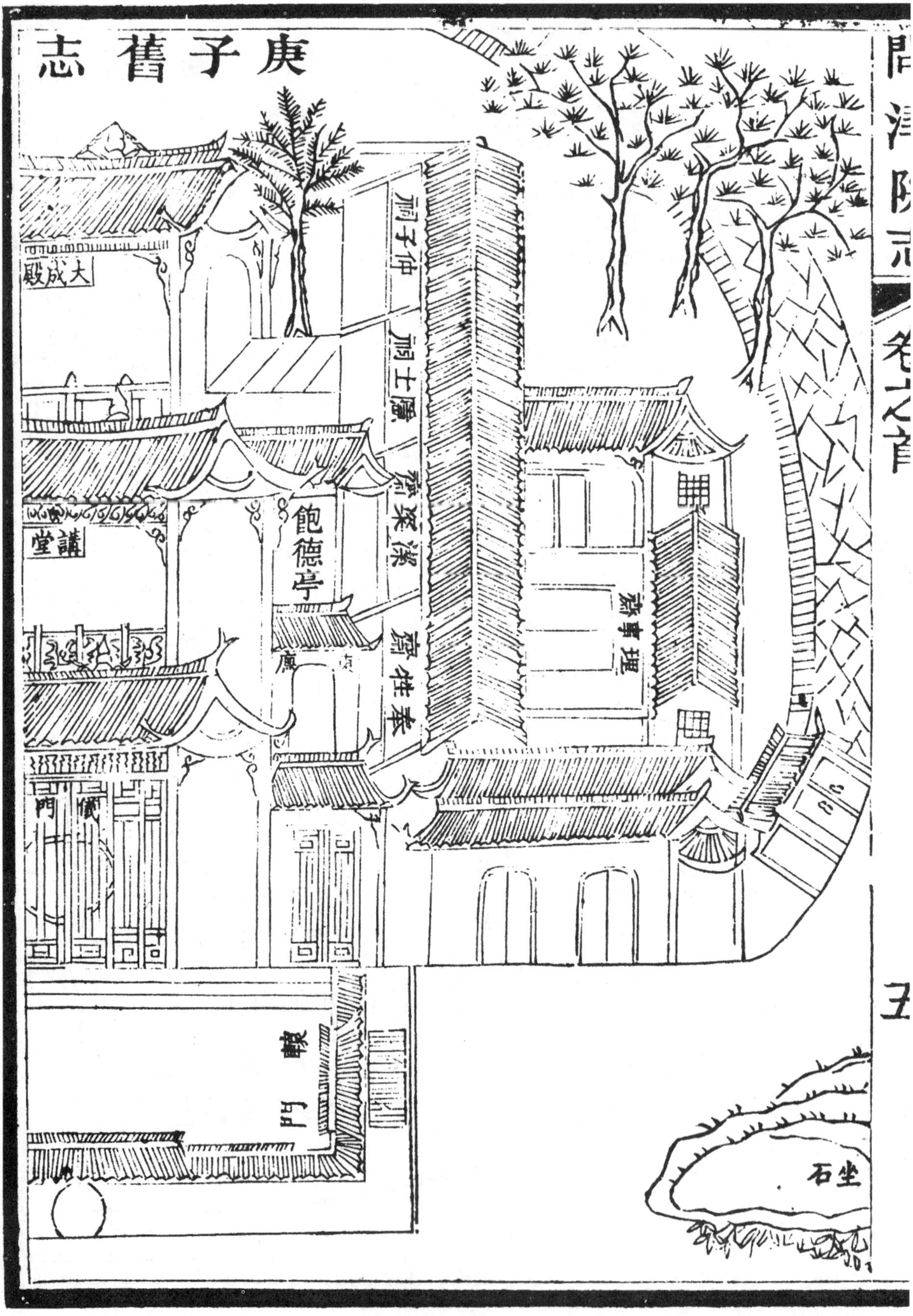
庚子舊志
大成殿
講堂
飽德亭
仲子祠
隱士祠
深深齋
率性齋
理事齋
儀門
坐石

廟圖

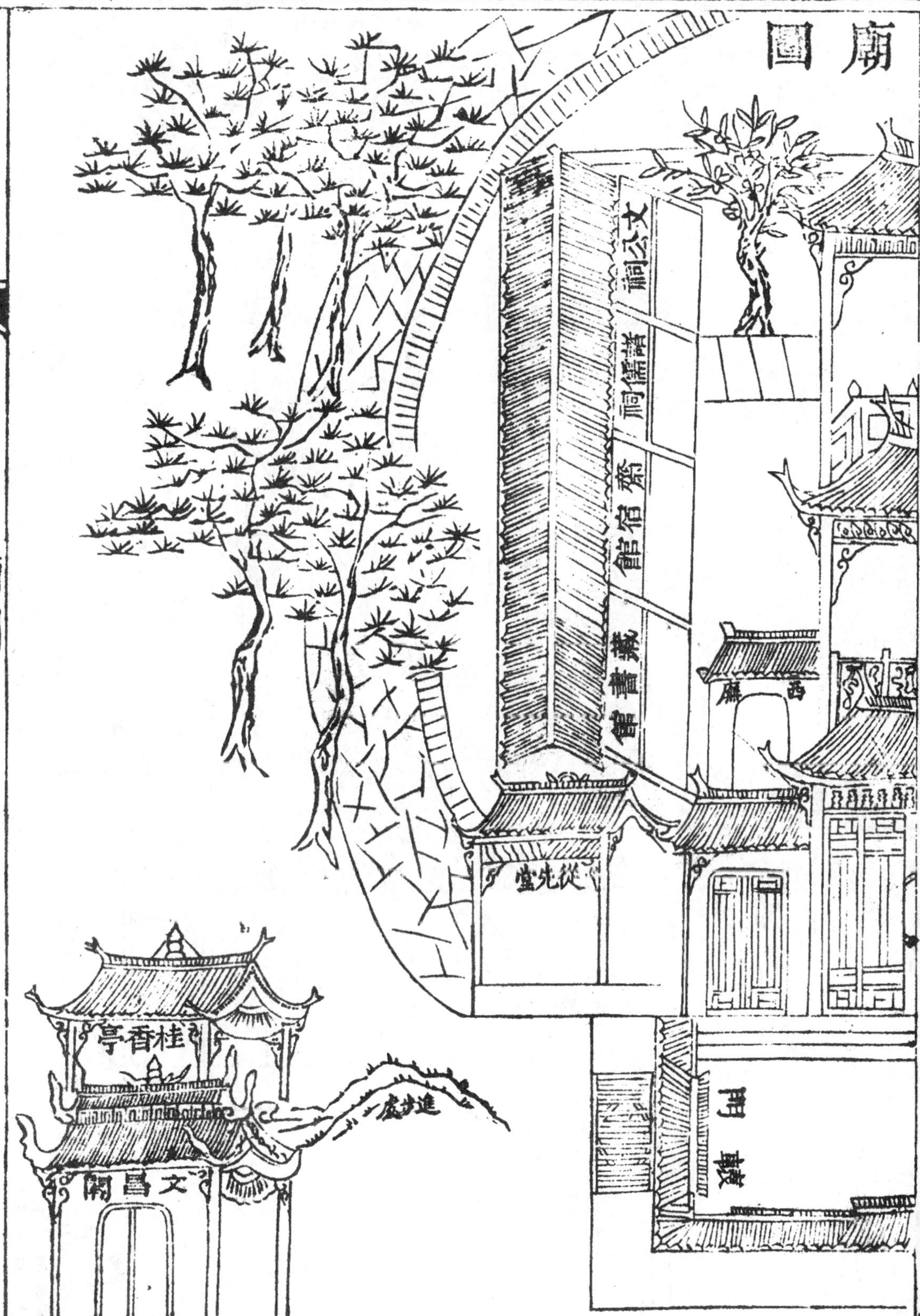

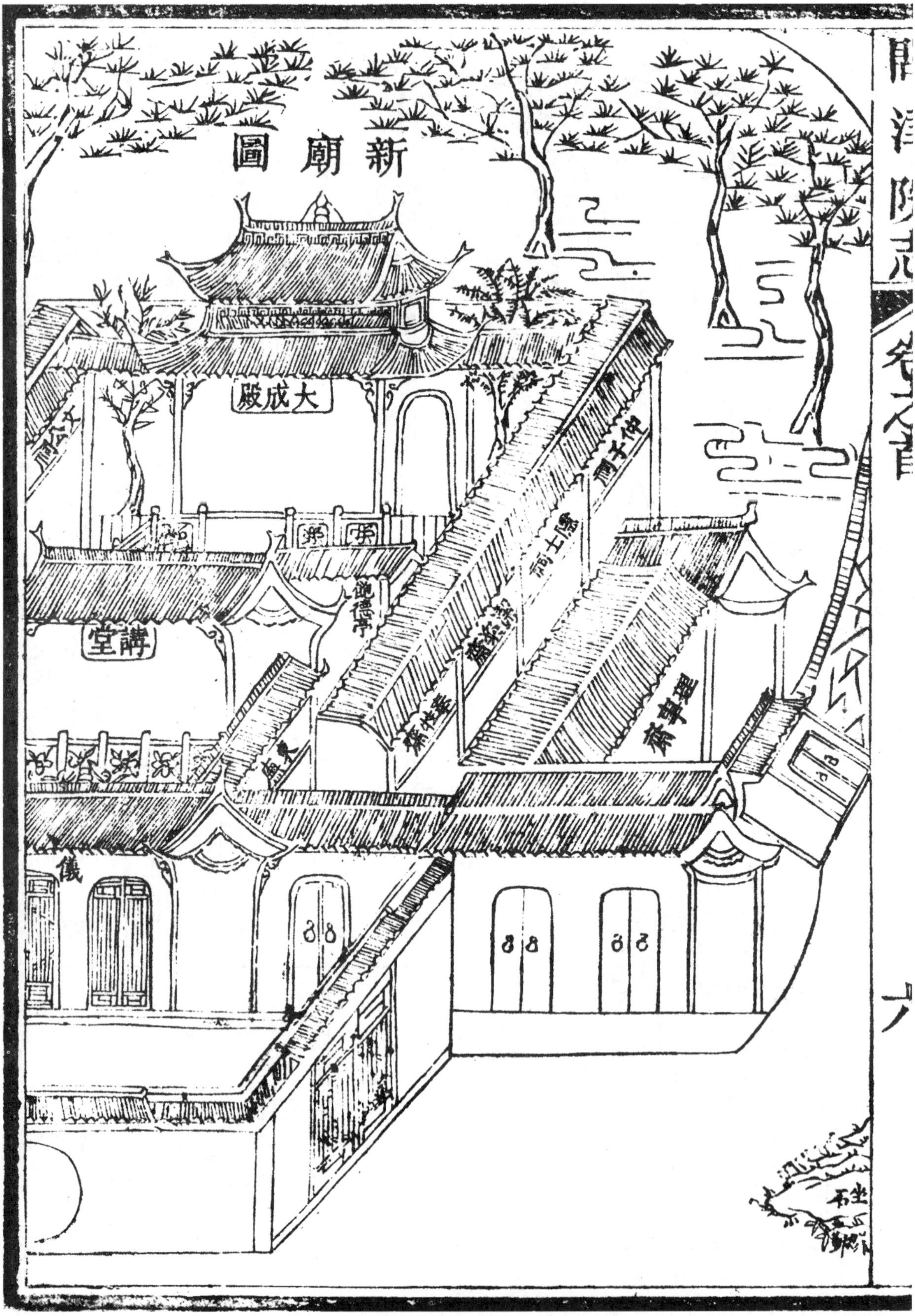
新廟圖
大成殿
講堂
仲子祠
理事齋

文昌閣
魁星樓
門

敘沿革應據某某卷前文中立書院本末元序去失始而經爾之語由龍睡洲等室至下力緣起并郢城之正宗合館及南城之局也詳合併附及之者更存本秩如此說乃勝粗見

新舊廟制沿革圖說

問津立廟由來已久隆慶元年創建於孔子山麓其制向狹萬歷中蕭繼忠等移建於此規模宏大距舊廟僅百餘步明末燬於兵所存者正殿三所左五楹而已康熙六年鄒亙初等重修

聖殿次第更新仲子祠在殿西先儒祠在殿東皆南向乾隆八年撤去東西舊祠改作兩廡皆東西向以舊仲子祠地爲朱子祠而移仲子祠於東廡北其南有耦耕堂今名隱士祠道光八年又於潔粢奉牲兩齋中間東巷內建理事齋管理居之同治二年移諸儒祠於朱子祠南南置酬庸館又改舊從先館爲齋宿館作上下對廳光緒八年移建文昌閣於齋宿館南向而以藏書館爲官房祭官居之更於閣前築樓曰魁星樓兩兩相望各建像以祀之此新舊廟制沿革之大略也復詳其規制於左

正殿規制
大成殿高三丈二尺廣三丈六尺深二丈六尺宇深十丈牆厚三尺俱
城甎磨砌鋪地俱大方甎上覆縹瓦檐瓦俱雲樣花瓦脊上嘲風
鴟吻各二枋梁楣柱俱銀朱油漆殿上朱紅神龕一座高一丈廣
八尺龕座高五尺廣數如龕上懸黃羅幄一鋪內奉
至聖先師孔子之神位供桌一張雕鏤各色花樣桌上陳設禮器安鐵
磬一枚並香爐花瓶燭臺之類旁懸雲板一殿左鐘一架殿右鼓
一架階前大鼎一祭時以爲燎所梁間懸
聖祖仁皇帝御製
萬世師表匾額旁款甲子孟冬敬書匾係
聖祖御書頒發安陸府學時學宮傾圮未修請於守令學官移送書院
又懸

仁宗睿皇帝御製
聖集大成匾額　正殿楹聯聖人在上賢人在旁恍見當年執轡時車馬鳳塵早已化成南國傳道得徒行道得
與試觀此日問津處文章禮樂居然教衍東山乾隆庚辰仲夏黃自芳題　殿外楹聯同心同德又同堂此日杏壇如
現在變魯變齊今變楚他年車轍不曾過明蕭繼芄書　擎檐楹聯丈夫非出則處一簣遙傍隴雲深安見耦耕的
不是閒中經濟聖賢因病爲醫雙轂特咨煙水渡豈容狥世者妄參言下津梁李長庚題王鳳采書　殿前露臺縱
十五尺有奇廣三丈六尺臺基高七尺五寸陛一通青石鑲成廣
五尺縱六尺上鐫交龍雲氣階左有掖門通東廡階右有掖門通
西廡兩廊東西相向橫闊一丈五尺上承正殿前檐下屬講堂後
檐廊檐高丈許擎檐東西各三柱舊爲木朱欄橫斜各一道今易
以青石牆俱粉飾地盡石甃東西階各九級下達講堂　講堂一
重三楹南向牓曰問津堂黃州府知府賈鋐書祝萬齡舊題爲知津堂　高二丈九尺深
廣如

聖殿階基縱廣如殿臺臺基高八尺東西階各九級中堂連屏八扇朱
地金緣左右各連屏四扇藍地金緣下鋪方甎上覆縹瓦隨檐雲
樣花瓦脊上嘲風鴟吻四枚獸上飛魚四枚堂下左右各有掖門
通東西兩廡正中連屏六扇上書
聖經一章舊廟康熙己丑王湃仁書今廟同治庚午錢崇蘭書　講堂楹聯天相楚黃萬古斯文開道脈地留轍跡千
秋多士接新傳知縣劉澤溥題聖跡巋然仰止高山如闕里津聲宛在依稀流水即洙源詹大衢題道自寓津梁須知教澤長流不
外敦倫飭紀學何分漢宋要得聖經實用非關摘句尋章　儀門一重三楹南向牓曰問津書
院巡撫熊尙文題　高三丈廣三丈六尺內外共深一丈八尺朱紅油漆大
門六扇中曰大成門左曰金聲右曰玉振左門之左有門爲東角
門右門之右有門爲西角門並朱漆枋梁楣柱鋪地俱大方石塊
覆瓦砌牆同正殿門上俱獸面銅環貼金儀門外設立柵欄六扇
大墺縱橫五十餘丈俱用方石鋪砌　中門外聯轍跡依然想見德車樂御宮牆

宛在欣瞻義路禮門胡塤題　儀門內擎檐楹聯天幸楚黃留轍跡人從洙泗識津梁王化龍題　儀
門外屏牆一堵高三丈二尺廣四丈五尺東西柵欄各安牌位爲
轅門東署道冠古今西署德配天地　由左掖門至東廡西向四
重橫闊十尺爲堂二齋二一重三楹舊爲先儒祠地向南乾隆間
改橫屋牓曰仲子祠枋梁楣柱俱朱紅油漆覆蓋鋪砌同正殿中
安神龕奉
先賢仲子像像前木主赤地金書
先賢仲子之神位供桌一張階下石爐一上刻蓮花形高四尺祭時
以爲燎所堂左大鐘一堂右大鼓一桌上香爐花瓶燭臺俱全
堂聯執轡問津耦耕人那知道一腔悲憫升堂入室知德者幾洞徹片席淵源王化龍書此間那有迷津山水清閒差憩車塵
馬足何處得尋遺蹟宮牆美富式瞻劍佩雄冠　次重三楹舊爲賓客所耦耕堂今改牓
曰隱士祠高廣鋪蓋楣梁枋柱格扇油漆俱如仲子祠式堂內龕

一座奉木主二俱赤地墨書

先逸長沮之神位

先逸桀溺之神位供桌一張香爐燭臺全　堂聯窺見了道濟深心正在知津一語留得住轍環遺跡豈云避世孤懷黃自芳題

一所牓曰潔粢齋高廣稍殺上二祠祭時於此庖爨　由隱士祠下階數級至第三重有橫屋

一座牓曰飽德亭前後繚以闌干基高與潔粢齋等　由飽德亭

門首東巷內有向西橫屋一重四間廂屋二間牓曰理事齋管理

在此辦祭　出巷階下又有橫屋一所牓曰奉牲齋中爲堂置倉

收租堂前隙地周方四丈祭時於此宰割　齋外西南小迴廊南

有栅門栅門外東首有莊屋一所栅門內西通講堂東廡門　由

殿前左掖直至右掖東向四重是爲西廡橫闊十丈爲祠二館二

最上一重三楹舊爲仲子祠地乾隆間改造後牓曰文公祠高廣

如仲子祠式中安神龕奉

先賢朱子像供桌一磬一爐瓶一左鐘右鼓階前石爐一形製亦如仲

子祠梁上詹聞遠題仔肩道脈匾額　祠內聯遺澤考亭俎豆永依東魯轍問津帶水淵源遂接建陽橋孫雲祺題鹿洞衍心傳集註于秋明大道鴻泥留爪跡畫圖一幅誌親題張紹江撰　次重三楹

舊爲仲子祠地乾隆間改作橫屋牓曰諸儒祠高廣亦如文公祠

安神位三座中奉

宋儒龍麟洲先生神位

明儒鄒南皋先生神位

明儒馮少墟先生神位

明儒高景逸先生神位

明儒耿恭簡先生神位

明儒黃武皋先生神位

明儒王晉吾先生神位

明儒彭熙陽先生神位

明儒彭旦陽先生神位

明儒劉拙齋先生神位

明儒黃守拙先生神位

明儒謝夢膏先生神位

明儒蕭康侯先生神位

明儒盛二泉先生神位

明儒王水簾先生神位

左龕名宦

明江防道王迴溪先生神位

明司理許含若先生神位

提學副使蔣慎齋先生神位

提學道王崑修先生神位

郡侯許蓼齋先生神位

邑侯劉惠庵先生神位

邑侯董元俊先生神位

邑侯王　模先生神位

邑侯郡豐鏃先生神位

右龕奉　國朝鄉賢

先儒鄒紫墟先生神位

先儒操恬庵先生神位

先儒王隨庵先生神位

先儒黃自芳先生神位

先儒欽人田先生神位
先儒王二思先生神位

以上三龕共供桌一張鐘鼓全梁上懸聖人之徒匾額　祠内堂聯（異地同堂行藏安於所遇一心　千古神明存乎其人王化龍題）　檐柱聯（綿百代斯文墜緒　作千秋吾道干城）

由諸儒祠下階數級至次三重屋三間舊爲齋宿館咸豐間改造牓曰酬庸館高廣稍殺上兩祠中爲堂安神龕祀

奉直大夫王如海先生神位
太學生王秋浦先生神位

由館至第四重三間中爲堂左右爲兩房高殺於酬庸館廣加倍舊爲藏書館今牓曰官房祭官齋宿於此歷階而下横轉直通西廡門　由官房下舊爲從先堂咸豐間改作上下對廳光緒八年復加改造移建文昌閣魁星樓與官房連屬門南向牓曰文昌閣中設神龕奉

帝君像供桌一張磬鼓香爐燭臺全懸文章司命匾額與魁星樓兩兩相對　殿上聯（十七世心源貫東山而司文玉皇殿上　億萬年靈爽留南國以配享夫子河邊）　歷階而下即爲魁星樓飛檐四起勢欲淩空梁柱枋楣備加雕鏤上覆藻井下圍木欄檐四角各懸鐵馬一枚通計樓連地高二丈有奇四圍周方一丈上供

魁星神像懸文光射斗匾額像前供桌一張香爐燭臺全

書院祀典向來不載　文昌魁星康熙十年操之漸王嘉烈方亮等始命工揑塑奉祀於　大成殿之右下祠欽士佃謂配享非是乾隆八年黄自芳夏英俊操鵬改于院西路隅别建爲閣且於其面築樓以祀　魁星近復移閣於齋宿館南而塑像奉祀仍舊

文昌魁星合祀議

攷文昌斗魁皆係星宿史記天官書斗魁戴匡六星一上將二次將三貴相四司命五司中六司祿漢書天文志斗魁戴匡六星曰文昌宮一上將二次將三貴相四司命但減去司中云五司祿六司災與史記微不同耳周禮大宗伯以醮燎祀司中司命是爲列祀之始魁之爲義説文魁羹斗也從斗鬼聲徐鍇訓斗首爲魁柄爲標後世轉訓爲首者爲魁如漢書里魁黨魁之類復轉訓試名之冠其曹者爲魁老學庵筆記宋元憲夢大魁天下揮麈録呂文穆以大魁至鼎席文章司命其果天神默相歟而近人多以斗魁之魁竄入奎宿又以奎宿下主科名不知漢書天文志奎曰封豨爲溝瀆位次西宫與中宫文昌絶不連屬於科名實無取義其附會有愈歧愈遠者總之文昌魁星在星象同居中宫在書院祀位亦同宫南北相對向係分祭轉拜

錯雜殊有未安公議嗣後臨祭時移請　魁星神主於　文昌旁行合祭禮祭畢返主於位其義始協體關祀典知禮之士當不以擅易舊章相訾也

問津院志卷之一

形勝　山川脉絡圖　古蹟

問津一襟帶水環轍所經川巒生色誠吾黃一大幸哉邑人士生數千百年後流連

聖蹟覺當年車塵馬足歷歷在指掌間而累朝碩彥魁儒騰實蜚聲幾爲三楚之冠其涵濡教澤爲何如耶毋亦山川靈淑鍾毓有特異歟太史公曰高山仰止景行行止雖不能至心嚮往之夫轍迹南來明示以高山景行矣不紀遺蹟嚮往何由

志形勝

山川脈絡圖

武昌
大江
樊口

黄州

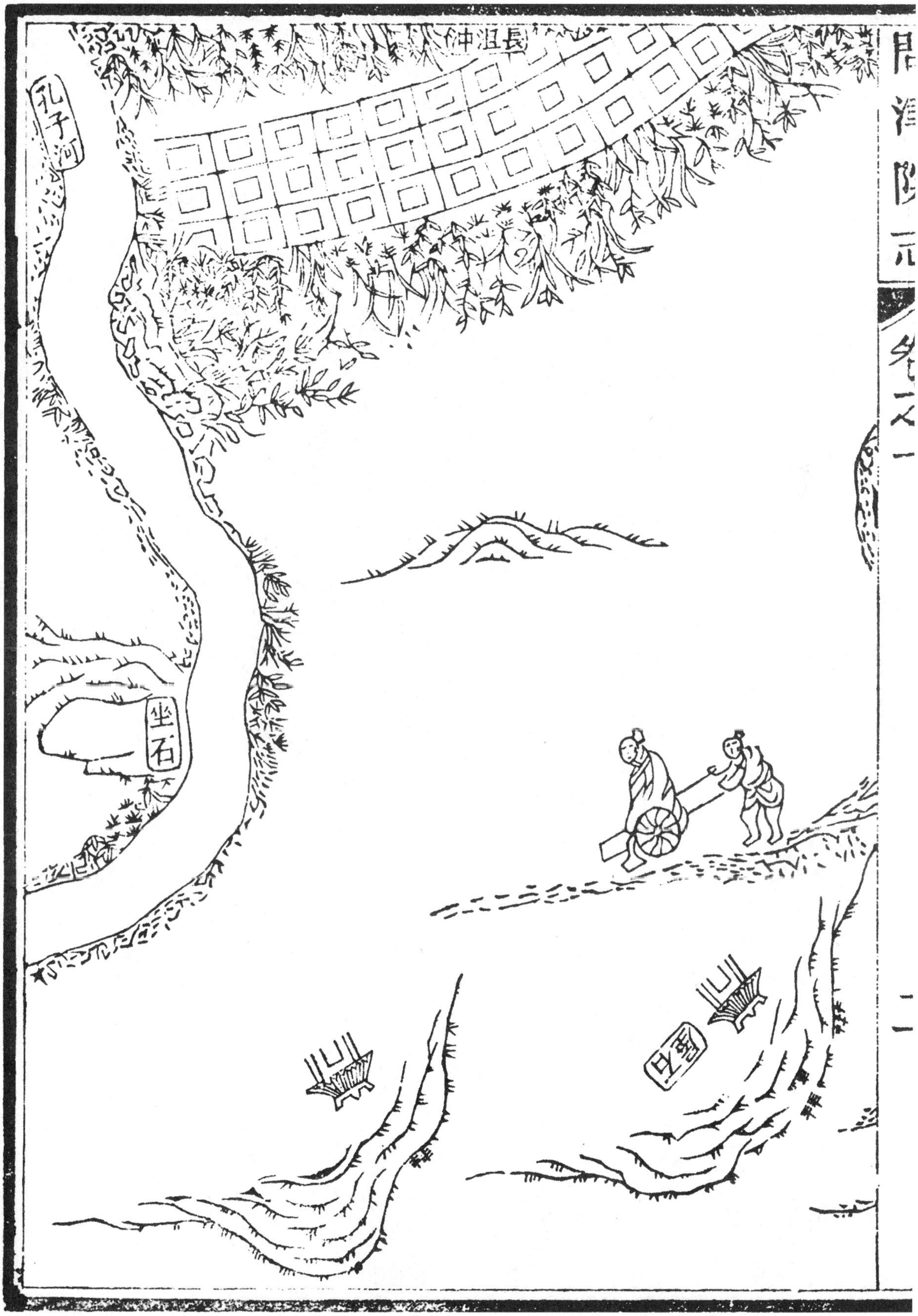
孔子河
長沮仲
坐石

問津院志　卷之一　形勝山川脈絡圖　三

梁湖坂
晒書場
黃林
進步處
文岐
墨池
閩清縣志
卷之一
三

問津院志　卷之二　形勝山川脈絡圖　四

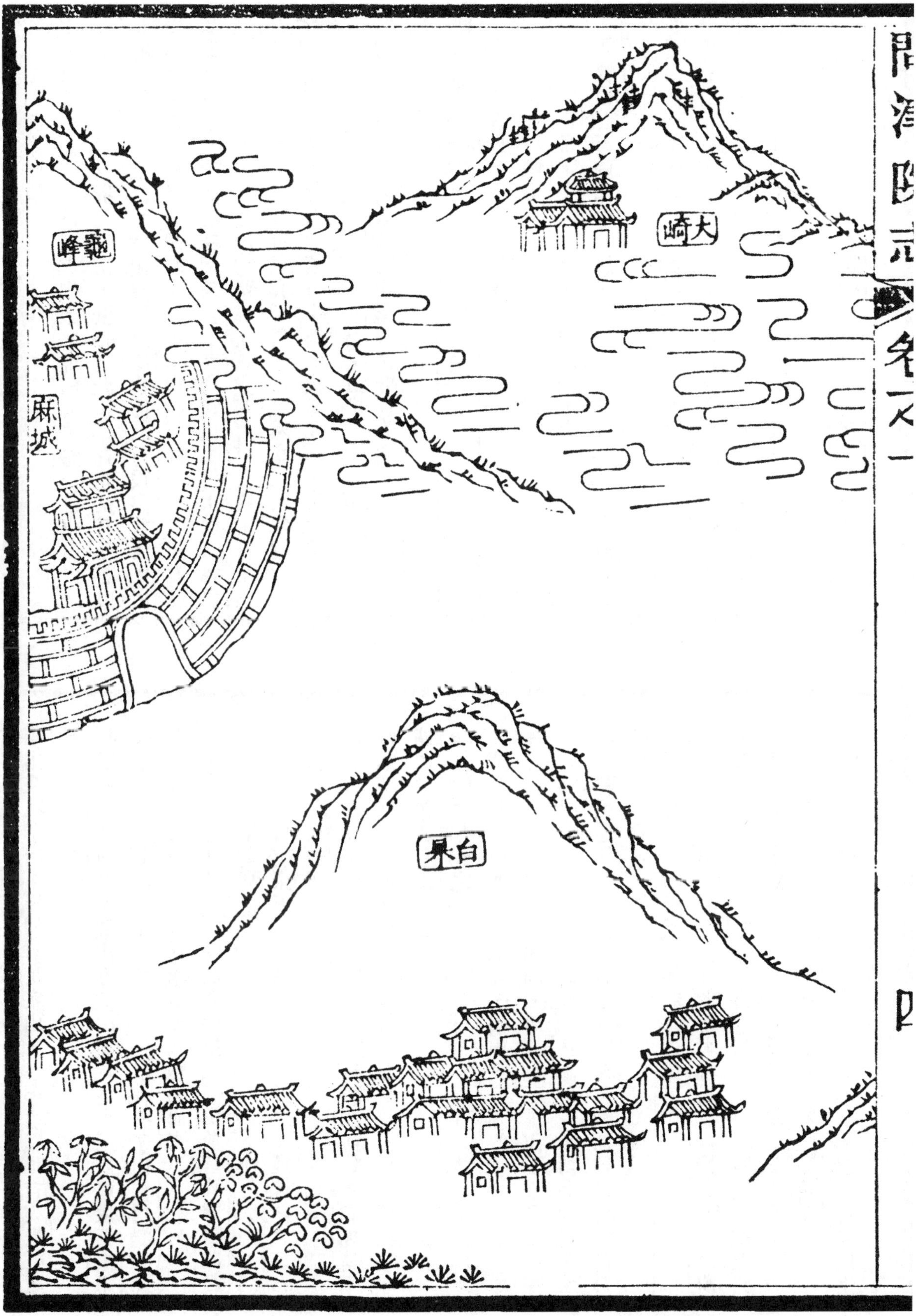
大崎
麻城
白泉

山川脈絡圖說

山脈自麻城龜峰入邑永盛鄉之北境曰大崎爲一邑祖山由大崎至馬騎（俗名馬鞍山）折北行二十里峰巒矗起如青蓮花者五雲山也孔子河顔子港之水皆出焉由五雲折而北行復由北而東由東而西蜿蜒十餘里巍然端聳者孔子山也連峰左抱舒翅右轉書院正在其麓前臨孔子河即使子路問津處也帶水縈環宛然在目又先自五雲山北出爲黃林文岐諸岡繞出書院山右又先自五雲山出奔騰萬狀直至孔子河南岸凝然卓立者爲鷹山（土名煙墩腦）是即書院案山自此西行半里許復折北轉抱文岐諸山之右峻峰數百尺屹峙水關不見津流之出循山歷巔岡巒若畫圍繞四週如卦疇羅列太極在中形勝良非偶然矣

古蹟

龜峰山在麻邑東爲大崎來脈

大崎山在書院東北六十里爲郡治祖山

五雲山在書院東南十五里爲少祖山上有五雲寺

文岐山在書院山後其脈自黃林右旋平岡繞抱亦書院之後障

黃山在孔子河北一名黃山鋪一名黃林墅

孔子山在黃岡縣伍重下鄉絃歌里孔子河北峰巒端正下廣上銳計高千尺前開兩翼左舒右縮書院正在其中四圍古松合六七百株溜雨參天青蔥隱隱擁翼聖殿望之使人肅然生敬

明一統志孔子山在黃州東一百里相傳孔子自衛適楚嘗登此山

鷹山在孔子河南岸即書院案山土名煙墩腦頂有小墩如冢形

孔子河一名問津河源出五雲山麓紆迴十里許重巖瀉出下復叢峰雙鎖顔港之水自北來注合流經孔子山前眉灣一曲帶轉襟環繞出山右匯爲墨池流入鮑湖而去

湖廣通志孔子河在縣北九十里孔子山前昔孔子自陳蔡適楚至此問津

顔子港在書院東五里迴瀾石畔源出五雲支麓據津上游自北來注入孔子河

講經臺在孔子山上即書院坐山之巔巔四削其圓如規其平如掌廣可二百尺高可十餘尺層累如臺故曰臺相傳孔子與諸弟子講經其上故名

湖廣通志倚河北岸爲孔子山山上有講經臺

曬書場在孔子山西北隅相去里許從五雲山至孔子山中間分脈別出斷而復起頂平如經臺其高稍殺相傳問津莫告水溼盈軏因返曬書其上上有古松二株鐵榦虬蟠蒼髯龍奮每風雨時若有飛來之勢

湖廣通志孔子山西北隅爲曬書場

坐石在孔子山左河岸當津之衝水石相激有聲琤瑽石面約廣二丈光滑如鏡瑩潔可愛四旁草木不侵相傳孔子嘗坐此石其凹處隱隱有雙骭跡側鐫坐石二字筆力亦極遒勁

湖廣通志當津之衝有石瑩然名坐石墨池在其右

明一統志黃州城東一百里相傳孔子自衛適楚嘗登山上有坐石草木不侵

墨池在孔子山右里許津流出口處卽河水所匯而成者水曲如池故曰池石黝如墨故名墨南岸山石高出深刻墨池二大字千載下猶有潑墨生雲之勢

硯石今不詳其處山川紀異孔子山上有硯石每雨墨水浸出

長沮沖一名長沮畈在孔子山左沖口兩山對峙廣數十步長三里許左石山岡盤曲沖亦如之有石碑鐫長沮沖三大字

桀溺畈一名桀溺沖在孔子山右河北岸上田數十畝寬平沃衍有石碑鐫桀溺畈三字河南岸有小廟祀沮溺爲土穀神

回車埠一名回車坡又名臥車盤在書院北十里石嶺崔嵬不生草木

湖廣通志橋北十里曰回車埠

孔歎橋在書院右相距半里許壘石跨津南北宛如虹流紫電

龍偃蒼波爲書院水關

湖廣通志孔子河橋壘石跨津上一名孔歎橋

問津臺在孔子山右翼之麓舊有土墩如臺故名

問津碑舊在孔子山麓先師廟側上刻有孔子使子路問津處八大字字皆漢隸古樸可愛明正德十一年知縣胡潔建亭覆之

湖廣通志黃岡縣北九十里孔子河有石刻孔子使子路問津處八大字

風亭在孔子河橋北市上額書聖賢路上四字相傳明季一巡檢所題

湖廣通志橋北有風亭當孔道扁曰聖賢路上

進步處在院外十數步自風亭之東直向書院山麓有石突出鐫進步處三字旁勒五迪二字

絃歌里卽今書院地舊名見宋碑

嘉慶元年五月土人在書院對岸煙墩腦下鋤挖田岸得石窖疑有藏鏹鋤益力石盡見碑字法端楷額篆宋故傅夫人之墓誌銘九大字後書紹聖二年某月某日葬於城北九十里絃歌里之鷹山然則此地固宋之絃歌里煙墩腦固卽宋之鷹山也

迴瀾石在書院東三里許顏子港下自港至此巨石峭峻森列河岸此處石壁尤加陡峭高可數仞大可數圍其光平如削上鐫迴瀾二大字旁款三小字上二字剝落不可辨下一題字尙可認識

建置院宇祭器田畝建置管理姓氏

問津院志 卷二

問津院志卷之二

建置　院宇祭器附　田畝　建置姓氏　管理姓氏

書院創建舊志冠以晉毛寶唐杜牧宋孟珙諸人要皆摭拾黃郡名宦公家言於此院有無建設尚屬存疑當附君子闕如之例故院中經始仍以龍麟洲先生爲斷先生而後國歷三朝年逾七百風霜兵燹興廢靡常迄今日而廟貌巍然有田奉祭以時習禮樂絃誦於其中果誰之力哉亦吾黃宦若紳尊

聖重道公而忘私故能締造艱辛屢蹶屢振乃覩此規模大備也爰臚列始末以年爲綱庶不沒成勞爾志建置

院宇　祭器附

宋

宋末龍麟洲爲湖廣儒學提舉晚年僑居黃州築室孔子山下立院講學

明

正德十一年知黃岡縣胡潔建立孔子山亭覆碑韋弁書丹曾大有爲之記

隆慶元年郡守孫光祖重新孔子山廟特遣工往曲阜塑像遵用司寇冠服延郭慶昊艮吉耿定向會講於此

萬歷三十二年知黃岡縣茅瑞徵募修孔子河橋

三十四年衡山甯咸來黃徵蕭繼忠王陞創修正宗會館於郡城以次商建孔子山廟

四十三年郡守王世德詳請巡撫提學道募捐移建孔子山廟於院左百餘步後爲殿祀先聖右爲祠祀仲子左爲祠祀鄉先生中爲講堂前爲儀門巡撫熊尙文顏曰問津書院官紳各輸金有差鄒元標記其事

四十八年陳之綸以書介河南盛朝袞王助修東西號舍甬道牆垣建問津分院於商城之湯池蕭繼忠以時主講

四十九年吏部尙書李長庚獻萬世師匾額

天啟元年黃岡知縣林有鳴獻萬古日星匾額

崇禎二年黃州知府祝萬齡獻知津堂額

八年流寇焚掠院當其衝繼忠時出私橐補葺不久卽就傾圮

十五年蕭繼忠卒寇氛愈熾丙戌丁亥間王士龍王躬俊讀書院中廟之存者僅正殿三所左五楹

國朝

康熙六年鄒亙初等重新　聖像募修仲子祠製講堂後屏門

孫錫蕃有記

十年操之漸等修復儀門東西二祠

二十年蘇維楨等修理正殿講堂及周圍牆垣百餘堵提學道蔣永修爲之序記

二十八年黃岡知縣董維祺獻道徵問濟匾額

二十九年黃州知府王輔獻萬古津梁匾額

三十一年鄒江遐等甃砌上下殿堂臺階丹艧東西二祠

三十三年黃州知府賈鉝獻問津堂額

三十四年操士望等添建儀門外屏牆百堵

三十六年黃岡知縣劉澤溥獻鳳德彌輝匾額

四十年提學道王琯捐修儀門增高四尺有記

四十二年王湃仁等增置捲棚繪畫正殿

四十三年提學道王祚興捐金倡修文昌閣

四十九年王化龍等募眾重修講堂增高三尺鑴殿陛一座砌上下階級添建儀門左右角門重修東西三祠

五十四年靖之鎬劉鋒王漢業以公款梓刊王掄士編輯院志陳大章王鳳釆宋如辰祝軒齡公同校訂志竣裝修左下祠以祀朱子遷建碑亭於院右翼山麓

五十九年王漢垣等創修東西轅門

雍正元年梅元英等改造庖爨庫胙所立停車轎所石碑於山西路隅是年知縣暢于熊獻樂山樂水匾額

六年黃自芳等新刊會規文送學師校閱

七年劉漸逵等重修問津碑亭

十三年王楙笏等修整東西轅門

乾隆三年夏克仲等整修先儒祠開通牆外水溝

八年黃自芳夏英俊操鵬等以院中久有蟻患募眾撤去東西舊祠改作兩廡通風東廡四間堂二曰問津曰耦耕齋二曰潔粢曰奉牲西廡四間祠二曰朱子曰先儒館二曰齋宿曰藏書知縣暢于熊有記另在右翼山麓創建文昌閣移像奉祀於東廡前添造看役居屋一重

十年舒學乾等修西廡下學舍三間牓曰從先又於文昌閣後屏壁添建魁星樓

十三年黃岡知縣邵豐鍭獻東山禮器匾額

十八年蟻患未息邵光祖等以院中停胙積貲並募眾復修正殿

二十二年操鵬等修復講堂陳文樞有記碑

四十二年姚之紀等重修照壁及問津碑亭

四十七年宋治咸等頒胙三載會課覆試一次

五十年梅肇春等添建殿前左右廊改換東西兩廡上下轅門階級並甃砌潔粢齋飽德亭及碑亭石臺

五十五年操履騶等重新 聖像塑 先賢朱子神像製 大成殿匾額並新 文昌閣匾聯

嘉慶五年王宗華等修整照壁補葺碑亭懸

仁宗睿皇帝御製

聖集大成匾額

八年孫開煥等纍石砌院後圍牆百餘堵

十二年秦勝書等修葺院宇鑿石鋪砌上下二殿東西兩廡階墀及殿前迴廊儀門內外各地又建立回車埠禁碑

十五年曹翰等重修問津堂及客亭翻蓋講堂整理齋宿館新藏

書館匾額

十八年鍾英等重修正殿後壁及仲子祠朱子祠山牆殿前亮格十四扇改換兩廊木欄用鑴花青石

二十一年操南薰等丹漆正殿講堂儀門兩廡左右轅門重新魁星神像甃奉牲齋藏書館階墀

二十三年洪恩瀚等造東西雨棚種堧牆外松樹

道光五年舒棨王運宸程萬偉重修文昌閣魁星樓桂香殿匾聯

八年錢履和胡玉森胡華潤改造庖爨所藏書館潔粢齋等處重新飽德亭及院左看役居屋二間捐修神龕新 至聖 仲子 朱子神像換講堂前楹石柱四又捐建理事齋七間並捐新柱架門格窗扇匾對

十四年胡必暢程樹森詹文鈺重修文昌閣魁星樓移前八尺許

十九年梅熟孫開煥操南蕙聘萬梓巖張長溪先生續修院志庚子告竣版存藏書館革蟻二次補葺牆垣及凉亭碑亭照壁各牆重修　聖像　仲子像神龕翻蓋粉畫講堂及東西兩廊

二十四年胡飛雄胡華灃舒瓊樹建講堂下兩廊添補階石

二十七年洪恩澤錢莆田蕭正福修整藏書館隱士祠翻蓋正殿兩廊潔粢齋飽德亭倉屋東西轅門及碑亭

三十年舒可受李開善黃之瑀油漆儀門修補後墺檢蓋各殿祠

咸豐元年胡華潤等募修孔子河橋石梁十五枚係王克昌本山捐出壬子橋成粵賊起

五年院燬於賊庚申癸亥間胡華潤等以次修復東廡二祠三齋一亭西廡二祠二館改舊齋宿館顏曰酬庸奉捐主牌位並從先藏書二堂館改作上下對廳爲祭官齋宿之所又重修正殿兩廊

各門扇栅欄翻蓋正殿三重重塑　聖像丹漆牌龕停祭十餘年至同治三年甲子春始修祀事夏五髮捻竄境焚掠蕩然無存又爲停祭數次

六年王定儀操斗寅修復儀門正殿兩廊各祠館並修聖前龕櫺及先儒各牌位

九年錢崇蘭林光地胡忠翼重修東轅門講堂後板壁各門扇栅欄齋宿館格扇隱士祠神龕漆書聖經於板壁當中又捐建講堂下東西兩廊

十二年操廷鈞程濟壬李復修理正殿講堂儀門各祠館並修殿下迴廊講堂側兩板壁堂下兩廊齋宿館圍牆飽德亭栅欄補新大成殿匾一問津書院匾一

光緒元年陶時敏舒中炳梅雄飛製號板號櫈百餘副興復會課檢蓋全廟修補圍牆置隱士祠格扇開後殿石窗通風以除蟻患

四年鄒耀奎胡忠棐徐鍾俊置講堂木欄仲子朱子祠格扇檢蓋全廟

八年熊明春黃之煥左秉鈞因正殿講堂舊柱剝落募眾改建石柱共十八枚高丈許亦由王克昌己山捐出移建文昌閣魁星樓於奉先處與院連屬改舊藏書館爲官房並奉牲理事二齋爲一重新　聖像及牌位香案匾聯

十二年舒鳳儀胡焱標趙元猷新修仲子朱子像新神龕二座飾以金漆奉獻匾聯翻蓋全廟修補墺牆並粉各祠館甎牆

十五年張紹江錢儒猷梅植公定章程於十五日子正開祭黎明藏事與祭者先期宿院修造酬庸館後牆文昌閣栅子補葺墺牆翻蓋東廡各齋館捐費四十金建立碑亭

二十三年左秉鈞王煜煌徐鍾俊復建東西兩棚加增會課板櫈數十副

二十九年徐國均王用霖沈蘐芝安　至聖仲子朱子三像腹臟修大成殿階石講堂栅欄東西轅門屋栅補修魁星樓亭閣捲棚格扇繪畫油漆翻蓋全廟粉飾牆壁補砌後院圍牆乙巳春會課覆試一次商籌募捐續修院志乙巳年六月刊刻告成

祭器

康熙二十六年文華殿大學士余國柱捐獻禮器全幅樂器全部

三十二年郡守戴夢熊同伍重各鄉紳士恭鑄大成殿洪鐘一口

四十六年張觀光等恭製襴衫十領

五十七年操正都黃騫恭製襴衫十領

雍正六年王國翼黃自芳邵光祚捐金並募造仲子祠鐘一鳴鼓

一鳴
乾隆四十七年宋治咸黃士郃陳廣旃恭鞔大鼓一鳴製錫爵九
嘉慶二十一年李懷翥操南薰宋廷栻恭置登一鉶二簠二簋二
爼三籩十豆十犧尊一象尊一雲雷尊太尊壺尊山尊著尊各一
白瓷坐爵三銅獻爵九龍勺一坫三鼎一罍一洗一祝版一襴衫
八領
道光八年錢履和胡玉森胡華潤恭捐朱子先儒祠各鐘一鳴鼓
一鳴
十四年胡必暢程樹森詹鈺文恭置文昌閣鐘一鳴鼓一鳴
咸豐十一年胡華潤等恭鞔正殿鼓一鳴製仲子祠鐘一鼓一雲
板一朱子祠鼓一先儒祠鼓一文昌閣磬一
同治六年王定儀操斗寅恭鞔正殿大鼓一鳴

九年錢崇蘭林光地胡忠翼恭置柷一敔一竹籩十木豆十錫爵
九磬一鳴
同治十二年操廷鈞程濟王李復恭製鼓四鳴襴衫八領
光緒四年鄒耀奎胡忠棐徐鍾俊恭製紅呢炕圍一大幅椅搭八
幅是年郭文齋捐琉璃燈四對
光緒八年熊明春黃之煥左秉鈞恭製柷敔鐘鼓雲板各架鐫正
殿石香爐燭臺全幅
光緒十五年張紹江錢儒猷梅植恭製神帳五磬一竹籩十木豆
十
光緒十八年羅金聲洪艮耀胡澤恩恭置　大成殿點一鳴洋綢
燈十對大呢繡花桌圍四幅鼓三鳴
二十一年林樹楠陶子符恭置錫爵九木豆十
二十三年左秉鈞王煜煌徐鍾俊恭置　聖前綢帳一鋪錫爵
九枚捐置紡綢襴衫八領

問津院志卷之二

建置下

田畝（田畝提綱　坵程佃戶　莊屋隄工附　山地租稞　漕款公牘附）

田畝提綱

書院門前羅家塝黑窑古塘沖四處統曰院前萬歷四十七年蕭康侯經理購置陳若虛陳學勉院前田壹石整康熙十年經管操之漸等購置陳端甫羅家塝田貳斗伍升康熙十四年王仁長捐置院前黑窑田陸斗康熙十七年操之漸等購置林右常院前大路沖（即古塘沖）田壹石壹斗是年又購陳耀賢院前沙坵田貳斗伍升是年又購置王嗣原地肆斗貳升（即問津河南沙地一大方）康熙十八年庠生方元心捐置山一方地二塊坐落大路側

書院後徐家沖兩處統曰院後萬歷四十七年蕭康侯購置陳學選陳學聖徐家沖田伍斗康熙四十八年操衷兄弟捐入院後田肆斗道光十八年管理梅熟等購置院後過脈田壹斗伍升

余家河獵山窑馬背沖大窑四處統曰余家河在院東二里萬歷四十八年蕭繼忠等購置陳實蘊獵山窑馬背沖田貳石叁斗道光十一年王大玉等購置邵立本獵山窑荒山一段

夏家畈田在院西五里萬歷四十六年司理許公含若捐置吳秉謙田拾石正康熙四十四年王湃仁等購置胡用朝畈側田壹斗伍升康熙四十七年王名啟等購置許克貞畈側田壹石壹斗貳升康熙五十六年操正都等購置許克忠畈側田壹石壹斗

莊屋寨竹林灣（先名柳家隄）田在院西五里道光十二年管理王大玉等購置夏國（起興富）莊屋寨田捌斗伍升是年又購置夏心安柳家隄田肆斗貳升共田壹石貳斗柒升

蓮花汊田在院西柒里康熙四十一年郡守許公錫齡邑侯劉公澤溥捐置陳如載等共水田叁石捌斗

張家墩田在院西伍里道光二十五年理事錢莆田蕭正福洪恩澤捐置膏火田計壹石肆斗貳升伍合外荒田壹斗

涂家壠田在院西七里萬歷四十七年江防道王公迴溪捐置李東烽火山田叁石肆斗伍升坐涂家壠康熙四十三年鄒江遐捐置烽火山書院田側田叁斗

錫王莊田在院北八里康熙五十四年王湃仁兄弟捐置王綫沖田壹石正

趙家畈田在舊街上距院十四里光緒二十二年理事羅金聲洪良耀胡澤恩積貲購置胡（錦御青）記胡德豐田壹石伍斗

華家畈田在新洲東門外距院二十五里同治十三年麻城胡能猷捐置共計水田壹石捌斗

鄢家山田在李家集東距院四十五里萬歷四十八年司理許公含若罰張人鄢山田拾石入院係蕭康侯管理康侯謝世田歸刑府康熙初刑廳奉裁康熙六年鄒互初操之盛王風釆等清還有案詳載舊志光緒二十七年張培慶等查開湖田（壹石伍斗壹升）

松林岡田在院東南二十二里嘉慶九年管理陶宜炳程萬儀孫開煥購置歐一龍田壹石正

曹家大屋田在院東南三十里嘉慶六年王宗華弟兄捐置田柒石正

郭家田水田在院東南四十里咸豐三年王子松捐置印子塝（亦名郭家田）田肆石

以上共田伍拾伍石(五斗六升五合)

各莊坵程佃戶 佃屋隄工附

院前瓦屑坵壹斗佃民余季秋　下岸貳斗貳升佃民王佐朝(壹斗壹升)劉光照(壹斗壹升)　西岸二坵壹斗貳升佃民余獻臣(陸升)劉光照(陸升)

又西壹斗伍升佃民余獻臣　路東貳斗伍升佃民羅萬順(貳斗半升)王秉烈(貳斗半升)　上岸秧田土名大斗坵壹斗佃民余獻臣　塘東首土名塝上田壹斗伍升佃民王福盛(壹斗)余正春(伍升)　河南首隄埂下岸土名細壩壹斗伍升佃民陳義盛(以上田畝無夾雜俱門首塘並河水)

計田壹石貳斗肆升外尚有山地肆斗貳升陸廂坐桀溺畈

佃民余季秋余正春余翼臣余勝禮余獻臣

道光十六年修院前隄一道計十餘丈　道光二十年院外撥石岸十餘丈院前兩圍隄撥石岸三十餘丈　道光二十四年

修築院上首河隄並挑沙開田　道光三十年修造前壩石岸數十丈對河小壩石岸十五丈挑沙二次　光緒二年建余佃屋一所　光緒十一年築河隄十餘丈　光緒二十年造河隄石岸三十餘丈　光緒二十四年院前後修隄開沙整岸　光緒二十九年挑沙做塘

羅家塝山上對頭二坵共伍升佃民王福盛　山下第二坵捌升佃民王佐朝　西鬮頭壹斗貳升佃民余季秋(俱羅家塝塘水並河水)

計田貳斗伍升

照窯西人行路下壹斗(坐塊窯塘灌溉)佃民吳田兒　長塘南第三坵伍升佃民吳聞義　細塘下岸伍升佃民李上普　長塘東下岸柒升佃民李上普　下岸貳升佃民余正春　北鬮頭叁升佃民余正春　鬮頭伍升佃民余正春　鬮頭捌升佃民劉光照

鬮頭一坵路下一坵共壹斗伍升佃民王福盛(以上田長塘細塘水灌溉)

計田陸斗此田自西人行路下斗坵東轉從山脊東人行路向北與西人行路合處俱院內山場田地不雜

古塘沖塘下第十坵合北鬮頭路下直田計叁斗佃民余獻臣(壹斗)王雋(貳斗)　金家塘上岸第一坵壹斗伍升佃民王福盛　東鬮頭壹斗佃民王雋　上岸田四斗並西角山下隨田地壹塊佃民王福盛　上岸第二坵又上岸壹斗佃民王雋(以上俱古塘灌溉)

計田壹石零伍升外尚有大路東段家窯山一方無夾雜

以上四處統曰院前原田叁石貳斗正此次實查除向來提肆斗田稞爲看廟費祇貳石捌斗肆升田起租承院稞光穀肆拾石零玖斗壹升柒合總佃余季秋

院後大窯塘下岸第四坵壹斗伍升佃民劉長貴　北鬮頭貳升

佃民劉長貴　下岸北首壹斗貳升佃民劉玉生　東上岸壹升佃民劉玉堂(以上俱大窯塘水)　冠子塘下岸曲尺坵壹斗佃民劉玉生(本塘灌溉)　過脈塘西下岸壹斗伍升佃民劉祖賜　塘東上岸過脈坵壹斗佃民胡端啟(俱本塘水)　北上岸隨田地一大段計四廂佃民劉玉生

計田陸斗伍升

徐家沖門首塘下岸正沖叁斗佃民楊耀春(本塘及施羅二窯塘灌溉)　下岸第六坵西岸下伍升佃民楊耀春(施窯門首塘水)　施窯塘下岸叁升佃民楊耀春(施羅二塘水)　計田叁斗捌升

以上二處統曰院後此次實查共田壹石零叁升承院稞光穀拾玖石壹斗零伍合總佃劉玉生

光緒三十年做塘墊修壞

余家河門首研子山竹園下田叁升佃民王鳳才阮家塘水　門首塘
下岸西首柒升佃民鄭新記門首塘水
計田壹斗
光緒十八年撥余家河塘岸一次
獵山窊冷水堰口田壹斗捌升佃民吳萬順　窊頂下一連四坵
計陸升佃民王鳳才　上細腰塘破斗坵上貳升東鬮頭荒地
大塊佃民吳植廷　大腰塘上第三坵陸升西岸地一小段佃
民吳植廷以上俱上細腰塘灌漑　細腰塘上第三坵陸升佃民吳植廷
細腰塘壜口壹斗佃民吳植廷俱大腰塘水　東首鬮頭壹升佃
民余子學　下岸壹升佃民余子學　下岸貳斗伍升因沙壓作貳斗
佃民余子學　下岸陸升佃民吳植廷　西鬮頭貳升佃民余
子學俱下細腰塘水　茶窊澗下竹園塹田壹斗佃民余子學　窊頂

第四坵向西直牽迤北東轉對大腰塘陸升北面田塍俱院內
山場上以分水爲界　計田玖斗叁升
馬背沖田陸斗陸升陸合陸勺下抵河溝東西南三面俱院內私
山無夾雜山四圍以分水爲界佃民胡名揚余延義
計田陸斗陸升陸合陸勺
大窊田叁斗叁升叁合肆勺下抵河溝東南北三面俱院山無夾
雜山南抵余姓山北抵趙姓山上以分水爲界佃民余延貞
計田叁斗叁升叁合肆勺
以上四處統曰余家河此次查實共田貳石零叁升承院稞
光穀貳拾伍石正
夏家畈灣門左首泥鰍壋人行路西貳斗叁升佃民陳德發　土
名紗帽坵貳斗伍升佃民夏炳友　上岸壹斗伍升佃民陳德

發　又上岸壹斗佃民陳德貴　壋西抵岸伍升伍合伍勺佃
民陳德發　路西第二坵貳斗柒升佃民夏周貴　酣皮坵貳
斗佃民夏基瑞　細斗坵壹斗佃民夏則喜　西北鬮頭田叁
斗佃民夏基瑞壋內有私坑一　路東壹斗貳升佃民夏炳友　沙貳
斗佃民夏基昌　東首大斗坵貳田合爲叁斗佃民夏基昌壋內
有私坑一　廟後壋北土名沖田三斗佃民夏基昌壋內有私坑一又長塘水車
漑　土名雀斛坵貳斗伍升佃民夏炳興　西北首叁斗柒升
壋內有私坑一佃民夏均勝友　壋北東首壹斗伍升佃民夏均勝　西
首壹斗伍升佃民夏則福二坵長塘車漑以上拾捌坵俱泥鰍壋水車
漑　沙塘北岸陸升佃民夏周貴　土名沙斛坵貳斗伍升佃
民夏則喜　上岸叁斗貳坵佃民夏則喜　土名沙塘壹斗貳
升佃民夏基瑞　上岸壹斗貳升佃民陳德發　屋基地西首

伍升叁合伍勺佃民夏則喜以上俱沙塘水車漑　路上岸鴉角斗坵壹
斗佃民夏則福　長塘南肆升佃民夏則喜　上岸壹斗貳升
佃民陳德發　塘南首二坵共貳斗佃民陳德貴以上俱東畫塘車漑
斗貳升上岸西首叁升佃民夏周貴　上岸伍升佃民陳德發
上岸叁升佃民夏則喜俱中畫堂車漑　王姓墳邊貳升叁合伍勺
佃民陳德貴　屋東岸壹升貳合伍勺作園種佃民夏周貴夏
則喜　上貳斗佃民夏周貴　下岸壹斗佃民夏則喜夏基瑞
東畫塘上岸柒升佃民夏周貴　新塘西路上牛角坵壹斗
柒升佃民夏則喜　上岸貳斗貳升內有私壋佃民夏周貴壹斗壹升夏
則喜壹斗壹升　上岸壹斗壹升佃民夏周貴　叁斗叁上岸壹斗
陸升佃民夏則喜　塘西下岸壹斗貳升伍合佃民夏則喜
斗牛東首壹斗貳升佃民夏基瑞　塘北路下叁升佃民夏基

瑞　屋基田壹斗零壹合陸勺佃民夏基昌　大秧田東岸柒升夏炳興　東壹斗伍升佃民夏炳興　上肆升（西界夏姓私田）卜肆升（北界夏姓私田）二坵共捌升土名荒田（兼草塘灌溉）佃民夏炳興（以上各田俱新塘水車溉）學塘路東壹斗陸升（本塘水）佃民陳德貴　戴家塘南首第壹坵伍升佃民夏基瑞　東貳斗西貳斗土名東西半邊田（一私墻）佃民夏周貴夏炳友　研子田叁升佃民夏基瑞　灣西首肆升佃民夏炳友　基地柒升伍合柒勺佃民夏炳友夏基瑞共作屋　塘西路下北貳升佃民夏炳友　高斗半南伍升佃民夏炳友　屋後叁斗佃民夏炳興　塘北貳升西首貳斗（半作屋半作田）佃民夏則喜　棉花坵壹斗佃民夏則喜　路上捌升佃民夏均友　下岸葫蘆坵壹斗佃民夏周貴　土名高斗半一坵壹斗伍升佃民夏周貴　北上岸伍升佃民夏周貴　塘

問津院志　卷之二　建置下　田畝各莊莊屋　七

西南連貳坵共壹斗捌升佃民夏周貴　斗陸下壹斗貳升佃民夏則喜　屋後許家沖田貳斗（一私墻）佃民夏均勝夏則福　斗捌北首第二坵壹斗肆升佃民夏均勝　塘東北岸叁升佃民夏則福（以上俱戴家塘並河水）　牛皮塘西下岸叁斗（牛皮塘戴家塘共溉）佃民夏周貴　塘西北角壹斗叁升佃民夏基瑞　上岸肆升（有私墻）佃民夏炳興（以上俱牛皮塘水）　河岸東土名裏貳斗外貳斗二坵共肆斗佃民夏周貴　南首第二坵柒升（在隄下）佃民夏炳興　塘西北葫蘆坵壹斗佃民夏均友（俱中塘水並河水）　長塘南肆升佃民夏則福　北上岸柒升佃民夏周貴　土名尖斛坵二坵計貳斗佃民夏基瑞夏炳友　葫蘆坵貳斗佃民夏基瑞夏炳友　塘西陸升佃民夏炳興　又北上岸捌升佃民夏炳興　長斛坵貳斗伍升佃民夏則喜　長塘外捌升佃民夏均勝　上岸

裏捌升佃民夏則福夏均勝（以上俱長塘車溉）　細塘伍升佃民夏基瑞　塘上岸叁升佃民夏炳興（俱細塘水）　屋基田捌升伍合　伍升（戴家塘水）　貳升捌合壹勺　伍升四合　貳升貳合伍勺　伍升叁合伍勺　壹升柒合伍勺（以上俱本莊屋基）　屋東捌合三勺　東岸壹升貳合伍勺　捌合叁勺　捌合叁勺（俱作園種）

夏則喜屋壹重肆間　夏周貴屋壹重肆間　夏炳友屋貳重伍間　夏基瑞屋壹重叁間　夏均勝屋壹間披屋壹間　夏則福屋壹重叁間

司理許公捐田拾石庚子志查實祇玖石貳斗叁升此次實查夏畈前後所置共田拾壹石陸斗柒升肆合承院內租穀壹百柒拾壹石貳斗壹升總佃夏周貴

康熙六年清出府縣所據夏畈祀田三股之一　康熙二十一

問津院志　卷之二　建置下　田畝各莊莊屋　八

年收縣學判歸夏畈田三股之一　康熙三十二年收府學判歸夏畈田三股之一　康熙四十五年新造夏畈佃屋五間　乾隆十二年建瓦屋三間（一間與許元爵居二間與夏先華居）　乾隆五十年做佃屋　道光十二年新築河隄　道光二十年建屋十八間修隄並助買隄基　道光三十年整佃屋二十一間並挑沙做隄二次　同治五年修理隄壩　同治十二年補築壖隄二次　光緒元年做閘並建夏志高莊屋三間　光緒四年又加夏志高莊屋甎瓦桁桷　光緒十八年換夏周太門樓並修河塿開溝　光緒二十年新建夏周太莊屋整夏均勝等佃屋　光緒二十四年建夏炳友吉太佃屋三重整夏均勝莊屋並修石塿（光緒二十九年做夏則福莊屋一重三間夏周貴一間並修整各佃莊屋加瓦做河塿）

莊屋砦門首瓦屑塘南第二坵貳斗（瓦屑塘車溉）佃民江宴爵　砦南

榨井塘捌升佃民夏正啟　砦北濠溝第三坵壹斗貳升佃民
夏均才俱榨井塘車漑　新塘西首第三坵肆升佃民夏正啟　西北
角闞頭壹斗陸升佃民夏均學　新塘南首貳斗伍升三坵佃
民夏國啟均成正啟各捌升叁合叁勺俱新塘灣塘車漑　本灣中有屋基一重
計田捌斗伍升向承全稞拾柒石正因坵畝太窄光緒甲申
年改作八折共實承院稞拾叁石肆斗伍升陸合貳勺
光緒十一年修築老隄又新築横隄一道　光緒十八年築隄
竹林灣柳家隄邊貳斗伍升河水蕭家塥車漑　佃民夏艮成　河北葉家
塘柒升佃民夏宗友　下埠壹斗佃民夏宗友河塘二水車漑
計田四斗貳升承院稞柒石玖斗雞壹隻草伍拾觔
道光二十四年築隄及石擺
莊屋寨竹林灣二處均在夏家畈共田壹石貳斗柒升承院稞

毛穀貳拾壹石叁斗叁升陸合貳勺
蓮花汊戴家塘上品列二坵各壹斗伍升佃民陳宗太北斗半　陳友
明南斗半　塘西壹斗作柒升承租　佃民陳登生俱本塘水　隄下二坵叁
斗王家塘及激河水車漑　佃民陳友明斗半　羅賜仁斗半　中畈二坵貳斗伍
升耦塘水　佃民陳學富斗貳升半　陳寶玉斗貳升半　裏肆斗上馬槽伍升
佃民陳富順　第二坵叁升佃民陳恆祥俱汊水　激岸土壹斗
作陸升承租　佃民陳勝秀　東汊二坵共伍斗作肆斗承租　佃民邵克勤
貳斗　邵薑兒貳斗　激東岸中閒貳升佃民陳富順　激北岸研子邊
伍升佃民陳勝秀　北闞頭直田貳斗伍升上激水　佃民陳富順
灣西塘下岸四坵共叁斗肆升佃民陳富順貳斗壹升半　陳宗林
柒升半　陳順貴伍升以上俱本塘水及激水　上激北岸田叁升佃民陳富順
北岸一坵叁斗佃民羅賜仁俱激河二水　隄下貳斗佃民羅賜

仁　上第二坵壹斗作陸升承租　佃民羅賜仁河水並土塥水　陀羅坑花
田一大段共柒斗西界塿溝東南界隄北界坑岸坑汊二水　佃民羅
崇喜伍斗伍升　羅華山壹斗伍升　盛家屋前第肆坵叁斗佃民羅太元
種新坑汊水
計田叁石柒斗柒升作叁石伍斗貳升起租承院稞伍拾捌
石零捌升內糯穀壹石草貳百柒拾觔總佃陳富順付小稞壹石柒斗伍升
舊志載莊屋叁重大小九閒今廢北以竹園牆南出路抵陳人
糞塥爲界東抵陳佃山牆西抵塘岸爲界陳姓墳前稻場一所
抵塘
雍正五年造瓦屋貳重　乾隆五十二年修閘　道光十一年
補築隄及修整佃屋　道光十六年修隄一次　道光二十年
加隄並挑沙開田　道光二十四年修築河隄　道光三十年

整佃屋二重並築隄二次　光緒元年做閘　光緒十一年修
老隄並新築横隄一道　光緒十八年修塿設閘　光緒二十
一年補築大隄　光緒二十四年修閘擺
張家墩門首墳墩南三坵共陸斗上新塘車漑　佃民程四元肆斗　程恆壽
貳斗　門首塘下岸秧田捌升佃民程恆書　闞頭高斗半佃民
程松林　西闞頭捌升伍合佃民夏榮年俱門首塘車漑　苗塘北第
二坵瘦叁斗東壹斗伍升苗塘車漑　佃民任商宏　灣西河溝東湖
田壹斗下塥河水車漑　佃民程四元　大路西第二坵土名龍口塝壹
斗伍升佃民任祖喜　南闞頭壹斗佃民任鴨子俱鼎家塘車漑
此次實查共田壹石肆斗壹升伍合承院稞貳拾陸石伍斗
其稞係程四元程恆壽程松林三人承任
莊屋一重三閒後有小園抵溝爲界

道光三十年整張家墩佃屋一次又修沙塘圳二次　光緒二十年新整佃屋

涂家瀧莊屋坐烽火山對面隄上小灣卽是屋右首塹下岸三坵貳斗伍升佃民涂啟兒壹斗二升半　涂全明陸升貳合伍勺涂棟臣陸升叁合伍勺　下岸柒升佃民涂全明　塹後墳邊貳升佃民涂太林　上岸柒升佃民涂全元　上岸伍升佃民涂啟兒　又叁升佃民涂啟兒　下捌升佃民涂太林以上俱門首塘袁家塘車溉　門首塘下岸土名大秧田作花地種壹斗伍升佃民涂如意　下岸貳斗伍升佃民涂太林　下岸貳坵共叁斗土名沙叁斗佃民涂華吉壹斗伍升涂如意壹斗伍升　下岸壹斗伍升土名横斗半佃民涂啟兒　下岸壹斗伍升土名圓斗半佃民涂太林　下岸貳斗土名鴨婆坵佃民涂朱喜　門首塘外岸斛坵下第二坵上壹斗佃民涂太林

問津院志　卷之二　建置下　田畝　各莊坵租佃戶　十一

下壹斗佃民涂太林　上斗坵下伍升土名圓五升佃民涂太林　下岸壹斗佃民涂太林　又伍升佃民涂棟臣以上俱門首塘車溉

鴨婆坵下岸第三坵壹斗伍升佃民涂澤山　又一斗伍升連前田土名瘦叁斗佃民涂萬祖門首塘西河車溉　上畈西塘西上岸貳斗伍升佃民涂如意　上岸壹斗柒升佃民涂道本　下岸壹斗叁升佃民涂如意西河西塘車溉　下畈西河上岸壹斗伍升土名軍坵佃民涂全明　又下岸貳斗伍升下岸貳斗伍升土名上下斛坵佃民涂如意啟兒俱西河水　莊屋二重計陸間菜園壹所

此次實查共田叁石陸斗柒升原田叁石柒斗壹升因沙壓少田四升承院稞伍拾柒石貳斗玖升柒合伍勺雞肆觔草貳百玖拾觔

乾隆八年修理隄埂　乾隆十二年建瓦屋一重　乾隆五十二年築隄　道光十四年補築河隄　道光十五年至十八年修築河隄三次　道光二十年置莊屋八間　道光二十四年修築河隄　同治五年修理石梘並隄壩　光緒元年清水路　光緒十五年修隄並清出涂太林私開沙壓田貳升承租　光緒二十年佃屋加瓦　光緒二十四年修涂孔元佃屋　光緒二十九年做隄十餘丈整各佃莊屋

錫王莊坐落回車埠王綫沖埠下大路東首石版塘背上壹斗伍升　塘西角山下貳升　又下捌升　下岸貳斗伍升俱石版塘水　沖頂上大塘背上伍升大塘石版塘水　塘下第二坵陸升　腰塘東下岸正沖叁斗　以上七坵共田玖斗壹升俱係佃民韓萬發種　大路西下第四坵捌升佃民蘇恆山

此莊田係壹石正庚子舊志載少壹升此次實查亦祇玖斗玖升承院稞拾捌石正雞貳觔草玖拾觔

問津院志　卷之二　建置下　田畝　各莊坵租佃戶　十二

庚子志載此沖有屋基叁間糞墻壹口稻場石磙公用此次未能查出

趙家畈梅家大塘第一坵壹斗伍升佃民王炳旺　下岸蛇田叁斗佃民操侚德　又下岸彎斗半壹斗伍升佃民胡慶善　路上岸一坵柒升佃民胡宏澤　細塘上岸北首第二坵壹斗叁升佃民胡宏澤　又路邊横斗半壹斗伍升佃民戴慶先以上俱梅家大塘細塘柳林埠浮泌二水車溉　戴家塘新屋門首塘下岸壹斗伍升佃民戴慶元戴家塘水　梅家大塘下岸一坵伍升佃民胡萬利　下岸第六坵土名長斗坵壹斗佃民胡萬利　山腳下第二坵壹斗佃民胡萬利　路下一坵土名尖斗半壹斗伍升佃民胡萬利以上俱梅家大塘細塘柳林埠浮泌二水車溉

此次實查共田壹石伍斗承院稞貳拾玖石正戴家新屋二佃石頭[illegible]一佃操家凹二佃張家灣一佃有莊屋一重在張家灣總佃胡萬利住

華家畈大沖下田六升相連溝田貳升共捌升佃民華朝林屋側刀劈
塘水　南大路下第四坵貳斗伍升土名瘦斛坵門首塘水佃民華朝
喜　林子塘東南岸第一坵肆斗佃民藍瑞昌本塘及闢頭溝塘水灣
東壙後溝邊第一坵壹斗佃民華金榜朱家塘水　劉家塘西岸闢
頭田貳斗伍升佃民巴國順　北相連田壹斗伍升佃民華朝
喜　又叁斗佃民華芝田　又壹斗貳升佃民華朝林　斛坵
西北闢頭田壹斗佃民華朝喜俱劉家塘水　細劉家塘東北岸第
一坵伍升佃民華朝海本塘水
此次實查共田壹石捌斗承院稞貳拾捌石捌斗
光緒元年清理水路
鄢家山在李集東北五里許有黃土坡西南胡幹刁灣亦名胡灣草把灣
北首埠子下水田叁升佃民胡金玉　花田貳斗壹升佃民胡
官樂　花田壹斗壹升佃民胡張氏　花田壹斗伍升佃民胡
永春　花田陸升佃民胡普成　花田柒升佃民胡普蔭胡國
棟　花田捌升佃民胡張氏　花田貳升佃民胡金玉　花田
伍升佃民胡昌吉　花田貳升佃民胡永立　花田叁升佃民
胡永乾　花田叁升佃民胡國棟　花田肆升佃民胡永乾
花田柒升佃民胡陳氏　花田肆升佃民胡昌炎　花田貳升
佃民胡地牙　花田四升佃民胡普蔭　花田陸升佃民胡𧮰
山　花田壹斗貳升佃民胡𧮰山　水田叁升佃民胡𧮰山
花田壹斗佃民胡𧮰山　花田叁升佃民胡𧮰山　溝北花田
壹斗陸升佃民胡昌吉　花田壹斗陸升佃民胡昌炎胡普成
花田壹斗伍升佃民胡永成　花田柒升佃民胡永乾　花
田壹斗陸升佃民胡昌吉　花田壹斗肆升佃民胡國棟　花

田捌升佃民胡昌吉　花田壹斗叁升佃民胡昌榮炎　花田陸
升佃民胡𧮰山　花田壹斗叁升佃民潘巨龍胡地牙　花田
壹斗佃民潘巨龍　花田壹斗佃民胡昌吉　花田壹斗肆升
佃民胡昌壽胡永乾　花田壹斗柒升佃民胡普成　花田壹
斗陸升佃民潘東牙　花田貳斗佃民潘兆牙潘珍祥　花田
肆斗佃民李雙全壹斗壹升胡昌吉壹斗壹升李咏牙壹斗捌升　花田貳斗
貳升佃民胡金玉叁股之貳胡普成叁股之壹　塘田伍升佃民張同生
水田壹斗肆升佃民胡永寬　花田壹斗貳升佃民胡永乾
花田壹斗陸升佃民胡昌吉　花田捌升佃民胡官樂張牛
肉　花田壹斗陸升佃民李恆元捌升胡國棟肆升胡普蔭肆升　花
田叁斗佃民李松院李餘喜李八牙　花田壹斗伍升佃民胡
國棟　花田壹斗伍升佃民胡普蔭壹斗張百喜伍升　花田貳斗
佃民潘長生壹斗張同生伍升張百喜伍升　花田貳斗佃民胡全福
胡官樂　水田陸升伍合佃民張同生　花田叁升佃民張牛
肉　花田捌升佃民張辛酉張同生　花田叁升佃民胡國棟
花田壹斗陸升佃民張辛酉　塘田陸升佃民胡永江　花
田壹斗貳升佃民胡己酉叁升胡地牙玖升　花田叁斗捌升佃民
江瑞臣　花田壹斗陸升佃民胡昌壽　花田壹斗伍升佃民
胡永江　花田壹斗伍升佃民胡永立　花田壹斗肆升佃民
胡昌榮　花田貳斗肆升佃民胡昌壽肆升伍合李永臣陸升伍合李咏
牙壹斗叁升　花田壹斗貳升半佃民張青季　花田壹斗貳升半
佃民胡普成胡永江　花田壹斗壹升佃民胡啟太　花田柒
升佃民胡普蔭　花田柒升佃民張青季　花田捌升佃民胡
地牙　花田貳升佃民胡地牙　花田貳升佃民胡普蔭　花

田叁升佃民胡永春　花田捌升佃民胡昌炎　花田柒升佃民胡己酉　花田壹斗零柒合佃民胡昌宏　水田伍升叁合佃民胡昌吉永立　花田壹斗肆升佃民胡地牙永江　水田壹斗陸升佃民胡金玉　水田玖升佃民胡永成肆升半　胡地牙肆升半

以上花田水田坐落本灣後首俱相毗連由本灣北出入小路起至大路自北迤西小大路轉南橫田塍抵本灣西南岸止並無夾畝均用湖水灌溉計田捌石玖斗陸升伍合

上埠溝北水田陸升佃民張正富　花田貳斗伍升佃民張西富　烈馬墩西大路外水田壹斗陸升佃民胡昌林　花田壹斗玖升半佃民潘長生胡官樂　花田壹斗捌升佃民李長生　大路西花田捌升佃民李恆元

以上六坵共田玖斗貳升半坐大路北西大路外湖水灌溉

潘母坵花田壹斗壹升佃民張金鎔　又壹斗壹升半佃民李連愷

二田共貳斗貳升半坐雞公壋西北溝上第一坵第二坵壋水灌溉

此次實查老田共拾石壹斗壹升半承院稞壹百零陸石正

另墾湖田捌升二坵佃民胡永立　湖田三坵共壹斗柒升佃民胡昌榮　湖田二坵共貳斗佃民潘巨鼇　湖田一坵壹斗貳升佃民胡永乾　湖田二坵共壹斗壹升佃民胡永貞　湖田叁升佃民胡談山　湖田伍升佃民胡昌榮　湖田二坵共玖升佃民胡昌宏　湖田七升佃民胡永成　湖田伍升佃民胡永春　湖田四坵共貳斗叁升佃民胡昌吉　湖田二坵共壹斗叁升佃民胡昌壽　湖田陸升佃民胡致祥　湖田陸升佃民胡成事　湖田叁升佃民胡金玉　湖田叁升佃民胡地牙

以上湖田二十六坵計壹石伍斗壹升係光緒二十七年理事張培慶等清出因係佃人新墾暫承稞肆石正

此次實查新舊各田共拾壹石陸斗貳升半承院稞壹百壹拾石正

康熙六年清出府縣所據鄢山祀田三股之一　康熙二十一年收縣學判歸鄢山田三分之一　康熙三十二年收府學判歸鄢山田三分之一　乾隆元年辦理悍佃張若愚騙租一案　乾隆四年辦理革佃張若愚冒租爭田一案　乾隆八年辦理革佃張若愚恃强佔種一案　光緒二十七年理事清出新開湖田壹石伍斗壹升暫承稞肆石統俟田熟再議

松林岡千塘下岸三坵並南鬬頭田一坵共貳斗　塘下岸一連三坵共壹斗伍升本塘水　正沖一坵貳斗伍升　以上八坵共田陸斗俱佃民姚開興種又佃地捌廂　大路東一坵叁斗明塘水　干塘下第二坵伍升　北鬬頭二坵共伍升本塘水　以上四坵共田肆斗俱佃民姚華國種又佃地叁塊　又佃路上岸地貳塊

此次實查共田壹石承院稞貳拾石正雞貳觔

光緒十八年修理田岸

曹家大屋湖田第一層一坵壹斗佃民吳心田壹升　甄實儒貳升半　黃成湘肆升內余全明佃肆合　黃永豐貳升半　上岸二層一坵壹斗貳升半佃民吳心田　三層壹斗佃民黃成湘柒升半　余全明貳升半　又北首壹斗佃民黃永豐　四層貳斗伍升佃民吳心田壹斗貳升半

黃承湘陸升貳合伍勺　黃永豐陸升貳合伍勺　五層貳斗佃民吳朝典北壹斗
汪士文南壹斗　九層大路下壹斗佃民黃承湘　大路上第一
坵壹斗佃民甄寶儒　大路上第二坵捌升佃民汪士文　大
路上第三坵貳斗佃民韋利賓壹斗　韋鴻發壹斗以上皆自下數至上者　彎
塘下第一坵貳斗陸升貳合伍勺佃民黃永豐　第三坵壹斗
貳升伍合佃民黃承湘　第六坵貳斗陸升貳合伍勺佃民甄
寶儒　第七坵壹斗佃民黃承淮　橫沖口二坵共壹斗伍升
佃民黃承湘捌升　余全明柒升以上皆自上數至下者　何家塘後岸二坵共
壹斗伍升佃民韋利賓柒升伍合　韋鴻發柒升伍合　下岸長田壹斗佃
民韋利賓韋鴻發　闞頭大坵壹斗佃民韋利賓伍升　韋鴻發伍升
秧田伍升佃民韋利賓貳升半　韋鴻發貳升半　羅家崗伍升佃
民韋利賓貳升半　韋鴻發貳升半　墳墩二升佃民韋利賓壹升　韋鴻

發壹升　鴉雀塘貳升佃民韋利賓壹升　韋鴻發壹升　林子捌升佃
民韋利賓肆升　韋鴻發肆升　又林子貳升佃民韋利賓壹升　韋鴻發
壹升　牧牛棠二坵共柒升佃民汪士文　又牧牛棠貳升佃民
黃永豐　上岸地邊二坵共伍升佃民吳朝典　東闞頭貳斗
伍升佃民吳朝典　上岸柒升佃民吳心田　路邊三坵共壹
斗佃民甄寶儒　又路隔邊壹斗佃民汪士文　塹邊壹斗佃
民汪士文　墳墩伍升佃民汪士文　塘角叁升佃民黃承湘
以上各田俱係何家塘車溉　泥塝一坵貳升佃民甄寶儒　闞頭柒升伍
合佃民黃永豐　又七坵共貳斗內有二坵合一坵止六坵　佃民吳心田
下岸叁升佃民黃承湘　又下岸叁升佃民黃承淮以上俱大塘水
大塘後岸壹斗伍升佃民黃承洲　吃水塘下岸伍升佃民黃
永豐本塘水　北闞頭叁升佃民黃永豐鴉雀塘水　吃水塘後岸壹

斗伍升佃民黃永豐　狗兒塘後岸壹斗佃民黃永豐　又後
岸天坵壹斗佃民甄寶儒陸升陸合陸勺柒抄　吳心田叁升叁合叁勺叁抄　又後
岸壹斗亦名天坵佃民黃承湘　塘下岸長田壹斗佃民黃永
豐　下岸第三坵貳斗佃民黃承湘壹斗陸升三合　余全明三升柒合　下
岸第四坵壹斗壹升計二坵佃民黃永豐　又一坵叁升佃民
吳心田　上擋爬坵壹斗佃民吳心田　門首塘上第三坵叁
升佃民甄寶儒　路邊陸升佃民黃承淮　路下第二坵秧田
壹斗佃民吳朝典以上俱狗兒塘水　林家塘北岸路邊肆升佃民黃
承淮　又肆升佃民黃永豐　南首一坵北首一坵共壹斗貳
升肆合佃民甄寶儒以上俱林家塘水　彎塘頂上田壹斗佃民汪士
文　北塝路邊二坵共壹斗佃民汪士文　又一連三坵共壹
斗佃民汪士文　下岸陸升佃民汪士文　又壹升陸合佃民

黃承淮　下岸學灣壹斗佃民黃承淮　又北塝田伍升佃民
黃永豐　又伍升佃民余全明　糯田北闞頭伍升佃民黃永
豐　北塝崗上一坵壹斗佃民余全祿　北塝大田壹斗佃民
余全明　又二坵共壹斗柒升伍合佃民吳心田　下岸壹斗
伍升佃民吳心田陸升　黃承淮玖升　北塝棠柒升佃民黃承淮
車路溝三層闞頭貳升佃民甄寶儒　三層北闞頭湖棠田壹
斗佃民甄寶儒以上俱彎塘水

原田柒石正此次實查少田伍合承院稞光穀壹百陸拾石
零叁斗壹升玖合雜貳拾觔新米叁斗清明蛋柒拾伍元

按此莊內有糯田玖斗俱坐正沖畝寬土腴非大旱可無議讓

韋宅莊屋叁重黃承湘莊屋壹重又新屋壹重黃永豐新屋壹
重舊屋壹重汪士文佃屋肆間甄寶儒佃屋貳間堂屋公共黃

承洲屋壹重吴朝典屋貳間基地壹間甄寶儒基地壹間又基
地壹間汪士文吴心田各半
道光三十年修佃屋一次又修沙塘圳二次　同治五年修理
石梘並隄壩塘圳　光緒十一年修佃屋　光緒十八年曹倉
汪姓佃屋加瓦　光緒二十年新整舊屋　光緒二十四年修
曹莊石塿　光緒二十九年做黄承湘莊屋壹重伍間置風簸
壹乘石磙壹箇整倉屋又做黄永豐莊屋壹重叁間韋利賓莊
屋壹重叁間修理塘岸撥岸又細塆一口水滿何姓望水取魚水退見埂佃民用水取魚有據
郭家田湖田三坵共貳斗捌升佃民夏永合捌升壹合涂水貴肆升涂芝
宏壹斗壹升貳合涂永富肆升柒合　上岸牛眼睛三坵共伍升佃民夏永
合叁升伍合涂永貴肆合涂芝宏壹升壹合　四方坵二坵共叁升佃民涂
永富壹升捌合柒勺伍抄涂芝宏壹升壹合貳勺伍抄　上岸路柒升佃民夏永合
問津院志〈卷之二　建置下　田畝　各莊坵塘佃戶　十九
肆升陸合陸勺陸抄涂芝宏貳升叁合叁勺叁抄　上岸平田捌升佃民涂永富肆升
涂芝宏肆升　鬭頭順水坵陸升佃民涂永富叁升涂芝宏叁升　上
岸搭連伍升佃民涂永富　上岸捌升佃民涂芝宏　上岸平
田壹斗貳升佃民涂永貴陸升涂芝宏陸升　又上岸壹斗貳升佃
民涂永富　上岸尖叁升佃民涂芝宏　沖半錯伍升佃民夏
永合　上沖捌升佃民夏永合　又上沖壹斗貳升佃民涂芝
宏　塿口肆升佃民涂芝宏　鬭頭長柒升佃民夏永合　荒
田上岸肆升佃民涂永貴貳升涂芝宏貳升　下岸陸升佃民涂永
貴叁升涂芝宏叁升以上俱官塘水　長柒升上岸尖肆升佃民涂永貴　上
鬭頭小貳升佃民涂芝宏　上岸尖叁升佃民涂永貴　上
岸大肆升佃民涂芝宏　鬭頭長壹升佃民涂芝宏　下岸圓
田壹升佃民涂芝宏　山邊墳窩籠叁升佃民涂永貴　鬭頭

叁升佃民涂芝宏　官塘後岸一坵叁斗佃民夏永合壹斗伍升涂
芝宏柒升半涂永富柒升半　上岸半錯肆升佃民夏永合　上岸
叁升佃民涂永富　上岸龍田壹升佃民涂永富　門前秧田
伍升佃民涂永富貳升半涂芝宏貳升半　下岸捌升佃民涂永貴
上岸壹斗貳升佃民涂芝宏以上俱門首塘腰塘水　上岸勝卦壹升
佃民涂芝宏　上岸秧田貳坵共叁升佃民夏永合　塆角細
秧田貳升佃民涂芝宏　上岸壹升佃民涂芝宏　中塘後岸
二坵共壹斗肆升佃民涂芝宏　腰塘後岸壹斗佃民夏永合
上岸肆升佃民夏永合　腰塘後一坵壹斗貳升佃民涂永
富陸升涂芝宏陸升　上岸尖捌升佃民夏永合　鬭頭蕩捌升佃
民涂芝宏　菜園下岸壹升佃民涂永貴　又叁升半佃民涂
芝宏　又壹升半佃民夏永合　下岸壕子田柒升佃民涂永
問津院志〈卷之二　建置下　田畝　各莊坵塘佃戶　二十
富伍升貳合半涂芝宏壹升柒合半以上俱腰塘水　上岸墩子田叁升佃民涂
芝宏　鬭頭圓田二坵共肆升佃民夏永合　上岸塿口貳升
佃民涂永富　上岸肆升佃民涂芝宏　上岸壹升佃民涂芝
宏　鬭頭平田壹斗伍升佃民夏永合柒升伍合涂芝宏柒升伍合　下
岸菉豆坵壹斗貳升佃民涂永貴　下岸叁升佃民涂永富
黄泥塘塿口二坵共捌升佃民夏永合　下岸貳升佃民涂芝
宏　上岸壹升佃民涂芝宏　塘後岸田壹斗貳升佃民涂永
貴陸升涂芝宏陸升　山邊小平田陸升佃民夏永合　壕子田三
坵共壹斗壹升佃民涂永富伍升半涂永貴伍升半　下岸喇叭田
叁升係佃民夏永合　四方田伍升佃民涂永富　下岸捏頭
田伍升佃民涂芝宏以上俱黄泥塘水
此次實查共田肆石正此莊田寬老畝但近湖水佃人每移

坵畝看水時最宜留心夏永合徐芝宏徐永富徐永貴四佃分種承稞壹百零貳石正補斛面穀貳石在內每石雜四兩隨田花地北以人行路爲界南抵田又熊姓墳外荒山一塊有樹本灣基屋盡屬書院管業屋後抵分水左抵本灣塘右抵吳姓何姓墳爲界

同治九年建佃屋八間　光緒十一年修莊屋貳間　光緒十八年建佃屋叁間　光緒二十年新整佃屋　光緒二十四年修佃屋石墈

山地租稞附

院前河兩岸沙地肆斗伍升余佃分種每年承稞油伍觔

殷家窯山地壹方　黑窯山壹方不計塊　對面隨山地貳大塊　大路側山壹方地壹塊　黑窯背後向隅山壹方地不計塊　羅家塝地貳斗伍升山壹方　以上山地俱余佃分種向未納租

院後地大小六塊係佃民劉玉生劉祖賜分種向未納租

馬背沖山東抵鄭人西抵王人上齊分水下齊河溝爲界

獵山窯山上齊分水下抵田東西俱抵余人爲界

大窯山東抵鄒人西抵黃人上齊分水下齊田爲界

以上叁處山約可興蔭三四十萬株光緒四年憑理事徐鍾俊胡忠渠鄒耀奎查出界址議定每年承山價足錢玖串文

問津河市店基屋隙地租稞咸豐前共承租錢伍串捌百叁拾文有屋三間燬於兵同治五年實查基地承租姓氏數目列後

王天賜足錢肆百文　王長發足錢肆百文

胡清太足錢壹百零伍文　胡正發足錢叁百貳拾文

又足錢壹百零伍文　又足錢壹百陸拾文

胡長春足錢捌拾文　王海明借碑側隙地蓋茅屋壹重承租足錢壹百陸拾文

胡廣和足錢壹百零伍文

陳義盛足錢玖百陸拾文　余永立在碑亭路東建屋壹重

羅正和足錢壹百陸拾文　未納租

陳進祿足錢壹百陸拾文

余益泰足錢肆百又壹百陸拾文現未納租祇除兩季宰豬羊費

以上地租此次實查除余益泰租錢抵費外共收足錢叁串零捌拾文

漕款

書院門前康熙四十七年蕭康侯購陳若虛陳學勉田壹石正載正米肆斗捌升　康熙十年操之漸等購陳端甫羅家塝田貳斗伍升載米壹斗麥壹升　康熙十四年王仁長捐院前黑窯田陸斗載米壹斗玖升伍合　康熙十七年操之漸購林右常古塘沖田壹石壹斗載民米伍斗　是年又購陳耀賢院前沙坵田貳斗伍升載米陸升陸合

書院後萬歷四十七年蕭康侯購陳學聖選徐家沖田伍斗載正米貳斗陸升　康熙四十八年操袞兄弟捐田肆斗載民米壹斗捌升肆合　道光十八年梅熟等購過脈田壹斗伍升載民米陸升

余家河萬歷四十八年蕭繼忠購陳實蘊獵山窯馬背沖田貳石叁斗載米玖斗玖升

夏家畈萬歷四十六年司理許公捐置吳秉謙田拾石正載米叁石零伍升肆合　康熙四十四年王湃仁等購胡用朝田壹斗

伍升載米伍升　康熙四十七年王名啟等購許克貞田壹石壹斗貳升載民米肆斗肆升　康熙五十六年操正都等購許克忠田壹石壹斗載民米肆斗肆升

莊屋寨竹林灣道光十二年王太玉等購夏國（起興富）莊屋寨田捌斗伍升載民米叁斗陸升伍合伍勺　是年又購夏心安柳家堤田肆斗貳升載民米壹斗捌升零陸勺

蓮花汊康熙四十一年郡守許錫齡邑侯劉澤溥捐置陳如載田叁石捌斗載民米壹石貳斗

張家墩道光二十五年錢萧田等捐置張家墩田壹石肆斗貳升伍合載民米陸斗陸升陸合陸勺

涂家壠萬歷四十七年江防道王公迴溪捐置烽火山田叁石肆斗伍升載正米玖斗壹升　康熙四十三年鄒江遐捐置烽火

山田叁斗載米柒升

錫王莊康熙五十四年王湃仁兄弟捐置王綫沖田壹石正載民米肆斗零肆合

趙家畈光緒二十四年洪艮耀等購胡信記田壹石壹斗載民米肆斗陸升柒合伍勺　是年又買胡德豐田肆斗載民米壹斗柒升

華家畈同治十三年麻邑胡能猷捐置田壹石捌斗載民米柒斗玖升

鄢家山萬歷四十八年司理許公罰張人田拾石正載米貳石肆斗張李搆訟加米叁斗叁升

松林岡嘉慶九年陶宜炳等購歐一龍田壹石正載民米伍斗

曹家大屋嘉慶六年王宗華兄弟捐田柒石正載民米叁石柒斗捌升

郭家田咸豐八年王子松捐置印子塝（亦名郭家田）田四石正載民米貳石壹斗

按庚子舊志載院中原買莊田各契載民米共拾玖石伍斗零叁合貳勺正米壹石陸斗伍升茲據院中完納光緒二十九年縣券正米拾貳石貳斗捌升柒合伍勺用壹肆叁扣漕平銀拾柒兩伍錢柒分貳釐正銀貳拾貳兩捌錢玖分肆釐用壹叁扣漕平銀貳拾玖兩柒錢陸分貳釐貳毫兩項共合完漕平銀肆拾柒兩叁錢伍分

公牘附

康熙十五年立問津書院戶名在下伍鄉板壹圖

李邑侯經政批

書院祭田以供

聖祀立戶完納除正供外概行豁免准永據

道光元年理事人稟請縣憲即示一正一耗餘費不取當蒙批准永爲定例

咸豐七年鄂撫胡文忠改折漕米新章院中理事稟縣請正米每石連耗以漕平銀壹兩肆錢叁分兌繳正銀每兩以壹兩叁錢兌繳

黎邑侯道鈞批

據問津書院漕糧請照折解銀數係爲

聖祀起見所稟甚是所有書院漕折每石正米准以漕平銀壹兩叁錢兌繳耗米准以壹錢叁分兌繳至正銀每兩准以漕平銀壹兩叁錢上兌餘費不取永爲定例即以立案毋庸通詳

增生程樹森生員胡華潤職員詹錦文公稟
敬稟者竊本邑問津書院自唐迄今千數百年正殿崇祀
至聖先師兩廡配以　先賢仲子朱子歷代盡力於書院之道府
縣廳各長官暨鄉先輩諸君子均附祀廡下前知府王公許
公提學道蔣公司理許公知縣劉公暢公均捐廉俸置有祀
產以供春秋釋奠及課試生徒之費田賦向立板壹圖問津
書院柱名計正米拾石有奇歷係一正一耗兌米邑中前改
征七折三之例亦未苛及書院擅變舊章蓋各前憲均爲
聖祀起見不欲以加賦瘠祀上開罪於王許諸公下見薄於邑中
士子也本年改定折漕新章每石正米折收足錢肆串伍百
文較書院舊例增加幾及一倍生等經管院事欲仍舊則恐
蹈故違新法之愆欲遵新又恐負變亂舊章之咎且自賊擾

以來院宇盡成瓦礫祀課礙難舉行惟賴收租積貲徐圖修
復若更增納錢漕勢必虛耗
聖費致累院宇難修祀課難復　憲台讀聖人書自崇
聖祀必不至惜升斗之末以虧俎豆之供合亟仰懇核定章程可
否准照折解銀數每石正米以漕平銀壹兩叁錢兌繳耗米
以壹錢叁分兌繳伏候　憲台酌定批示遵行至正銀一節
向無定章隨理事通融完納或以漕平銀壹兩貳錢兌繳或
以銀壹兩叁錢兌繳歲與戶書爭較殊非畫一之道亦希酌
定批示並懇通詳院司道府各憲立案生等亦於院中勒石垂後
永遠遵守庶院無縻費而
聖祀復隆將　憲台高義芳聲直偕王許諸公與書院並垂萬古
矣

咸豐十一年賊踞郡城原案遺失同治元年復稟縣憲程公光
第　批准照原案立案
光緒元年邑侯恆琛改合邑錢漕加補庫平理事稟定院中糧
漕仍用漕平兌繳不加庫平永爲定例
書院公牘文據彙存
萬歷四十六年司理許公含若捐俸買夏家畈田價銀壹百捌
拾伍兩有契
又許公罰張人入官鄢山田撥入書院與夏畈田統歸蕭康
侯經理崇禎末康侯謝世兩田歸刑廳康熙初刑廳奉裁田
歸府縣兩學爲寒士膏資
康熙六年舉人操之盛生員鄒亙初王風采清查院田知縣董
元俊申府詳文云據生員汪心虛等供夏畈鄢山兩田原係

刑府應歸刑府發撥問津書院別有祀田如何要佔此田據
生員鄒亙初等供夏畈鄢山兩田係刑府捐撥書院祀田載
在碑志因亂後無人經理田歸刑府今刑府奉裁此田應歸
書院至兩學貧生現有官田畈何又要佔此田卑職計二處
共租一百六十石分作三股兩學管二股書院管一股取具
兩造聯名合同三紙在卷應准給印照乞照詳施行
康熙二十七年縣學生員鄒亙初等具呈縣學請將縣學所得
租田一股送歸書院
黃岡縣學訓導李光衡批
聖人之靈在天下何分鄉城哉數畝所入師生利賴無幾諸君子
合詞呈請今批付問津書院以資香楮庶與二丁通祀永遠
弗湮凡我同人罔不心慊准永據另有傳票一道

康熙三十三年府學生員操日暹等具呈府學請將府學所得
租田一股送歸書院
黃州府學教授張家相批
旣經公議准將夏畈鄖山本學原收田稞一股一倂送入問
津書院以助祭祀修理之費永無異說此批外有傳票一道
王邑侯模判張佃若愚佔田勘詞乾隆六年
判得問津書院管理夏克仲王元宰鄒時獻具控明季刑廳
有入官田二十石坐落鄖家山以十石撥府學以十石撥問
津雍正二年張若愚之父張直方批佃逐年短租控責退莊
詎張若愚控稱此田原係岸田十石湖田二石因岸田有塚
伊祖祇捐八石湖田二石又稱祇要湖田二石捏造無印執
照稱伊祖祇獻岸田未獻湖田將別田糧米券票子池收字

影射抵塞膽敢搶割田穀以致書院具控本縣親勘得李邑
湖東西兩岸田各十石東屬府學西屬書院同湖灌溉歲旱
湖水銷涸佃民於湖邊作塍栽種晚禾蓋湖田即李邑湖水
涸之處非湖水外別有湖田也西岸田有潘毋坵坵有潘毋
墓係潘姓古塚岸西南有古墳五並無張姓塋墓無論此田
與張若愚父子無涉即係祖捐試問入官之田後人何能復
佔況此田二十石原係一主入官分撥兩處今稱伊祖祇獻
田十石是李邑湖東西兩岸張若愚尚應存田十石何止二
石且官田外果有餘田二石試問此百數十年伊祖何置而
不問伊父子於雍正二年認佃直至短租懲逐始捏執照券
票收字爲突兀之控哉至所稱操永清賣田招帖亦以此田
窵遠久哲弊混公議招賣就近別置有何關繫而藉爲口實

耶本縣審訊不獨衆佃同稱李邑湖並無張若愚田土即該
佃亦不能强措一詞應押令退莊仍予重杖以懲刁混倘再
滋事倍加懲處餘俱省釋俟詳
府憲王繹曾批如詳行
學憲張映辰批如詳行
乾隆七年邑侯舒成祖照詳完案
知縣邵豐鍭革佃張若愚判詞係管事舒學乾等呈控
審張若愚眞寘頑不法之徒也此案久經前縣審押詳結該
犯仍翻控不休佔種湖田四斗逞蠻抗法刁徒寘頑至此極
矣張若愚一犯重責三十板押令償還稞穀三石退出田畝
聽書院管事批佃再敢抗違立拏用大枷枷示盡法重處此
判乾隆十年十一月

鄖山水分潘李悔服字據嘉慶十五年經管謝志烜黃樹桂曹翰
立悔服字李有明潘朝富等因本年七月候車李邑湖水致
書院經管往城具控憑紳調處潘李二姓情願將所有李邑
湖東岸窨壋二十七口盡屬書院得業學宮佃民車湖水時
祇准一乘車下水在湖田轉渡以溉學宮九斗七升有分之
田倘潘李一灣並溉湖田憑字處罰此據潘大章筆　潘朝富　李有明押
鄖山窨壋調明字據嘉慶二十四年
有鄖山佃民胡友萬胡勝啟胡友成等將李邑湖邊私開窨
壋養魚挑泥本年院佃李有進車水灌田被胡友萬兇辱打
車經管洪恩瀚等到莊衆看窨壋盡屬書院不與胡姓相干
胡壽萬胡能元云門首大壋係園坵田二斗所開經管云園
坵現有二斗何以又有大壋此壋應屬書院憑衆調明以門

首大壋作胡姓煙火塘所有湖田大小曾壋以書院直水埠
直牽抵學宮田爲界盡屬書院任院佃車漑做隄胡姓如有
翻異執字處罰此據李文秀筆
康熙二十六年鎮岐清軍廳王民皞有禁婦女游玩乞丐住宿
並禁砍伐樹木示諭
鎮岐清軍廳王民皞批康熙二十六年生員蘇維楨等呈控
先聖廟宇周圍樹木禁畜已久兹據衆學校呈稱無知棍徒齊登
進等輒敢蔑視禁山先假祭祖爲囮後竟擅砍樹木圖謀風
水不思宮牆所在朝廷加崇何物棍徒妄生覬覦敢肆侵害
法應嚴拏究解姑念知罪求宥豁免拏懲仍批存照以杜後
此宵小奸謀可也
乾隆三十四年縣禮房楊嘉地藉報河東書院支收銀冊詳藩

憲文內云近來問津書院有名無實若干事並有自行未便
開罪歷管之人等語意欲攬管院事管理操鵬等往縣呈控
邑侯温鶴立批
查問津書院原由紳士義捐向來修整廟宇課迪生童均係
紳士經理從未歸公造報現詳藩憲有案縣吏何敢因河東
書院經費冊報干預問津耶諸生等循照舊章毋紊
邑侯温鶴立告示乾隆三十四年十月初八日
爲飭取事本年十月初三日奉　本府潘振璧牌內開奉
布政司閔鶚元批問津書院仍歸紳士管理一案據詳已悉
卽飭令照舊實心經理愼毋稍蹈陋習自貽伊戚等因爲此
仰問津書院經管監生操鵬等知悉嗣後務照憲批實心經
理毋得稍蹈陋習致干查究特示

道光二十九年管理洪恩澤錢莆田蕭正福捐買張家墩田一
石五斗一升作會課考列優等獎資呈縣請示
邑侯俞昌烈示
示書院董事暨闔邑生童知悉所有該生等捐置田產歲收
田租除完納糧賦外餘資概作會課前十名獎賞嗣後務當
妥爲經理每次課文後分別發散以垂久遠特示印示存錢崇蘭家
曹家大屋小壋合同同治九年
立合同杜白字緣問津書院曹家大屋田有小壋一口付各
佃照股用水取魚與何姓湖毗連向例水滿沒埂何姓望水
取魚水退見埂佃戶用水取魚詎本年十月壋埂已見何姓
後裔不知爭持有說今向書院理事錢林胡三位杜明嗣後
取魚仍照舊章何姓不得異說此據

莊屋檕夏福春基連定有批字同治十年字存程厚夫家
問津書院坐落本畈水田八斗五升向係夏國興佃種承稞
穀十七石正國興故後將田頂與夏福春夏永順夏長順夏
定有夏懋富夏基連江炳元等耕種承租逐年逋欠首事李
操程三位查知要福春定有基連承批春等歡允嗣後送穀
上倉不得短少如有水旱臨田看議不得指騙隱匿此據代筆
夏春林佃民福春基連定有同押
陳元泰懇釋字據同治十一年字存程厚夫家
立懇釋字人陳元泰緣問津書院東首高窑口泰有坐南朝
北山一段脊嶺係書院來龍泰今春誤在此山側開窠挖石
經管謂有傷龍脈泰席請紳耆懇求罰釋嗣後此山祇准栽
種栽植如再開窠挖石憑字處究此據親筆

同治十二年六月邑侯恆琛黄岡縣學黄敦素魏澤宏均有禁總佃余永松及近地居民人等無得在院内放牧牲畜堆積柴草農器及婦女遊戲乞丐逗留示諭管理操廷筠程濟王有呈

光緒元年邑侯恆琛有禁止祭時擁擠諠譁砍伐樹木不許堆積器具柴草示諭管理陶時敏舒中炳梅雄蕬有呈並議章程八則

買水分契　買地契二契存熊熙亭家光緒七年

陳伯友有坐落上叫塘沙元田内埠子水分北首溝路賣與書院公共車水價一串五百文聽院佃在上叫塘車水從沙元田北首灌溉院内之大沙田細沙田與賣主輪流車溉此據

王紹基荒地一塊坐落四山社下賣與書院作囤沙塘價六百文聽院佃開塘築埂囤沙此據

涂家壠佃民涂太林批佃字據光緒十五年字存梅書山家

因書院先年沙壓田畝二升私行開墾理事查出不允林央求批佃每年承租穀三斗二升此據戴秀川代筆太林親押

院後佃民劉玉生佃字光緒二十二年存王煋煌家

立復批字原佃劉玉生先種書院田八斗八升地四廂因光緒二十二年將院後田一斗地四廂分頂管理有説玉生仍願收轉自種如日後人力單寡田退院内另佃不得折頂漏畝致干斥責此據親筆

光緒二十六年查出曹家大屋隱匿莊屋在黄承湘所住北首理事張培慶將承湘送團風司懲戒經張小山調明認服莊屋内建造土倉仍交承湘看守

涂家壠涂華山認明糞壋字據光緒二十七年字存涂子木家

有先批書院田六升二合五勺頭有糞壋一口合入已業院中有説調明壋口退出仍歸六升二合五勺永爲院業此據

鄢家山胡家灣承批院田字據

立批字人胡聚豐昌嚞熾永鵬鍼天牙祥志新官樂今佃到問津書院淤瘞之新開荒田各佃另有細簿今年實查有畝一石五斗一升共承租穀四石水旱臨田酌議田運興敗仍聽下屆管事議處此據經管張月山查出

光緒二十八年華家畈三佃華朝喜林移換坵畝理事送新洲糧捕廳懲治經紳調處始將原畝交出

建置姓氏

宋

龍仁夫 號麟洲永新人湖廣儒學提舉

明

正德 胡潔 豐城人曲靖衛籍黃岡知縣　隆慶 孫光祖 號子紹慈谿人黃州知府　郭慶 號一坡黃岡舉人清平知縣

吳艮吉 號石梁黃岡庠生　耿定向 號天臺黃安進士戶部尚書少保　耿定力 號子健黃安進士兵部尚書

萬歷 彭好古 號熙陽麻城進士尚寶卿　彭遵古 號旦陽黃安進士光祿少卿　李長庚 號夢白麻城進士吏部尚書

茅瑞徵 號五芝歸安人黃岡知縣　甯咸 號太虛衡陽人　黃奇士 號守拙黃陂舉人壽州學正

黃彥士 號武皐黃陂進士官巡撫　王陞 號晉吾黃岡舉人重慶同知　方一盛 號心宇黃岡儒士鹽提舉

孫大壯 號心易黃岡進士陝西苑馬寺卿　盛朝袞 號二泉商城布衣　劉承烈 號拙齋麻城庠生

曾日省 號見獨黃岡舉人潛山知縣　王世德 號迴溪永康進士黃州府江防道　葛寅亮 號岠瞻錢塘進士湖廣提學道

李繼周 號斗沖南昌進士黃州知府　許士奇 號儞若海鹽進士黃州司理　晏春鳴 四川銅梁進士黃岡知縣

問津院志　卷之二　建置姓氏　一

莊應德 號谷神武進進士麻城知縣　胡士奇 泗州天長進士黃州同知　王誦 黃州通判

倫應祥 廣東東莞舉人蘄州知州　游玉廷 江西臨川進士任蘄水縣　范世楨 南直靖江舉人羅田知縣

王世臣 江西高安舉人黃安知縣　張 黃陂知縣　王繼祖 舉人黃梅知縣

夏可雷 四川舉人廣濟知縣　邱一甲 號啟元黃岡人　程大登 號非住黃岡人

熊兆姜 號渭公黃岡人　王士美 號太羹黃岡人　王家錫 號孟修黃岡人

楊生燮 號仲理黃岡人　李楷 號湘陵黃岡人　劉應臺 號篇遇黃岡人

蕭繼芃 號仲蔚麻城人　吳士仰 號念楚黃岡人　諶時凝 號君安黃岡人

王家欽 號仲修黃岡人　劉之李 號豐生麻城人　蕭繼忠 號康侯黃岡人

吳士華 號君實黃岡人　陳實蘊 號若虛黃岡人　熊兆周 號仲興黃岡拔貢知縣更名雯

樊憲祖 號天中黃岡人　孫大祚 黃岡舉人淮安同知　王伊 黃岡人

劉應至 號樊桐麻城人　王家鎮 號季修黃岡人　蕭繼芄 號叔熙麻城人

張昌 號瑞予黃岡人　天啟 林有鳴 廣東文昌人黃岡知縣　張星 號元甫黃岡人

吳士傑 號君任黃岡人　蕭薫 號公陶麻城人　祝萬齡 陝西咸甯進士黃州知府

王士龍 號水濂黃岡歲貢潛江訓導

國朝

順治 王躬允 號爾極丙戌歲薦澄海知縣　康熙 鄒互初 號公遂黃岡廩生　操之盛 號恬菴黃岡舉人景陵教諭

王躬俊 黃岡庠生　王望雲 黃岡庠生　鄭一灝 黃岡庠生

王風采 號汝載黃岡進士知縣　操之漸 黃岡庠生　王家烈 黃岡庠生

王久悅 字帝臣廩生　方亮 黃岡庠生　王風徽 黃岡庠生

蔣永修 號慎齋宜興進士湖廣提學副使　趙之埜 沔陽舉人黃岡教諭　彭一卿 嘉禾歲貢黃州教授

李嘉卉 孝感舉人黃州教授　李之岳 大冶歲貢蘄州訓導　余國柱 號佺廬大冶進士大學士

祝軒齡 號雲集舉人寶坻知縣　詹大衡 號圖先歲貢黃陂教諭　王追騏 號雪洲進士禮科給事中

吳升東 號巢微進士協理河南道　詹大衢 號麗明黃岡副榜孔目　王輔 號元公襄平生員黃州知府

董維祺 遼東人黃岡知縣　賈鉝 鑲藍旗監生黃州知府　羅載惇 霑化歲貢黃州知府

問津院志　卷之二　建置姓氏　二

董元俊 華陰進士黃岡知縣　于成龍 號北溟永甯副榜黃州知府　李光衡 孝感歲貢黃岡訓導

李經政 潛陽廕生黃岡知縣　王民皡 臨川拔貢岐亭同知　張家相 沔陽舉人黃州教授

胡坦 號履占黃岡舉人景陵教諭　夏漢楨 黃岡廩生　蘇維楨 黃岡廩生

王友柏 黃岡廩生　胡承孫 字若詒廩生　胡曄 字二宋廩生

江封楚 黃岡庠生　王以戔 黃岡庠生　王名啟 黃岡歲貢

鄒江遐 號甘叔黃岡庠生　操士望 號令聞羅田歲貢　王化龍 號棟瞻廩生

孫圻 黃岡庠生　胡塤 字次倫歲貢　王漢準 字穉聞廩生歸州學正

邵之旟 黃岡庠生　陳珽 黃岡歲貢　邵佐 黃岡庠生

王玶仁 字聲聞庠生　王琯 號崑修交河進士湖廣提學道　許錫齡 號蓼齋江都歲貢黃州知府

白琯 鐵嶺廕監黃州同知　馬懷璋 正黃旗監生黃州通判　劉澤溥 號惠庵遼東筆帖式黃岡知縣

胡奉衡 號平玉五開衛舉人黃州教授　馬常 字元白五開衛舉人黃岡教諭　孫芝瑞 號聖草江夏歲貢黃岡訓導

王祚興 山西永甯進士湖廣提學道　暢于熊 號敬修河南新鄉進士黃岡知縣　孫雲祺 潛江歲貢黃岡訓導

王繹曾宛平貢生黃州知府 張映辰錢塘進士湖北提督學院 吳玦山東歷城優生黃岡知縣
王模三臺舉人黃岡知縣 邵豐鋘號仙源山陰保舉黃岡知縣 陳文樞上元副榜黃岡知縣
閔鶚元烏程進士湖北布政使 潘振瑩陽和監生黃州知府 溫鶴立烏程進士黃岡知縣
石堪立興國舉人黃岡教諭 張觀光黃岡庠生 操正都字畿臣增生
王沛恩黃岡庠生 邵瑨 吳秉哲
靖之鎬號型若廩生 劉鋒字毓庵歲貢 王漢業字建章江夏縣學
王漢垣字衡安黃州府學 孫泰來黃岡庠生 黃鶱黃岡丁酉歲貢孝感訓導
李懷矞黃岡庠生 雍正梅元英號秀實黃岡庠生 操衮黃岡庠生
胡肯堂 王國翼 黃自芳號粹庵歲貢
邵光祚字緒延庠生 劉漸逵 蘇江瀾字道周庠生
王楙芴字文竹庠生 王世通黃岡歲貢 操永清黃岡庠生
乾隆夏克仲訓導 王元宰字階六廩生 鄒時猷黃岡庠生

夏英俊黃岡廩生 操鵬字聖峰誥封修職郎 黃元翊黃岡監生
秦同文黃岡庠生 舒學乾黃岡歲貢 舒之瓊黃岡廩生
邵昌源 黃鶴年黃岡監生 姚之紀黃岡庠生
范堯遠 黃紹懿黃岡庠生 黃士郃黃岡庠生
陳廣旃黃岡歲貢 宋治咸號小院辛酉進士仙居知縣 王基僑黃岡監生
孫廷樞黃岡監生 梅肇春號純齋黃岡增生 操履騮號舉人荆門學正
詹聞遠敕授儒林郎 嘉慶王宗華鹽提舉 熊光地黃岡監生
陶宜炳黃岡監生 孫開煥黃岡增生 程萬儀黃岡監生
王旂黃岡監生 舒光祖黃岡監生 秦勝書黃岡庠生
謝志烜黃岡歲貢 黃樹桂黃岡貢生 曹翰號尊江增生
鍾英黃岡歲貢 徐彪黃岡監生 王映珠黃岡監生
操南薰號揮五歲貢 宋廷栻黃岡監生 李怡榮黃岡監生

熊之昺廩生 洪恩瀚字崑泉副榜石屏知州 道光程萬偉監生
王運宸庠生 舒棠拔貢教諭 錢履和黃岡附貢
胡玉森號黃岡舉人 胡華潤號春畦增生孔目 胡必暢監生
程樹森號芝圃庠生 詹鈺文黃岡貢生 梅熟號玉亭增生
胡飛雄黃岡庠生孝廉方正 胡華灃黃岡增生 舒瓊樹監生
錢莆田黃岡附貢 蕭正福麻城監生 洪恩澤鎮平知縣
胡華海號涵齋增生 詹錦文職員 同治王定儀號則軒黃岡戊午舉人
操斗寅監生 錢崇蘭號湘畹舉人 胡忠翼號虞臣監生
林光地號坤圃同知銜 操廷錡號笋香庠生 程濟壬號厚甫庠生
李復號永亭廩生 光緒陶時敏號遯庵庠生 舒中炳號元直監生
梅雄飛號偉人世職 鄒耀奎號聚垣庠生 胡忠棐號篤臣庠生
徐鍾俊號彥人附貢 熊明春號熙亭監生 黃之煥號殿侯監生

左秉鈞號陶民庠生 舒鳳儀號翩生庠生 胡炎標號東垣庠生
趙元猷號灼齋廩貢 張紹江號晴舫癸酉舉人 錢儒猷號子宣丙子優貢通城教諭
梅植號書珊恩貢教諭 羅金聲號小溪乙酉舉人公安教諭 洪良耀號極三廩貢訓導
胡澤恩號顯臣庠生 林樹楠號梓臣按察司照磨 陶子符號聖弧歲貢訓導
王煜煌號星軒監生 徐國均號辰甫謄錄通判 王用霖號楚材庠生
沈蔭芝號子木一品封職

書院管理姓氏

明

隆慶元年丁卯起至萬歷四十三年乙卯止

郭慶　吳良吉　耿定理　耿定向

萬歷四十四年丙辰起至崇禎十五年壬午止

蕭繼忠

國朝

順治三年丙戌起至六年辛卯止

王士龍訓導

順治七年壬辰起至康熙三年甲辰止

王躬允知縣

康熙四年乙巳起至六年丁未止

鄒互初廪生　操之盛教諭　鄭一瀬庠生　王望雲庠生

王風釆進士

康熙七年戊申起至九年庚戌止

江封楚庠生　王以璲庠生　胡承孫廪生　胡瞧庠生

康熙十年辛亥起至十九年庚申止

操之漸庠生　王嘉烈庠生　方亮庠生　王久悦廪生

王風徽庠生

康熙二十年辛酉起至二十七年戊辰止

蘇維楨廪生　夏漢楨廪生　王友柏廪生

康熙二十八年己巳起至三十年辛未止

操日暹庠生　孫寅庠生　王友柏

康熙三十一年壬申起至三十三年甲戌止

王名啟歲貢　高一位庠生　鄒江退庠生

康熙三十四年乙亥起至三十六年丁丑止

操士望歲貢　王化龍廪生　孫圻庠生

康熙三十七年戊寅起至四十年辛巳止

胡塤歲貢　王漢準學正　邵之旗庠生

康熙四十一年壬午起至四十五年丙戌止

陳珽歲貢　邵佐庠生　王湃仁庠生

康熙四十五年丙戌起至四十七年戊子止

張覲光庠生　王名啟　操正都增生　王沛恩庠生

康熙四十八年己丑起至五十一年壬辰止

邵璿　王化龍　吳秉哲

康熙五十二年癸巳起至五十五年丙申止

靖之鎬廪生　劉鋒歲貢　王漢業廪生

康熙五十六年丁酉起至五十八年己亥止

操正都　黄鶯

康熙五十九年庚子起至六十一年壬寅止

王漢垣庠生　孫泰來庠生　李槐

雍正元年癸卯起至三年乙巳止

梅元英庠生　操衮庠生　胡肯堂

雍正四年丙午起至六年戊申止

王國翼　黄自芳歲貢　邵光祚庠生

雍正七年己酉起至九年辛亥止

劉漸逵　蘇江瀾庠生

雍正十年壬子起至十三年乙卯止

姚文鳳歲貢　王林蘇教授　操士坦庠生

雍正十三年乙卯起至乾隆二年丁巳止

王林芴庠生　操承清庠生　邵光祖拔貢　王世通歲貢

乾隆三年戊午起至五年庚申止

夏克仲訓導　王元宰庠生　鄒時獻庠生

乾隆六年辛酉起至十年乙丑止

黃自芳　夏英俊廩生　操鵬修職郎

乾隆十年乙丑起至十三年戊辰止

黃元翊監生　秦同文庠生　舒學乾歲貢

乾隆十三年戊辰春起至十六年辛未春止　以後皆春季交卸

靖必昺庠生　劉思九庠生

乾隆十六年辛未起至十九年甲戌止

操承清庠生　黃元翊　邵光祖

乾隆十九年甲戌起至二十二年丁丑止

夏英俊　舒之瓊廩生　操鵬

乾隆二十二年丁丑起至二十五年庚辰止

黃鶴年監生　操鵬

乾隆二十五年庚辰起至二十八年癸未止

王如九　王養濤副榜　王素中

乾隆二十八年癸未起至三十一年丙戌止

舒學乾　袁宗泗庠生　秦之達庠生

乾隆三十一年丙戌起至三十四年己丑止

童志煌副榜

乾隆三十四年己丑起至三十七年壬辰止

黃紹慈歲貢　操履騮學正　梅鉌昭貢生

乾隆三十七年壬辰起至四十年乙未止

涂建功　劉思九　易德據歲貢

乾隆四十年乙未起至四十三年戊戌止

姚之紀庠生　范堯遠　黃紹懿庠生

乾隆四十三年戊戌起至四十六年辛丑止

邵守乾監生　靖本諤庠生　徐士元庠生

乾隆四十六年辛丑起至四十九年甲辰止

黃士郃庠生　陳廣旃歲貢　宋治咸進士

乾隆四十九年甲辰起至五十三年戊申止

王基僑監生　孫廷樞監生　梅肇春庠生

乾隆五十三年戊申起至五十九年甲寅止

操履騮　黃紹懿　詹聞遠教授儒林郎

乾隆五十九年甲寅起至嘉慶三年戊午止

徐流濤監生　王素書監生　范懋歲貢

嘉慶三年戊午起至七年壬戌止

王宗華議敘鹽提舉　熊光第監生　李懷肅庠生

嘉慶七年壬戌起至十年乙丑止

陶宜炳監生　孫開煥增生　程萬儀監生

嘉慶十年乙丑起至十三年戊辰止

王旂監生　舒光祖監生　秦勝書庠生

嘉慶十三年戊辰起至十六年辛未止

謝志烜歲貢　黃樹桂貢生　曹翰增生

嘉慶十六年辛未起至十九年甲戌止

鍾　英歲貢　徐　彪布政司理問　王映珠監生
嘉慶十九年甲戌起至二十二年丁丑止
李懷翥　操南薰歲貢　宋廷栻監生
嘉慶二十二年丁丑起至二十五年庚辰止
李怡榮監生　熊之昺廩生　洪恩瀚知州
嘉慶二十五年庚辰起至道光六年丙戌止
程萬偉監生　王運宸庠生　舒　棠教諭
道光六年丙戌起至九年己丑止
錢履和貢生　胡玉森舉人　胡華潤增貢
道光九年己丑起至十二年壬辰止
王大玉增生　徐鴻漸庠生　王景岡監生
道光十二年壬辰起至十五年乙未止

胡必暢監生　程樹森庠生　詹鈺文貢生
道光十五年乙未起至十八年戊戌止
熊之昱庠生　洪恩峻貢生　徐光岳貢生
道光十八年戊戌起至二十一年辛丑止
梅　熟增生　孫開燠增生　操南薰
道光二十二年壬寅起至二十五年乙巳止
胡飛雄孝廉方正　胡華澧庠生　舒瓊樹監生
道光二十五年乙巳起至二十八年戊申止
錢莆田附貢　蕭正福麻邑監生　洪恩澤廣東鎮平知縣
道光二十八年戊申起至咸豐元年辛亥止
李開善副榜　舒可受監生　黃之瑀監生
咸豐元年辛亥起至同治三年甲子止

程樹森庠生　胡華海庠生　詹錦文職員
同治三年甲子起至七年戊辰止
王定儀舉人　操斗寅監生
同治七年戊辰起至十年辛未止
錢崇藺湘畹舉人　胡忠翼虞臣監生　林光地坤圖同知銜
同治十年辛未起至十三年甲戌止
操廷鈞筍香庠生　程濟壬厚甫庠生　李　復永亭廩生
同治十三年甲戌起至光緒三年丁丑止
陶時敏遜菴庠生　舒中炳元直監生　梅雄飛偉人世職
光緒三年丁丑起至六年庚辰止
鄒耀奎聚垣庠生　胡忠棐篤臣布政司理問　徐鍾俊彥人附貢
光緒六年庚辰起至十年甲申止

熊明春熙亭監生　黃之煥殿侯職員　左秉鈞陶民庠生
光緒十年甲申起至十三年丁亥止
舒鳳儀翙生庠生　胡炎標東垣庠生　趙元猷灼齋廩貢
光緒十三年丁亥起至十六年庚寅止
張紹江琴舫舉人　錢儒猷子宜優貢　梅　植書山恩貢
光緒十六年庚寅起至十九年癸巳止
羅金聲筱溪舉人　洪艮耀極三廩貢候選訓導　胡澤恩黼臣庠生
光緒十九年癸巳起至二十二年丙申止
林樹楠梓臣按察司照磨　陶子符聖弧歲貢
光緒二十二年丙申起至二十五年己亥止
左秉鈞　王煜煌星軒監生　徐鍾俊
光緒二十五年己亥起至二十八年壬寅止

靖應瑨時帆監生　胡　驥金門監生　張培慶月三庠生

光緒二十八年壬寅起至三十一年乙巳止

徐國均辰輔國史館漢謄錄候選通判　王用霖楚材附貢候選訓導　沈蔭芝子木一品封職

祀典
樂器圖礼樂總圖樂章舞譜祭品儀注祝文釋奠姓氏

講學
源流學規講說會課講學姓氏會課姓氏

問津院志卷之三

祀典總數
釋奠　祭期　禮器圖　樂器圖　禮樂總圖　禮樂器
樂章　舞譜　祭品　儀注　祝文　執事　釋
奠姓氏　贊禮生附

漢高祖過魯以太牢祀孔子爲釋奠

先聖之權輿自唐宋元明迄

國朝詔各直省郡縣城立文廟於仲春仲秋釋菜勑鄉邑勿修

祀惟瀆也問津爲過化地立廟塑像官紳致祭數百年於茲

矣兩廡以仲子朱子配饗以有功茲廟諸儒從祀每屆春秋

季望延賓主僭邑中文人學士百數十里冠履輿馬駿奔來

廟者踵相接也齋戒沐浴竭誠盡敬雞鳴而祭清穆肅雝鐘

鼓嘈哤衣裳綷縩洋洋乎如在其上如在其左右噫盛矣哉

志祀典

釋奠

書院主奠例由理事生及近地耆宿筮卜或郡守丞倅縣令學博諸印官或齒德位俱尊諸鄉官如守令印官主祭則選鄉官尊賓陪祀如鄉官尊賓主祭則以鄉官次賓陪祀

祭期

書院祭期向用春秋二仲月上丁至康熙十五年郡守于成龍親行釋奠謂與學宮丁祭相妨公議自後筮賓酌改春秋季望春以三月十五日釋奠秋以九月十五日釋奠光緒十四年復議與祭人等先期入院齋宿質明行事永爲定例

禮器圖

簠　數百五

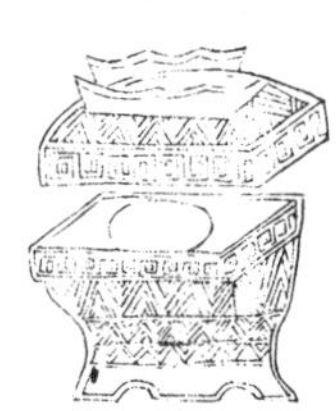

通蓋重一十三斤高七寸深一寸闊八寸一分腹徑長一尺一寸

簋　數百十五

通蓋重九斤高六寸七分深二寸八分闊五寸腹徑長七尺九分

犧尊　數六

重九斤一十兩通足高六寸一分徑二寸四分頭去足高八寸二分耳高二寸一分五蓋闊八分五蓋深二寸七分

象尊　數八

重一十斤通足高六寸八分口徑一寸八分耳闊一寸二分長一寸九分深四寸九分

太尊　數二

通足高八寸一分口徑五寸七分腹徑六寸一分足徑三寸八分深六寸五分

山尊　數二

重六斤四兩高九寸八分五蓋口徑六寸七分五蓋深七寸五分

壺尊　數六

重四斤一兩二錢高八寸四分口徑四寸五分腹徑六寸深七寸一分

著尊　數二

重四斤十兩高八寸四分五蓋口徑四寸三分腹徑六寸二分深八寸二分

罍

數二

重一十二斤通高一尺口徑八寸四分深七寸二分足徑七寸九分

洗

數二

重八斤八兩通足高五寸七分口徑一尺三寸六分深二寸九分

爵

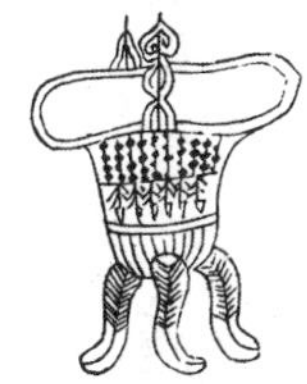

數一百一十六

重一斤八兩通柱八寸三分深三寸三分口徑長六寸二分闊二寸九分兩柱三足有旋有鋬

坫

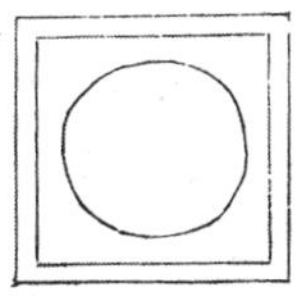

數二十八

置爵承尊皆用之重二斤九兩縱廣九寸二分措諸地而平正

勺

數二十八

重一斤口闊二寸一分深一寸一分柄長一尺二寸九分

豆

數二百四十八

並蓋重四斤一十兩高廣如籩

籩

數二百四十八

口徑四寸九分通足高五寸九分足徑闊五寸一分上深一寸四分

登

數六

高一尺四寸

俎

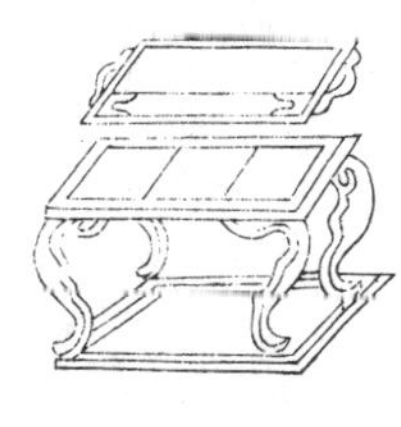

數一百三十三

俎形如古几兩端朱漆中央黑長一尺八寸闊八寸高八寸五分用以載牲體

籩巾

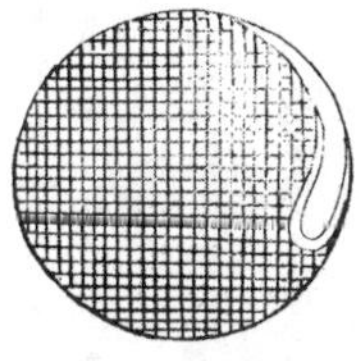

數二百四十八

籩口以竹爲匡而絺冒焉圓幅玄被纁裏用以覆尊

篚

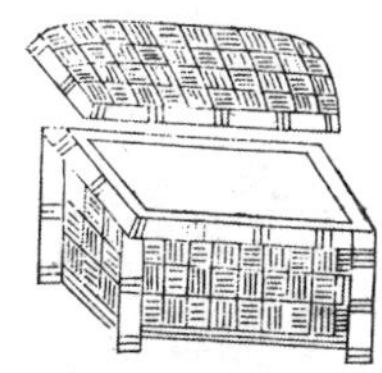

數二十

篚形制狹長而方通足高五寸長二尺八分闊五寸二分深四寸蓋深二寸八分用以盛帛

龍羃

以絳帛方幅爲之中畫雲龍兩旁畫文彩四角各綴以金錢用以覆尊縱橫二尺二寸兩廡用青羃

鉶

數四十二

範金爲之下有三足口有兩耳上覆以蓋蓋施三紐通高一尺三寸口徑八寸一分腹徑一尺一分用以盛和羹

尊羃

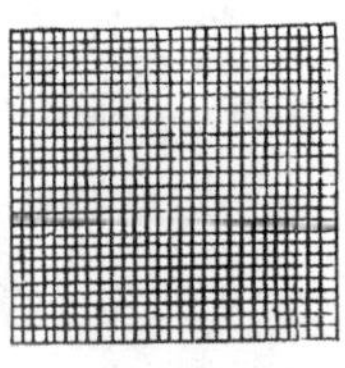

數二十八

以布爲之縱橫二尺二寸用以覆尊

雲雷尊

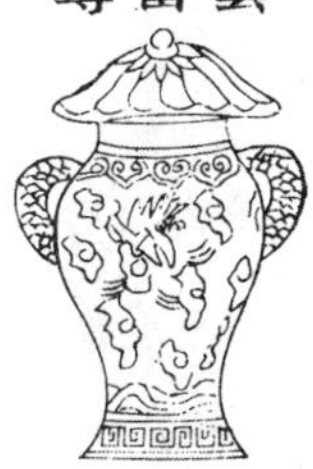

數二

範金爲之紐以蟠首腹刻雲雷回旋之狀尺寸無攷用以貯初獻酒

盥盤架

以木爲之繪以彩色髹以朱漆

燭臺

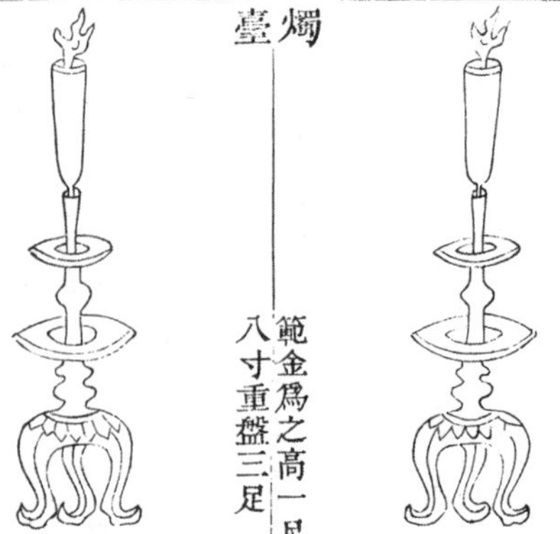

範金爲之高一尺八寸重盤三足

帨巾

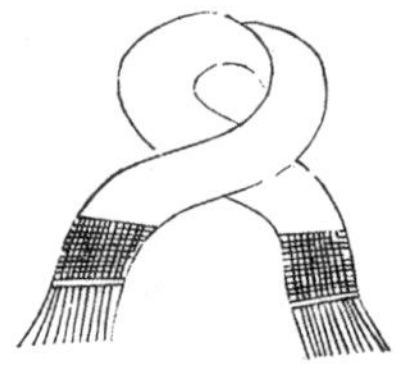

白布爲之長短隨宜獻官盥卒拭手

盥盤

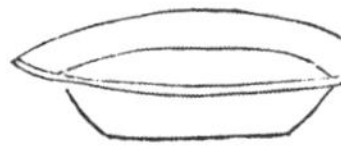

範金爲之盛水盥洗

鼎

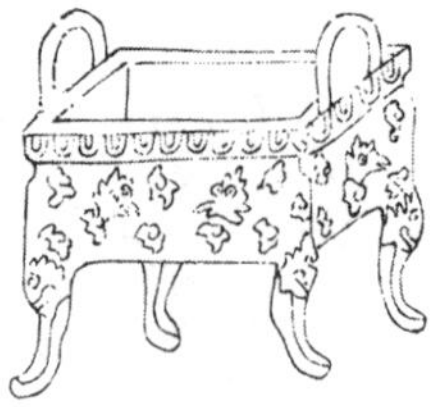

範金爲之高一尺八寸縱一尺六寸橫一尺二寸兩耳四足徧體飾以雲雷用以焚香

祝版

數二

以木爲之高九寸闊一尺二寸臨祭用白紙書祝文粘版上祭畢揭而焚之

樂器圖

麾旛

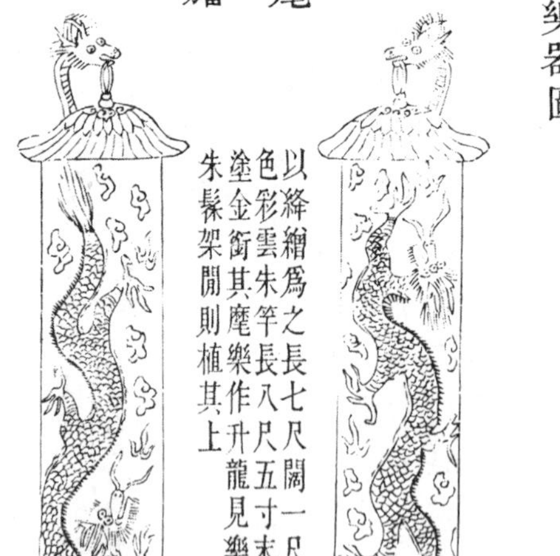

以絳繒爲之長七尺闊一尺一寸繪五色彩雲朱竿長八尺五寸末施銅龍首塗金銜其麾樂作升龍見樂止降龍見朱髹架開則植其上

應鼓

以木爲身高二尺五寸面闊四尺二寸兩旁四銅環中以柱穿頂方蓋篠以黃羅鎖金雲花繪雙簷四角爲龍首銜九旒蘇下綴絲結刻狻猊四於趺各向外

龍笛

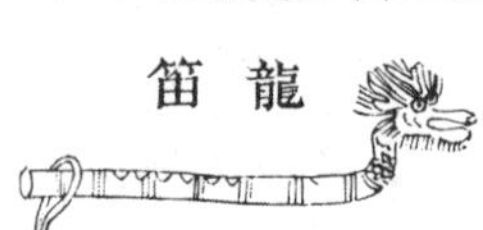

紫竹爲之長一尺四寸七孔上一大孔徑三分吹竅也橫而吹之下六孔各徑二分以金飾龍首末垂以紅絨絲結

鼗鼓

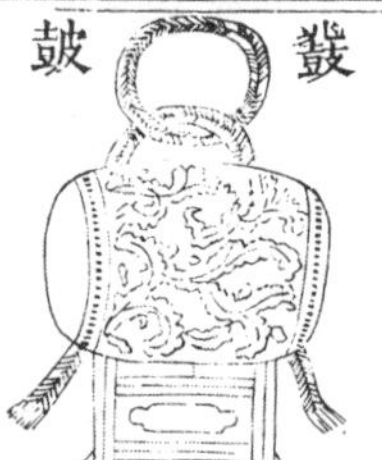

面闊四寸四分高一尺三寸面繪雲彩身繪花上有二環繫以紅絨絲以朱漆架駕之

洞簫

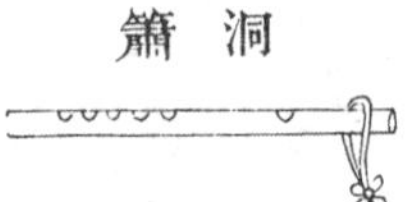

紫竹爲之長一尺九寸五分前五孔後一孔各徑二分口開半竅名山口直而吹之垂以紅絨絲結

問津院志 卷之三 祀典 樂器圖 七

搏拊

以韋為之中實
以糠形如小鼓

敔

籈

木刻為伏虎背
刻二十七鉏鋙
戛之成聲

柷

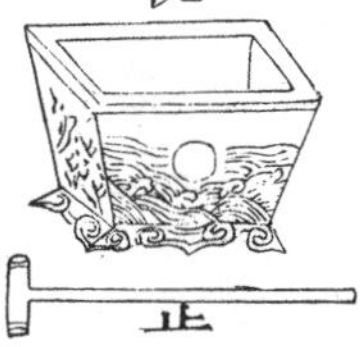

止

木桶中虛有椎
柄動而擊其旁
深一尺八寸方
二尺四寸

編磬

以石為之數
十六八音而
倍之也橫簨
植上刻如齒
形曰崇牙足
為鳥形

編鐘

鑄銅為之形
如筒簨虡製
同編磬足刻
獸形

鳳簫

大者二十四管
無底小者十六
管有底狀如鳳
翅其聲鳳聲

笙

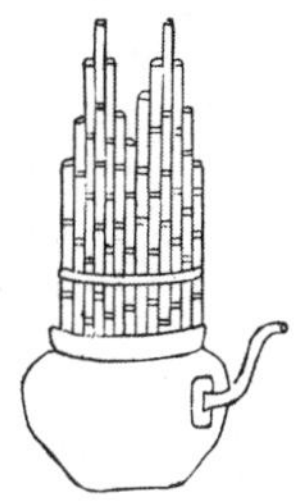

以匏為母
植管其中
大者十九
簧小者十
三簧曰巢
笙者象管
在匏有巢
象

琴

長三尺六寸六分
象朞之日廣六寸
象六合初五絃象
五行文武增二絃
故七

問津院志 卷之三 祀典 樂器圖 八

瑟

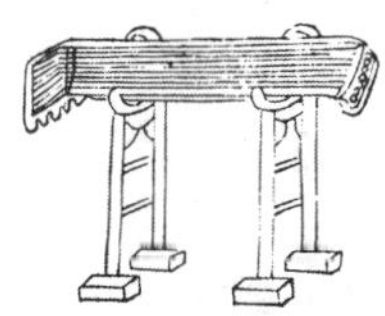

雅瑟長八尺一
寸廣一尺八寸
三十三絃頌瑟
長七尺二分

塤

狀如稱錘以土
為之大成樂書
云塤篪皆六孔
以五取聲其聲
相應

篪

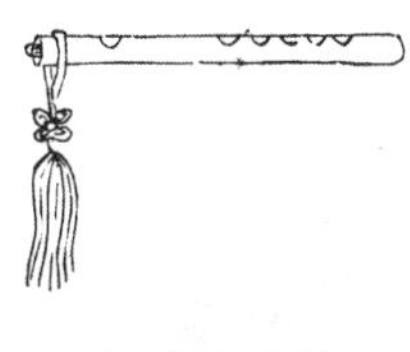

以竹為之長一
尺四寸圍五寸
三分上一大孔
徑三分橫而左
吹

管

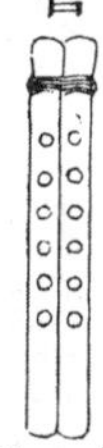

截竹為之以銅
絲紐荻於頭長
一尺二寸六孔
並兩而吹之

旌

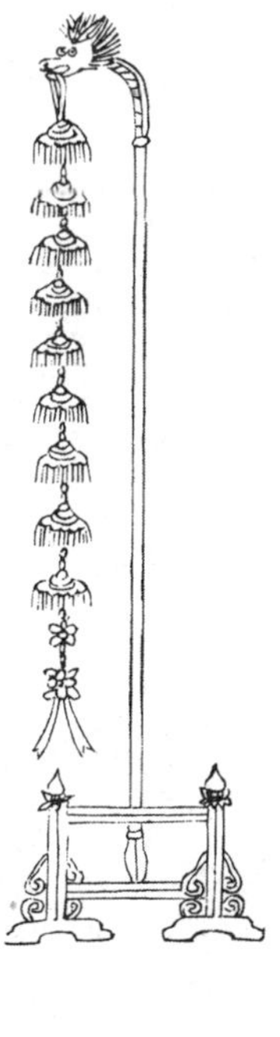

簇紅纓為之加塗金銅雲寶蓋於其上又用綠斜皮刻
花為蓋覆纓上其頂處用皮金綠為七層長七尺貫以
紅絨係下綴以結竿長八尺五寸朱髹上安塗金銅龍
首口銜寶蓋下垂紅纓舞執前導舞止各植東西架上

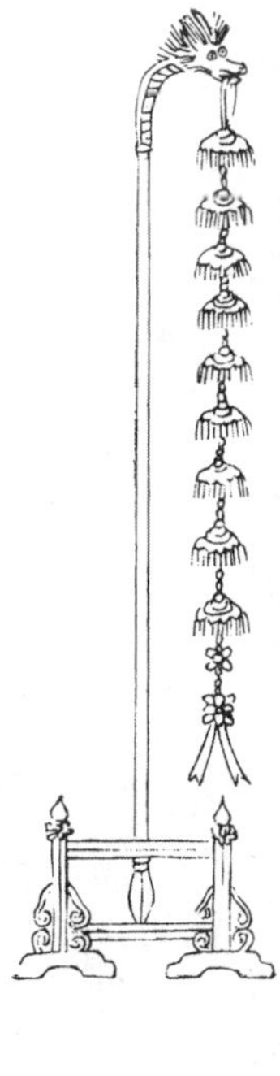

禮器總圖　殿內陳設

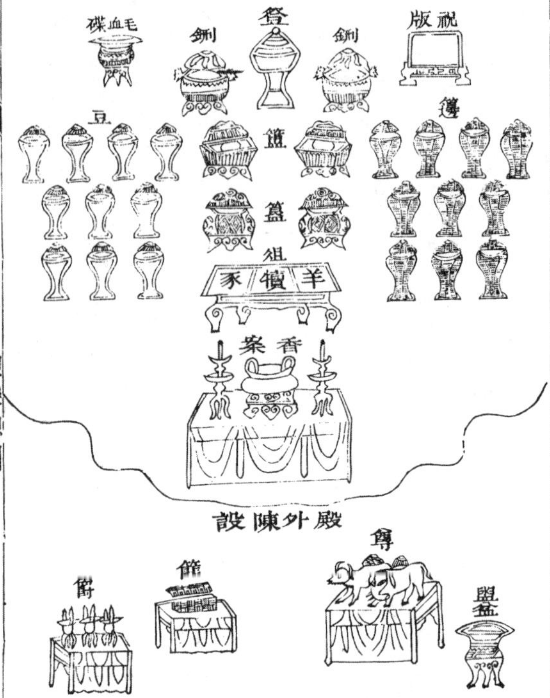

問津院志　卷之三　祀典　禮樂總圖　九

殿內樂器總圖

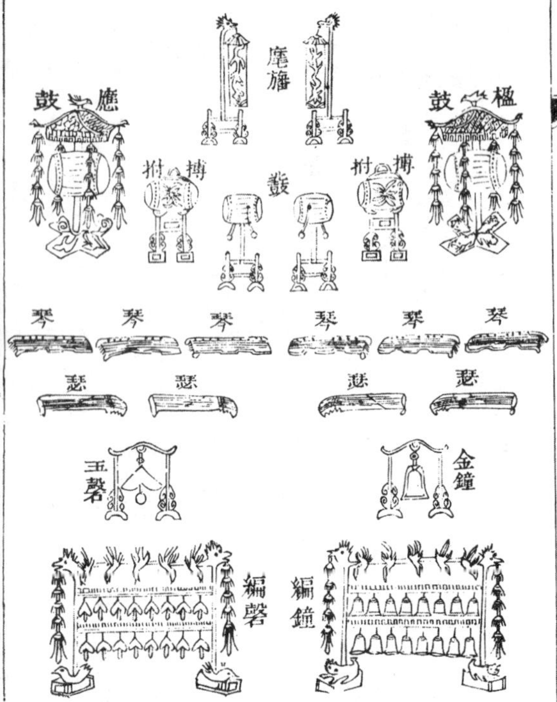

殿外樂器舞器總圖

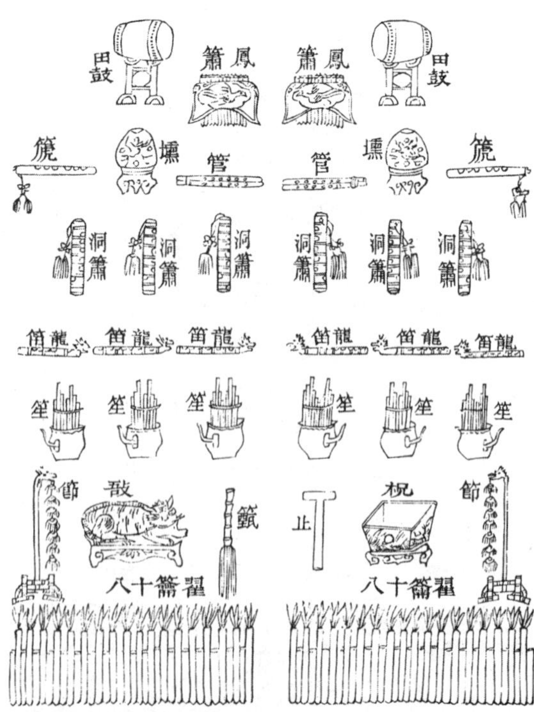

問津院志　卷之　祀典　樂舞總圖　十

樂器總數

麾二（爲作樂止樂之節）鎛鐘二（夾鐘南呂）編鐘一（十六枚）特磬二（夾鐘南呂）編磬一（十六枚）琴六瑟六排簫二架鳳簫六（仲呂姑洗）笛六（仲呂姑洗）篪四（姑洗仲呂）笙六（大笙六小笙）壎二（黃鐘大呂）應鼓一搏拊二柷一敔一（用以止樂）木笏六

舞器總數

旌節二（用以節舞）籥三十六羽三十六

樂章

萬禮樂志遵用乾隆時所頒（其樂曲考云孔廟釋奠舊無專祀之樂至隋文帝始創立樂章特用咸夏唐樂以和名有誠和永和肅和雍和舒和豐和宣和諸曲宋樂以安名有永安盥安同安吅安成安豐安綏安文安娛安諸曲元初襲宋曲後以明名有文明昭明景明德明誠明靈明慶明諸曲明代復易明爲和有咸和盥和安和景和諸曲國初釋奠用明代樂章自迎神奠帛以迄初亞終獻皆仍舊曲惟易徹饌之咸和爲宣和送神之咸和爲祥

和於望瘞兼奏祥和爲小異康熙五十五年始易諸曲爲平字至乾隆九年復頒行咸平寍平安平景平諸曲於天下學宮命樂生按譜肄習茲更謹遵同治間重刊

欽定書備錄於左

欽定文廟樂譜　春夾鐘清商立宮倍應鐘清變宮主調

迎神昭平

簫譜　壎篪排簫編鐘編磬同

大伬哉仉孔仸子伍　先伬覺仩先伍知仸　與仉天仸地仩參伍　萬伬世仩之伍師伍

祥伍徵仩麟仉紱仸　韻仉答仩金伬絲仩　日仉月仸既伬揭伍　乾仉坤仸清伬夷伬

奠帛初獻宣平

予伬懷仉明仸德伍　玉仩振仉金伬聲仩　生仸民仉未仩有伍　展仉也仸大伍成仸

俎伍豆仩千伬古伍　春仸秋仸上伍丁仸　清伬酒仩既仉載伬　其仉香仸始仉升伬

亞獻秩平

式伬禮仉莫仸愆伍　升仩堂伍再仉獻伬　響仩協伍蕤仉鏞仸　誠伍孚仩罍伍甗伬

肅伍肅伍雍仸雍仸　譽仉髦伬斯仩彥伬　禮仩陶伍樂仉淑仸　相伍觀仸而仉善伬

終獻敘平

自伬古仉在伍昔仸　先仩民伍有仉作仸　皮伍弁仩祭仉菜伬　於仩論伍思仸樂仉

惟伍天仩牖伬民伍　惟仉聖仩時仉若仸　彝伍倫伍攸仩敘伬　至仩今伍木仉鐸伬

徹饌懿平

先伬師仉有仸言伍　祭伬則仩受伬福伍　四仉海伬黌伍宮仩　疇仉敢仸不仉肅伬

禮伍成仩告伬徹伍　毋仉疏仸毋仉瀆伬　樂伍所仩自仉生伬　中伍原仸有仉菽伬

送神德平

鳧伬繹仉峩仸峩伍　洙仩泗伬洋仉洋仸　景仩行伍行伍止仩　流仉澤仸無伍疆仸

聿伍昭仩祀仉事伬　祀伬事仩孔仸明仸　化伬我伍蒸伬民仩　育仉我仸膠仉庠伬

迎神昭平

笛譜　笙同

大仸哉亿孔仩子伬　先仸覺仉先伬知仩　與亿天仩地仉參伬　萬仸世仉之伬師伬

祥伬徵仉麟亿紱仩　韻亿答仉金仸絲仉　日亿月仩既仸揭伬　乾亿坤仩清亿夷仸

奠帛初獻宣平

予仸懷亿明仩德伬　玉仉振亿金仸聲仉　生仩民亿未仉有伬　展亿也仩大伬成仩

俎伬豆仉千仸古伬　春仩秋仩上伬丁仩　清仸酒仉既亿載仸　其亿香仩始亿升仸

亞獻秩平

式仸禮亿莫仩愆伬　升仉堂伬再亿獻仸　響仉協伬蕤亿鏞仩　誠伬孚仉罍伬甗仸

肅伬肅伬雍仩雍仩　譽仉髦仸斯仉彥仸　禮仉陶伬樂亿淑仩　相伬觀仩而亿善仸

終獻敘平

自仸古亿在伬昔仩　先仉民伬有亿作仩　皮伬弁仉祭亿菜仸　於仉論伬思仩樂亿

惟伬天仉牖仸民伬　惟亿聖仉時亿若仩　彝伬倫伬攸仉敘仸　至仉今伬木亿鐸仸

徹饌懿平

先仸師亿有仩言伬　祭仸則仉受仸福伬　四亿海仸黌伬宮仉　疇亿敢仩不亿肅仸

禮伬成仉告仸徹伬　毋亿疏仩毋亿瀆仸　樂伬所仉自亿生仸　中仉原仩有亿菽仸

送神德平

鳧仸繹亿峩仩峩伬　洙仉泗仸洋亿洋仩　景仉行伬行伬止仉　流亿澤仩無伬疆仩

聿伬昭仉祀亿事仸　祀仸事仉孔亿明仩　化仸我伬蒸仸民仉　育亿我仩膠亿庠仸

迎神昭平

琴瑟譜

大芍蜀哉芍蜀孔芍蜀子荀蜀　先茵蜀覺菿蠲先荀蜀知芍蜀

與芍蜀天芍蜀地芍蜀參荀蜀　萬芭蜀世菿蠲之荀蜀師荀蜀

祥荀蜀徵芍蠲麟芍蜀紱芍蜀　韻芍蜀答菿蠲金芭蜀絲菿蠲

日芍蜀月芍蜀既芭蜀揭荀蜀　乾芍蜀坤芍蜀清芍蜀夷芍蜀

奠帛初獻宣平

予芍蜀懷芍蜀明芍蜀德茼蜀　玉芍蜀振芍蜀金芭蜀聲芍蜀

生芍蜀民芍蜀未芍蜀有茼蜀　展芍蜀也芍蜀大茼蜀成芍蜀

俎茼蜀豆芍蜀干芭蜀古茼蜀　春芍蜀秋芍蜀上茼蜀丁芍蜀

清芭蜀酒芍蜀旣芍蜀載芭蜀　其芍蜀香芍蜀始芍蜀升芍蜀

亞獻秩平

式芍蜀禮芍蜀莫芍蜀愆茼蜀　升芍蜀堂茼蜀再芍蜀獻芭蜀

響芍蜀協茼蜀鼗芍蜀鏞芍蜀　誠茼蜀孚芍蜀罍茼蜀甗芭蜀

肅茼蜀肅茼蜀雍芍蜀雍芍蜀　譽芍蜀髦芭蜀斯芍蜀彥芭蜀

禮芍蜀陶茼蜀樂芍蜀淑芍蜀　相茼蜀觀芍蜀而芍蜀善芍蜀

終獻敘平

自芍蜀古芍蜀在茼蜀昔芍蜀　先芍蜀民茼蜀有芍蜀作芍蜀

皮茼蜀弁芍蜀祭芍蜀菜芭蜀　於茼蜀論茼蜀思芍蜀樂芍蜀

惟茼蜀天茼蜀牖芭蜀民茼蜀　惟芍蜀聖茼蜀時芍蜀若芍蜀

彝茼蜀倫茼蜀攸芍蜀敘芭蜀　至芍蜀今茼蜀木芍蜀鐸芍蜀

徹饌懿平

先芍蜀師芍蜀有芍蜀言茼蜀　祭芭蜀則茼蜀受芭蜀福茼蜀

四芍蜀海芭蜀黌茼蜀宮芍蜀　疇芍蜀敢芍蜀不芍蜀肅芭蜀

禮茼蜀成茼蜀告芭蜀徹茼蜀　毋芍蜀疏芍蜀毋芍蜀瀆芭蜀

樂茼蜀所芍蜀自芍蜀生芭蜀　中茼蜀原芍蜀有芍蜀菽芍蜀

送神德平

鳧芍蜀繹芍蜀峩芍蜀峩茼蜀　洙芍蜀泗芭蜀洋芍蜀洋芍蜀

景芍蜀行茼蜀行茼蜀止芍蜀　流芍蜀澤芍蜀無茼蜀疆芍蜀

聿茼蜀昭芍蜀祀芍蜀事芭蜀　祀芭蜀事芍蜀孔芍蜀明芍蜀

化芭蜀我茼蜀蒸芭蜀民芍蜀　育芍蜀我芍蜀膠芍蜀庠芍蜀

欽定文廟樂譜　秋南呂徵清立宮仲呂角清主調

迎神昭平

簫譜　塤箎排簫編鐘編磬同

大伕哉亿孔仩子伬　先伕覺仉先伬知仩　與亿天仩地仉參伬　萬伕世仉之伬師伬

祥伬徵仉麟亿紱仩　韶亿答仉金伕絲仉　日亿月仩旣伕揭伬　乾亿坤仩清亿夷伕

奠帛初獻宣平

予伕懷仉明伬德伬　玉仉振亿金伕聲仉　生仩民亿未仉有伬　展亿也仩大伬成仩

俎伬豆仉干伕古伬　春仩秋亿上仩丁仩　清伕酒仉旣亿載伬　其亿香亿始仩升仩

亞獻秩平

式伕禮亿莫仩愆仩　升仉堂伬再亿獻伕　響仉協伬鼗亿鏞仩　誠伬孚仉罍伬甗伕

肅伬肅伬雍仩雍仩　譽亿髦伕斯仉彥伕　禮仉陶伬樂仩淑仩　相仉觀仩而亿善伕

終獻敘平

自伕古伬在仉昔伬　先仉民伬有亿作仩　皮伬弁仉祭亿菜伕　於仉論伬思仩樂亿

惟伬天伬牖伕民伬　惟亿聖仩時伬若仩　彝伕倫仉攸伬敘伕　至伬今伬木伕鐸伕

徹饌懿平

先伕師亿有仩言伬　祭伕則仉受伕福伬　四亿海伕黌伬宮仉　疇亿敢仩不亿肅伕

禮伬成伬告伕徹伬　毋亿疏仩毋伬瀆伕　樂伬所伬自亿生伕　中伬原仩有亿菽伕

送神德平

鳧伕繹亿峩仩峩伬　洙伬泗伕洋亿洋仩　景仉行伬行伬止仉　流亿澤仩無伬疆仩

聿伬昭伬祀亿事伕　祀伕事伬孔亿明仩　化伕我伬蒸伕民仉　育亿我仩膠亿庠伕

迎神昭平

笛譜　笙同

大仩哉仩子伕孔仉　先仩覺亿先伕知仉　與仜天仉地亿參伕　萬仩世亿之伕師伕

祥徵麟紱　韻答金絲　日月既揭　乾坤清夷

奠帛初獻宣平

予懷明德　玉振金聲　生民未有　展也大成

俎豆千古　春秋上丁　清酒既載　其香始升

亞獻秩平

式禮莫愆　升堂再獻　響協鼗鏞　誠孚罍甗

肅肅雍雍　譽髦斯彥　禮陶樂淑　相觀而善

終獻敘平

自古在昔　先民有作　皮弁祭菜　於論思樂

惟天牖民　惟聖時若　彝倫攸敘　至今木鐸

徹饌懿平

先師有言　祭則受福　四海黌宮　疇敢不肅

禮成告徹　毋疏毋瀆　樂所自生　中原有菽

送神德平

鳧繹峩峩　洙泗洋洋　景行行止　流澤無疆

聿昭祀事　祀事孔明　化我蒸民　育我膠庠

迎神昭平

琴瑟譜

大哉孔子　先覺先知

與天地參　萬世之師

祥徵麟紱　韻答金絲

日月既揭　乾坤清夷

奠帛初獻宣平

予懷明德　玉振金聲

生民未有　展也大成

俎豆千古　春秋上丁

清酒既載　其香始升

亞獻秩平

式禮莫愆　升堂再獻

響協鼗鏞　誠孚罍甗

肅肅雍雍　譽髦斯彥

禮陶樂淑　相觀而善

終獻敘平

自古在昔　先民有作

皮弁祭菜　於論思樂

惟天牖民　惟聖時若

彝倫攸敘　至今木鐸

徹饌懿平

先師有言　祭則受福

四海黌宮　疇敢不肅

禮成告徹　毋疏毋瀆

樂所自生　中原有菽

送神德平

鳧繹峩峩　洙泗洋洋

景行行止　流澤無疆

聿昭祀事　祀事孔明

化我蒸民　育我膠庠

欽頒文廟鼓譜

轉班鼓譜凡十有三節○者右手擊口者左手擊△者擊鼓㩼

初一節△△○二節△△○　三節△△○○

再一節口○　二節三節同上

中一節口○○二節三節同上

末一節口○口○○二節三節同上

終節○○

節樂鼓譜

○○○○○○○○○○○

○者應鼓也○○者搏拊鼓也每句畢振磬後擊應鼓一聲搏拊左右各應之三應後擊鏞以起下句

歌　自上而下漸低漸濁漸巨　歌

五六凡工尺上一四合口

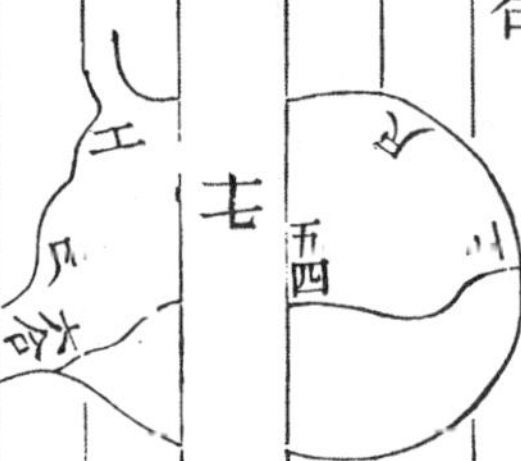

譜　自下而上漸高漸清漸細　譜

欽頒文廟舞容譜式通行直省府州縣學與闕里並同繪圖詳譜式茲不備繪謹節錄譜註

初起樂就班東西各十八人三成前拱立東西俱北面爲正立東佾西面西佾東面爲向內東佾東面西佾西面爲向外三成舞容各譜春秋二仲釋奠並同

第一成

予正立羽籥植　懷身作向內勢兩足句後面轉向外籥指內羽植如十字

明正立兩手微拱羽籥如十字　德正立籥植近肩羽平衡如十字

玉向西手微側右足進前籥平指西羽斜舉　振身俯向東面轉向西兩手伸出羽籥斜交

金正面身微蹲籥斜舉羽植　聲向內身俯兩足並羽籥植地

生外向兩足並籥植羽倒指內少垂　民向內籥斜指羽植

未正立面向外兩手相並推向內羽籥植　有正立籥平舉過肩羽植

展內向兩足並籥內指羽植　也外向面仰兩手推出羽籥斜舉

大身微向外兩手推向外羽籥並植　成正面身微蹲羽籥如十字

俎向內身俯內足進前籥斜指下羽植　豆外向籥下垂右手伸出羽植

千正立籥斜舉羽植　古身微向外羽籥偏外如十字

春正面身微蹲籥植過肩羽平額交如十字　秋內向兩手伸出羽籥植

上正立籥平衡羽植籥上　丁正立籥植居中羽衡籥上

清內向兩足並籥內指羽植如十字　酒身俯向外外足進前趾向上羽籥斜交

既正立籥平衡羽斜指東　載正立身俯籥平衡羽居中植籥上

其正立左手伸出籥斜舉羽植近左肩　香正面左足虛立籥衡膝上羽植

始正立俯首羽籥如十字　升正立兩手高拱過額羽籥如十字

第二成

式正面身微蹲兩手並羽籥植　禮內向內足虛立籥斜倚膝羽植

莫外向身微俯面微仰籥高舉斜指外羽植　愆內向起內足兩手相並推向外羽籥植

升正立羽籥如十字　堂正面右足句後兩手高舉羽籥斜交

再身微蹲面向東籥植近肩羽衡膝上　獻身微蹲面向西羽植近肩籥衡膝上

響正立羽籥向下斜交　協正面身向內外足進前內趾虛立羽籥並植

鼗正面身向內外足進前外趾虛立羽籥並植　鏞正立籥植羽倒指東

誠身俯向西面側向東籥平指羽植如十字　孚正立首微俯羽籥植

罍正面起左足籥高舉羽植　甗正立籥植過肩羽平額交如十字

肅內向手微俯兩足並羽籥如十字　肅俯身偏外起外足羽籥如十字

雝正立兩手伸出羽籥並植　雝內向籥斜指內羽植籥上

譽正立籥平舉右手微伸出羽植　髦正立左手伸出籥平舉羽植近左肩

斯正面起右足羽高舉籥植　彥正立籥植居中羽衡籥下

禮　身微向東右足進前　羽倚肩籥平指東

樂　身微向西左足進前　籥倚肩羽平指西

相　正立羽　籥斜交

而　正面身微向東　籥下垂羽倚肩

第三成

自　正立籥下　垂羽植

在　正面身微蹲兩手　推向內羽籥植

先　正面右足交於　左羽籥如十字

有　向東身俯右足進　前籥下垂羽植地

皮　正面左足句後籥　斜舉過肩羽植

祭　正面屈右足羽　籥偏左如十字

於　內向兩手相並　羽籥斜指內

思　向內身俯起內　足籥衡斜羽植

惟　正面屈左足羽　籥偏右如十字

牖　正立羽籥向　右斜倚肩

惟　正立籥平　衡羽高舉

時　外向籥平指外　羽植如十字

彝　外向籥平　指外羽植

攸　正立身俯籥　斜植地羽植

至　正面屈左足　羽籥如十字

木　正面屈雙　足羽籥植

陶　正面身作向東勢兩手　高舉羽籥推向東並植

淑　正面身作向西勢兩手　高舉羽籥推向西並植

觀　仰面向內兩足　並羽籥如十字

善　身俯面微仰向內抱內　膝羽籥斜交如十字

古　向外身俯兩足　並羽籥斜交

昔　外向起外　足羽籥植

民　向西身俯左足進　前籥下垂羽植地

作　正立籥平衡羽　植居右如十字

弁　正面屈右足左足伸出趾　向上籥平舉羽植居中

菜　正立身俯　羽籥植地

論　正面身作向外勢兩手　高舉羽籥斜交偏外

樂　正立籥下垂衡　斜羽植籥上

天　正面屈左足右足伸出趾向　上籥下垂衡斜羽斜舉過肩

民　正立羽籥向　左斜倚肩

聖　仰面向內籥平　指羽植如十字

若　正立身俯羽　籥如十字

倫　正立羽籥偏　內如十字

敘　正立兩手相　交羽籥並植

今　正面屈雙足籥　平衡羽植居右

鐸　俯首至地羽　籥如十字

陳設祭品

帛置爵案

白餅　黑餅

榛　菱　芡　醓

形鹽　稾魚　棗

羊

燭　燭　燭

先聖前

爵　和羹

帛　爵　太羹

爵　和羹

黍　稻

稷　粱

香

豕

燭　燭　燭

韭菹　醓醢　菁菹　鹿脯

芹菹　兎醢　筍菹　魚醢

脾析　豚胎

讀祝案

先賢子仲子前

栗　鹿脯

形鹽　棗

爵

爵　黍　燭

羊

燭

帛　爵　和羹

香

爵

爵　稷　燭

豕

燭

菁菹　鹿醢

芹菹　兎醢

饌盤

先賢子朱子前

爵　爵　帛爵和羹　爵　爵

栗　鹿脯　形鹽　棗　黍　燭　稷　燭

菁菹　鹿醢　芹菹　兎醢

羊　燭　香　豕　燭　饌盤

龍耿黃蕭諸儒前

爵　爵　和羹　爵

栗　鹿脯　形鹽　棗　黍　燭　稷　燭

菁菹　鹿醢　芹菹　兎醢

羊　燭　帛　香　豕　燭

省牲儀注

聖前一揖（擊鼓三通用引贊二人）詣省牲所　省牲一揖　禮畢

禋祀

至聖先師儀注

起鼓（遍焚香燭）鼓初嚴　鼓再嚴（各執事序立丹墀兩旁）鼓三嚴（引贊引獻官儀門候）執事者各執其事　陪祭者就位　獻官就位　瘞毛血（捧毛血盤由中門出）

迎

神（鐘鼓齊鳴）跪（小）　叩首　叩首　三叩首　興　跪（小）　叩首　叩首　六叩首　興　跪（小）　叩首　叩首　九叩首　興　平身　行初獻禮（小）　詣盥洗所　濯水　淨巾　詣酒尊所　司尊者舉冪酌酒　詣

至聖先師孔子神位前　跪　上香（小）　初上香　亞上香　三

上香　獻帛（捧帛者由中門入）（小）　初獻帛　亞獻帛　三獻帛　獻爵（捧爵者由中門入）（小）　初獻爵　獻饌（小）　全獻饌　祝者升　跪　讀祝文　祝者興（小）　叩首　叩首　三叩首　興　平身　復位　行亞獻禮（小）　詣酒尊所　司尊者舉冪酌酒　詣

至聖先師孔子神位前　跪　獻爵（小）　亞獻爵（小）　叩首　叩首　三叩首　興　平身　復位　行三獻禮（小）　詣酒尊所　司尊者舉冪酌酒　詣

至聖先師孔子神位前　跪　獻爵（小）　三獻爵（小）　叩首　叩首　三叩首　興　平身　飲福受胙（小）　詣飲福受胙位　跪　飲福酒　受胙（小）　叩首　叩首　三叩首　興　平身　復位　跪（小）　叩首　叩首　三叩首　興　跪（小）　叩

首 叩首 六叩首 興 跪小 叩首 叩首 九叩首

興 平身 送

神 徹饌 讀祝者捧祝 司爵者捧爵俱出中門出 同詣燎所

望燎 焚帛 焚祝文 禮畢

子仲子神位前儀注

起鼓 就位 迎

神 跪小 叩首 叩首 三叩首 興 跪小 叩首 叩

首 六叩首 興 平身 行全獻禮小 詣

神位前 跪 上香小 初上香 亞上香 三上香 獻帛

小 全獻帛 獻爵小 初獻爵 亞獻爵 三獻爵 獻

饌 全獻饌 同唱俯伏 讀祝文 興 平身 復位 跪

小 叩首 叩首 三叩首 興 跪小 叩首 叩首

六叩首 興 平身 送

神 焚帛 焚祝文 禮畢

子朱子神位前儀注同前

先儒神位前儀注

起鼓 就位 迎

神 跪小 叩首 叩首 三叩首 興 平身 行全獻禮

小 詣

神位前 跪 上香小 初上香 亞上香 三上香 獻帛

小 全獻帛 獻爵小 初獻爵 亞獻爵 三獻爵 獻

饌小 全獻饌 同唱俯伏 讀祝文 祝者興 興 平身

復位 跪小 叩首 叩首 三叩首 興 平身 送

神 焚帛 焚祝文 禮畢

文昌帝君神位儀注

起鼓鼓初嚴 鼓再嚴 鼓三嚴 執事者各執其事 獻

官就位 迎

神 跪小 叩首 叩首 三叩首 興 跪小 叩首 叩

首 六叩首 興 跪小 叩首 叩首 九叩首 興

平身 行全獻禮 跪 上香小 初上香 亞上香 三

上香 獻帛小 全獻帛 獻爵小 全獻爵 獻饌小

全獻饌 祝者升 跪 讀祝文 祝者興 同唱俯伏 興

平身 復位 詣

魁星神位前 跪小 叩首 叩首 三叩首 興 平身

復位 跪小 叩首 叩首 三叩首 興 跪小 叩首

叩首 六叩首 興 跪小 叩首 叩首 九叩首

興 平身 送

神 徹饌 讀祝者捧祝 司爵者捧爵 焚帛 焚祝文

禮畢

先聖祝文

維我

皇上御極之某年某月某朔越祭日某主邑官全銜某陪祭官全

銜某仝理事生縣某暨闔邑與祭人等謹以剛鬣柔毛清酌庶

羞之儀敢昭告於

至聖先師孔子之神位前曰恭惟

先師德配天地道貫古今集羣聖之大成作萬世之

師表轍環自楚迹寄於黄覺世牖民大振東山之鐸存神過化幸

停南國之驂潔芹藻於津涯採蘋蘩於水曲特因時祭敬奠

惟馨尙

享

先賢子仲子祝文

年月朔日官銜款式同前敢昭告於

先賢子仲子之神位前曰恭惟

先賢誼重師資情殷道濟寓津梁於萬古轍迹追隨留問答於數言風塵邂逅升堂入室式昭爲學之階梯越陌度阡轉慨耦耕之遺逸特因時祭敬奠維馨尙

享

先賢子朱子祝文

年月朔日官銜款式同前敢昭告於

先賢子朱子之神位前曰恭惟

先賢闔水儒宗尤溪道脉居敬窮理得濂洛之薪傳翼傳羽經闡龜鳧之奥旨昔祀典隆於櫆國俎豆恒昭茲廟享配乎問津景行彌切特因時祭敬奠惟馨尙

享

先儒祝文

年月等同前敢昭告於

先儒龍耿諸先生之神位前曰恭惟

先儒教啟羣蒙學宗往哲肩繼往開來之鉅任闡微文大義之薪傳雖咫尺宫牆得其門者或寡而聲聞鐘鼓合斯路將安由遺澤常留

神靈如在特因時祭敬奠惟馨尙

享

年月等同前敢告於

王許諸先生之神位前曰恭惟

先生兩朝鼎望累世棠陰崇學校以正人心廣薪燃而作士氣聽茲車服禮器已覺近

聖人之居凡夫樓栖几筵何一非　君子之澤特因時祭敬奠惟馨尙

享

文昌帝君祝文

年月等同前敢昭告於

文昌帝君之神位前曰恭惟

帝君理括天人筆參造化爲文章司命陰隲下民與

魁宿聯輝昭回上界運靈樞於北斗護聖轍以南來飛閣丹流

近接宫牆之美富登科鱗次羨徵甲第之縣長爰奉典儀恭殷祭奠尙

享

執事

大贊一人　亞贊一人　引贊四人　瘞毛血一人　司帛四人　司尊四人　司爵四人　讀祝文一人　司香二人　司雲板一人　司鐘一人　司鼓一人　司飲福受胙二人　糾儀二人

書院釋奠姓氏

明

正德郭慶 一坡 丁卯經魁新城知縣一作清平有傳

張緒 甄山 一名丹漢陽庚子舉人戶部員外郎有傳

吳國倫 明卿 興國人庚戌進士河南左參政

嘉靖張澤 龍山 本姓周乙卯舉人歸化蒙自知縣有傳

耿定向 天臺 麻城人丙長進士戶部尚書贈太子少保有傳

隆慶孫光祖 慈谿進士隆慶元年任黃州知府有傳

王陞 晉吾 己卯舉人重慶同知有傳

耿定力 子健 黃安人辛未進士南京兵部左侍郎贈尚書有傳按嘉靖四十三年分立黃安縣故定向爲麻城進士定力爲黃安進士

萬歷瞿汝稷 元立 常熟廩生萬歷二十四年任黃州知府

郭知易 如紀 己卯舉人工部員外郎

曾鳳儀 金簡 耒陽人癸未進士禮部郎中有傳

孫大祚 乙酉舉人淮安同知贈按察司僉事

王成位 儀寰 麻城人甲午舉人肇昌同知有傳

方一盛 新宇 甲午由儒士授鹽課司提舉有傳

彭好古 熙陽 麻城人丙戌進士尚寶卿有傳

何天申 德錫 中應天辛卯舉人順天治中

胡士奇 萬歷四十四年任黃州同知

王誧 萬歷四十四年任黃州通判

彭遵古 旦陽 麻城人丙戌進士光

黃雲閣 仁誠 黃陂人歲貢鼇山衛

樊玉衡 元之 乙未進士南京吏部

陳余達 上卿 丁酉舉人安寍知州

祿少卿有傳

教授有傳

文選司有傳

茅瑞徵 五芝 浙江歸安人萬歷辛丑進士三十三年任黃岡知縣有傳

曾日省 見獨 庚子舉人潛山知縣有傳

許士奇 涵若 浙江海鹽人萬歷癸丑進士四十四年任黃州推官有傳

晏春鳴 生還 四川銅梁人萬歷癸丑進士四十四年任黃岡知縣

王同定 癸卯舉人

莊應德 谷神 南直隸武進人萬歷丙長進士任麻城知縣

王世德 迴溪 浙江永康人萬歷辛丑進士四十四年任

黃奇士 守拙 黃陂人甲午舉人壽州學正有傳

李繼周 斗沖 江西南昌人萬歷甲長進士四十五年任

操明德 庚戌貢生知縣

黃州知府有傳

黃州知府

蔡毅中 宏甫 光山進士授翰林院檢討四十年改降麻城縣丞有傳

趙世貞 補梅 壬子舉人壽州知州

孫大壯 心易 乙未進士陝西苑馬寺卿有傳

秦繼宗 西汀 庚戌進士南京兵部郎中有傳

李長庚 夢白 麻城人乙未進士吏部尚書有傳

田生金 雙南 麻城人甲長進士太僕寺卿有傳

梅之煥 彬文 麻城人甲長進士南贛甘肅巡撫有傳

鄒之易 心元 庚戌進士兵部職方司主事有傳

官應震 暘谷 戊戌進士太常少卿有傳

杜應芳 懷鶴 丁未進士福建按察使

游士任 肩生 江夏人庚戌進士廣西道監察御史有傳

黃彥士 武皋

官撫辰 凝之

周之訓 無逸

黃陂人甲辰進士中州巡撫有傳

戊午歲薦桃源知縣徐州知府

癸丑進士山東參議贈光祿卿賜謚忠烈
國朝乾隆四十一年賜謚節愍有傳

天啓
林有鳴 廣東文昌人天啓元年任黃岡知縣

靖科元 若谷 壬戌進士工部郎中

王家錄 愧修 辛酉舉人南京兵部主事贈光祿少卿有傳

洪周祿 半石 壬戌進士常州知府有傳

胡克儉 趨徽 光山人御史改署廣濟知縣

何閎中 泂卿 壬戌進士四川提學副使有傳

王源昌 蓄甫 乙丑進士汴梁觀察使有傳

崇禎
周壽明 天格 丁丑進士知縣

王士龍 水簾 戊辰歲薦潛江訓導有傳

祝蔦齡 陝西咸寧人萬歷丙辰進士崇禎二年任黃州知府有傳

孫錫蕃 棐臣 己卯歲薦遵化霑化知縣有傳

李希沆 鼎武 慶陽進士崇禎戊辰任黃岡知縣有傳

國朝

順治
王躬允 爾極 丙戌歲薦澄海知縣有傳

高登雲 丹壑 辛卯選貢嘉興知縣

黃中實 鼎在 壬辰進士吉水知縣擢行人司

熊雯 仲興 原名兆周辛卯拔貢遂寧知縣

陳肇昌 扶昇 戊戌進士僉都御史

葉封 井叔 己亥進士工部虞衡

周泰祥 公發 壬辰歲貢祁陽教諭

高思忠 孝移 辛卯副榜甲午歲薦

順天府尹有傳

司主事

遠安教諭有傳

王封瀠 五書 戊戌進士庶吉士陞禮部左侍郎有傳

宋文球 先林 丁酉舉人巴陵教諭

奚祿詒 克生 戊戌進士常州府同知有傳

王之鯨 子成 庚子舉人秦州知州刑部員外郎

王追騏 雪洲 己亥進士庶吉士官禮科給事中有傳

吳升東 巢薇 己亥進士浙江道監察御史協理河南道有傳

徐籀 亦史 吳縣舉人十八年任黃岡知縣

康熙
趙之埊 沔陽舉人二年任黃岡教諭有傳

李正美 廣西舉人五年任黃岡知縣

彭一卿 嘉禾歲貢四年任黃州教授

操之盛 怲菴 癸卯舉人景陵教諭有傳

詹大衢 麗門 癸卯副榜翰林院孔目有傳

董元俊 華陰進士六年任黃岡知縣有傳

余世羽 翔遠 癸卯舉人瑞安知縣

楊允正 典穆 本姓吳甲辰進士遂寧知縣

胡坦 履占 丙午舉人景陵教諭

李嘉卉 孝感舉人八年任黃岡教諭有傳

王之張 亘初 本姓鄒庚戌歲貢

鄭昱 方南 庚戌進士廣西按察使遷安徽布政使

孫錡 湘友 己酉舉人夏縣知縣

于成龍 北溟 山西永寧副榜十三年任黃州知府有傳

詹大衡 圖先 江夏人戊午歲貢黃岡教諭有傳

李經政 瀋陽廕生十五年任黃岡知縣有傳

李光衡 孝感歲貢十七年任黃岡訓導

晏勛明 以右 壬子經魁應城教諭

吳國正 蔚伊 甲子舉人興國學正

宋敏求 古軒 己未進士翰林院檢討四川主考

王風釆 隨菴 己未進士會稽知縣有傳

董維祺

祝軒齡 雲麓

汪灝

靖裕元 叔客

奉天監生二十二年任黃州通判
甲子舉人寶坻知縣
山陰貢生十九年任黃岡知縣
丙子歲貢武昌訓導

曹宜溥 鳳岡 己未召試鴻博欽點翰林院檢討纂修明史官
王掄士 以三 庚午拔貢武寍知縣有傳
蘇良嗣 遼陽廕生二十三年任黃州知府
王名超 峻聞 羅田籍丁丑歲貢襄陽訓導

宋如辰 斗凝 乙丑進士翰林院編修遷左春坊左中允有傳
萬爲恪 敬儒 丁丑進士遂安知縣
王民皞 臨川拔貢二十四年任岐黃同知有傳
張家相 沔陽舉人二十八年任黃州教授

王輔 元公 襄平人鑲藍旗生員
劉杰 二酉 沔陽舉人三十三年
張希良 石虹 黃安人乙丑會魁傳
王沐仁 旦聞 己卯貢生通城教諭

二十七年任黃州知府有傳
任黃岡教諭
臚浙江學政有傳

錢顧琛 蘇州進士二十八年任黃岡知縣
王澎仁 遠聞 己卯貢生荊門訓導
陳大章 仲夔 戊辰進士庶吉士有傳
范基祚 叔文 丁丑進士淯川知縣擢吏部主事

戴夢熊 浙江人任漢陽知府三十三年署黃州知府
涂士通 資萬 本姓鄒壬午舉人咸寍教諭
賈鉝 鑲藍旗監生三十三年任黃州知府
鄭可格 時堅 乙酉舉人內閣中書

劉澤溥 惠菴 遼東正藍旗筆帖式二十六年任黃岡知
欽士佃 人田 本姓周庚辰進士庶吉士有傳
陳如峰 戊子歲貢訓導

縣有傳

馬懷璋 正黃旗監生三十六年任黃州通判
孫芝瑞 聖草 江夏歲貢黃岡訓導
白瑄 鐵嶺人鑲紅旗廕監三十七年任黃州同知
馬常 元白 五開衛舉人三十七年任黃岡教諭

許錫齡 夔齋 江都副貢三十九年任黃州知府
胡奉衡 平玉 五開衛舉人三十八年任黃州教授
黃極 正藍旗筆帖式四十二年任黃岡知縣
程光琦 孝感歲貢四十年任黃州訓導

王漢周 會山 癸未進士肇昌知府護理洮岷道事
謝鼎 臣山 辛卯歲貢蘄水訓導
李彥瑁 華西 三原人康熙丁未進士四十三年任黃州知府有傳
林儀驑 江夏舉人四十七年任黃岡教諭

王全才 仲默 丙戌進士長寍知縣有傳
周其逵 四熙 本姓吳癸巳恩科舉人石首教諭
王漢書 素聞 癸巳恩科舉人襄陽教諭
鄒受祉 介繁 癸巳恩科舉人蒲圻教諭

鍾煒 霞津 蕭山人五十四年任黃岡知縣
程大緒 嗣有 孝感拔貢五十四年任黃州府教授
劉元勲 敬元 甲午歲貢訓導
熊同仁 甲午例選太平知府戶部郎中

宋南朋 端合 本姓王丁酉舉人無錫知縣
謝應珏 文定 乙未歲貢松滋訓導
熊同義 立方 丁酉歲貢寶坻大城知縣
黃鶱 丁酉歲貢孝感訓導

靖道謨 誠合 辛丑進士庶吉士改姚州知州有傳
張光裕 爾瑞 河南磁州歲貢二年任黃岡知縣
雍正
彭士商 衡晱 湖南衡山進士元年任黃州府教授有傳

方可丹 青望 癸卯恩科進士新淦知縣改永州教授
王如琰 二思 癸卯舉賢良方正授監利教諭有傳
王琴 山東諸城貢生四年任黃州知府
李之藹 芸莊 江夏舉人八年任黃岡教諭庚戌進士有傳

暘于熊 敬修 河南新鄉人甲辰進士九年任黃岡知縣有傳
汪依仁 甲辰補癸卯科舉人海陽知縣
楊巡 陛山 江陵歲貢七年任黃州府訓導
汪爚然 漢陽舉人九年任黃岡教諭

覃鳳應 鳴岐 長陽舉人四年任黃岡教諭
劉近顒 司直 本姓王甲辰補癸卯科舉人新野知縣
孫雲麒 立齋 潛江歲貢十年任黃岡訓導
皋扶瑛 孝感人壬子舉人知縣

乾隆
曹輯五 星樞 江南無錫舉人丙辰任岐黃同知
萬廷望 東表 丙辰恩科舉人定邊米脂知縣
吳瑛 麻城優生丙辰任黃岡知縣
周茂建 展彝 丙辰恩科舉人石首教諭

萬年茂 南泉 丙辰進士翰林院編修廣西道監察御史兼理山東陝西道有傳
胡蓋凡 丙辰恩科舉人甲戌明通徐聞知縣
王年松 鈞中 丙辰恩科舉人丁巳明通永昌鎮原知縣
孫祚濬 兆泉 辛酉亞元應城教諭

王模 三台舉人五年任黃岡知縣有傳
楊肇圻 桂郵 沔陽歲貢四年任黃州府訓導
王繹曾 順天宛平貢生八年任黃州知府
徐成潤 霞澤 孝感舉人九年任黃岡教諭

邵豐鍨 仙源 山陰人保舉八年任黃岡知縣有傳
熊念祖 孝感歲貢九年任黃岡訓導
孫祚灝 稗梁 辛酉經魁壬戌明通恩施教諭
王楙蘇 眉九 辛酉舉人壬戌明通武昌府教授

胡心安 勉茲 庚午經魁興業知縣
孫廷槐 甲子舉人黃陂教諭
項樟 阜寧雍正癸丑進士十五年任黃岡知縣
王宇大 鍾祥人乙丑進士十一年任黃州府教授

宋廷採 敬齋 辛未進士楚雄大理知府
范朝綱 儲菴 辛未進士貴陽知縣
陳文樞 上元副榜二十三年任黃岡知縣
聶朝勲 天門舉人十九年任黃岡教諭

范思皇 蘄水人辛未進士庶吉士官員外郎
萬廷璧 仍軒 壬申恩科舉人興國知縣
王封渭 璜川 壬申恩科進士猗氏知縣
張京鯉 小還 壬申恩科舉人咸安教習上猶知縣

萬廷琯 武臯 癸酉拔貢合江知縣署廬州知州
陶國幹 井亭 癸酉例選安順知府加道銜
王鳳儀 江蘇太倉舉人二十四年任黃岡知縣
王世任 宜都廩貢二十年任訓導

葉世度 浙江仁和進士庶吉士外授二十六年任黃岡知縣
程興仁 近溪 丁丑進士鄖陽府教授
宋本敬 賓門 中湖南已卯解元鎮安知府
周凝光 庚辰進士知縣

石堪立 興國舉人二十八年任黃岡教諭
於長源 星湖 庚辰恩科舉人宜恩教諭
蕭芝 昆田 庚辰進士翰林院編修歷工科給事中
張其洲 庚辰恩科舉人平利知縣

郝守謨 雲夢舉人三十六年任黃岡教諭
操履騮 泂亭 庚寅恩科舉人荆門州學正
程琮 瑞玉 麻城人癸未進士垣曲知縣
霍純 庚寅恩科舉人歸州學正

丁鳳鳴
黃紹慈 子山
李敦柱 槐亭
錢慕福 經五

雲夢舉人四十五年任黃岡訓導　己亥歲貢候選訓導　江陵舉人五十二年任黃岡教諭　甲午例選長州通判

尤士藩价人　甲午舉人沙河知縣
孫步樓　丁酉舉人襄陽教諭
朱英擎一　己亥舉人武昌教諭
陳廣旃　甲辰歲貢候選訓導

萬岳三峰　庚子舉人宜城教諭
王廉　己酉選拔候選教諭
汪兆霖定山　癸卯舉人蘄州知州
萬希科　庚子舉人荊州教授

唐昭　漢陽舉人六十年任黃州府教授
劉之鑾雲亭　甲午恩科舉人候選教諭
楊善鑑　沔陽貢生六十年任黃州府訓導
陳本謙谷懷　廩貢候選訓導

嘉慶

錢周德瞻屺　戊辰恩科舉人內閣中書
蔣祖暄晴山　廣西舉人二十三年任黃岡知縣
張錦珩如亭　黃安人己未進士南安知縣
劉秉撝　甲寅副榜候選教諭

宋治咸小阮　辛酉恩科進士仙居知縣
王兆京　戊午舉人棗陽訓導
胡念祖　孝感舉人七年任黃岡教諭
吳之任　乙丑歲貢候選訓導

李振籧承齋　庚申舉人清江通判
張泉楓村　乙卯欽賜舉人丙辰會試欽賜國子監司業銜
危成景　黔陽舉人八年任黃州府教授
范懋松亭　己卯恩貢候選訓導

黃樹棠愛亭　辛酉恩科進士文昌茂名知縣
汪謙　庚申舉人
張秀芝　麻城人乙丑進士山西知州
詹聞鼇　辛酉舉人

田啟玉　宜昌歲貢八年任黃岡教諭
邵鴻昌又酉　戊午欽賜舉人己未會試欽賜翰林院編修銜
吳夢華　安陸進士九年任黃州府訓導
鍾英載宣　甲戌歲貢候選訓導

黃鍾才　靖州拔貢十五年任黃州府教授
謝志烜芸坪　乙酉歲貢候選訓導
劉興藻少泉　沔陽舉人黃州府訓導
宋天輝　乙卯恩貢候選訓導

道光

陸炯　浙江平湖人庚辰進士庶吉士任黃岡知縣
曹浦蓮　潛江人己卯進士任黃州府教授
程德楷松亭　麻城人乙丑進士翰林院編修太常寺卿
梅德音　辛酉舉人即墨知縣

萬希煜　乙丑進士平遠知縣
靖崇弼　辛酉舉人歸州學正
郝範林　舉人任麻城教諭
汪鄰　戊辰恩科欽賜舉人己巳會試欽賜國子監銜

周鯤化　安陸庚午舉人任黃岡縣教諭
劉仁炳　甲戌歲貢蒲圻訓導
任毓鈺　廩貢任黃岡訓導
趙廷海　丁丑歲貢天門訓導

袁銑金溪　麻城人辛未進士翰林院編修禮科給事中
陳肆三　丁卯舉人漢川教諭
劉昌檜　丁卯舉人永順教授
陶宜煌　壬辰歲貢候選訓導

陶煒　庚午舉人宣恩教諭
秦澔　欽賜舉人會試加翰林院檢討銜
龔炳南墅　己卯副榜保康枝江教諭
程其溶　麻城歲貢候選訓導

汪極三植齋
胡其蔚
張履恆長溪
靖易璉羲山

己巳進士上蔡知縣	庚午舉人揀選知縣	甲戌進士內閣中書	癸酉舉人
萬承宗 梓巖 甲戌進士庶吉士大定知府	王佐猷 玉峰 壬午副榜候選教諭	胡必楠 翠亭 癸酉舉人翰林院典簿	舒棠 東皋 癸酉選拔竹山教諭
胡美彥 俊民 己卯進士庶吉士刑部主事	嚴垣 星門 庚午舉人建始教諭	胡玉森 韡階 戊寅舉人即補知縣	龔斗南 小梁 癸酉優貢宜城訓導
靖厚欽 阮南 癸未進士四川平蕪知縣	周華桂 己卯舉人候選教諭	王際雲 慶臣 乙酉拔貢封川知縣	李希勉 乙未恩貢候選訓導
謝炎 惕夫 癸酉選拔乙酉亞元	王運宸 誥封修職郎晉文林郎	王自鈞 竹泉 辛卯舉人銅陵青陽	喻承瑛 己亥歲貢候選訓導

霍山婺源知縣		知縣	
熊聯輝 晴山 甲午經魁揀選知縣	李開善 粹菴 丁酉副貢候選教諭		孫廣墉 拔西 世襲恩騎尉
春祭		秋祭 以下倣此	
辛丑		張履恆 見前	李大坊 言齋 己亥舉人巴縣達縣奉節知縣
壬寅 李振堃 見前	李開善 見前	郝廷楷 麻城歲貢通城訓導	余文蔚 戊子歲貢候選訓導
癸卯 金光杰 殿山 黃陂丙戌進士翰林院編修監察御史	王自鈞 見前	劉紹綰 黃陂己丑進士貴州知府	張毓樫 庚子舉人

甲辰 彭煥興 黃安丁酉解元	熊耀春 燮亭 己亥副貢	周超獻 黃陂戊寅舉人保舉知縣	靖郁齡 九我 辛卯舉人漢陽府教授
乙巳 周鯤化 見前	程光振 壬辰舉人宜都訓導	李鼎玉 丙子舉人東湖教諭	胡華潤 春畦 增貢候選訓導
丙午 葉甡 蘄水乙未進士江華桂陽善化知縣	胡兆鼎 麻城庚子亞元	童兆璞 庚午舉人武昌府教授	鄧琛 獻之 癸卯舉人蒲縣介休知縣刑部郎中
丁未 王兆春 孝感丙子舉人武昌府教授	喻泰勳 乙未副貢候選教諭	李正心 長陽歲貢黃岡訓導	方鏞 笙甫 癸卯優貢候選訓導中書銜

戊申 謝炎 見前	吳玉清 麻城歲貢	史宇衡 望邨 甲午舉人峨嵋知縣	熊耀春 見前
己酉 沈連洪 仙崖 辛巳舉人漢陽教諭保舉知縣	邱文 斐臣 癸卯經魁	詹有鈞 竹軒 己亥舉人宜都教諭	孫廣鏞 見前
庚戌春年荒停祭		王自鈞 見前	熊耀春 見前
咸豐辛亥 龔炳 見前	鍾應鸞 乙未歲貢候選訓導	王際雲 見前	熊耀春 見前
壬子 沈連洪 見前	王佐猷 見前	劉仁炳 見前	操南薰 揮五 歲貢
癸丑春賊擾停祭		李大坊	詹有鈞

見前 見前

自甲寅至丁卯惟同治三年春開祭一次其餘皆因兵亂未克舉行

同治甲子 王際雲 見前　李開善 見前

戊辰 嚴旭 曉坪 辛亥舉人揀選知縣　錢崇蘭 湘畹 己未舉人揀選知縣　林壬一 千 己亥解元棗陽教諭　汪洪壽 古香 己未京闈舉人河南知縣

己巳 洪艮品 右臣 戊辰進士翰林院編修戶科給事中　陶鋭 星垣 壬戌舉人丙子進士吏部主事　何先梅 蘄水人辛酉拔貢考取知縣改中書　趙鴻漸 逵臣 丁卯舉人

庚午 程之楨 維周 江夏辛亥舉人黃岡教諭　胡錫渠 石閣 廩貢保舉訓導　賀壽悳 蒲圻己酉拔貢黃州府教授　程燕曾 穀詒 麻城己未經魁四川興文知縣

辛未 方鏞 見前　包長庚 星垣 甲子歲貢興國訓導　王際雲 見前　喻九萬 雲程 庚午副貢候選訓導

壬申 錢崇柏 季楨 戊午舉人沔陽學正中書銜　毛崑 藍田 庚午舉人　盧璲采 韻珊 辛未進士吏部主事改義烏知縣　梅雄飛 偉人 世襲雲騎尉

癸酉 王純桂 筠庭 廩貢天門訓導　胡同治 丹屏 增貢光祿寺署正　魏澤宏 巨川 辛酉拔貢內閣中書黃岡訓導　趙鴻漸 見前

甲戌 黃敦素 大冶舉人黃岡教諭　杜承勳 海如 辛酉拔貢　陳寶樹 宇初 江夏廩貢黃州訓導　錢崇蘭 見前

光緒乙亥 陳天驥 金門 甲戌進士刑部主事樂至知縣治州知州　毛崑 見前　張百揆 敘臣 己酉解元興國學正　傅承霖 雨卿 癸酉拔貢歸州學正

丙子 劉溱 芙裳 壬戌舉人江陵教諭　於鍾林 乙亥歲貢　嚴旭 見前　趙鴻漸 見前

丁丑 陶鋭 見前　魯坪甲 慰農 丁卯副貢　邵樂裕 綽齋 辛未進士武昌府教授　蕭芬 香畹 麻城歲貢候選訓導

戊寅 萬錫珩 佩珊 甲戌進士戶部主事員外郎銜　方廷珏 少甫 丙子舉人　嚴旭 見前　陳疇 壽田 乙亥舉人

己卯 錢崇蘭 見前　余蔭煊 樸堂 丙子副貢松滋訓導　趙鴻漸 見前　喻九萬 見前

庚辰 童紹元 貽善 戊午舉人石首教諭　余蔭楓 棟臣 舉孝廉方正詹事府主簿　盧英倜 栗甫 辛未進士濟南知府山東候補道　杜樹滋 雨田 乙亥舉人增城知縣

辛巳 戴昌言 禹卿 安徽丁卯舉人黃岡知縣　程仁均 少陽 庚辰進士長山知縣　鄧琛 見前　熊樹中 午峯 己卯舉人揀選知縣

是年修大成殿未告竣停秋祭

壬午 王丕釐 子番 庚辰進士翰林院編修雲南學政　汪理孚 小浦 乙亥經魁揀選知縣

癸未 趙鴻漸 見前　杜承勳 見前　石濟川 若舟 辛亥舉人當陽訓導　喻九萬 見前

甲申 錢崇柏 見前　傅承霖 見前　嚴旭 見前　王會釐 筱東 甲午進士翰林院編修記名道府

乙酉 陳疇 見前　於鍾林 見前　錢崇柏 見前　周宗濂 又溪 麻城癸酉舉人鍾祥教諭

丙戌 蔡福謙 吉甫 麻城乙丑進士郃陽知縣　余蔭煊 見前　喻鴻鈞 濟臣 丙戌進士遵義知縣　袁春煦 黃安歲貢

丁亥 張紹江 晴舫 癸酉舉人　錢儒猷 子宣 丙子優貢通城教諭　徐方炯 朗如 壬戌舉人長陽枝江教諭　羅金聲 筱溪 乙酉舉人兼襲雲騎尉公安教諭

戊子 曾詠 永言 丁卯舉人　余蔭煊 見前　傅上瀛 仙壺 石首戊午舉人黃岡教諭　蔡錫元 子惠 壬午舉人大挑知縣

己丑 嚴用勲 甲子舉人蘆山知縣知州銜　於鍾林 見前　熊樹中 見前　郭芬 楚芳 恩貢

庚寅 羅金聲 見前　程恩晉 康侯 麻城壬午副貢安徽候補知縣　蔡逢癸 海門 壬午舉人松滋教諭　錢儒儁 子英 乙酉舉人均州學正

辛卯 邵樂裕 見前　梅植 書山 庚寅恩貢候選教諭兼襲雲騎尉　周坤頤 子厚 庚午舉人通城枝江教諭　程斌 藍田 己丑舉人

壬辰 王國賓 用周 乙亥舉人蒲圻教諭　陳福珂 敬輿 歲貢候選訓導　石耀春 熙臺 己丑舉人江西知縣　陳世昌 鉅卿 辛卯舉人山西知縣

癸巳 杜昱 瑞亭 乙亥舉人揀選知縣　嚴用彬 文山 己丑舉人益陽知縣　余應雲 子存 麻城丙戌進士刑部主事　魏濟川 植丞 戊子舉人

甲午 楊壽昌 葆初 成都舉人黃岡知縣　余蔭煊 見前　周禾田 秋圃 辛亥解元應城教諭　余蔭楓 見前

乙未 陳懷清 碧池 癸巳舉人揀選知縣　梅植 見前　傅承霖 見前　林鑒藻 香圃 歲貢候選訓導

丙申 陳廷黻 黼臣 麻城辛卯舉人揀選知縣　鄭希賢 竹屏 陝西丁酉舉人　石耀春 見前　邵容 文甫 戊子副貢

丁酉 程仁均 見前　錢儒達 子孚 歲貢候選訓導　蔡錫元 見前　魏濟川 見前

戊戌 余晉芳 子青 麻城人甲午進士庶吉士改戶部主事　劉丙甲 信甫 廩貢候選訓導　吳樹棠 南林 甲午舉人揀選知縣　陶壎 鎮吾 甲午經魁龍泉知縣

己亥 汪明源 文卿 戊戌進士庶吉士戶部主事　陳鳳池 桐軒 甲午舉人教習知縣　邱緝 春霆 戊子優貢長葛知縣　李廷祿 子詔 甲午舉人揀選知縣

庚子 袁用賓 觀臣 麻城人己丑進士刑部主事南部知縣　陳懷清 見前　張鳴珂 錫疇 戊戌進士翰林院編修　夏壽康 仲英 戊戌進士庶吉士

辛丑 馬笏臣 紹階　沈致堅 卓吾　王會釐　童耀焜 芸生

己卯舉人黃岡教諭　見前　辛卯舉人揀選知縣

甲午舉人刑部主事四川補用道

壬寅 沈致堅 見前　李廷祿 見前　錢儒儁 見前　陶子符 聖孤 歲貢候選訓導

癸卯 邱岳 品山 壬寅副貢　樊篤鉞 躍爾 廩貢候選訓導　夏壽康 見前　嚴用琛 南翹 壬寅舉人

甲辰 張鴻翊 文周 己丑進士翰林院編修武英殿纂修　邱岳 見前　尤聲瓚 嵩甫 丁酉舉人揀選知縣　彭澤宏 筱齋 癸卯舉人

乙巳 王會釐 見前　梅植 見前

問津書院贊禮姓氏

明

張羽聖 天啟五年充補

朱家熙　王謝秩 俱崇禎七年充補

國朝

王鳳皞　操道亨 俱康熙二十四年充補

靖天爵　程元儀 俱康熙五十五年充補

公舉贊禮生呈稿

黃州府黃岡麻城兩縣紳衿彭遵古梅之煥周之訓洪周祿王源昌等呈爲 聖蹟聿新祀典宜恪懇准循例轉詳俯給衣巾以光俎豆事竊以孔子使子路問津處界在黃麻遺像儼然志書備載先年遵古同兄侍御好古與同社鄉紳及舉人蕭繼芃生員蕭繼忠等具呈 院道府縣並河南布衣盛朝衮各捐資鼎建書院請記鄒忠介諸先生申詳 熊撫臺題贈院額付帖蕭生主持會事每年春秋二祭論學會文五科以來鄉會濟美又於天啟五年呈明前任 學道公祖於院中肄業儒童內擇舉二名東西贊禮祭祀附籍諸生考試卷存近因張羽聖等已於上科考入黃岡縣庠懸此名缺合議公舉伏乞循例查卷申詳 學道將院中所舉儒童朱家熙王謝秩二名頂補行學入冊應考庶俎豆重光豈但叔孫之緜蕞薪櫵永闕載歌召伯之甘棠矧白鹿芳規於今爲烈黃山聖蹟仰止彌親殆德意偕功令並申津梁與學宮俱永矣爲此具呈

問津院志卷之四

講學　源流　學規　講說　會課　講學姓氏　會課姓氏

問津立院講學自宋龍麟洲先生始有明一代耿王吳郭彭蕭諸公主持壇坫二百年師友淵源風動海內一時鐘鼓管絃之盛幾與鹿洞鵝湖東林首善相頡頏南昌朱以功曰澹祠問津彼此相望大張正學俾江楚儼然鄒魯誠確論也

國朝定鼎以來覃敷文教每當春秋會課士子橐筆而至者多至千數百人翹材輩出雄長鄂中其亦先儒之流風餘韻有以漸被於無暨乎志講學

源流

宋程珦爲黃陂尉生明道伊川二先生均以聖道自任爲諸儒倡傳及朱子講學日盛龍仁夫爲湖廣儒學提舉宋鼎革後築室孔

子山下立院授徒是爲院中講學之始與吳應澍董敬中吳草廬往來會講風氣大開嗣經兵燹院宇邱墟者二百餘年矣逮明隆萬間諸大儒輩出始重修院宇以倡明絕學其前後主講本邑則有郭慶吳艮吉張澤周啟孫方一盛孫大壯官應震曾日省樊玉衡樊玉衝秦繼宗周之訓何閎中陳余達王陞王臺蕭繼忠王家欽王家錄程士登李楷趙世貞孫應鴻王施大馮雲路熊兆姜熊兆周楊際之王師魯等安邑則有耿定向耿定理耿定力麻邑則有彭好古彭遵古王成位田生金劉承烈謝天眷陂邑則有黃雲闕黃彥士黃奇士名宦則有太守王世德祝萬齡司理許士奇岡令涂宗濬林有鳴濟令胡克儉麻丞蔡毅中趙僑鶴四方會講者則有金陵之焦竑衡山之甯咸耒陽之曾鳳儀零陵之唐虞江夏之游士任魏廷謨漢川之張緒商城之盛朝袞洪唯一彭澤之曹欽程其移書講論者又有吉水之鄒元標羅大紘三原之馮從吾無錫之高攀龍南昌之朱試以及一時從游之士雲集景附項背相望者數十年書院講學至此號爲極盛然攷有明初年如曹端胡居仁輩率皆篤踐履謹繩墨守儒先之正傳成宏而後陳獻章與王守仁出而學術遂分宗獻章者曰江門之學以隨處體驗天理爲宗孤行獨詣其傳不遠宗守仁者曰姚江之學以致良知爲主別立宗旨顯與朱子背馳門徒徧天下流傳百餘年其教大行而流弊實甚嘉隆而後顧憲成與高攀龍出始爲東林之學篤信程朱力闢姚江之非爲一時儒者宗其學較爲醕正院中諸儒或主王湛或主高顧諸派俱備雖未盡得正傳而其羽翼聖道之功要不可沒因爲紀其授受源流而備列之焉

學規六則

問津書院自龍麟洲先生創興講席詎今三百餘年流風餘韻瞻

溯無從繼忠昔侍吉水三原天臺諸先生諄諄以此事相屬自維譾劣蚊負何堪然伏念吾輩稍知獨學適生先聖過化存神之地而覥顏食息坐銷日時豈得復比人數今與諸同志闢草搆椽略有端緒因念古人於學問先後須有次第胡安定湖學四科朱子白鹿洞六條是其大較也今酌定以每月十六日俱會於斯上奉先師之靈下資朋友之益共出一月所學互相咨證盍會不欲數數則徒資口耳會不欲疏疏則或至遺忘會所供具唯以四味八殽爲率道腴是甘諒有同心也謹列規條於左

一德行

吾輩既望聖學修身爲第一喫緊凡一月行止雖能自信未必盡能共信每會必將隱顯巨細一一商較庶不差脚

一宗旨

凡學人各承師說具有源流其於身心意知平日所窺路徑每會首先講究令毫無疑義庶漸見底裏可向上去否則本原一差終身墮落坑塹可不慎哉

一經濟

凡學問心性其體也經濟其用也古之聖人惟有欽明文思之心斯有於變時雍平地成天之經濟講心性而不講經濟則心性可知每會必將平日所斟酌兵農禮樂諸大制度一一互訂庶見明體達用之學

一制舉

制舉業爲先資之言正所以發揮聖賢道理每會必出所肄業共爲衡量匪獨以中主司程度亦以覘同學邃養

一識議

傳曰前事者後事之師又曰誦詩讀書不知其人可乎每會正講畢必將前代人物得失獨出手眼共相衡論一番庶聞其議論觀其識見可以決所從違矣此皆學問中修齊平治大準的也

一規勸

聖人無過君子改過小人文過吾輩不能爲聖人容甘爲小人乎倘有得失每會必稽師友規勸毋面諛而心非毋意拂而耳受務共勉旃

以上各條惟我同盟務各遵守倘當會不至與至不遵規者俱各有罰

講說

送郭善甫歸學

王守仁陽明

郭子自黃來學踰年而告歸曰慶聞夫子立志之說亦既知所從來矣今茲將遠去敢請一言以爲夙夜勗陽明子曰君子之於學也猶農夫之於田也既善其嘉種矣又深耕易耨去其蝥莠時其灌溉早作而夜思皇皇惟嘉種之是憂也而後望於有秋夫志猶種也學問思辨而篤行之是耕耨灌溉以求於有秋也志之弗端是荑稗也志端矣而功之弗繼是五穀之熟弗如荑稗也吾嘗見子之求嘉種矣然懼其或荑稗也見子之勤耕耨矣然猶懼其荑稗之弗如也夫農春種而秋成時也繇志學而至於立自春而徂夏也繇立而至於不惑去夏而秋矣已過其時猶種之未定不亦大可懼乎過時之學非人一己百未之敢望而猶或作輟焉不亦大可哀歟從吾遊者衆矣雖同說者多未有出於立志者故吾於

子之行卒不能舍是而別有所説子亦可以無疑於用力之方矣

與蕭康侯論建正宗會館問津書院

甯咸

別後能不爲俗塵染乎此心甚微攻我者多光陰迅速百年匪久必立定主宰不負此生千載幾緒極力肩當絕不作倚靠念全副精神收歸一處不可少見風光便成窠臼種種修持盡爲可廢而祗作便宜漢也問津卜築想有次第今因會館勉留在此然亦不數日即理舟南向矣會館暫占黃通庵側雖則欲速故見小然壯麗始茅茨三戶之衆豈無因耶作阜者起矧平地已進之簣耶此眼不開量度一生足下其瞠而視之

論知本與康侯

甯咸

足下所稱高大真是然世所謂大恐非咸之大高亦恐非咸之高也雖其中間不容髮而端倪不同何啻萬里夫威武不能屈等語

學者類自許矣其當境盡成空言以未有居廣居三步實功耳故本焉未植與植焉未力或從見解或憑意氣或尙在影響又或毫忽透未盡俱未可言實本也從古高賢罄一生精力研窮而猶多不湊手正謂本根一步甚難所以雖大而易涉於莽曠雖高而易流於峭峻豈不有廣大精微高明中庸二語在終是孔曾的與我不相干也貼身一步工夫先要知本無奈今時學問俱務範圍但好便易曰無修無證此旣誤巳又復誤人虛浪一生猶莫自覺則李見羅夫子提出止修二字與本末先後爲一生之局今日所當研窮者也夫學本經世原不離事物而事物有本末先後聖賢祗是於幾上見得早便先人一著若到末上卽屬後天縱萬分斡旋非完璧矣止修工夫則徹始徹終刻不可離者迹若腐妙實神閒居若贅臨事方知其切要也足下用力旣專透悟復徹或亦不廢

於斯語願共勉焉

寄康侯　　胥　咸

孝友萃於一門康侯且百折不回眞烈丈夫哉陽伯今何在仲蔚養其身以有爲總之俱苦矣別後末由通問僅於邸報見之今年春寄聞尾治始知其略數數爲昆仲飲泣天苦豪傑何至於此仲蔚勉修故業康侯姑假此以求四方老其才以待時或者天意別有所屬不欲以鉛槧陷縛康侯亦惟康侯高懸隻眸闊達胸臆精則究極底裏大則廣於無邊不作世人態拘拘食享終身則庶幾不負苦磨一場而於天意允承矣咸拜手

與蕭康侯門下　　鄒元標

念吾弟時常在目學近時何如平平坦坦樸樸實實眞眞切切濯濯皜皜與吾弟均勉之工夫深自有到家日勿得嘴口上撞過惟日不足是晚年眞境僕去秋一瘡於背五十日安心待盡幸獲生全復叨新恩老年審時止足爲宜業上疏乞身矣吾弟愛敬附聞並謝垂存元標再拜

又

牀頭一片精神相對今猶念之三吳之行見海內學問足下勉力勿以兒戲作千古戲事鐵脊梁石心腸一生不容少閒乃爲眞儒近刻三册請教客塵行腳闊倘歸幸多致聲

又

寓冶留鶯洲半年茲歸甚愧向思併心一路日中一飧樹下一宿無之不可其骨終不凡也幸成之記文刻成可從黃少府公祖處寄來

又

人要作眞人學要明眞學相期濯濯皜皜不負此生同盟也孥家山中匈匈附聞不盡元標頓首

靜坐說與黃岡蕭康侯 動靜吟附　　高攀龍

靜坐之法不用一毫安排祗平平常常默然靜去此平常二字不可容易看過卽性體也以其淸淨不容一物故謂之平常畫前之易如此人生而靜以上如此喜怒哀樂未發如此乃天理之自然須在人各自體貼出來方是自得靜中妄念強除不得眞體旣顯妄念自息昏氣亦強除不得妄念旣淨昏氣自淸祗體認本性原來本色還他湛然而已大抵著一毫意不得纔添一念便失本色由靜而動亦祗平平常常湛然動去靜時與動時一色動時與靜時一色所以一色者亦祗是一箇平常也故曰無動無靜學者不過借靜坐中認此無動無靜之體云爾靜中得力方是動中眞得

力勁中得力方是靜中眞得力所謂敬者此也所謂仁者此也所謂誠中者此也是復性之道也萬歴甲寅春錫山高攀龍存甫著

無事故靜坐靜坐原無事若復起別法卽是名多事○有事故應事事了原無事若起厭事心如何得了事

寄康侯　高攀龍

得教千里共席矣問津之業惟門下力肩之全在修身作極近見鄒南皐曰大福之人悟道全福之人守道無福之人全向世情荆棘中去不知道爲何事無大福之人漸向文義知解中去不知悟爲何事無全福之人漸向莽蕩放曠中去不知守爲何事數語甚佳敢爲門下誦之此時友人向道者有之入道者未敢漫許稱馨卓進未可量相與砥礪此道甚貴一日千金力

與康侯　祝萬齡

先生遊於鄒馮兩公之門聞見識力自是不凡人惟信學不篤則疾視理學不知非學之人皆不學之過也試問先生此來念頭從何處起誰迫之而欣然願堅此念以持世卽不問津有餘師矣請教何如秋涼再訂一會彭且老一函幸致之

寄康侯　羅大竑

赤壁之遊誠未忘也但我輩行藏亦有宰之者非能率意任情耳近日尋究何如火石電光非駐足處須一旦恍然如晴空皦日徹地通天方可隨順調御入神化之奥不得草草承當也周亥仲過楚便附不悉

與康侯　林有鳴

問津乃孔子過化之地諸公奎聚滿擬面聆以職守不果先師王塘南先生論學諸書貯之鄴架曾出與諸老商搉否會紀一册皆先師所定惟裁示面悉不盡

又　林有鳴

孔子當春秋時道之不行已知之而猶轍環列國者何乃一體之心不容已也故學不厭而誨不倦弟則讀會語而憬然誦碑刻而瞿然展竹箪若涼生北窗便欲自謂羲皇上人也仁兄愛我全以道味若此不佞將何以稱塞也佳稿自是家珍與門外人語懸絕諸友作皆高爽不作猶人句卽爲梓入衷言不盡晞翁先生侯修候晤閒道意又懇

又　林有鳴

別後思一悟不得滿擬至問津再會行促不果機緣之難如是弟得罪上官義不可留但同在宇宙何須歎別離也宇宙間大事無踰精研此學但必須接聖門之統若以小成虛見承當非所敢望

也

復蕭康侯　馮雲路

承教可謂愛人以德但不肖平生受用直赤洒洒三字耳兩番對面良有同心之樂孟子鋮砭宋徑祇是懷之一字路祇從此裏掃清故遂覺浩然之氣隨地湧出耳五日內擬來前有懷面悉

與劉拙齋　耿定向

人孰無道心不外索大學首明德明德者虛靈不昧存於中爲五常之性發於外爲四端之情皆由中達外不容已也學當於不容已處先識虛靈不昧本體此爲第一著

與康侯門下　耿定向

自來諸大儒講說非有所矜異以矯世也要惟明古人之道而已所云明古道者要惟不失赤子之心而已夫赤子之心不學不慮

愛敬之知能具焉此處豈容些子計較惟門下其思之又問津片地吾夫子遺像在焉往來瞻拜風雨經心改卜遷造亦惟與門下共宏此願力耳

論不違義與拙齋康侯　彭好古

聖學之榛蕪也以學者日月一至也三月不違則同矣時時不違則孔矣誠得肆以爲居得友以爲輔何憂乎學之不誠哉

書靜坐說後　彭遵古

余嘗謂學問不明惟無事時心無安泊所以有事時一切不調貼無事時心無安泊靜工不明故也凡夫之心了無靜時學問中人有意求靜卽不得靜惟自本心入本心自然無事時全體皆安有事時隨宜皆順乃能眞靜乃爲眞定非言語可到非紙墨可傳要在各人自討分曉竊自謂狂語難以告人今得靜坐說讀之方知

此道終不絕人雖杏壇入室弟子決不易此差可自信矣不知者或謂無奇目爲常語致以附和笑不佞安知老氏所稱聞道大笑者非其人耶

與康侯論格致　劉承烈

所示格物說大有發明但歸重在誠意則不容不辨格物至善也此明明德於天下的止處亦起處也知在格物則本末終始俱在何容單提以示重乎卽以意論所謂欺與慊自意中異耶自物中異耶夫曰意已發矣待發而審其幾此有對之獨也反之此中有通徹而無二體者惟此一物知不在格物將爲無所不至之小人此君子所必愼也惡臭好色之好惡分明畫出物格知至來不止此也正心至平天下夫子縷析條分功化偏弊所由皆不出好惡蓋物情無窮惟好惡足以盡之然非格物而欲好惡之無辟難矣舍物無意舍格無誠舍致知在格物無必誠之意謂誠意與格物並重乎前賢以誠意爲人鬼關亦以知之致處爲關致在格物則發之意必誠不在格物則發之意必不誠見知之關於意者大而格物之關於知者尤大也後學錯認意爲關至不勝異意則不得不從事於研幾功愈煩難而意愈不可誠矣

與康侯　黃彥士

問津之會尙不至寂寞否諸公興起斯文正當努力主張使法壇日新月盛乃不負初意耳北發竟無定期於京邸得讀故人書一紙賢於萬金矣台訂宗旨謂惟不厭乃不倦必不倦乃爲不厭仁丈於學不厭矣亦不倦否羅近溪云座中無數人以爲學不得力弟誠愧之天不愛道故顯河洛二圖仁丈契此深爲斯道慶籌書迷人何日得面證之

與康侯　黃奇士

得南皐碑文佳甚亦足見先生之學矣刻後想自見分前所論以其問答共成語錄甚好須面訂之我等實實落落須見得可以考三王俟後世乃作一段話說爲先聖發明而令後世更得一指引多添一證據不然創意爲之祇破壞前人門戶添後世眩眼業障而或挨傍影響藉以文身則又務外好名之心而已五月閒當作一大商量乃以災木

與謝夢膏王晉吾論有諸已　黃奇士

孟氏六級惟有諸己最難譬如考校道學吾人反觀此身於此六者當置何級方有眞實地位不然畢竟犯終日說夢何曾得飽之譏矣今時談學動談聖談神而不孝獨爲低品學問祇談有諸己耳過此以往如已飽之人自會充澤肌肉發暢精神亦惟康侯可

與談此也

問答八則　蕭繼忠

繼忠每思正宗館祀周程諸夫子以及陽明先生石梁先生並貞簡王先生各有宗旨須於會所闡發次第使諸大儒之授受學脈昭然在人耳目開斯爲有益今即以濂溪先生太極圖說質之明天理之根源究萬物之終始本圖業已縷陳矣我輩實見得二氣五行備之身心否果於形生神發審善惡之幾否其未能定以中正仁義悖之凶而修之吉者其不得力處當是如何死生之說圖末亦言之我輩開口便曰死生事大即於太極圖說能了證否總之無極而太極一語未可漫僞口以談也幸諸友教之

答曰周夫子太極圖說蓋於河圖有所悟而闡發者也易繫辭解五十有五之數曰所以成變化而行鬼神又曰乾陽物也坤陰物

也以體天地之撰以通神明之德可見天地神明與我身心合成一片本屬至極而無聲臭之可指是之謂不傳之秘故曰無極而太極非太極之外復有無極也凡可以授受者俱是象數然無極之眞即在象數中是一非二總在學人參會之耳形生神發七情多不中節非五性之本來不善之因在此聖人定之以中正仁義而主靜立人極焉則止於至善矣自然合德合則有吉而無凶矣而君子須加修省盡人以合天復性善之本然性善云何仁義是也即無極之眞二五之精以立人之道也至此渾然與造化相終始時時是箇無極而太極殀壽不貳循環無端生死場中如晝夜之推移了無疑滯故圖末有云原始反終故知死生之說亦引繫辭語也

答識仁篇問語　蕭繼忠

渾然無間之仁體原是與物無對大不足以名之誠敬以承之此識仁篇之喫緊也存字即知止的止字易曰成性存存道義之門更可想矣篇中引反身而誠一段極爲眞切蓋誠即誠也誠則樂莫大焉萬物皆備之體絕無欠缺又何須防檢何須窮索哉非胸中實有所得不敢妄加註疏識者固自了了

答定性書問語　蕭繼忠

動亦定靜亦定性何有內外哉規規於外誘之除不知東滅西生而性愈不能定矣自私而用智不免應物之累是指出病痛來學人之通患也篇中反覆指點已無賸義惟體會之自得不必再用贅語

答王季修　蕭繼忠

主人翁現現成成無時不在但學人多有牽引以小奪大臨境安

得一一盡當於其奪時譬如日月之暫蔽雲翳不可謂本來之明稍有虧損

又答　蕭繼忠

人雖日用精密各就從來切習漸漸銷融方是希賢希聖希天工夫與本體脗合來教云懸空作想固淪於虛若逐事體驗恐涉於迹愚以爲止波之水應弩之機所謂當下了義也

又答　蕭繼忠

形色天性翻解已無差別即以兄之教而申言之心不在焉視不見而聽不聞此等傳語指點何等親切心一在焉聾瞽之聰明與聖人何異是豈外別有聰明乎其不在也有所牽引其常在也本諸虛靈牽引爲迷一覺便消除矣虛靈是覺不迷便受用矣來教語語透徹

答易一說　　蕭繼忠

忠讀易從有文字中想無文字義參來參去祇是一箇一耳任舉一物以當之有非一否或曰卽以河圖論之天數二十有五地數三十止於一耶曰一也或曰太極生兩儀兩儀生四象四象生八卦止於一耶曰一也或曰二篇之策萬有一千五百二十當萬物之數止於一耶曰一也或曰願有以解之曰可解非一或曰竟不可解耶曰不可解非一曰何以言之耶曰卽以易言言之易曰書不盡言言不盡意神而明之存乎其人耳易謂太極矣太極豈有二耶易謂窮理矣理豈有二耶且謂窮理盡性以至於命矣性命豈有二耶默而成之不言而信而已

或曰旣謂一矣吉凶悔吝至不一也何以體一曰吉凶悔吝生乎動者也天下之動貞夫一者也確然之易隤然之簡知險知阻一

也周子云凶悔吝居其三吉一而已可不愼乎易曰幾者動之微吉之先見者也一耶不一耶可了然矣或曰繫辭中全以凶悔吝之動處指點人未嘗提起元亨利貞何也曰元亨利貞無時無地無不皆然無不從造化中來者又何必再贅一辭况乾坤之彖傳已詳言之矣祇要識得一吉且不足云况凶悔吝乎或曰易以知來藏往可決之現前否曰祇要識得一今日如是明日亦如是元會運世亦若是而已矣又何往來之足云或曰易窮則變變則通乃曰定以吉凶則吉凶之數莫逃矣何以云通曰祇要識得一此數定之者誰自我轉之者誰所以黃帝堯舜通其變使民不倦神而化之使民宜之倘有數之足云乎噫天地有升降日月有去來從一切目視耳聽手持足行現現成成何勞擬議河圖是造化影事爻象是聖人影事易也一也易簡而天下之理得矣

鄒南皐先生曰一亦是名數通變宜民是當下實事非吾子慧心定力不能解此

與王儀寰先生論易曰忠固久於易見得四聖人垂示後學圖畫無時無地不是易之流行無忌憚者不失之狂逞卽失之虛幻安得深於易理與四時百物成一片哉

謂楊際之先生曰參證次第大都兢業其宗旨師友其究竟

與洪荆河　　蕭繼忠

每讀尊甫先生孔易本旨惟據卦變以卜吉凶別來歲月內寇外警擾攘干戈所在皆凶途也策天人治亂之變著者當如之何前於甘撫中丞座上見尊札遇胡友得悉德政僕堅臥問津自不敢與當途貴人妄通尺一駱生素叨噓植特藉手以致惓惓

復祝太守　　蕭繼忠

昨蒙嘉惠深心謙光下濟姚江之遇泰州再見於今日來教直揭信學爲宗眞救時之艮藥同社諸老聞之無不首肯心折卽此便是蒸動處益信此學祇從此念爲之提醒擴充耳今當正學絕續之候提此一念眞信而力倡之其關繫斯文殆千年一日矣

答門人王師魯　　蕭繼忠

十餘年橫逆頻加師友凋謝午夜自竦欲留此碩果不食以待河清兢兢業業竟不敢提問學二字攖亂世好事之口故一切舉動祇效堯夫先生作打乖吟耳兄何見而虛心北面耶容以平生所見相質得一爲發覆卽老來之嘉遇也

答程非住　　蕭繼忠

平生疑翁談學多露機鋒或遇物理直心快口以此稍疑涵養未密今細閱問答語鍼鍼見血皆無上鉗鎚且年來與翁對坐周旋

不輕發口是翁之造詣更又不可測識矣有限之年願共勉之

金陵先師天臺祠與焦弱侯答問　劉承烈

余仲父患風疾每作不能自持萬歷辛丑冬末忽不知所在數日後自陽邏來者云見乘舟東下余審實沿江訪求奔走風雪中逗留至壬寅正月廿四日抵金陵會耿叔臺先生於操江公署始知前五日傳送宿州矣宿二守仲父內兄也余因送使信還暫住先師恭簡祠寂處無事因得與焦弱侯李如眞往來商證師門傳習大荷開發一夕殘雪煮茗寒燈分映漏下幾子弱侯深得忘言之趣因贈詩云四載歸來坐欲枯從君何處覓眞吾風簾忽引茶香到朗詠冰心在玉壺次二日會於祠東景賢菴弱侯從容問曰李卓吾移家黃安依耿夫子不知何處參商非先生言不信也余曰言之恐揚人之過弱侯叩愈急余對曰卓吾初到黃安天臺先愛

之重之每會嘗舉卓吾之言後卓吾以教外別傳之學引人誚人倫之至爲頭巾語過會輒諧笑擾亂麻縣劉魯橋儒宗也在會發明居處恭執事敬卓吾衣短衫加紫背搭挽二妖童突至就坐曰看我恭敬少年翕然宗之天臺雖懷人心風俗之憂惟向門下士飭戒未嘗一語相加也甲申歲天臺起官都察院卓吾遣妻女反溫陵獨攜一僕祝髮於麻縣石潭芝佛院收徒百餘人以僧深有爲首座出則禿頂方巾乘轎張黃蓋居則飲食服御窮極珍麗最喜食狗肉下陳供奉必以肥狗先氣習傲惰少不如意候山門者屢日不見即對面輒引避或箕踞不爲禮少年得一盼無論喜怒皆以爲榮士大夫更曲意附和焉庠生有詛其父者鼓掌極賞其妙有不惜清議者以爲庶幾眞佛一縣士民如醉如狂而尊卓之禮法蕩然矣久之男女不分坐講雜沓而內外別嫌之意又蕩然

矣士大夫與同志始有慚色有怒言特以天臺無相校意含而未發天臺無非欲俟彼自悟以全交耳一日弟偶侍側老師出卓吾所著六觀音問命讀之徐曰中有好處此等人一反正皆足以裁成何概棄之意可知矣適分巡王公祖廉知其行恐惑亂一方行牌斥逐中有云不僧不俗青天白日安得容此魍魎公行卓吾見之甚怒以爲天臺指使也奔訴於劉方伯求解而隨作謗書令僧深有達於長安貴人凡可中傷無所不至天臺惟著求儆編藉以自修終不校也弱侯曰有是哉卓吾居官清謹持己孤高此弟之所見者豈意晩年悖謬至此然弟與之交暫而不密故見長未見短也至僧徒之縱恣弟見之即知之矣不知兄此時當何以自處余曰弟體老師全交之意只欲就中轉移因出與謝夢膏之書弱侯看一過喜見於面曰吾師曾有書來云已得法器備述兄行誼

弟深服兄之品猶恐其未聞道也今見此書可以俟後聖卓吾知此意否余曰以後事觀之卓吾必知乙未歲九月卓吾屢至小館微示欲過黃安意弟曰天臺與公以論學不合其平日交情固在也倘學可合併又何求焉卓吾曰峒老以人倫之至爲學脈吾恐其求之外也以未發之中啟之遂因以相牴由今思之人倫既至矣何嘗少未發之中乎是吾過也十數日後弟至維摩菴卓吾愴然曰不會峒老十二年矣昨到黃安見其衰病不覺痛哭峒老亦憐吾之老流涕不止當作書並耿八先生傳馳報周子禮矣余曰此天臺素心承烈所深願而不可必者也頓首謝之弱侯曰有先師之仁體有兄之厚衷自有卓吾此舉顧卓吾何以不免余曰天臺一日在卓吾一日可免也況能自悔乎天臺捐舍弟之肝膽且難投人卓吾又何恃耶蓋天臺所爭者學問陰有故舊以維繫之

衆人所爭者客氣顯借名教以制縛之難乎免於今之世矣弱侯歎曰誠哉是言兄眞得先師之的傳弟不及也時已薄暮弱侯别去復囘顧曰初十日天臺祠會期兄至會中大闡師旨俾同志知所宗也時方初四日當夜操江差役還卽報余仲父在宿州官舍余恐仲父又有他往急欲勸之歸度至初十尙有六日不能待也詰朝僅一面叔臺而行至今則天啟改元辛酉去壬寅二十年矣門下同志屢詢往事大煩酬答因書以示之

與謝蔓膏　劉承烈

孔子得子路惡言不至於耳我輩平日尙友其於子路猶非所安乃李卓吾與僧深有號無念者加吾師以橫逆造種種謗言我輩不能明辨正欲請教而先生示以求儆編矣先生物我一體念念生生不能自已一聞謗訕猶求儆以自修門下士可須臾忘儆戒

以辱師門哉孔子之道昭如日星今則上自朝廟下及閭巷非二氏之言不樂談非二氏之人不悅從弟以爲皆吾黨之過也彼見吾雅步高論以聖賢自期而潛漏影衾嘗多愧咎甚且巧伺捷徑托之行權遂以爲儒者不過如此大生厭薄心計惟二氏可駕而上之而不覺反爲隱怪者所惑則欲攻今之異端非今之學儒者所能攻也今之學儒者儒之異端也以異攻異庸愈乎佛老以出世爲宗飄然棄其家國安身於諸方外而招引陷溺之衆不幾與鹿豕同羣哉淺言亦足以風厲擴擴庸碌者矣奈何一變而别傳教外顯借之以濟其貪淫再變而合一三家陰用之以高其標榜二氏之言始不可窮詰而卓吾深有之毒入人膏肓矣此非獨儒者之道不明佛老之道亦不明故相率以亂天下也夫佛老之説其扶世之心未嘗不同而立教則異矣既已異何必同也易睽之象曰君子以同而異其旨微矣弟願與兄及同門同志修明孔子之教孔子志學者何志時習者何習不食不寢者何思學之不講者何憂不厭者何學不倦者何教實實身體而力行之各有門牆各有堂室各有所入各有所歸學佛老者不至援附於儒學儒者自不借途於佛老卽卓吾深有其廣長之舌能顚倒是非而世教清明人心俱正何所容之欲不易慮改行得乎此或可以轉惡言爲善言不但惡言不至於耳也師門之學有不昭揭於天下哉兄以爲如何

記蕭康侯逸事　鄒亙初

蕭先生自麻邑避雨屠者門問曰蕭先生乎近來所講何學曰不過平常日用事曰所講某等亦可爲否曰何不可卽如爾業屠戮稱如制卽是聖賢事適其子侍指曰此子亦何爲乎曰此子立而

我與爾坐卽父子禮何不可爲又曰吾妻亦可爲乎先生曰今某在此君內不待教而自傳茶此卽賓客禮也禮在卽道在不學而合稟於性命於天今教爾每事只要問此心安否心不安處便不做便是聖賢學問屠者恍然有頃曰謹受教後悉改向所爲

黃邑有兩弟爭兄產時天臺耿先生率門弟子劉拙齋蕭康侯諸公講學問津書院兩人前赴質天臺曰爾所爭是爾兄所遺否曰然先生曰兄產仍如前否曰兄時已賣半先生曰賣產時爾涕泣否曰產爲兄賣何至涕泣先生曰爾兄歿時爾涕泣否曰兄弟至性那得不泣先生曰爾兄賣產不泣兄歿而泣可見田產不重於兄弟今以爭產傷兄弟之情何待死者厚而待生者薄乎兩人泣然不忍復言

天啟某年景陵有生魏士茂來同德樓訪蕭先生値先生他出有

僞爲先生出見者數語即告去曰既來何去之速曰吾不幸耳過於目乃狂奔不顧因强止之且告以實詰旦先生歸語未移時俯首至地曰眞吾師矣遂留請學數月卒爲大儒一日會課拙齋先生問曰何以見羞惡眞心一人曰見人一不善便惡之如仇讐豈不是眞心一人曰不必在人自己有不善其畏人知如虎這豈不是眞心先生曰這眞心是何顏色衆人皆無以應先生曰是赤色衆人曰何以明其然先生曰諸位之面皆赤豈不是眞心所發乎衆人莫不心服

嘉靖末天臺先生於問津書院率先講學在今廟西南隅舊址萬歷甲寅蕭劉諸公承流踵美考卜落成修德問業月會歲要於時師友淵源南皋少墟匡湖景逸弱侯宏甫皆宿望鉅儒四方從遊問津者景附雲集盍二十餘年大雅云亡嗣丁刼火靈光猶在茂

草興悲亘初少親几席與聆緒言追昔悼今泣嗟何及偶憶舊聞謹錄數條於左以俟後之君子焉順治丙戌後學亘初記

會課

古稱立德立功立言又曰文章之道通乎性命性命者聲臭之無者也而文章通焉又曰有傳世之文有經世之文蓋其咀嚼乎仁義之途涵泳乎道德之府本吾心得發爲辭章要之典則將信今而傳後而其抵掌時事鋪陳王道上下數千年兵農禮樂師田學校興廢沿革莫不條分縷析之亦將抒吾夙抱而不在區區一日之遇也惟昔先正於問津書院首講宗旨次經濟次制藝亦曰言物行恒舉而措之在是耳以故其時或進而經世或退而潔身如天臺旦陽日臺武皐拙齋康侯諸先生道學經濟節義文章麟麟炳炳輝映後先嗣是有知津之會知津者因源及流嗣是有問津之會問津者窮流溯源一時同道築室牆陰藏修習游庶知者必問問者必知而立德立功皆可於肄業及之矣

會約四則

一文以會友行實先文敦倫其大者也身列士林爲四民瞻仰試五夜自問其事父母也養志口體果居一於此否喪果盡其禮祭果盡其誠否兄弟友于和樂且耽其財產果不爭競妻言果不聽否果不藏怨宿怨怡怡如否朋友勢交利交不足論即講文章意氣要一段眞情至性流通貫徹其間果言而有信肝膽與共生死不易否夫婦尤關一家禍祥果不狎不瀆不嘻嘻失節不牝雞司晨否傳曰有夫婦然後有父子有君臣數者如不可問其於君臣概可知也五倫乃天地之大經人生之大節有一不盡正所謂馬牛襟裾者先儒謂誠意爲人鬼關則倫之盡

否爭人獸關頭可畏也凡我同人著力猛省務期文行兼優以無負先王詢事考言之意

一帖括取士不下四百餘年矣一題之文載在房墨者盈千累百每科必有一二人另番花樣愈出愈奇無他惟其新也蓋人心之靈百變不可方物平奇濃淡總以新穎爲上乘韓子曰戛戛乎陳言之務去誠秘鑰也在先輩則研習經史窮極性理語類或問諸子百家等書乃能信今傳後久而益新近郷會試添設五經中額論題出性理正欲學者留心古學以作根柢則文章不求新而自新切勿徒事剽竊儌倖萬一

一人之好尚不齊見解自別而理脈則一也會文公請前輩到院鏟門批閱憑其去取必有一種識見出人頭地倘自是不服妄肆譏談彼貌受心非勢難取益况怒於言怒於色乎虛受者當

不其然

一詩字兩學雖曰末業然近日應制以詩命題有關黜陟字尤舉業家所謂出馬鎗者筆筆正鋒字字法帖小試最易制勝見長標榜儘能出色成名江浙八股外以詩字結社講究宗派所以登高遺興隨地揮翰人物騷雅才品洒落晉接間絕不露縛手縛腳遮頭蓋面之態同會人請以暇豫稍留心焉亦雅人深致也

一會中優取前列之文不徧傳共閲彼此無益閲卷發案畢其優等應謄者領卷歸各自繕寫四本照原批點裝訂送至書院彙齊分上下東西四路酌期遞傳以示欣賞

明先達剏四季大會末路兵燹接踵朝不及夕厥典遂廢先大人與奚王諸先生復結問津堂會業丁酉己亥間諸先生連鑣並轡其餘教授生徒而問津之課亦寖吾郡人文蔚起英才輩出不愧先型但人自爲家閉戶造車出門合軌者固多而南轅北轍亦復不少此道日新月異倘不及時切劘匪進則退矣學問退則品望必差一經失足終身陷阱今與諸同志公訂酌奪題以學之內外分拈期定季之仲望編號彌封毫不假借而其合力交口勸勉者祇以人品學問四字爲歸宿謹列會款於右

歲丁亥春仲望日鄒江遐謹識

補遺

蕭康侯學易問答序　鄒元標

天下之道貞夫一者也易一而已自一畫落人間而天地鬼神之精奧盡洩於此嗣而卦焉而爻焉象焉迄無餘蘊自大儒輩出遞有註解後之人不從先天弗違中參究而從語言中盤旋易自易而我自我於易也何啻徑庭余往從諸生後棘闈中於易義皆以己意發揮以爲必落孫山而爲主司亟錄因自註易之言曰廣大悉備如大海然聽人自取常最愛慈湖氏己易曰己易不以易學易而以己學易近從林下懸想始知易一卦有一卦理一爻有一爻理慈湖氏易可以縛上達發下學從事處精詳亦斷不可不理會故每從諸友問易多不敢冒認固余學之未能也友人蕭子繼忠自楚之都門從余之豫章往返參究予謝曰洗心藏密若十年

小草佩爲心印今出處無常而何能用易子無言康侯問不已余閒有答康侯遂名曰易學問答嗟乎世無康侯問答視康侯漫知康侯自困心衡慮中來人不困衡則不剗心捐形余蓋困而不知易者也深愧康侯引答言以歸武黄閒多明淹大儒見此書得毋曰先生不善用易其藏否安在則余知罪不但無大過矣

講學師儒姓氏

宋

龍仁夫（麟洲）有傳

元

吳澄（江西崇仁人字幼清學者稱草廬先生與麟洲友善）

董敬中（仁輔）有傳

吳應澍（西山）有傳

明

王守仁（伯安）浙江餘杭人宏治十二年進士學者稱陽明先生郭慶吳艮吉師之

湛若水（元明）廣東增城人宏治十八年進士學者稱甘泉先生王臣兄弟宗之

郭慶（善甫）有傳

鄒守益（謙之）江西安福人正德六年會元學者稱東廓先生出王守仁門張緒師之

吳艮吉（仲修）有傳

張緒（文綸）有傳

張澤（龍山）有傳

鄒元標（爾瞻）有傳

耿定向（楚侗）有傳

耿定理（楚崆）有傳

耿定力（子健）有傳

王陞（于勲）有傳

涂宗濬（鏡源）江西南昌人萬歷十一年進士黃岡知縣與耿茶簡講學周敬孫師之

王臺（最吾）有傳

曾鳳儀（金簡）有傳

羅大紘（公廓）江西吉水人號匡湖萬歷十四年進士與南皋友蕭繼忠嘗從之游

胡克儉（趨徵）本姓扶萬歷十四年進士官御史改廣濟

彭好古（熙陽）有傳

彭遵古（旦陽）有傳

黃雲闓（仁誠）有傳

知縣講學書院

黃彥士（武舉）有傳

黃奇士（守拙）有傳

甯咸　有傳

蕭繼忠（康侯）有傳

馮從吾（少墟）有傳

周啟孫　有傳

樊玉衡（元之）有傳

樊玉衢（荊軒）

焦竑（澹園）有傳按進士題名錄竑南京旗手衛官籍山東莒州日照縣人

蔡毅中（宏甫）有傳

王成位（儀寰）有傳

孫大壯（心易）有傳

陳余達（士卿）萬歷二十五年舉人官教諭與蕭繼忠講學書院

官應震　有傳

唐虞（純穉）有傳

朱試（以功）有傳

顧憲成　有傳

王世德（迴溪）有傳

蕭繼芃（仲蔚）有傳

王時槐（子植）有傳

孟津（伯通）有傳

高攀龍（景逸）有傳

游士任（肩生）有傳

田生金（雙南）有傳

祝萬齡　有傳

秦繼宗（西汀）有傳

曾日省（見獨）有傳

何閎中（絅卿）有傳

方一盛（心宇）有傳

劉承烈（拙齋）有傳

謝天眷（夢胥）有傳

周之訓（日臺）有傳

趙世貞（補梅）萬歷四十年舉人官知州王陞弟子講學

林有鳴　廣東文昌舉人安福王時槐弟子天啟元

魏士茂（卓如）有傳

王家祿（愧修）有傳

書院 年任黃岡知縣與蕭繼忠講學書院

魏廷謨 滇一 有傳　王家欽 仲修 有傳　王施大 化宇 有傳　馮雲路 漸卿 有傳

趙儕鶴 麻城縣丞　洪唯一 魯齋 河南商城人應衡父與蕭繼忠往來講學　曹欽承 仁美 江西彭澤人蕭繼忠門人嘗從講學　熊兆姜 渭公 有傳

盛朝衮 山甫 有傳　程士登 非任 諸生講學院中　李楷 湘陵 諸生講學院中　孫應鴻 孟長 有傳

王士龍 水廉 有傳　熊兆周 仲興 拔貢遂盌知縣

附錄失名失地諸儒

王師魯　楊際之 以上二人皆蕭繼忠弟子

劉豈凡 黃岡　丁濟之 麻城　劉菁華 羅田 以上三人失名以字行

王景六　王石門　王白初

張丑白　王孝毅 白之 以上五人名地俱失俟考

國朝

欽士佃 有傳　鄒亙初 紫墟 有傳　操之盛 恬菴 有傳　鄒江遐 甘叔 有傳

會課姓氏

前明正宗會館姓氏

洪周祿 字半石黃岡人天啟壬戌科進士官常州知府有傳　陳之綸 字存甫黃岡人

蕭繼芜 字仲蔚麻城人天啟甲子科舉人　洪亂衡 字荊河商城人舉人

王源昌 字蕃甫黃岡人天啟乙丑科進士河南大梁道有傳　金煥如 字黃岡人

楊魯 字得之麻城人天啟甲子科舉人　王躬允 字爾極黃岡人歲貢澄海知縣有傳

馮雲紀 字官卿黃岡人　洪有守 字念甫黃岡人順治丁酉舉人

王孟修 字黃岡人　王仲修 字黃岡人

王季修 字黃岡人　陳所恕 字黃岡人

劉應台 字篇遇黃岡人　靖科元 字四宇號兩愚天啟壬戌進士工科給事中黃岡人

舒文蔚 字黃岡人　吳士華 字君實黃岡人

王士美 字太美黃岡人　王躬儉 字爾曾黃岡人

邱一甲 字起元黃岡人　舒文勳 字黃岡人

楊生燓 字仲理黃岡人　樊憲祖 字天中黃岡人

郭調元 字理陽黃岡人　蔡發榮 字黃岡人

諶時甯 字君安黃岡人　吳士仰 字黃岡人

劉之李 字豐生麻城人　程如龍 字黃岡人

劉應至 字樊桐麻城人　張士英 字黃岡人

蕭繼芜 字叔熙麻城人　徐懷德 字黃岡人

操日升 字暘谷黃岡人　陳心濂 字黃岡人

趙世貞 字補梅黃岡人舉人　張昌 字瑞子黃岡人

朱大年 字黃岡人　陳實蘊 字若虛黃岡人

秦倫玉 字黃岡人　吳士傑 字君任黃岡人

蕭薫 字公陶麻城人　張星[illegible]

國朝知津堂會課姓氏

奚祿詒　字克孫順治己亥進士官常州同知

陳肇昌　字省齋順治戊戌進士官府尹有傳

高思忠　字孝移黃岡縣歲貢生官教諭有傳

方應哲　字又希黃岡縣學廩生

王追騏　字錦之號雪洲順治己亥進士官翰林

葉王守　字正則黃州府學廩生

張希良　字石虹黃安人乙丑科會魁

金德嘉　字會公廣濟人壬戌科會元

方象坤　字匪隅黃岡縣學廩生

葉　封　字井叔順治己亥進士官西城兵馬司

邱學岱　字陵長黃岡縣歲貢生

鄒亙初　字公遂黃岡縣學廩生有傳

王追驊　字丙之黃岡縣歲貢生

周泰祥　字公發黃岡縣歲貢生官教諭

詹大衢　字麗朋官翰林院孔目

曹世浩　字孟衍黃州府學廩生

陳良驥　字北固武昌縣學廩生

李逢年　字大有黃岡縣學廩生

詹大衢　字圖先黃陂縣學教諭

鄢維榛　字莽友大治縣學廩生

胡　畢　字二宗黃岡縣學庠生

靖裕元　字叔容黃岡人歲貢生任武昌縣學教諭

問津院志　卷之四　會課姓氏　五

國朝問津會課姓氏

王名啟　字俊元黃州府學歲貢生

王化龍　字棟瞻黃岡縣學庠生

鄒江遐　字甘叔黃陂縣學庠生有傳

王漢準　字驗聞黃岡縣學廩生

操正都　字纖臣黃岡縣庠生

王湃仁　字聲聞黃岡縣學庠生

王漢周　字峻侯康熙癸酉舉人癸未進士奉節知縣

毛震滋　字合臣黃岡縣學庠生

王世懋　字抒遠麻城縣學庠生

王漢業　字建章江夏縣學庠生

鄒受祉　字介繁康熙癸酉科舉人

王澎仁　字遠聞黃岡貢生

王必發　字堯章康熙壬午舉人

靖之鎬　字型若黃州府學庠生

王士愷　字根安黃州府庠生

劉　鋒　字毓菴黃安縣學廩生

王漢垣　字衛安黃州府庠生

王漢祁　字郊仲羅田縣學庠生

操有孚　字式聞黃陂縣庠生

操弘猷　字席皇黃岡縣學庠生

王沐仁　字誕聞黃岡縣貢生官通城教諭

王漢玹　字藻聞黃州府庠生

王全才　字仲寰康熙丙戌科進士長壽知縣

王天造　字潤生麻城縣庠生

朱宗書　字正誥蘄水縣學廩生

王楙績　字乃言康熙戊子舉人乙未進士

王楙芴　字文竹黃岡縣庠生

鄒士通　字諧萬康熙壬午舉人

王維翼　字在詒武昌縣庠生

王楙蘭　字滋九康熙戊子科副榜

范純瑚　字釆涵黃岡縣庠生

姚元陳　字周恪國學生

王衣錦　字其槐黃州府庠生

吳　奎　字斗文黃州府庠生

王元宰　字階六黃陂縣庠生

四季會課姓氏　前後會姓名同者不重載

蕭必發　字　黃岡庠生

林涇陽　字

王昌煜　字亭一黃州府庠生

邱世總　字選士黃岡縣庠生

王漢書　字素聞康熙癸巳舉人黃岡

王楙懷　字德久黃岡縣庠生

方可觀　字賓三黃州府學廩生

王弘勳　字展臣江夏縣庠生

問津院志　卷之四　會課姓氏　六

王元福　字介茲黃岡縣國學生

方　赤　字式南黃岡縣庠生

王楙賞　字延九黃州府庠生

王近顯　字司直漢陽縣庠生

王楙蘇　字眉九黃岡縣庠生

王楙屏　字襄九黃州府庠生

王南朋　字瑞合蘄水縣庠生

王純璇　字釆遂黃岡縣庠生

邵國生　字登一黃岡縣庠生

夏　玹　字眉山黃岡縣庠生

孫榮郢　字荊南黃岡縣庠生

王　坦　字景盧黃岡縣庠生

汪念祖　字聿修黃岡縣庠生

操士坦　字道文黃岡縣庠生

蘇江瀾　字道周黃岡縣庠生

操士蓮　字元峰黃州府庠生

周佐時　字以秩黃岡縣庠生

竇　雲　字文藻黃岡縣庠生

孫家祿　字仲干黃岡縣庠生

黃士祁　字又宋黃岡縣庠生

邵光祚　字緒延黃州府庠生

邵光祖　字述延乾隆辛酉拔貢

張啟基　字似劉黃岡縣庠生

方可丹　字一常進士新淦知縣

書院肆業姓氏 會課肆業姓名同者不重載

孫如芝 字素公順治辛卯舉人官筠連知縣有傳
王士龍 字水簾歲貢潛江縣教諭有傳
王成 字生生黄岡人順治辛卯舉人有傳
胡承孫 字若詒黄岡縣廩生
王久怡 字調先黄岡縣學廩生
王久悦 字帝臣黄岡縣廩生
吳國棟 字帝臣黄岡縣庠生
吳國楨 字以寧號蔚伊康熙甲子舉人
吳純德 字以占黄岡縣庠生
胡坦 字履占康熙丙午舉人景陵縣教諭
胡塤 字次倫黄州府學歲貢生
欽士佃 字文思康熙庚辰進士官編修有傳
操士望 字令聞羅田縣歲貢生
秦紀事 字申儀武昌縣廩生
張星聚 字奎五羅田縣庠生
王昌錫 字又申黄岡縣庠生
王掄士 字以三拔貢武寧縣知縣
陳岑 字初山康熙丁卯舉人
胡應通 字師魯蘄水縣庠生
熊開任 字信占康熙丁卯舉人
操詠 字永言蘄州學廩生
操亥 字瑞問漢陽縣庠生

沈天騏 字杜叔黄州府學廩生
吳其達 字次希康熙癸巳科舉人
操王珍 字席爲羅田縣庠生
胡之憲 字洛遠黄州府庠生
操履壽 字如南黄岡縣庠生
操履泰 字自芳黄岡縣庠生
吳秉鉞 字子能黄安縣庠生
吳如默 字子言黄岡縣庠生
蘇上進 字有南黄岡縣庠生
操士榮 字名時武昌府庠生

天下書院二百餘所皆以表先賢之遺跡作吾道之干城而問津尤爲生徒肆業遠近雲集之地饔飧膏火無術補苴明代諸公敦尚風義如太守王公李公天臺晉吾旦陽夢白諸先生嘗歲給諸生供億之半亦作人盛事也今雖逐年輪管稍有措置然備祀事外止供四季會友暨闔文先生供應稍餘存作修理之費欲並資生徒饔飧膏火則尚有待焉爰登肆業姓字以作道義之鼓舞云

續採問津會課姓氏略

胡必楠 號翠亭嘉慶癸酉舉人
李開善 號粹菴道光丁酉副榜
陳炳星 號紫垣歲貢
邵樂裕 號綽齋同治辛未進士武昌府學教授
陳天驥 號金門同治甲戌進士由主政改樂至知縣歷涪州
錢崇柏 號季楨咸豐戊午舉人沔陽州學正
胡華海 號涵齋增生
洪艮品 號右臣同治戊辰進士戶科給事中
錢崇蘭 號湘畹咸豐己未舉人
鄒家俊 號顴門歲貢
鄒家驥 號駟垣庠生
胡同治 號端平庠生
胡登甲 號鼎生增生
徐景春 號蔚臣庠生
萬維屏 號雲門光緒己卯舉人
杜昱 號瑞亭光緒乙亥舉人
喻鴻鈞 號濟臣光緒丙戌進士貴州鎮遠知縣
王用霖 號楚材庠生
高鳳鳴 號竹村附貢
蔡華翰 號曉峯庠生
程斌 號藍田光緒己丑舉人
陳世昌 號鉅卿光緒辛卯舉人山西知縣

陳福阿 號敬輿歲貢本班先訓導
周繪藻 號星橋光緒己丑舉人江西興安知縣
陶壎 號鎮吾光緒甲午經魁江西龍泉知縣
陶炯照 號月波拔貢河南知縣
游廷琛 號獻臣庠生
沈致堅 號卓吾光緒甲午舉人四川候補道
嚴用彬 號文山光緒己丑舉人湖南益陽知縣
涂子中 號月波光緒乙酉舉人
趙元猷 號灼齋廩貢
劉丙甲 號信甫廩貢
李開侁 號藎臣光緒丁酉拔貢廣西知縣
徐聘三 號莘農庠生
左恢先 號文卿庠生
程觀曜 號吉臣庠生
繆煥東 號秀山廩生
繆煜東 號樸山庠生
曹集蓉 號韜門光緒辛卯舉人
熊敬 號丹田庠生
梅楨 號叔山庠生
游亭銘 號又新增生
汪鵠 號竹卿廩生
余士元 號雨亭庠生
汪應辰 號翰卿廩生
張青選 號藎臣廩生

張　鑑號碧齋廩生　毛鴻鈞號少峰庠生
張華瀚號瑞香庠生　張世猷號香波庠生
徐燿午號芸香廩生　夏福康號伯衡庠生訓導
趙晉汾號雨門光緒壬寅併科舉人　夏壽康號仲英光緒戊戌進士癸卯翰林
巴洪浩號賓臣庠生　涂浩然號晴波庠生
吳樹勳號甸山庠生　沈開甲號雅臣庠生
沈國楨號朗臣庠生　徐忠介號竹泉庠生
陳廷管號玉笙庠生　胡　藩號价人庠生
陳兆蓉號篤卿庠生　張祖說號庠生
黃時敏號勉之庠生　邵　容號文甫戊子副榜

書院講學創始麟洲自有明以制義取士先正訂立會約四則不廢帖括者垂數百年康熙志條列姓氏首正宗次知津

次問津次四季肄業會考其有英聲騰達因文考獻蒐輯吉光片羽至今可想見其爲人卽閒有遺佚無徵既附諸人物表中驥尾名彰精氣自難磨滅誠盛舉也逮雍乾嘉道送學師及鄉先達校閱院中未留姓氏底本二百年文獻竟付之風飄雲散庚子院志復憚蒐羅有心人慭焉傷之咸同來迭經兵燹院課久停光緒乙亥管理始復舊規而與課姓氏底本仍不免闕如爰遵康熙志訪存什一於千百以俟後之繼絕舉墜者

問津院志 卷四五

先正 講學列傳 名官列傳 鄉賢列傳

問津院志卷之五

先正　講學列傳　名宦列傳　鄉賢列傳

志有列傳實沿史例但各省府縣志皆蒐輯本邑人物裒成文獻而院志則不然問津書院自永新龍麟洲先生倡道於此有明中葉在院會講諸公師友淵源祖禰幾徧天下而官紳之提倡宗風有功茲院者其言行皆不可沒考闕里志大成通志列傳並載先賢先儒鹿洞志先獻列傳特載周程朱蔡地不必同省人不必同居昔吾有先正惟以斯文一脈嘉惠來茲爰爲聯屬成編俾後學知所取法焉志先正

講學列傳

宋

龍仁夫字觀復江西永新人文學與同郡劉詵齊名尤深探濂洛關閩之旨初薦署江漸儒學副提舉後提舉湖廣宋鼎革授陝西提舉不赴絕意仕進嘗過潯陽呂文煥遊琵琶亭令賦詩卽席賦曰老大蛾眉負所天忍將遺憾付哀絃江心正好看明月又抱琵琶過別船呂大慚晚年僑居黃州講學孔子山下以著述自娛撰周易集傳十八卷多發先儒所未發愛陽邏堡山水特於江側磯石大書淮甸上游四字年九十餘卒葬陽邏華山之陽學者稱麟洲先生建祠祀之

右傳載問津書院舊志與江西吉安志合但攷姓譜及一統志楚通志皆謂先生元人姓譜謂仕爲湖廣儒學提舉一統志謂授陝西提舉按度宗九年二月呂文煥以襄陽叛降元十年七月帝㬎卽位十二月陽邏堡潰沿江諸郡皆呂氏舊部曲先生詩所謂遺憾哀絃琵琶別船蓋以譏老

姦之魄而聲討賊之義也築室問津僑居終老安得復有屈節事元之理蓋先生仕宋爲儒學提舉陝西提舉必元所授未就者嗚呼北戶傷心西臺痛哭先生確然爲有宋一代完人雖紀載訛傳其不得沒先生之高節明甚又院舊志載遊湘水宴琵琶亭攷湘水無琵琶亭宋史德祐元年呂師夔以江州叛降元設宴庾公樓則先生入席賦詩坐客掩泣者當在江州白樂天賦詩處卽諸書之流傳失實可知矣

康熙丁亥七月十有五日兩山舊史後學陳大章記

明

郭慶字善甫一字一坡黃岡人質直力學正德丁卯舉於鄉聞王陽明倡道東南徒步往從之三年歸講學問津充然有得授清平知縣以廉勤稱去官民爲立祠祀之家居好吟詠著述卒祀鄉賢（府縣志入儒林）

吳良吉字仲修號石梁黃岡人居新洲少補諸生篤信好古慕陽明先生名鬻產得五金同郭一坡往學踰年歸益自刻勵時督學胡廬山倡學楚中良吉同周龍山往謁待以殊禮胡公偶爬其項良吉曰不敬胡曰偶然耳非不敬也良吉曰若至尊之前此手肯出否胡聳然邑侯孟津延主正宗講院每請見設榻相待有所益卽拜謝一日偶詢曰貴鄉有一人命事昨以二人抵良吉問狀孟曰以石擊死良吉曰兩人扛石擊之乎一人拋石擊之乎遂免一人死耿公天臺叔臺聞其名騶從過訪會雨潦不能去供以麥飯淡蝦耿嘗戲謂人曰吾生平爲吳石梁麥飯淡蝦所苦然不敢不飽也後與耿公

謀拓問津講院壽八十卒耿公備棺殮爲作傳知府瞿汝稷立墓碑著有居湖集祀鄉賢府縣志入儒林

張緒字文綸漢川人幼穎異善屬對邑人劉大本奇之養爲已子因劉姓名燧年甫冠登賢書復姓張更名緒號甄山師鄒文莊守益友耿恭簡定向潛心理學就桐城諭入都謁張居正以年德抗上座不爲屈轉南監博士歷戶部員外郎日與耿天臺羅近溪講學時宰忌之謫繁昌諭移令德陽一載告歸室廬蕭然布衣脫粟晏如也學者稱爲甄山先生樊玉衡玉衢皆師事之三楚文獻錄

按書院舊志載張甄山名丹漢陽人三楚文獻錄載張甄山名緒漢川人未知孰是但舊志既列入師友淵源條下必有事關書院者查舊志樊玉衝傳云弟玉衢從張甄山

講學是甄山爲玉衢之師似於師友淵源相合然統曰甄山名丹名緒尙無明文又漢陽諸志亦無張丹關涉書院事及查文獻錄張緒傳中有師鄒文莊守益友耿恭簡定向並日與耿天臺講學等語其合於院中師友淵源者一又湖廣通志載李若愚請補楚中三忠貞謚典疏前云故戶部員外郎漢川張緒清操苦節後云故崑山知縣黃岡樊玉衡苦節孤誼一肖其師是張緒又爲玉衡之師其合於院中師友淵源者二又黃岡縣志樊玉衢傳云從父煒司訓漢陽會張緒講學江漢玉衢與兄玉衡師事之是院志所載玉衢從講學之張甄山固亦張緒而非張丹其合於院中師友淵源者三據此數語則甄山之爲張緒而非張丹也明矣而舊志所云諱丹者或得之傳聞未加深攷耳至漢川漢陽更不必深辨萬志

張澤字龍山黃岡人本姓周嘉靖乙酉舉人授商水教諭主大梁書院以薦預廷試疏陳時事知雲南歸化縣事調廣州河源未行時蒙自方用兵巡撫以澤才疏改蒙自招撫有功事平乞養歸與吳艮吉講學問津布袍芒履不治生產卒祀鄉賢孫啟孫曾孫之訓另有傳

王時槐字子植安福人嘉靖二十六年進士隆慶末授陝西參政尋罷歸萬歷中起貴州參政擢太常卿皆不赴時槐少師劉文敏自謂年五十終無所得逮罷官反身實證始悟造化生生之機不隨念慮起滅學者欲識眞機當從愼獨入其論性曰孟子性善之說決不可易使性中本無仁義則惻隱羞惡更何從生且人應事接物如是則安不如是則不安非善

而何又曰居敬窮理二者不可廢一要之居敬二字盡之自居敬之精明了悟而言便是窮理卽考索討論亦居敬中之一事敬無所不該敬外更無餘事也年八十四卒學者稱塘南先生其徒林有鳴令黃岡講學問津每稱頌不置明史

耿定向號楚侗黃安人三歲時有公卿到門大父抱之於膝定向問曰有上者否大父曰獨有聖人耳定向曰兒當爲聖人年二十補諸生登嘉靖壬子賢書丙辰進士授行人擢御史時分宜與太宰吳鵬比黨姦利定向列鵬六事幷劾分宜上怒斥鵬分宜爲之稍戢辛酉出按甘肅尋改南京督學開崇正書院直揅仁體示人晉大理丞與高拱忤謫判橫州高敗起授都察院旋撫八閩丁父憂服除起爲都御史請王文成從祀孔廟得允行晉戶部尙書兼督倉場九疏乞罷予告

歸定向在都日嘗與弟定理從羅念庵胡廬山遊及歸習靜五雲山講學問津書院蓋明代自新建後談學者遍海内而或影響見知轉傳轉戾定向憂其敝也嘗謂學以知入以修證又謂學有三關四證教授不倦後屢過問津以舊宇湫隘卜築今址未果屬其弟子蕭繼忠成之家居凡七年一日整衣冠危坐與門下士論學有頃入寢假寐而逝年七十三詔贈少保謚恭簡學者稱天臺先生

耿定理定向仲弟字楚倥在郡嘗與羅念庵胡廬山遊後歸五雲山隱居不仕與兄定向屢過問津講學不倦學者稱八先生念庵嘗言曰儒者之高蹈聖世之逸民理學正宗其八先生乎

耿定力定向季弟字子健一字叔臺隆慶辛未進士授工部主

事江陵相故座主又先嘗執贄加殊盼定力深自引避出守成都遷按察司副使督閩學下車即頒楊羅李朱諸大儒微言以訓士錄蔡文莊陳布衣後以示風尚累遷南僉都御史兵部右侍郎卒贈尚書賜祭葬生平學問以求仁爲宗以與人爲善爲體眞修實詣超然自得與兄天臺共講學問津書院（按舊志謂叔臺稱八先生以府志攷之則楚倥也）

黄雲閣字時闕號正野黄陂人沈静端凝以歲貢除浙之泰順學訓其教弟子員諄諄以章楓山王伯安爲法已遷濟源諭濟爲宋陳文恪故居雲閣特建復初書院講周程學一稟生開隙於令上之督學督學詰雲閣曰濟士盡荃茝耶吾密鉤之且有公據雲閣正色曰有一生但爲令所不直耳實無他生得解冒歸德授署柘城令柘饑盡蠲其逋停催科有父訟其子者雲閣曰汝子宜死吾斃之杖下易易耳然恐傷慈父之心若歸且忍之翌日父詣縣曰兒知罪矣轉鼇山衛教授旋解官歸行李蕭然惟來時二篋而已卒年七十三學者私謚爲仁誠先生子彦士奇士另傳（三楚文獻録）

黄彦士號武臯幼侍仁誠先生學十六補諸生萬歷丁酉舉於鄉甲辰進士授行人晉御史會孝定太后崩上疏請復古禮行三年喪定爲制疏入留中神宗題之曰黄御史眞君子宫中不解絰服按陝西茶馬詳考牧政慨然曰此雖舊制非善法也條十利十害上之光宗踐祚疏陳十欵自聖躬及邊防俱切中時事熹宗時議者欲列祖訓於經筵彦士曰祖訓國朝家法非六經比既名經筵應守累朝定制差撫中州行次見潞藩税監苛横杖其渠數人撤監租付有司徵卒以亢直

左遷告歸於二程祠側建甘露書院又與弟奇士彭好古王蕭諸人移建問津舊院以時講學其間至老不輟著有疏草四卷甘露館集十卷行世

黄奇士號守拙雲閣次子年十四補諸生從耿恭簡學邑有二程夫子祠日與友人參定性學宗旨萬歷甲午舉人就壽州學正督設四科首德行次經濟三制義四騎射有奸胥誣一生爲盜未鞫即暗斃之冤且數年奇士廉得其實率諸生哭白主者立置奸胥抵罪遷南雍諸生有以毋病乞去者會卒不及例告奇士令其急去司成問故奇士曰此某教之也司成孝教諸生如委折貽人子終天憾非所以奉公意也司成改容謝鄧源湜者奇士之石友早逝遺一女奇士哭之曰婦幸有娠若舉子必爲姻卒聘焉博士某病且革以百金屬奇

士日兩孤㓜恐不能自立敢以是累先生奇十許諾撫兩孤如已子經十餘年以金還日此若翁易簀時所託也在壽州日妖賊僞徐徵兵於壽不數日募戰士得千餘人分三等故宿遷之捷爲力居多歲丙寅忽小疾友人鄧葆筮之得謙奇士日君子有終殆不起矣卒年五十有六生平學問以靜入以悟精以修實臨沒有詩云五十六年學道客此時心與聖賢遊莫把虛空來誤認生機一點是尼邱所著有理學雜著古史臆說聊自娛集半傭集若干卷其子墀嘗舉庭訓曰作文易做人難顯親易守身難後亦登壬午賢書

孫大壯字心易黃岡人生有儁才勵志讀書萬歷乙未進士累遷福州知府治行清簡爲循吏最擢江西右參政官終陝西苑馬寺卿所著詩文公安袁宏道推重之

方一盛字新宇黃岡人萬歷間由儒士授四川鹽法提舉持法平允擢眞定知府乞歸終養凡建祠捐產設粥掩骼修橋梁諸善舉皆竭力爲之年九十餘卒

、王陞字于勲號晉吾黃岡人祖直庵得湛甘泉之學父文炳號椰溪早世陞㓜孤卽以大儒自命於濂洛關閩之書閉戶研究萬歷已卯舉於鄉選山東肥縣諭遷蜀威遠令威遠俗悍犂不逞輒敢訟長吏陞曰此固長吏過民何知一示以廉讓久之遂馴服轉泗州守泗故高皇帝豐鎬熙祖陵在焉水不治楸柏棄沮洳中陞請闢高家堰疏水源格於淮陽諸權貴陞具揭不休忤諸當道意遂以周家橋大工責令獨任陞曰疏水源既不得則急濬支流亦足分水勢乃視畚鍤雜士傭坐卧風雪役竣水稍殺遷渝州佐督餉平播有功改貳遵義旋奪官嗣敘播功復授上谷龍門尋遷滇鎭南遂拂衣歸先是陞守泗州少宗伯楊復爲理學名宗以事至陞委贄從之學益進歸主講正宗會館見問津舊院圮壞與蕭彭諸人移建今處往來講習其中所著有退省錄退問集綱鑑讀要等書學者私謚貞簡先生卒祀鄉賢

王臺陞弟字最吾爲邑諸生好學深思嘗與兄陞講學定惠問津諸書院及陞官外省臺獨往來講論一時從游者甚衆子家錄另傳

鄒元標字爾瞻號南皋江西吉水人九歲通五經萬歷丁丑進士觀政刑部首輔張居正奪情疏劾之忤旨杖謫貴州衞卽日就道在戍所六年有巡方至衞閱操公戴鐵帽號衣持戟負戈雜軍伍中巡方遣人謝之公厲聲日此君命也何以謝

爲居正沒召拜吏科給事中會慈甯宮災條列時政六事觸帝怒謫南京刑部照磨後召晉吏部員外郎起補驗封遭母憂家居垂三十年師表人倫名高天下光宗立起爲左都御史與馮從吾建首善書院集同志講學閹黨朱童蒙疏請禁錮遂乞休四年卒於家魏璫矯旨削職崇禎初贈太保吏部尚書謚忠介

高攀龍號景逸江南無錫人萬歷己丑進士授行人四川僉事張世則進所著大學初義力詆程朱請頒天下攀龍抗疏駁其謬書遂不行旋緣事謫揭陽典史遭喪歸遂不出家居垂三十年熹宗立起光祿少卿時以紅丸事攻輔臣方從哲下廷議攀龍引春秋首惡之誅歸獄從哲被譴奪俸改大理少卿與鄒元標建首善書院元標去官攀龍請與同罷詔留之

忠講學問津以終老

甯咸字太虛衡陽人肄業成均志在講學執贄程大津門置共學軒以居生徒顧涇陽自越來訪結交而去郡城沈鐵時過從問難嘆曰子乃吾師也敢雁行哉太守徐堯華率僚屬就咸商訂已而講道芝城大會武昌至黃郡勉王陞蕭繼忠建正宗會館移築問津書院以講學焉咸素諳天文常登南岳高處預察災祥其言悉驗學使金學曾題其堂曰志伊學顏監司鄧雲霄顏所居曰湖南高士所著有易編論語類補全楚會錄說軺稿舵樓間記祀鄉賢

朱試字以功江西南昌人兒童時不苟韞笑受學於章布衣潢書講夕論多獨得之悟主講濬祠書院蕭繼忠寓江右時與爲友嘗致書云濬祠與問津相望彼此主持正學俾江楚儼

然鄒魯其以道自任如此著有時習錄就正篇諸書晚深於易論著未竟而卒 南昌府志

王世德字迴溪浙江永康人萬歷辛丑進士任黃州知府與推官許士奇修建問津書院買備祀田延邑士蕭繼忠孫應鴻講學會課其中幷刻有麟洲會業課本後擢江防道

盛朝衮號二泉河南商城布衣也少棄舉子業問道四方尚景逸董思白鄒南皋諸公皆引重之聞蕭繼忠講學問津走數百里執贄門下助修書院又建問津分院於商城之湯池延繼忠主講

唐虞字純稱零陵人爲人軒軒不羣志氣慷慨垂髫時善屬對有郡丞出一聯云官去堂空應聲曰水流雲在郡丞賞之甚作詩矢口而成既而與友易康侯徒步千里至問津謁蕭公繼忠研究正修之學所養甚邃留二年歸倡同志講習焉流賊入南時萬公開府虔州往見署爲府判將題陞監軍道適灝城破與萬同沈於江殉國難

焦竑字弱侯號澹園南直隸江甯人舉嘉靖四十三年鄉試下第還耿忠簡督學南畿遴十四郡名士讀書崇正書院以竑爲之長萬歷己丑殿試第一官翰林院修撰與袁宗道陶望齡黃輝日夕游處倡明理學光宗時皇長子出閣竑爲講官竭誠啟迪採古儲君事爲養正圖說擬進之同官郭正域等惡不相聞目爲沽譽遂止嗣典試順天被劾鐫秩遂不出留都故多講社推竑主盟壇坫盛每會學士大夫多以疑義就正生平講學宗羅汝芳而善定向兄弟故天臺明德陽明三祠之會問答尤多工古文著有澹園集年八十卒熹宗以

先朝講讀贈諭德福王時追謚文端

蔡毅中字竑甫河南光山人五歲通孝經父問讀書何爲曰欲爲聖賢耳七歲舉奇童邑令試咏堂上鶴應聲曰海上歸來不記年鳴皋鼓徹碧雲邊上林得獻千秋賦御筆親題一品仙聞者驚異萬歷己丑舉於鄉主試趙南星目爲經濟才辛丑成進士改授檢討時礦稅縱橫取祖訓諸戒註疏進之又靈濟宮講學奉毅中主盟閣臣沈一貫不悅謫麻城縣丞嗣擢行人司副入都具疏進古文孝經集註晉尚寶丞天啟初擢禮部侍郎疏劾魏忠賢引武宗之處劉瑾神宗之處馮保請急除肘腋奸忠賢見之戟手詬曰國學何預亦來攻我趙南星被逐百僚匿影獨送之大井且致書程正己白其冤會駕臨雍有日中涓矯旨改期因上誠正格致四箴再疏乞休

人敢盡言任怨御書姓名於屏時議增賦震力爭減楚稅三
十三萬光宗卽位遷太常少卿尋乞歸講學問津卒年六十
八祟祀鄉賢

王成位字儀賓麻城人萬歷甲午舉於鄉歷官鞏昌府丞事繼
母以孝聞晚講學問津著局不輟

田生金號雙南麻城人萬歷甲辰進士由推官御史累陞太僕
卿有節鉞聲望其請復方孝孺友族一疏尤膾炙人口林居
日嘗講學問津至老不衰

王家欽陞子字仲修孝友文章爲一時所推重郡守祝萬齡延
主定惠問津兩書院往來訓迪倡明正學一時從遊者眾卒
祀鄉賢子源昌有傳

周啟孫澤孫博學篤行爲人倫師嘗從耿恭簡涂鏡源講學問

津後以明經官平度州同知卒祀鄉賢

馮從吾號少墟陝西長安人萬歷戊子舉人己丑進士授御史
巡視中城嚴邏偵苞苴絕跡後以抗章忤旨歸講學城西寶
慶寺一時縉紳學士執經問難下至農工商賈環視竊聽寺
不能容當事者爲闢關中書院顏其堂曰允執光宗踐祚起
尚寶卿轉副都御史與鄒元標講學首善書院言官以門戶
糾之黨禍起落籍歸著有辨學疑思關學諸錄訂士利善諸
圖說行世崇禎初贈太保諡恭定

、秦繼宗字西汀黃岡人萬歷甲午鄉薦第一以饒陽教諭登庚
戌進士官南京戶部郎中德性醕厚講學問津多所成就其
教以禮爲主謂禮以持身則德盛禮恭優入聖域著有禮記
疏意綱鑑要畧諸書

謝天眷字蔓膏麻城人性倜儻清修自厲從游於耿天臺周柳
塘之門講學問津有處士何心隱忤江陵斃於楚撫軍杖下
天眷攜炙絮往奠詩以哭之又嘗雪曹指揮拔黃及蕭繼忠
等冤獄其仗義多如此

何閎中字綗卿黃岡人天啟壬戌進士累官四川提學副使所
拔士皆名儁後改雲南瀾滄兵備道値寇亂悍患禦災功績
甚著卒於瀾海士民戴之祟祀雲南名宦嘗講學書院學者
稱爲蘧宿先生

王施大字化宇黃岡人受知督學熊石門食餼於董思白兩中
副車慨然絕意科舉與同里蕭繼忠熊霈等講學問津共論
陽明頓漸義施大曰上聖亦有漸次階級斷未有無階而頓
悟者熊曰本體瑩然上聖不過微拂拭耳施大曰拂拭卽漸

次也熊深以爲然嘗曰會中必得王生來則道與生平慣誦
萬物靜觀一律爲人和氣藹如誠一不欺里中人相戒有事
勿令王先生知之將使人愧年七十餘卒

、馮雲路字漸卿黃岡諸生年三十卽棄舉子業移居鄂城從賀
文忠講學著書百卷直指汪承詔疏薦之並上所著書不用
會流寇逼楚書報文忠云在內以甯湖爲止水在外以江漢
爲汨羅甯湖者雲路談經處也城且陷乘桴入湖賊遣使來
聘遥應曰某生平只讀忠孝書未嘗讀降賊書也遂投湖死
祀忠義祠

、熊霈一名兆菱字渭公黃岡諸生嘗與王施大等講學問津後移居
武昌喜邵子皇極書頗言未來事崇禎癸未元日盡以已著
述付其弟雲霽以歸曰善藏之獻賊將至並貽書馮雲路曰

瀛洲集林居日嘗謂問津書院以文昌配祀聖殿非典欲於院右山隅建閣移祀乾隆癸亥理事等改造如式近又移建院西廡齋宿館南

鄒江遐字甘叔亙初子少從父讀書問津弱冠補弟子員父沒與同志倡復問津會業以講德興藝育才訓俗爲己任王掄士纂修問津院志江遐佐其搜括不辭寒暑又修葺講堂殿陛與有力焉子士通康熙壬午舉人通城教諭

名宦

唐

杜牧字牧之樊川人第進士太和間黃州刺史興學教士立廟崇祀先聖一時家循孔教人誦儒書故院前鷹山相傳爲宋紘歌里

宋

孟珙字璞玉（舊志作寶玉）棗陽人鎮黃州增陴浚隍蒐討軍實退則焚香讀易嘗取六十四卦各繫四句名警心易贊更加意右文增置學舍千間以處游士卒贈太師封吉國公謚忠襄

明

盧濬浙江天臺人舉進士宏治間守黃州廉直多惠政禮賢右文置鄖山等處學田以贍貧士毀諸淫祠嘗泛舟江上風起舟子頻呼楠木大王問故以妖對濬歸撰文牒水府限三日以木至屆期往視一木自樊口至命縛之登岸時修學宮以爲殿柱妖遂滅

孫光祖字子紹浙江慈谿人舉進士授祁門知縣隆慶間知黃州府明察善聽民瘼周知公餘與諸生論學塑先師貌於孔子山歲時會講秩滿遷苑馬少卿歷陞廣西左布政使致仕年七十餘卒（甯波府志）

胡潔江西豐城進士雲南曲靖衛籍正德間知黃岡縣廉介勤敏院路側有孔子使子路問津處古碑潔構亭覆其上後累官都御史

按黃岡縣志胡潔江西豐城人問津書院舊志及孔子山碑亭記皆云雲南人後攷歷科進士題名錄胡潔正德戊

董元俊陝西華陰人順治己亥進士以經術起家康熙初令黃岡前政之朘削者一切報罷訟獄衰息清理問津書院亂後祀田舉卓異以憂去

李經政滿洲人康熙十八年知黃岡縣與郡守于清端爲政嚴明邑以大治時值荆岳用兵軍需旁午咄嗟立辦尤加意學校豁免問津祀田雜派差徭等款永爲定例

趙之壂沔陽舉人黃岡教諭與邑侯董元俊清理問津祀產力居多著有居黃間草

王民皡江西臨川拔貢康熙間任岐亭同知夏逆之亂其黨張漢猖獗民皡以孤城捍禦一力安堵有禁書院樵采山樹婦女遊玩及齊登進佔山各示諭並製院志序文

王琯字崑修直隸交河人康熙癸丑進士督學湖廣時捐貲增建書院儀門

王輔字元公鑲藍旗生員康熙間任黃州太守以問津經費不敷撥官田畈租銀助之勒碑講堂

王模字莊諏號北麓四川三臺人康熙丁酉舉人乾隆初知黃岡縣張佃若愚侵佔鄢山祭田判賞懲歸還士林頌之

劉澤溥號惠庵遼東正藍旗筆帖式康熙間知黃岡縣主修問津清理院中租稅豁免舊逋與許郡伯蓼齋合捐俸金買置蓮花汊祀田三石八斗有碑

孫芝瑞字聖草江夏貢生康熙間任黃岡訓導善屬文工書法助增修書院儀門

李彥瑁字輯五號華西陝西三原人康熙辛未進士知黃州府莅任十載嚴飭屬官革除陋規清查積貯荒歲民賴以濟屢主問津祀事卒於官祀名宦

程大緒字嗣有孝感拔貢少孤養母以孝聞課子弟務實行言笑不苟官黃州教授主祀問津

彭士商字克家號衡陬湖南衡山人康熙辛丑進士任黃州教授工詩古文經術湛深才高學博卓爲師儒冠冕六主祀問津十閱知津會業凡清查祀田誅鋤悍佃多賴其力

暢于熊字光羣號敬修河南新鄉人雍正甲辰進士任黃岡縣才識英敏政治清和主修問津恭製匾額懸挂講堂院中舊例每歲生童會課二次于熊增爲四次遠近嚮風至三百餘人親莅衡文士稱明敏卒於官

李之蘭字芸莊江夏舉人雍正間任黃岡教諭安貧食淡取與甚嚴主祀問津者再較閱會業者三生平才高學博文采炳

然戊戌成進士去士人思之

邵豐鍭字仙源號萊峰浙江山陰人乾隆間由保舉任黃岡縣鋤奸剔弊潔己愛民卓有賢聲悍佃張若愚捏佔鄢山祭田訊鞫杜案畏服如神製有東山禮器匾額懸挂講堂

英啟號績村漢軍鑲白旗人咸豐己未翰林由編修晉侍講以奏辦院事察典　記名同治初任黃州府守黃十九年爲政力主安靜以德化人訟庭草滿胥吏無敢因緣爲奸者麻邑會匪煽亂聚黨數千人勢洶洶鄉鎮爲之罷市公廉知輕騎往勦擒治渠魁燔燒脅從册籍不五日四境安堵其潛銷羅田教案應變鎮定多類此居恒寡言笑矩步規行造次必遵禮法性耽吟詠續修府志與鄧獻之郎中及闔郡名士飲酒賦詩刊有雪堂倡和集後擢陞廣東鹽運使在任七年以耳

疾歸京師現年八十二

程之楨字維周江夏人舉咸豐辛亥鄉試由大挑改就教職先署德安教授主講墨池書院後教諭黃岡同治丙寅奉檄募捐修復

文廟工資鉅萬無絲毫浮蝕提學張之洞奏奬加學正銜生平事毋孝工書善畫詩古尤傑出一時凡邑中名勝多所題詠著維周詩草八鏡類纂若干卷行世

戴昌言字禹卿安徽合肥人同治丁卯舉於鄉光緒初任黃岡縣爲政不尙姑息治盜鋤奸輒用重法賊匪斂迹在任九年多惠政如設防卡建義學增考棚修郡縣志倡捐孝廉公車租穀文武生印卷學田一切善舉規畫周詳解組歸邑人立去思碑祀之

黃敦素號葆田大冶人同治壬戌舉於鄉以大挑任黃岡教諭和平温厚從無疾言遽色士林推重司鐸十餘年助修文廟考棚纂實經費規制宏敞爲八邑冠

楊壽昌號葆初四川同治庚午舉人知黃岡縣性明決勤聽斷慈祥愷惻息訟愛民縣城有賣居宅立教者多方勸郤之課士河東書院成就者衆光緒間三充鄉試同考官所拔皆知名士歲乙未大旱布襪芒鞋步禱於郡北百二十里之大崎山應時而雨歸途百姓戴盆焚香歡聲雷動太守高蔚光率僚佐迎於郡城外數十里在任十三年以事去邑人思之

陳寶樹號宇初江夏人由廩貢任黃州府學訓導敦篤淵雅善詩文在任十餘年潔己自愛課士子敦品勵學恪守卧碑升湖南湘潭知縣有政聲卒於任子七皆能成立元珧丁酉優貢江南知縣元璜安徽候補道元珪庠生元璋浙江知縣

、傅上瀛號仙壺石首人咸豐戊午舉於鄉光緒間任黃岡訓導研究經史日有課程與士子講求義法攷論古今人物得失凡關於實用者啟迪不遺性敦厚清介善善從長不摘人短在黃十餘年學觳印修外謝絕苞苴著有護眘子典學樓文鈔文選珠船春秋遞傳行世

鄉賢

元

吳應澍性渟實重義好施歲饑設食於路貧難殮者助之棺置橋凹十餘處井十九居民便焉湖廣平章以事聞詔徵不起御書西山二字賜之人稱西山先生與龍麟洲友善子琳明吏部尚書

董敬中字仁輔號團湖元成宗大德八年爲參知政事歸隱居龍邱之團湖搆百尺樓於中名曰鏡心以時游憩龍麟洲贈聯云水光天上下樓影月東西因自號團湖明初劉基躬聘之駐旬日終不赴

明

舒崑山字楚瞻麻城人幼奇穎成化甲辰進士官郎中知建昌

府晉廣東參政布政擢副都御史所至有政績尤能文章一時碑碣多出其手

董樸字汝渟麻城人成化甲辰進士授行人奉使過華容忠宣劉公飯之惟脫粟慨然知忠宣之相柢也後歷官重慶楚雄知府多惠政諸生貧不能婚葬者助之尤勤講學擢江西參政工於詩類陶韋時稱董五古

曾大有字世亨麻城人宏治癸丑進士知安徽定遠縣修治豎宮官廨城坊又滅妖賊孔布等一境肅然徵拜御史有直聲以忤劉瑾除名瑾敗起擢知府累遷江西布政使著有孔子山碑亭記

李長庚字酉卿一字夢白麻城人萬歷乙未進士授戶部主事累遷順天府尹京畿荒旱疏請平糶賑饑免稅皆允行巡撫山東一意與民休息擢戶部侍郎督餉天津會東北用兵具疏復海運飛輓厫倉連亙十餘里遷刑工二部尚書魏璫以爲楊左黨人削籍崇禎初起大司農冢宰上每褒以勤勞清愼後與執政不合卒於家

梅之煥字長公麻城人萬歷甲辰進士改庶吉士累官南贛巡撫丁母憂會魏璫羅織不附己者或言楊漣被逮時過麻城之煥與對泣擬逮問而璫旋敗崇禎戊辰起撫甘肅套寇入犯大破之尋以事落職還里之煥夙嫻韜略善騎射既廢無所見所居縣阻山多盜輒率健兒助吏捕無脫者流寇至率鄉人授兵登陴寇望見部署皆引去後追敘甘肅功復其官明史

鄒之易字心元少貧負薪水供母而後入館萬歷庚戌進士授

銅梁知縣錢糧徵收不取羨餘嘗解餉至府有吏兒銀稍局取法碼擊之曰窮民脂膏供汝輩高下其手耶去任有存積三千金謀置義倉廣儲積安耆之叛城賴以全後擢兵部職方主事

洪周祿字半石天啟壬戌進士授戶部主事出知常州府解組歸急難好施肆志詩文其行草書尤妙絕一時爲董思白所賞識年七十餘卒

王源昌字晉貽天啟乙丑進士授禮部主事出守恆陽時中使監軍威權日肆源昌抗不爲屈擢監察御史巡按江西於宗室驕橫悉執法裁抑改鎮河南禹州歲八年不登設法賑濟得少蘇流寇陷洛陽將窺禹飭鄉兵防禦郡賴以全遷觀察使去之日士民哭送百餘里乞終養歸年九十卒

官撫辰字凝之太常卿應震長子也少穎異博學工詩古文精天文兵法以選貢授桃源知縣上洽河需兵議當事不能用丁母喪歸總督徐標舉爲眞保監軍又擢徐州知府皆不起及閩粵諸藩聘之撫辰慨然曰天道不可違也臣節不可變也遂祝髮於維揚名德昱又號知劍道人雲游名山古刹老歸黃居維摩堂卒葬其處

邑德芝字時素歲貢生有文學撰著古文多載邑志中有問津書院記其堂叔祖元音以文名邑侯茅瑞徵修葺縣志聘請裁定時素能世其學嘗輯黃岡續志數卷攷校古蹟頗見詳核學者稱之

國朝

、吳升東字巢薇號四明山東兵備道元伯次子順治戊戌進士

授登州府推官時于七叛案株連大獄平反全活無算後歷補江南繁昌江西瑞昌著有惠績遷戶部主事授浙江道監察御史風裁侃侃知無不言以條陳落職丁丑奉　特旨復原官協理河道事未幾予告歸所著有玉磬齋瑞芝堂集

、朱日濬字靜源號菊廬好學博文端方自守著有四書五經門句解百餘卷其訓蒙易門七卷自序云易之作吉凶與民同忠言易而不言占非聖人意也家文公作易本義辭簡旨深童蒙不能通其意爰略加訓詁撰成口義句分字晰因粗求精名曰訓蒙其四書門二十卷尤生平精力所萃洵能開發來學所撰黃州文獻錄曹本榮門人計東序曰督學王公與朱先生同里爲余稱其爲人曰闇然自修有質有文不矜不伐之君子人也其爲文章原本六經內淑心性外有濟於實用以歲貢官均州訓導所著各書門人王材任爲梓行之

黃中寶字鼎在順治壬辰進士授吉水知縣省薄書清刑獄民不忍欺盜賊斂息擢行人司告歸安貧自得不入城市

、王追騏號雪洲順治戊戌進士改庶吉士授給事中多所建白以終養歸閉戶窮經徵博學宏詞不就晚好易象懸河洛圖於座朝夕省覽每多心得著有居俟樓集

、高思忠字孝移諸生少穎異每試輒冠軍督學高世泰修三楚文獻錄思忠與其事順治辛卯中副車授遠安諭以疾不赴

、孫如芝字素公讀書問津工詩古文順治辛卯舉人授四川筠連縣城中僅七十三戶悉心招徠逾年大治當事奇其才與修蜀志論列皆出其手丁內艱歸次江安值吳逆叛强授僞職拒不受扃室而死所著有素公文集入蜀稿若干卷道光

追卹以七世孫廣墉蔭恩騎尉世職

、陳肇昌字扶昇號省齋順治戊戌進士授寶雞縣累遷戶部郎中督學廣東秉公甄拔考成居最陟僉都御史授順天府尹九卿廷試會推秋讞諸大政多從其議仕官四十餘年以汲引人材爲己任凡所薦達率爲名臣嗜讀書晚尤邃於易作易象巵言嘗曰知進退存亡者惟不失其正而已其他推測占驗之術皆後世矯誣之言非聖人意也著南湖居士集卒祀鄉賢子大年大章大犖大羣大華大葦皆以學行顯於時通志

王躬俊諸生事父母以孝稱兄弟五人三世同爨立義學延名師訓鄉人子弟多所成就仿社倉法創捐穀米壬辰歲旱全活無算明末大軍勦東山賊躬俊集勇籌餉贊助方略寇平

敘功辭不受問津院燬於兵糾衆捐修購祀產年八十餘卒
子風采孫全才有傳
〇王躬允字爾極歲貢隨大軍赴粵授澄海縣有大姓陳退夫集
萬人壁鷗汀不敢降躬允單騎往說事得解鎮將郝尚叛引
海寇入內地孤城無援失守罷歸生平精熟戴記輯有大禮
如說一書書院二祀多爲獻主年八十六卒
、王封濼一字五書少有文名年十八登順治戊戌進士改庶吉
士性淡泊居官廉愼遷禮部左侍郎康熙閒
御書尊德堂三字賜之著蒙春園集製康熙舊志序文卒
諭賜祭葬
、葉封字井叔號桐初嘉興人籍黄湖王尚書澤宏嘗月夜泛舟
湖邊聞讀書聲自蘆葦中出始清揚而後哀婉曰此必井叔

也迹之果然中順治已亥進士任延平推官改登封縣復嵩
山書院及宋儒祠祀政修事舉訟獄衰息有古循吏風以最
行取西城兵馬司指揮遷工部主事卒封少學詩於外舅杜
濬在都門與王士禎宋犖顏光敏龍齊名著有慕廬集子道
復進士孫德涵貢生有文學 省志以封爲黄陂人指寄籍言
、金德嘉字會公廣濟人順治庚子舉於鄉教授安陸設敬業堂
以課士康熙壬戌領禮闈第一授檢討丁卯典試貴州纂修
大清一統志明史著禮經解義居業齋集年七十八卒
鄭昱字方南先慶子康熙庚戌進士愿任建陽唐縣知縣以廉
能擢工科給事中有敢言聲出爲江西糧道革除陋規數
萬請免弁丁月銀與學校釋諸生冤獄甚衆晉廣西按察使
持法平允詳江西廣西名宦志遷安徽布政使莅官月餘宿
、弊一清壽乞歸讀書教子人以爲模楷子可格舉人官中書
工詩文
、張希良字石虹黄安人康熙己酉舉於鄉教諭江夏預修通志
乙丑成進士二甲第一戊辰分校禮闈庚午典試浙江丙子
典試順天纂修
三朝國史
大清一統志明史春秋講義類函
御書白羽扇賦賜之官侍講督學浙江歸年八十有二著有春秋
大義宋史刪文章宿海格物內外編諸書
、曹宜溥字子仁蔭生篤學勵節操己未試博學鴻詞
聖祖仁皇帝御試璇璣玉衡賦欽取二等特授翰林院檢討纂修明
史著有鳳岡詩集父本榮順治己丑進士陞司業充日講官

十四年八月充順天鄉試主考官以失察降五級十五年復
原職
世祖章皇帝一日讀孟子人知之亦囂囂顧本榮曰自得無欲汝足
當之晉侍讀學士旋遭鼎湖之變哭泣嘔血康熙三年以疾
歸寓揚州腹中滿益劇泣謂子宜溥曰歲在龍蛇予其已矣
卒年四十四學者稱文靖先生宜溥手撰行述請父門人計
東爲行狀載縣志藝文漢陽熊次侯伯龍祭文有曰家有才
子不負科名郎茲淡宕可概平生本榮會著有五大儒語要
居學錄格物致知說古文輯略奏議咨詢數百卷事載 國
史儒林傳
萬爲恪字敬儒爾昌子康熙丁丑進士授遂安知縣釐剔宿獘
日坐堂皇令吏卒無事則散民得前言疾苦聽斷無留牘遂

故嵴㚐中歲約出三千金供官曰幫費悉革之茹蔬衣布與民休息撫軍趙申喬張泰交推治行第一洪邮水暴溢壞民畜田廬公先賑後請吏以故事待報否且得罪爲言不聽大吏如所請並豁其賦法尚寬恕於豪貴有犯則不少貸巨盜毛六謙劉念那素爲害招至諭之盜感泣爲良民平生嚴重寡言笑雖冱寒盛暑不改儀度然亦無峭激行館粥屢缺晏如也子六綏涵乾隆辛酉舉人力學工文有知人鑒孫年茂官監察御史有傳

范基祚字叔文祖元達由休甯來家黃岡基祚少孤母田氏苦節撫之力學敦行以孝聞康熙丁丑成進士授河南洧川知縣清操自矢案無留牘在洧九年擢吏部主事去父老多泣下耆年六十餘以疾歸子元灝康熙辛丑舉人回始溫縣知縣孫朝綱乾隆辛未進士資陽知縣候補主事有傳

陳大章字仲夔號雨山肇昌次子康熙戊辰進士改庶吉士性恬淡不趨榮利通籍後即乞歸養母築室松湖鍵戶讀書學益純邃家有官貲購置學田祭產族人德之著有詩傳名物輯覽玉照亭詩集北山文鈔讀史隨筆抱節軒類記等書康熙乙酉校訂問津院志有七絕十首年六十九卒府縣志載入儒林傳

宋如辰字斗凝號震懷貧困力學中康熙甲子解元乙丑成進士授編修性恬退淡於仕進官春坊中允致仕歸閉戶讀書炊煙常絕泊如也家居三十年邑令罕見其面

王風采字汝載號隨庵康熙己未進士授會稽令邑界金甯臺溫四郡當耿逆時有白頭賊乘歲饑誘民爲亂風采廉得其魁置諸法餘黨解散勸賑貸之全活甚眾又捐俸建范陽閘民甚便之在官十一年告歸杜門不入城市布衣蔬食豁如也著有春秋要傳翠落齋無鼻齋詩文集稽山劍氣錄諸書較訂康熙院志並製序文子湃仁諸生澎仁訓導沐仁教諭

王漢周字晉侯康熙癸未進士授奉節知縣有廉明聲擢西台庫部郎復出守肇昌諸大吏稔其才凡鄰郡重獄委決無虛日多所平反陝人德之以疾卒於官惟敝衣一篋而已

王全才字仲默躬俊孫康熙丙戌進士授廣東長寧縣縣城在叢山中嵐重泉毒人危之全才曰王尊叱馭何患焉至縣禁迎淫神毀其祠像又廉得盜魁吳辛龍置諸法境賴以安卒於任

靖道謨字誠合號果園康熙辛丑進士改庶吉士攝雲南姚州

事澄清積案訟獄以稀因病乞歸少學於王徵君心敬後游於楊文定名時之門學益純邃主講鼇山白鹿江漢各書院教人以敦品實行爲務多所成就纂修雲南貴州兩省通志並修下荆南道志黃州府志皆稱善本乾隆元年總督王士俊舉博學鴻詞十五年巡撫唐綏祖舉經學皆不赴家素饒裕置義田六百畝仿社倉法儲粟備荒築鍾秤壋隄修廟埠潭渡族黨稱便著有過庭編中庸注釋繫辭解果園家訓詩文鈔諸書卒年八十四

王掄士字以三康熙庚午拔貢文才敏贍博通掌故丁酉歲纂輯問津院志九卷一形勢二廟像三祀典四講學五會課六督理七田畝八藝文九列傳由教習任江西武甯縣捐寄俸銀三十兩倡刊院志寫刻精良世稱善本在任九年卒著續

三楚文獻錄與修甯國府志永安州志漳平縣志諸書
、孫錫蕃字棐臣選貢少工詩文司訓公安勤講課慎甄別宗棐
陽課士十則以躬行實踐爲先擢遵化縣調霑化均有清惠
聲著復庵詩文集及易經圖說行世
●王如玹字二思以優選舉賢良方正監利教諭性嚴重寡言笑
著有瀛洲小草三沙小式及詩佩等書在任時興學置田培
植士類監人感之卒祀名宦
汪依仁雍正甲辰舉人知山東海陽縣清介自持門無私謁聽
訟不尚刑威而判斷悉當歲饑請於長官開倉以賑不戀捐
廉勸輸撙公正紳士任之不假胥吏手活數萬人士民立生
祠焉
、王近顒（舊志姓劉）號若巖雍正甲辰舉於鄉授新野知縣少穎悟讀

書寓目成誦爲諸生儲中子王耘渠咸奇其才爲文包孕經
史橫覽古今官中州時同鄉魯之裕嘗語人曰田總制稱予
才終下若巖著有若巖集
、萬年茂號南泉雍正壬子舉人乾隆丙辰進士授編修擢御史
辛酉典試山左壬戌分校禮闈梁文定國治劉文清墉皆出
其門性伉直如疏免蘇州米豆稅請核實常平糶折色撥充
軍餉皆准行以力劾詔臣罷歸歷主豫章嶽麓江漢鷺洲麟
山涑水各書院引掖人才多所造就生平研究天人之學陰
陽象數靡不通貫著周易圖說楊文貞見之歎曰歷聖心傳
具是矣乾隆五十七年重宴鹿鳴年九十卒
萬廷望字東表乾隆丙辰舉人陝西定邊知縣城治流沙沮洳
雨水輒溢入廷望開渠城水患遂息營兵以餉調不支脅副

將譟甚廷望徒步往諭軍士帖服調米脂以終養歸家居三
十載卒年八十
孫祚濬與兄祚灝乾隆辛酉同榜經魁濬才情恣肆下筆爲詩
文譎詭浩瀚一瀉千里灝少謹飭留心賈邢孔鄭之學兄弟
競爽比之何僅均不第濬官應城教諭灝官恩施教諭
胡心安字勉茲天健子幼穎悟嗜學乾隆庚午經魁廣西興安
知縣懲奸吏均徭役別創驛館修葺灕江書院大吏過境騶
從氣甚張心安入謁言之大吏戒其下曰勿犯强項令也權
象州不苟取補興業平反無算奸胥屏息投劾歸經興安灕
河適長官舟難進耕者羣稺耒耜許牽心安舟迅過爭餉野
蔬船爲之滿長官獎嘆久之歸居陽邏日與舊交游過吿匱
者推解無難色子士琮諸生孫美彥庶吉士刑部郎中出爲

高州知府美彰廩生曾孫霖澍進士宰貴定縣署遵義府濙
經舉人湞經庠生
周茂建字展野忠烈公從元孫通經學善古文游江漢書院夏
太史力恕目爲畏友不以儕弟子列乾隆丙辰舉人任石首
學博士林欽服子凝光進士
宋廷採字采持敏求曾孫生而穎異年十九成乾隆辛未進士
河南南召知縣修葺衙署城垣委訊裕州孀婦疑獄賑濟河
北水災多善政調黔陽擢粵西南甯同知兼署甯明州平定
鹽價民賴之晉雲南大理府辦理銅鹽大吏優獎以爲各屬
倡兼署蒙化廳捐貲建書院勸學右文士風丕振服官十餘
載所至有聲子文燦貢生
范朝綱字泉如元灝子質敏好學乾隆辛未成進士知山東鄒

平縣恩咸並著邑有大盜聚黨數百人久爲民害朝綱以兵
除之士民大悅晉戶部主事嘗患心疾閱書籍則稍愈至是
卒

宋本敬字賓門如辰孫父早卒依外祖陳恪勤家因隸湘潭籍
舉乾隆己卯湖南鄉試第一歷官山西長治陽城知縣通政
司經歷廣西慶遠同知鎮安知府清慎廉平始終如一其任
陽城日民爲建祠立碑山左顏某亦以清廉著當時有南宋
北顏之稱子廷楓舉人

、萬邑號三峰燦曾孫乾隆庚子解元父廷闢諸生孝友嗜學與
人無忤邑敦行古誼初選來鳳訓導母老請終養服闋授宜
城教諭旋致仕著有三餘隨筆一百二十卷鼠腊編四卷年
躋九十兒齒童顏望之若仙子鼎養廪生鼎實拔貢生

汪兆霖字定山乾隆癸卯舉人知井陘縣歷任安肅大城擢蔚
州牧安肅當畿輔孔道差重吏擾民多逃亡下車後遍履鄉
村剔除宿弊以九等定徭役重輕流民還集每大差至集各
鄉保長酌其費歲減數千金其餘催差催糧皆委保長在任
七年邑皆帖服以疾歸弟兆柯進士東安知縣子引鴻舉人
武昌教授

操鵬字雲峯監生家居距問津三里許父正都庠生康熙丙申
刊修院志曾充分校鵬於乾隆癸亥理院事倡增東西兩廡
開通牆垣水路以息蟻患移建文昌閣魁星樓於院西控追
鄢山張佃若愚侵佔祀田卒後萬承宗爲之傳子履駟乾隆
庚寅舉人荊門州學正曾孫南薰另有傳

ㅁ尤士藩字匡蘧號价亭受學於萬南泉先生乾隆甲午舉人主
講東魯書院六載多所造就大挑一等授直隸沙河縣以親
老乞養歸解組三十年手不釋卷著有文新集元音集愛吾
堂稿四次主問津評閱課卷士林悅服

邵光祖字可樓乾隆辛酉選拔品學純粹晚築室方廣寺側讀
書忘老工書法端勁中饒嫵媚其所遺蹟悉書箴規名言識
者寶之

、黄自芳乾隆庚午歲貢少穎異工詩文晚更講求程朱之學主
講問津從遊者眾其經理書院田產及舍采會課尤能剔除
諸弊實力奉行卒年七十從祀院內諸儒祠著有晚翠堂詩
文鈔行世

范思皇字西懷蘄水人乾隆辛未進士選庶吉士改吏部勤慎
供職丙子典試福建拔錄多知名士尋督福建學丁父艱起

復補江西道御史旋以原品休致優游林下嘗有句云
帝遣閒身歸畎畝天留老眼看兒孫其循分自得如此卒年七
十四

、黄紹慈號子山乾隆己亥歲貢善屬文論說多發明傳註古義
一時推爲經師自少至老力學不倦著有五經通義等書
王如海以封殖起家嗜義如渴凡修橋梁設義渡施棺櫬皆慷
慨捐重貲子宗華字景虞更推廣先志於籌辦賓興卷費諸
善舉外特捐問津書院祀田百餘畝宋治咸爲之記巡撫高
杞上其事議敘鹽提舉

張錦珩字如亭黄安人嘉慶己未進士官吏部郎中升御史出
守南安倡修校士館所拔多寒畯引疾歸歷主鷺洲墨池河
東書院清修樸學爲士子矜式

金光燾字伯英號殿山黃陂人嘉慶甲辰進士授編修官監察御史亢直敢言不避權貴旋告歸優游林下爲文負重名鮑侍郎桂星推爲曠代逸才當今罕匹子國均號可亭道光戊戌榜眼提學陝甘刻有秦中校士錄

、陳肄三號俊人鳴岡子幼穎悟嗜學由廩生中嘉慶丁卯舉人大挑二等授當陽漢川教諭闡揚文教培植士林有某生因事酬以金笑却之年七十卒於官著有四書廣義行世

程德楷字憲甫號松亭麻城人嘉慶乙丑進士由編修典福建試尋視學貴州時黔省教匪煽亂奉
旨撰刻訓民七說分發府縣訓士論四則曉諭諸生大學士曹振鏞以家學淵源人品端正薦入直　上書房授惠親王讀並攝授皇長子讀旋視學江西晉光祿寺卿卒於京惠親王親臨

奠酸姪孫燕曾號瀔詒咸豐己未經魁任四川興文縣主簿

問津

、袁銑字金溪麻城人嘉慶辛未進士由編修授御史晉禮科給事中侃直端重風采嶽嶽爲文必根柢經術少受業於同里鮑鵬宗主宋學道光元年首上停捐例疏又論科場弊故
宣廟有忠君愛國尹北圖洪亮吉後僅見此人之諭然卒以言事去官彊吏雅重之延主江漢書院以嚴辨義利爲下手喫緊工夫故製寒溪寺楹聯云不勘破義利關何須講學要識得忠孝字才算讀書出其門者如喻懋泰王家璧彭久餘古韻梅見田陳堯松皆有聞於時其他成名以去者甚衆同年友王贈芳督學楚中銑不令其子應試其方正如此著四書義蘊林文忠則徐爲之序卒祀鄉賢

李振堃字承齋嘉慶庚申舉人由大挑歷任貴州錦屏安化安南龍泉印江等縣清江通判八寨普安同知所至鋤豪猾平訟獄課農桑興學校解組後以翰墨自娛人皆寶之

黃樹棠號愛亭乾隆戊申舉人嘉慶辛酉進士宰粵東茂名罷官貧無以歸寄居粵省五年卒子之璇道光乙酉副榜丐金佽助乃得扶櫬歸過鄱湖風暴作前舟盡覆璇呼天哀籲俄頃風平越三日抵里

、宋治咸號小阮進士鼇子穎異博學以孝友聞嘉慶辛酉進士宰浙江仙居治尚平恕台州凡獲洋盜委員憑通事言判生死有冤者府城報獲盜二十餘人太守委咸鞫審係商侶以誤拒汎船被捕爲請開釋台人德之罷官歸歷主鷺洲中江聚奎河東各書院著有幾復堂詩古文年八十六卒子廷栻

管理院事孫昞字亮臣庠生博文強識自經史諸子外天文地輿算法兵術靡不精通下至蟲魚草木諸細碎書日識數千言歷久不遺一字生平嚴毅孤峭以忠義爲質殉同治甲子髮捻難恤撫翁同爵奏請
旌卹贈鹽運司知事銜給雲騎尉世職

梅德音榜名延嘉慶辛酉舉人山東即墨知縣有政聲解組後、教課家塾子見田號菊階道光丁酉拔貢閎覽博聞背誦史漢文選如翻水而尤邃於經說經宗宋儒兼綜漢學所作詩古文皆卓然成一家言嘗受知於阮文達元袁侍御銑朱學使蘭性狷介喜默坐晚年名望益重達官貴人爭投刺輒避弗見馮侍郎譽驥督學時減騶從訪之謀刻其詩文見田固辭爲作楚北遺賢嘆年七十九卒

·張履恆字長溪嘉慶甲戌進士官內閣中書引病歸研究經籍尤精易象周禮兩主河東書院學者仰之如山斗與萬太史承宗續修問津院志及縣志

·萬承宗字梓巖年茂子嘉慶庚午舉人甲戌進士由庶吉士改授貴州都勻縣擢大定府告歸後主講荊南繼主江漢講席十五載先是南泉公掌教江漢生承宗於講舍至是六十餘年復主講席蔣祭酒祥墀致書云鄉賢衍派閱二百年而不隔淵源家學傳衣歷六十載而仍主江漢蓋紀實也生平博覽羣書長於考據道光庚子續修問津院志共十卷一分野二輿地三圖像四宮室五禮樂六道學七金石八藝文九人物十田畝徵引詳博世稱善本

胡美彥號俊民嘉慶己卯庶吉士官刑部主事癸卯順天同考

官後任高廉道有政績子霖澍進士貴州遵義知府同治元年三月苗匪陷城巷戰力盡闔門死之

汪極三字植齋嘉慶己巳進士河南正陽知縣調郾城除潔灣河漁舟稅疏濬鴻渠資助書院膏火士民戴之子氣濟舉人應山訓導

、曹翰字尊江學士本榮公後裔增生博學能文所作問津書院及孔子山賦敷陳典確氣韻沈雄逼近都京五古詩風格亦極遒上嘉慶中管理院事見志乘已踰百年急須修輯因蒐羅掌故纂成草本未及校刊而卒易簀時有句云只爲問津書一帙百年遺憾在黃岡可以知其志矣庚子萬志序文謂修舉所自賴曹子爲多洵實錄也尊江嘗講學回車書院載府志

·陶宜炳字星浦監生性豪邁不樂進取施與鄉里多隱德精熟史鑑日以臨池爲樂小楷摹晉人愛學懷素草書別有風致子致孝、嘉慶戊辰舉人江蘇元和知縣

、徐彪字佐文布政司理問賦性慈惠家素豐多義舉嘗建近地橋梁數處購牢耕牛遇負逋者輒焚券不較坐此家道中落嘉慶中管理院事修整殿宇厥力居多至今稱之

、胡必楠字念堂號翠亭嘉慶癸酉舉人揀選知縣旋改翰林院典簿家世豐厚而齋居力學清苦有過寒素嘗集子姪及里中秀髦會課於堂手加點竄歲沿爲例成就後學甚眾著有傳經堂稿年七十卒孫登甲工詩文有聲庠序

、龔斗南號小梁嘉慶癸酉優貢性孝友工詩古文詞屢困棘闈泊如也善書法初學歐趙晚益蒼勁雅近鍾王名噪江漢間

尺幅寸楮人爭寶之由宜城訓導擢雲南府經歷著有小梁詩集子士斌士鑑皆諸生

胡玉森號韡陔弱冠補弟子員食餼嘉慶戊寅舉於鄉道光丁亥理院事與胡華潤捐建理事齋後任襄陽教授訓課殷勤科名蔚起單文恪懋謙亦出其門壬辰得明通榜議敘知縣卒於京邸

龔炳號南墅家貧嗜學工制舉業嘉慶己卯中副車道光辛卯董修省垣貢院功竣以教諭用歷署保康枝江補竹山教諭主講丹陽上庸兩書院歸田後閉戶著書不入城市孫兆斗庠生

靖厚欽字阮南道光辛巳解元癸未進士授平武知縣地卽古陰平郡羌夷接壤素稱難治厚欽開誠布公獄訟以息時有

兵差擾民繩以法諸將領皆斂戢縣有龍門書院暇進生童講論經史士風丕振解組歸與修邑志未幾卒子郁恆舉人漢陽教諭有傳

、沈連洪號仙崖道光辛巳舉人任漢陽教諭月課士子輒捐加膏火以示鼓勵所得祿俸歲助戚族之貧者解組後囊橐蕭然咸豐初粵匪蹂躪里黨爲墟與同里邱孝廉文高孝廉俊興團勦禦輒有功鄂撫胡文忠奏保知縣不就讀書終老著有澹園詩集姪飛鵬監生殉難祀昭忠祠給雲騎尉世職

胡飛雄諸生道光元年舉孝廉方正壬寅理院事捐建講堂下東西兩廊及階石子錫渠訓導

、王佐猷字鼎勳號介臣道光壬午副榜候選教諭敦品積學知名士爭受業門下陶主事銳毛孝廉昆其最著也撰有澹圃

文藁試帖探驪經史提畧蘭亭古文讀本古近體詩集萍居翰語家珍志遺古今愜心賦竹嘯窗雜著同治壬寅重遊泮水年八十三卒

、謝莢榜名道墱字惕夫志烜子幼聰慧喜博覽下筆數千言如宿搆嘉慶癸酉鮑學使桂星命擬鮑明遠舞鶴賦揮毫立就古豔斑駁鮑奇其才舉拔萃科比見謂之曰文章小謝又清發今在子矣舉道光乙酉鄉試第二大挑分發安徽歷官霍山婺源等縣署泗州牧所至有聲公餘仍勤著述駢散文均可名家尤工古今體詩解組後嘯詠林泉洪給諫良品吏部主事陶銳皆從受學著有惕夫詩鈔四十二卷年七十五卒

洪恩瀚字崑泉道光乙酉副榜石屏知州捐貲修學宮加城堞請免賦役蠲苦丁復鹽市禁銅礦諸善政皆允施行嘉慶末理院事餘欵購栽堤牆外松樹現存七八百株孫艮耀廩貢生候選訓導

王際雲號慶臣廩生運宸子道光乙酉拔貢荊州訓導擢廣東封川縣補修城垣拏獲劇盜滅文童應試例銀詳請立案刊石士民爲立生祠工詩文著有醉月山房集

王自筠字竹泉父大玉郡增生品學兼優里黨矜式自筠夙秉庭訓中道光辛卯舉人大挑分安徽歷署青陽銅陵縣篆卓著循聲咸豐壬子充江南鄉試同考官吳廷芬劉廷枚諸名士皆出門下

靖郁恒榜名郁齡字我九厚欽子道光辛卯舉人出東湖諭推陞漢陽教授主講六一書院所至有聲聶觀察光鑾張方伯建基先後擬以廉能薦均辭不就

熊聯輝號晴峰道光甲午經魁大挑授穀城教諭未履任賊氛熾甚感奮時艱在籍督團防言未來多奇中事後人服其高見咸豐五年禦賊陣亡生平著述燬於兵

史宇衡號望村道光甲午舉人以大挑補四川峨眉縣甫下車胥吏進陋規力卻之並除其名蠹猾竦息在任多惠政不尚刑威有史母之譽民於眉山祠祀之

彭煥興字小眉黃安人年十四補諸生試輒冠軍嘗北遊皖豫南走星沙江山勝概往往發爲文章至道光丁酉舉鄉試第一年已逾五十矣性澹泊不樂仕進日以課子姪自娛姪宗達咸豐壬子進士戶部主事

李開善號梓庵初受知於翰林陸邑侯炯拔取冠軍中道光丁酉副榜先世以儒術傳家從父拂雲茂才精曉天文甘石家

言於兵韜樂律山經水道一一鉤元提要羅列指掌粹庵少承家學經術湛深尤工制舉業門下士得其片羽皆速飛以去子鏡清諸生博雅能文早卒

林壬字宰亭敦品績學甫入泮即中己亥解元北上終不第以大挑官棗陽教諭莅任後頒示學規以經明行修爲宗旨士人化之尋告歸家居數十年足跡不履城市晚精於醫診視全活甚衆卒後里中有起雀角爭者皆曰宰公若在此釁自不開矣其碩德重望繫人思慕多類此

、熊耀春字燮亭道光己亥副榜父之昱諸生淹貫經史家多藏書耀春稟承庭訓探討論述類發先儒未盡之蘊咸豐間避亂窮山感憤時事因採歷代行軍事實輯成武事類纂一書唐方伯訓亟稱賞之弟明春監生光緒初與左秉鈞黃之煥

經理院事有勞勣

孫開煥號文庵諸生世傳科第祖居淋山河與宋氏並稱望族先是宋小阮大令倡議續修院志未果而歿開煥管理時鳩同事編輯付梓享壽百歲五世同堂並載邑志

詹有鈞號竹軒道光己亥舉於鄉大挑官宜都教諭宜俗山僻士經訓迪皆化於彬雅戊午胡文忠以老成練達品學兼超奏保擢知縣淡於仕進不赴旋卒

、操南薰號揮五歲貢篤學善教及門多所成就道光庚子理院事延萬承宗續修院志襄助居多著有經解集要子史廣箋雙桂堂合藁年八十六殉捻難世襲雲騎尉祀昭忠祠子廷鈞庠生

、梅熟號玉亭增生父犀春少孤其母李氏年十九苦節撫育厥

春於乾隆五十年與同事經理書院百廢具舉適歲飢院中經費無出鬻產以償其家炊煙斷絕晏如也玉亭稟承家學能文章駢體詩歌爲一時冠著有玉亭詩文鈔道光庚子倡修院志經畫再歷寒暑子兆棠有聲庠序亦與校勘之役同治甲子殉難祀昭忠祠賜襲雲騎尉世職龍岡洪給諫爲撰墓表梅氏世理院事由玉亭而上雍正初則有元瑛乾隆中則有鉅昭由玉亭而下同治有孫雄飛光緒有曾孫植與楨代著勞勣院中賴之

李應觀原名大坊字言齋道光己亥舉人任達縣知縣有藍李二逆搆亂大坊繕城嚴守備賊聞風斂戢土豪張聯陞者武斷鄉曲嘗箠其從弟至死弟婦鳴官前令不敢究大坊執之陞黨糾聚將爲變飛稟上官立寘於法其黨皆散

鄧琛字獻之道光癸卯舉於鄉山西知縣歷任蒲縣介休有聲績入官郎中與都人士以詩文相倡和風流儒雅傳播一時告歸後當道重其名爭延致之省志及郡志邑志皆與襄輯晚主河東講席奬勵後進多績學士性至孝幼承母教頗所著詩集曰荻訓堂以志孺慕云

方鏞字笙甫道光癸卯優貢候選訓導品學端粹門下士多顯達者同治初胡文忠聘襄釐局駐湘口籌餉恤商公私稱便工書畫詩法中晚五律尤長著有笙甫詩草子廷珏丙子舉人

邱文字汝鳳號斐臣英俊力學未弱冠補諸生中道光癸卯經魁授江夏教諭咸豐初粵匪竄鄂隨翁邑侯蓬山督勇至漢口剿賊陣亡從祀昭忠祠載省郡邑志子襲雲騎尉父振聲

憤文之死捐貲練勇奮力殺賊亦殉甲子之難一門忠義時論推之

●張百揆字敘臣性敦篤事嫡母以孝聞諸生時爲文落筆挾精光浩氣流行楮墨間中道光己酉解元大挑補興國州學正勦寒畯輒免卷費上憲以品端學正訓迪有方獎之在官十年解組歸卒年八十四著有出蹇錄行世洪給諫良品爲之序長子紹江同治癸酉舉人博洽有才名次子紹瀛庠生

洪恩澤字惠臣黄岡監生授廣東鎮平縣在任日建書院修縣志設義學省獄訟以勞瘁卒於官道光乙巳理院事捐張家墩祀田胞兄恩潤號明泉州同加五品銜殉同治三年捻匪難事聞予祀昭忠祠給雲騎尉世職

胡華潤號春畦諸生性豪邁不屑屑章句以談兵說劍自喜咸

豐四年粵賊由江西上竄路出孔子山火其廟華潤遂督姪忠黼結團攻勦生擒渠魁唐幗化文六順等五年斬獲二百名有奇黼遇害知府許賡藻上其事獎翰林院典簿管理書院捐貲修造詳載建置中子忠宸邑增生

程樹森號滋圃諸生文思敏捷季考屢列優等累膺鄉薦不售遂操計然術游歷江湖積貲財勇於赴義咸豐初粵賊蹂躪結團防保護鄉里院中改造文昌閣募修孔嘆橋成勞居最胡文忠巡黄樊以古之良士奏准建坊從姪濟王庠生同治管理院事載邑志

嚴旭號曉坪咸豐辛亥舉人品端學邃遠近負笈從遊戶爲之滿大挑二等選石首教諭不就光緒七年邑侯戴禹卿聘修縣志義例森嚴不肯假借問津書院主襄邑事五次子遵道孫蓁俱庠生

胡華海號涵齋華潤弟弱冠補諸生淹通經史儕輩有疑義輒爲取證謝惕夫大令主問津嘗以南北史逸事相質條對不遺其精覈多類此咸豐間廟燬於賊華海適綜理院事疾革自知不起請兄鳩同志修復之年六十卒

胡錫渠號石閑飛雄子郡優廩生少稟承庭訓敦品力學尤工書法應鄉試十薦不售咸豐四年率鄉勇克復黄州首先入城保訓導未就旋卒

錢臬柏字季楨幼好學工文詞年十三補諸生中咸豐辛亥副車粵匪犯境襄辦團防有功大府檄保辭不受戊午舉於鄉以大挑官沔陽學正校中有畔道者作訓士詩四十韻以示之州人士咸欽誦焉歸里後杜門吟嘯惟輯府志暨學産一

再赴郡而已彙所著思鶴山房詩古文與伯兄仲兄遺稿合刻名錢氏同根集

童紹元號貽善爲諸生時沈毅嗜學博覽羣書文筆古奧淵雅有王農山尤西堂法派咸豐壬子副榜戊午舉人教誘後進訂定功課整飭學規有不率教者年雖逾冠輒施夏楚不少貸其成就弟子著錄多至數十人後由大挑授石首教諭標立師範丰采凛然亦如里居時人敬憚之子宜中庠生能以詩文世其學

邵樂裕號綽齋咸豐戊午舉人課徒鄉塾不斤斤以禮法相繩人亦無踰於禮法外者辛未成進士即用知縣改武昌府教授距家鄉百餘里眷口未輕隨任不御婢僕在任二十五年儉約樸素有如諸生卒於官年八十有六

林鏞字笙谷恩貢太倉孫八歲失恃家貧父遣館賴兄堃教讀有成英敏力學十九補弟子員咸豐戊午中經魁庚申成進士兵部主事以前辦團防功授員外郎官京師十四年好學如諸生辛未丁繼母憂奔喪至德州病卒

錢崇蘭字湘畹篤學有雋才由拔貢中咸豐巳未舉人三上春闈屢薦不第遂絕意進取從居城山草堂讀書其中與弟仲隱季楨三人以詩酒自娛教課子姪家素饒裕世尊師重道祖履和父莆田及姪儒猷四次管理院事潔巳奉公代捐巨欵俾書院日有起色光緒七年邑侯戴昌言延修縣志書成而卒著有湘畹古近體詩存四卷駢體文存一卷姪儒猷光緒丙子優貢通城教諭長子儒儁乙酉舉人與國州學正次子儒儀江南通判

、盧璲采號韻珊才氣雄博能文工書法人以縑素求者堆如山積揮毫潑墨幾同草聖中咸豐己未亞元闈藝風格遒上士林傳誦辛未會試與姪英偶同榜進士吏部主事旋外改補浙江義烏縣舊俗貧民無以爲生至有質妻鬻婦習以爲常下車嚴禁其風漸息性耿介與郡守不合罷官歸著有補白集綱州求治畧子英喆廩生

、汪洪壽號古香幼失怙奉母教維謹咸豐己未京闈舉人以大挑任河南濟源獲嘉知縣勤撫字與士民相見親若家人然不可干以私每下鄉僕御蕭然忘其爲長吏獲嘉歲祲賑飢全活無算同治光緒兩充同考官得士最盛去官後主講衍囑聚星兩書院與學者闡明經學性理之旨著有紫藤書屋文藁倚雲閣雜組等集

鄒家俊號籲門恩貢署江夏訓導素有文名英髦爭執贄門下平時勇於任事凡修邑志試院青雲塔孔嘆橋諸義舉厥力居多子守信以儒世其家姪耀奎邑庠生

、鍾英字載宜號晴峰嘉慶十九年歲貢生祖璠見孝友傳幼秉異資弱冠補弟子員閉戶讀書以脩脯自給有餘則分潤族黨游其門者多勵品能文之士生平手錄之書高盈數尺著有周官訓典六卷行世子應鸞號金坡道光乙未歲貢生孫臨書庠生勞績保舉訓導

何先梅字少春蘄水人性敏贍能詩文咸豐辛酉拔貢朝考知縣分廣東不就改中書敦品績學與兄孜梅下帷授徒以終老著有庚南詩文集

、王毓藻號魯薌爲諸生時即究心經世之學嘗曰言不切於世事澤不被於民物儒者之恥同治壬戌經魁聯捷進士官禮部主事京居厚自勅厲日趨公廨與朝士訪求時務暇則鍵戶讀書考證得失沈文定桂芬單文恪懋謙胡侍郎瑞瀾諸公深器之嗣以郎中截取

兩宮召見條陳武昌樊口堤事奏對稱旨遂有大用意已卯任江蘇糧儲道歲運漕米七十萬石至通州甲申冬法人阻海戶部飭交英輪運米駐滬辨論減運費十二萬金和局定仍歸招商及甯船解運收回利權亦歲減十二萬朝野賴之閻文介敬銘譚文勤鍾麟朱侍郎智先後摺保升廣東鹽運使剔除弊竇大整鹺綱旋晉粵臬禁械鬭風漸戢擢東藩河決賑饑全活無算丁憂回籍恭謁聖廟於家祠左建義莊捐田數百畝以贍族人大吏入奏

御書蒞莊還軌匾額賜之並分祿俸所入助戚友之貧者起復授
川藩嚴定流品仕路廓清甲午中東釁起捐餉欵爲大僚倡
擢黔撫整飭用人理財治兵諸大政不少假借晨起與寮屬
論事動至日昃或勸節勞公曰吾受
恩深重何敢稍躭安逸也年六十四卒於任
諭賜祭葬前後服官四十年兢兢以廉潔自守尤好學至老研究
經史日有課程夜分猶孜孜忘倦天性然也在粵東時捐刻
烏程嚴鐵橋所輯全上古三代秦漢三國六朝文一書計七
百四十六卷自著有資治通鑑纂要二十四卷抗希堂古文
四卷宦海紀遊古近體詩共六卷黔中奏議三卷子銘謙光
緒丁酉優貢庚子辛丑併科舉人特
旨湖南即補道

禁穡謙號吉甫麻城人同治壬戌舉人乙丑進士補陝西郃陽
縣有政績署中排比簿書定爲日課分類句當案無留牘所
獲廉俸歲給親族有差毋令往署人稱兩便解組歸均分家
貲子姪如一士林重之子春溪邑廩生
陳天驥號金門沈毅好學博雅能文同治壬戌經魁戊辰攷取
咸安宮教習大挑官宜城穀城教諭壬申督衆築堤鄉人送澤
安梓里額誦之中甲戌進士刑部主事善岐黃都門延診應
接不暇丁外艱歸主講鹿門士類敬服起復外改選四川樂
至縣調涪州所至稱治以疾歸卒於家
陶鋭字融齋號辛垣同治壬戌舉人光緒丙子進士授吏部考
功驗封司主事稟貲穎異讀書目數行下博聞宏覽揭舉墳
典要領口如懸河少受詩古文義法於惕夫謝大令每篇出

謝亟賞之與同里洪艮品鄧琛錢崇蘭崇柏劉溱殷雯等以
詩文相雄長時稱黃岡七子性簡傲獨喜獎掖後進及門多
知名士光緒癸未進士鄭葆清其最著也晚官京師閒曹耽
習禪悅暇鉤稽靈樞內經以自韜晦卒後東湖王鼎臣代梓
玉香齋遺詩行世
洪艮品字右臣母陶太恭人方娠時其大父堯民夢龐大卒然
闖室繞門俄公生知爲異徵幼聰穎博覽羣書弱冠補諸生
試輒冠軍受業於謝惕夫先生謝故名宿見所作詩古文詞
亟爲稱賞同里吳又桓榮謂其近躡茶村遠追夢澤爲吾邑
後來盛業同治甲子經魁乙丑冬以事至郡適賊擾鄉閭不
得歸日與錢湘畹季楨昆仲朱小西殷東坪周子厚詩酒唱
和雖未得家人所在灑如也戊辰成進士授編修癸酉典試

山西乙酉分校順天秋闈得士最盛旋擢御史晋戶科給事
中在諫垣十八年前後章數百上凡疏論軍國機務民閒疾
苦利病動中竅要屢糾彈墨吏儥帥蠹胥不少貸多邀
俞允京居日邑侯戴昌言纂輯縣志摘鈔茅志郵寄俾有取法得
蔣刻龍麟洲先生所著周易集傳特寄問津講院以餉後學
有意續修院志未果而卒性淡泊老猶嗜學尤喜撰述刊有
龍岡山人詩文集二十八卷古文尚書辨惑十八卷畿輔宮
禁攷城池攷風俗攷京都掌故人物志列女傳仙釋志二十
四卷古文孝經釋詁教家藥言諸書行世外著有雙晉甓齋
駢文葵園奏議槲葉山房外集古今稱謂攷錄京師儒學錄
鷲巢野錄渝遊拾聞春明述聞古榆閣詩談讀書蠡測錄龍
岡山人書牘等集子定宣廣東知縣定述揚州鹽大使

殿用勳字勉齋號少滄同治甲子科舉人幼承家學敦尚孝友隨父啟柱鍾祥教諭任適捻匪竄圍安陸府協力城守以功叙知縣選授四川蘆山縣蘆邑介雅州邊境土瘠民貧莅任後植良鋤暴加意撫循三年政成制軍丁文成寶楨保薦卓異每語僚屬曰計典所以薦嚴令爲司牧之堅苦不渝者勸也壬午充同考官調任樂至時苦旱下車而雨邑人感爲旋以父年篤老陳情終養家居七載服闋後改選廣西藤縣調署上林未幾同任卒於官子祖源邑庠生遵埏遵塏業儒

趙鴻漸號逵臣同治丁卯舉人孝友端方一時推重生平與親故交遊絕無城府每酒酣掀髯論事侃侃諤諤風格直類古人夙工制舉文裒輯補綴彙成數百帙一上春闈不第以投徙終老五十勤問津書院事子承超庠生從姪承年庠生鴻臚

寺序班元猷廩貢生

曾詠號永言性恬淡寡言笑勵品嗜學同治丁卯舉於鄉三上春闈一赴大挑罷歸絕意進取杜門不與外事蔬食布衣泊如也已丑春尚健在有同年友勸再赴挑不聽年七十一卒

、周坤頤號子厚幼聰穎弱冠補諸生益肆力於經史文詞敏贍下筆千言其師錢湘畹深器重之孫燮臣中堂視學楚北歲科試經古正場四次冠軍以同治丁卯優貢第一應
廷試取一等用知縣中庚午舉人兩上春闈薦而不售官松滋教諭生平引掖後進循循善誘如坐光風霽月中一望而知從茂叔來也成名不下數十人著有愛蓮堂詩文集四卷

毛崑字德謨號藍田苦思篤學所作詩古文不拾人牙慧同治庚午舉於鄉甲戌會試挑取謄錄由　國史館議叙知縣性孝友有姪早亡養媳撫孤視如己出喜獎掖後進善善從長有麻邑胡君在新洲索逋人以田償不願受勸捐問津祀產胡從其言士林稱之

、王丕釐號子藩少從叔父海東學詩古文字皆有法派爲諸生時張香濤學使賞其文調經義治事上舍生己巳科試古場以一字師賦命題先問原委於羅田潘恭壽次問蘄水范昌棣皆莫對獨至案前備言之學使嘉獎同治庚午優貢
朝考用知縣旋中癸酉舉人光緒庚辰進士授編修戊子督學雲南謝
恩召見上曰女文有底有面平時看何書對曰日閱經史兼看經世有用之書莅任後嚴慎關防生童試卷一一寓目挑覆日親定去取弊竇一空至飭報節孝釐正文體考察武弁節省

差徭美政不可枚舉庚寅秋丁外艱歸兄弟四人友愛備至交勉以力學成名廉俸悉與均分尤喜爲人推轂或難之答曰人以身家望我我但以齒牙餘論應彼之求敢不勉乎其曲折周至如此來院主講敬書
聖龕斯文在茲橫額左右玉振金聲四字又於
魁星樓橫額書文光射斗字卒年五十四滇南人士至今思之生平沈毅嗜學昕夕不倦著有救時卮言二卷仰坡集古近體詩四卷知味齋二卷子歡衮庠生歡裘廩生歡裒候選州判

、傅承霖字雨卿同治癸酉拔貢少嗜學淹貫羣籍爲文典贍有法郡守英續村聘修府志搜輯散亡闡揚節義功居最後選歸州學正歸地僻遠寒士無力藏書捐修俸之半墨池端陽

兩善院購置墳籍以惠來學士林德之病歸卒於家著有澄懷堂文稿

陳疇號壽田光緒乙亥亞魁嚴毅沈默初見凛凛難犯久之如光風霽月藹然可親家居以禮法自飭事父孝年踰四十猶長跪受教與弟銑先意承志無少拂人謂有萬石君家法云

王純桂號鈞亭廩生博涉文史滑稽善諷有東方曼倩風湘撫張亮基延爲上客羽檄多出其手以功授天門縣教諭子孫林立署中含飴訓課先後成名年七十卒於任

程仁均字少暘性眞摯無華飾尤善讀書過目能會大意光緒巳卯舉於鄉庚辰聯捷進士以郎用官山東長山縣明決持大體折獄無冤捕獲鄰邑大盜置諸法其黨銜之夜刼縣署投印水中遂去官後長民得印相與言曰此我程使君所失

也使君能活我曷歸之送還省城因此仍任長山時母年九十餘迎養署中板輿之奉有如潘岳弟姪暨諸子隨任課讀一門友愛人無閒言旋丁憂歸起復之山東署陽信縣准補博興卒子廷琛安徽縣丞華林府經歷叔琳甲辰進士庶吉士廷夔庠生

、殷雯字東坪幼穎異博涉羣書爲諸生時詩文瓌瑋雄健奇氣旁魄名騰江漢閒中光緒甲午鄉試總督南皮宮保愛其才延致幕府旋充自强學堂教習并令編譯西書海疆多故雯日以忠義勵士氣憂時感事發爲詩歌著有東坪詩集卒後劉芙裳代梓行世

汪士倫字彝仲歲貢生少以孝稱學問淵博爲文師南豐詩學劍南教人以朱子小學爲本尤喜徵文考獻凡三楚人物罔不撑輯論列嘗籌建杜茶邨祠並刊變雅堂集所著有春秋內外傳集釋皆散佚僅存掜雲書屋文集一卷西坡詩鈔二卷補錄

問津院志　卷六

藝文　碑記　序　書柬　雜著　詩賦　捐輸姓氏

問津院志卷之六

藝文 碑記 序 書柬 雜著 詩 賦

漢書載藝文一門史乘家皆祖之問津爲講學地數百年來名公鉅卿之論說學士文人之題詠皆可以擴張聖學潤色山川居今覽古雖單辭隻字眞如麟鳳吉光儀表萬世其寶貴當何如耶因仿闕里志藝文之例凡昔賢譔述關繫院中彙輯成帙用以餉士之篤志遠希者志藝文

碑記

宋

黄州路竹樓記 龍麟洲

齊安固江淮間斗僻郡然以江山之勝望東南岷江嶓漢瀰漫浩瀁來天際赤壁巍其涯過江武昌樊口諸山蜿翔鳳峙森森獻狀

茲其爲勝已然談是間登臨之美則剌剌稱竹樓曩宋王公禹偁字元之來守黄郡即城西北隅薙蓁滌穢作小樓二間爲退食之娛不瓦而竹從工宜也風鑒雨蝕蔫圯薦新新復圯蓋三百年矣至順辛未冬侯疇埜公初涖郡憑高踟躕曰是宜新之既期穀登民和寮宷雍肅刑清訟簡長日湛然於是謀之監郡公暨佐貳諸賢究廢典修故章掄材鳩工改作此樓棟宇楔椳甍㮰欞闌黝堊漆丹悉如度蓋捐俸廩與官計之嬴而民不與知焉登斯樓也所謂風帆沙鳥煙雲竹樹與夫夕陽素月之觀煥然如在至道咸平閒屬予記客有聞而勸之曰王公茲樓之勝竹之助亦多矣今不竹而瓦何居予曰昆山之旴以玉抵鵲彭蠡之蚩以魚飼犬則繁故也黄之人昔者刈竹如菅蒯今者得竹如金珠夫後人之存古也存其意而已而奚竹之拘客又曰君子假人以其倫今之搆斯樓也其猶昔人也歟予氂然曰善論人者不於其迹於其心黄爲郡歷世稱遐陬非覊人謫客左遷鐫退不至是閒王公以危言直道獲譴當朝自玉堂而滁而揚而至是州江湖魏闕之情蓋不勝黯然彼鶴氅華陽爐香易卷之云少寄其遷謫無聊之情而已天朝混闢來黄爲腹郡且天歷初皇帝舊勞於外嘗駐蹕焉顧南州赤子遠天京勤勞擇良牧侯以豸冠名流天官清選佩二千石綬爲此來而何王公之比所謂迹之異也天壤閒魁人偉士有曠萬里而同襟懷越千百年而合符節者心而已翰林以清忠鯁亮爲宋名卿侯以公廉方正爲元鉅公心術行事軒軒磊磊揭日月行中天非予所謂曠萬里越千百年而脗合者乎矧長貳若屬無不心侯之心乎然則茲樓之勝炫映今昔夫奚疑客語塞則續請曰將無異予於是大笑曰耄哉龍子昔人所謂中書君老而禿俍執筆從王公後茲其爲異歟客相與粲然遂書俾石工勒

明

問津書院碑記 鄒元標

聖人之道無微弗暨雖俎豆徧天下一遊憩處猶切羹牆人心不死夫子萬古如生也問津書院自宋元來代有祠久而圯明雖有祠而湫隘不稱頃彭公侍御昆仲大參孫公輩入而舉祀咸四顧愀然曰此非可以妥吾夫子之靈謀新之詘於力以告郡太守王公遂捐俸爲之倡嗣是郡伯李公及司理邑侯佐之侍御黄公伯仲適在里與諸同志捐金佐之成後爲殿祀先聖中爲堂前爲門右祠祀仲子左祠祀有功茲土諸有道鄉先生顔曰問津書院歲時祀罷羣諸縉紳及弟子切磋於斯甚盛舉也走使問記吉水鄒子鄒子半生泛浪墮落迷津不知凡幾而何能有所發明以復諸

君子惟是思夫子覺世之心甚切問津之意隱而不發而長沮以夫子爲知津乃再問桀溺以避人避世爲言夫人在覆載中乾父坤母民胞物與故曰仁者人也天下寍有孑立之聖賢哉夫旣無孑立之聖賢窮而親師取友以明此道達而濟濟師師以公此道皆吾儒分內事此彭黃諸君子之重興斯地而皆以竟吾夫子津津覺世之意也諸君至止其思我夫子當時與子路依依棲棲不得行其志於天下一師一弟周旋不舍乃託之乎沮溺窮而無聊之情可悲也又想一片榛莽地今蔚爲文明之場縉紳結轍吾夫子精神如聚一堂可幸也聚而問問而思思而知津途不遠舉足便是諸君子開茲堂奧之意不孤矣昔哀公問夫子曰鄙諺莫衆而迷今寡人與羣臣慮之而國愈亂何也夫子對舉國盡黨季氏與之同辭是一國爲一人君雖盡問境內猶不免亂也夫問一也

哀公問而愈迷夫子知而不迷莫迷於魯莫迷於天下可知知楚之津知天下之津可知長沮猶溪澗之水儘足自澡夫子如海瀛以藏疾爲曠以含垢爲大以九圍共溺弃識歸涯爲壑余嘗謂長沮接輿荷蕢者皆深知夫子一以鳳稱一以有心歎一以知津許長沮之知夫子可知特其道不同故不相爲謀耳茲地去黃百里許二水縈洄書臺墨池顏港車坡遺蹤爛然在望先是耿恭簡公每至輒徘徊不忍去欲有所創不果久埋荒霧中一旦濯而新之非王公及彭黃諸君子爲政誰復能識其大而開來學哉　萬歷戊午年

孔子山碑亭記

曾大有

黃岡之北境九十里外有孔子山山之下有溪曰孔子河河北十里許曰回車埠東隔層巒三里許曰顏子港正德乙亥閏四月余偕季弟臬僉世榮郡守梅仲修庠友劉桂子芳輩過其境子芳爲余歷歷指示之余因憶嘗過太行山至回車嶺道傍孔廟廟有碑鐫諸賢詩刻余尙能記焉上爲子芳誦之竊謂彼有回車嶺此有回車埠遂成口占有紀原渾合璧故實耿難磨之句明日過損齋董大參汝湑言其事損齋曰孔廟眞迹余久知之而詩則未有已而世榮及進士劉養忠舉人陳簡之輩和者日富凡有知者皆喜談而樂道之河邊塊石墨書數行則鄉生王伊謂舊廟已廢碑碣僅存復創絀於力黃岡尹滇南胡君潔以名進士宰邑有聲聞其事亟謀搆亭覆碑刻詩其間而因屬予記之予聞孔子適楚聞楚狂接輿之歌遂自楚反蔡使子路問津於長沮桀溺則楚固轍環之地而名迹相沿自當不朽矣但古今宰邑者不知幾人而表彰聖迹獨見於胡君覗區區竹樓赤壁之登適者所見孰遠近其輕重又何如耶余文謭陋聊以紀其歲月爾謹記　正德十一年

國朝

修問津書院碑記

孫錫蕃

天下共尊有君而不可一日無師共尊有君而異端消於有形之疆域一日無師而異端起於無形之人心化異端而爲忠孝聖賢則必自孔子之教始雖然聖人之教非用乎異已者張也覆之以天臨之以君庇之以父母伸吾道以明之則彼且不攻而自破也故尊聖教莫重於學宮之建而書院實與學宮相表裏彼嶽麓嵩陽應天白鹿皆因先儒名勝以爲廣厲風教之地況乃聖人車轍所至莫不有關於繼往開來之大業吾黨近聖人之居如此而令其古蹟銷沈典章蕩滅名曰黜異教以尊吾道其實薄吾藩而益賊以戈者也其何以忘報本反始之禮若是歟吾黃之有問津書院何昉乎相傳孔子自楚反蔡魯論所記問津卽此也地距黃郡

九十五里山曰孔子山北枕迴岡疊巘遠峰曲盤環衞上有講經臺曬書場洗墨池有坐石草木不侵有硯石雨下墨水浸出如鏤花架下有孔歎橋文宣廟宋元兵燬正德間縣令胡潔構亭立石隆慶初郡守孫光祖重建前爲孔子河河北十里許曰回車埠東隔三里許曰顏子港其左右二水清且漣漪禾畦黍畝若刻畫然一曰長沮坂一曰桀溺沖滔滔之聲猶聞在耳中亙以石梁七省之衞往來摩擊蓋楚子在春秋爲雄跨地五千里而此地山河正當官道安知府志所云許州之葉縣豈遂爲定論哉旁有碑屹立鐫而紀之曰孔子使子路問津處志始也碑以北古松數百株栽我壇樹焉歷代崇祀有典殿宇廟貌制倣學宮而不立配哲賢儒之位志不及門也西有子路祠志御也東有宏仁堂生徒講習之所志學也長沮桀溺亦有木主則祀於院之西南隅曰耦耕處志

隱也正殿聳峙山墺先聖遺像儼然前代命工向曲阜家廟神肖者志在天之靈如在也先是宋廬陵龍仁夫嘗築書室於其山之麓明萬歷間鄒南皋趙儕鶴耿天臺淑臺彭旦陽諸公暨吾邑蕭康侯會集講學其間彼時冠蓋甲海內與梁溪中分魯澤焉嗣後倡明此道者寖衰微矣且數經寇亂堂祠盡圮正殿岌岌然且慮其壓則鄉人以孫木贅之門額尙存曰問津書院有拜殿曰知津堂傾仄半蠹蝕半同學數君子蓋不勝梁木情深焉謹屆八月上丁之朔遠近咸集酌詰祭儀規定條約搆造修葺有加東漸啟化北面有心吾道將行矣學者誠能效先覺之所爲迄今二千年申申夭夭之容温良恭儉讓之德望而即之力行以求焉猶得以窺其體備中和之全安見齊安非昌平而吾黨非闕里哉且今天下之爲道者歧亦何能異吾學也吾挾其有以角之必且外吾而求

張吾僕隸之則吾用今國雍郡屬禮明樂備崇祀於朝而羹牆俎豆法古於野其有不知先聖人之道曜經天而嶽峙者則非含齒戴髮之倫矣何也尊之至也而吾道以外無不卑彼棼而爲名法流而爲楊墨遁而爲老釋背則猖狂自恣而近理亦竊吾之似而未有能出聖人之範者何也大之至也吾道以外無不臨是役也積縷而緡積塵而嶽則落於鄉之紳士庶一登一鉶一籩一豆則稟於天子之命吏而與學宮並重焉蓋聖人足迹親履其地禮不敢下例於石鼓涑水之名已也彼同吾學者言聖人言行聖人行服聖人服父傳之子兄傳之弟而根本治天下之道基之矣即異吾學者望宮牆而知聖人之教廣無所不容大無所不有尊無可加憬然有悟於歸根立命之原如唐子之久亡而忽見其鄉也則仰至道之高者何獨七十子之親炙而晨門荷蕢楚狂蓧丈皆可

與於中行矣是爲記

重新問津書院碑記

蔣永修

甚哉書院之名難立矣其義能近於聖道而其事又足發人之思使人凜凜然若與聖賢相追隨則善也嘗觀孔子道足奠萬世之天地人物治萬世之君臣父子乃其身一日不安於君相之間僕僕風塵皇皇何之衰鳳之音未絕耦耕者流鳥獸同羣斯眞聖人之傷也子路問津處相傳在黃麻間此亦不知何據要之立書院者以爲名固莫善於此雖聖人處極困之境而汲汲不敢或停其轍者無非爲斯道計謂天下孝弟不力仁義不明徒於七十二子坐談洙泗間於當世何補是以盜迷津而不悔今之立書院者不過力孝弟明仁義而止則聖人所以汲汲於孝弟仁義躄躄靡騁極不得已之心眞足令人感發思聖人愛天下後世如此其至也

津亦有説焉三代而上塗無不治司津者罔忽其候疑於淺深惑於東西則切切指之故蕩蕩平平聽所欲至而後已然而迷於漢魏湮於六朝至唐韓退之恐恐然治津梁理舟楫雖物具未備塗羡少差而後之倀倀乎欲有問者得從此起也惟宋諸儒力求古津次要途治其往還濟涉之具明示以博通四達之所在人欲裹足不行則已苟奔赴大道之上按指南而求之斷未有毫釐千里之謬者也然津有往來之義焉格至誠正其近者家國天下其遠者是貴修身爲之津以往也良師賢友萬事萬物其遠者性情思慮則甚近隔而不屬渙而不合則心不虛之故也撤津梁焚舟筏而呼隔津以求我知其難也其來也必有所自來其往也必有所自往使自塞其往來之塗而好爲迷津之歎誠所謂閉戶而欲其入却步而求前者也且身不出戶庭而思得天下扼塞險要舟車

跛涉之大勢瑣瑣求之必鮮當惟想山川形概高卑向背陰陽分合之故而開闔險夷通塞之塗可掌上數也學者靜觀天道知倚伏升降剛柔進退原本而求之則經權常變體之而不窮用之而不竭也且者吳越燕秦惟其所往不得其津迂而求之則險遠得其津迫而歷之則顚覆足乎此通乎彼審遠近之宜察疾徐之用雖萬里非遙也是故循循然抑抑然堅强之力用之而不至於可怠積累以候之漸次而達之必不强其所難去其所易爲獵取爲苟倖也則此書院所爲審慎其義而命之也今書院已圮廢郡司鐸李子詹子請捐於余余於楚凡勝迹傾頹皆樂爲葺之而况吾夫子所經過者因急如所請並發問津之義如此乃讀書其間者進而請益曰津尚有説乎余惟益之以一言曰敬而已矣此程子所以一傳再傳至於考亭而兢兢其説者也則津之至也是記

重新問津書院儀門碑記

王琯

余蒞任三楚試士於黃事竣之暇聞郡北距城九十里有問津書院者乃四方士子往來講學肄業之所而邑之俊髦大半出其中焉余考夫子自楚反蔡陳衞之閒已有遺迹而兹復見於黃凡以尊聖迹寓景行其疑似正不足深辨書院之作始於宋龍仁夫先生其制溯鑒有明萬歷間邑之鄉先生與官兹土者廓而大之上塑聖像其右傍一祠塑仲子像春秋享祀諸生以時習禮依然有東魯之風焉歲值大比畏此簡書余不獲瞻其廟貌以躬親釋奠爲闕如也廟歷年久遠補葺維勤春秋二祭動費不貲書院所入不足給前任諸公皆有助修余亦捐俸付管理院事諸生因告之曰汝輩抑知書院命名之意乎此固夫子津梁後學以爲希賢希聖之階者也豈徒以其地名乎哉行其所經之途是即夫子之義

路也望其所建之宮是即夫子之禮門也升其堂而高明正大恍然見夫子之文章焉入其室而精微奥妙儼然聞夫子之性道焉如是以講學如是以肄業庶不負命名之意也諸生其勉旃

黃州問津書院記

王祚興

天子崇尚儒術加意右文其官師致祭弟子服習者不獨學宮然也即先儒講學之書院自通都大邑以至名山巨川所在多有最著者爲鵝湖白鹿紫陽濂溪而楚之嶽麓尤盛鐘鼓式靈衣冠儼在繩繩續續億萬年如一日也况先聖轍環所至地以名傳如所謂問津書院者乎夫問津一事載在論語而論者謂非返蔡必經之地亦思即黃之水多矣河畔之石奚以巋然也而且沖名長沮畈名桀溺池有洗墨埠有回車則建書院以彰聖蹟固宜溯自宋元創始遞有廢興至明萬歷改卜益加盛焉其奉祀先聖有殿祀

先賢有祠同時問答之沮溺有主官之有功而祀者王太守許司理諸人士之有功而祀者龍麟洲以下諸人前有書院之題中有講堂之設左右有祠宇之崇而復重以御書以爲振興文教之勸嗚呼何其盛耶余視學來楚三年矣黄之諸生敘厥由來再以碑記請是何黄人之好學也學者吟誦一室寡見渺聞於古昔聖賢之道莫之講求則亦迷於所往而已得書院而聚學焉以遵先聖會友輔仁之意參考疑信之間而求一是是即學者之津梁也循是以往游泳乎詩書之中沈潛乎道德之域毋淺測毋横流毋涉百家之派揚異學之波則學之大源得聖朝文治之隆即於是乎在豈特與嶽麓比盛已哉余特嘉諸生之好學而爲文以應且薄捐俸金爲修復文昌閣之倡諸生其黽勉從事襄厥成焉

書院碑記

暢于熊

黄郡北九十里有山曰孔子山下有河亦曰孔子河黄人立書院顔曰問津書院舊矣癸亥歲熊令黄岡秋與祭禮畢周遭顧望而嘆曰嗟乎天下山水得以聖人名者有幾哉夫周封黄楚同介南服歷四百年儒者絶少黄人爲楚先夫子者百年而楚人道學之傳夫子啟之公孫龍任不齊七十賢之選也悦道而北學之陳良殆豪傑之繼起者歟且夫日月無漏照也江河無遺潤也聖人之神爲往不在黄之紳士因山水立書院志亦僅矣祀典廟貌儼恪緬思二千載下若親視停車親聆問津者豈偶然哉蓋皇清尊奉聖人爲往古最黄愈化之考其祀事典禮漸軼昔之創始者宜乎家信詩書人敦禮讓邑爲兩湖冠也

重修書院碑記

陳文樞

余來楚時聞黄州之北有問津書院欲往觀之未暇也去年冬來治斯邑因事北行九十里雲阜繡壤夾岸參差古木交柯懸峰絶磴清流之滎洄横出其下渡而登則巍然殿閣丹堊新成聞書聲洽洽乎若近若遠則講堂也於是進諸生問之其言曰歲在甲戌聖廟告成又五年講堂始備前此兩廡之改建則乾隆八年癸亥歲也且聞諸古言唐以前有於此建廟立學者宋末亦新觀復龍公晚年隱居設教於山下明嘉靖間耿氏楚峒門人所謂天臺先生也與其弟子健講學齊名其舊址距今廟右百餘步天臺以地狹欲遷而未能屬其徒蕭康侯久之與王晉吾孫心易彭尙寶方心宇諸人告於郡守守以下皆助之遂移建山上顔曰問津以康侯爲師其守令載名宦志内於是四方賢達往來講學無虚日慕學者行數百里又爲廣屋舍而授之學而三十年間名儒接踵砥節好修能爲文章之士濟濟成風名遂大振又十餘年有王海伯

振舊院於兵燹瓦礫之餘而時當我朝定鼎人文肇起於是鄒公遂操右恒王梁思鄭滈思王汝載諸人同力修飭而書院又盛諸生爲余言且屬之記也如此夫自宋迄今五百餘年之間其葺而修之者屢更矣豈地之盛衰相循各有其時耶抑其興之者在人得良有司倡之而今乃復盛耶是時郡伯錢公方修河東書院勸學興士而其風遂達於鄉曲而好學者不自私已又各能勤其所學蓋郁然又加盛矣昔唐杜牧之守黄州立廟祀先聖興學校宋孟寶王亦於此立廟設學比屋千間以待遊士古今人大抵同情恐余材之未足濟也然吾聞問津之説矣酈道元曰相望河北層山峭舉多石室焉室中若有積卷矣而世罕有津逮者新論曰道象之妙非言不津津言之妙非學不傳蓋問津亦復難也則今之多士輻輳遠望參參如在天上其必有志於聖賢之域爲斯道之

津梁引而道之者余望之矣是爲記

公立重修書院碑記

問津書院由來舊矣其始也土人掘地得石碑上刻孔子使子路問津處八大字並無年代宋有龍麟洲先生者築室山下會友講學爰建書院顏曰問津由是偕同人以春秋祀我至聖先師孔子自元迄明祀事如故及正嘉隆萬間耿天臺蕭康侯彭旦陽輝煌廟宇修祀講學連諸州郡稱極盛焉迨我朝定鼎文人蔚起於是鄒公邃操右恒王汝載諸先生後先飭理而書院益盛前輩記之詳矣乃自康熙甲申後廟遭蟻患雖逐年修補而廟貌漸傾羣議改造者久而費無所出乾隆八年癸亥黃自芳操鵬夏英俊等募衆樂輸並院所餘遂改造兩廡及建院外文昌閣魁星樓焉然而蟻患未息也日侵月蝕而正殿講堂有岌岌其將壓者歲在甲戌

黃元翊操永清等復募衆以補不足而正殿成又五年夏英俊邵昌源舒之瓊等悉心蟻患併力飭修歲戊寅而講堂乃煥然一新焉嗟乎事無盛而不衰理無往而不復代謝者世維持者人龍耿諸先生其不可及矣而補損修毀無廢厥事管理者烏能辭其責哉

書院祭田碑記　王輔

甚矣哉聖道之大也德以萬世功以萬世矣春秋時孔子以布衣韋帶之士周旋齊陳宋衞之間悵東周之不復悲大道之不容楚有長沮桀溺者石隱高蹈付理亂於不聞亦接輿荷蕢者流耳孔子過之而使子路問津亦偶然之遇也乃曠世相感者恍然見一聖一賢徘徊道左民胞物與之心此問津書院之所由立乎然而津亦有說聖人以大學之道教天下茫乎不知其畔岸而非違也浩乎不知其涯涘而非深也由格致誠正爲始進之功而極之天下國家以廣其量積漸以基之循序而進之納天下於道德仁義之域譬之行爲里者明乎東西南北之道審乎山川險易之塗雖大山峻谷不能爲之阻日行數十里可計日到也自周道衰而孔子沒微言絶而大義乖其高談異論清淨寂滅之說中於人心而流爲風俗即有一二好學深思之士欲求明聖人之道其孰從而問之猶之撤津梁焚舟筏隔津以求徒涉吾知其不能也書院以問津爲名殆欲使黌之士子朝夕切磋而不致有迷津之嘆乎余拜瞻殿宇輒低回留之而不忍去如見夫子於車塵馬跡之間而益切羹牆之慕亦不自知其何心矣爰撥銀若干兩以奉春秋粢盛焉至於祠之興廢與夫建造之規模有明吉水鄒先生記之詳矣余可以無述也是爲記

捐置問津書院祀田碑記　劉澤溥

去黃岡北九十里爲問津書院相傳孔子自陳蔡適楚至此有子路問津處五大字石刻其水爲孔子河橋爲孔歎橋其中高阜爲孔子廟相沿既久累朝遞有廢興至有明隆萬啟禎及我國朝初此邦縉紳大儒之講學其中者踵相接也其春秋祭期以三九月之十五日其主祀或郡伯或邑令或郡縣學博而遠近從事駿奔之弟子員以千計己卯九月爲余待罪黃岡之次年諸生以秋祭請至其地見其岡巒獨秀松柏鬱葱殿宇嵯峨層峰環聚據勝地俯清流殆不啻置身杏壇洙泗間也先一日齋沐翌辰瞻拜聖容右庭設仲子分配俱肖像不用木主及陳設俎豆牲醴粢盛既豐既潔獻酧徹饌肅肅雍雍益覘此邦人文之盛雲蒸霞蔚何莫非聖澤所及耶事竣詢其祭器之所從出對以原有公捐祭田數石

即縣册所載問津書院名目是也每年上納正賦外以其餘辦祭且欲稍存備修葺傾頽之用余歸告諸郡伯許公幸有同志言府基居民所納地租原撥二十金以供書院祭祀近因民窘稅逋概免其租於是許公欣然捐俸五十金余亦捐俸四十五金合二項共置田若干逐年收其租入以供牲牷詳批卷案存之府縣印劵付之董理諸生亦聊以効涓埃之助云爾嗟乎黃邑之名賢勝迹若竹樓春草臨皋赤壁之閒斷碣遺蹤莫可覼縷然陵谷變遷風流如在顧其人足爲後世增重耳況聖人轍迹經過之處仰止高山儀型在望不將與宮牆泮璧同垂不朽耶許公名錫齡字蓼齋江南江都人記之者黃岡令三韓劉澤溥也

王氏捐田碑記　宋治咸

欽聖道者幾其實修聖祀者崇其文然未有不崇其文而幾其實

者則廟祀重焉問津書院創於宋而盛於明大端以學爲事所謂幾其實者歟我朝名宦鄉先生克繼前徽經營院產歲收積至數百石以供春秋之祀以爲讀書人會文之需百餘年於茲矣顧物力旣數倍於前而文風日盛會文者動數百人即入爲出每苦難敷理事者至視爲畏途無如何也邑人王君宗華因其弟宗著與院事引爲已任捐田百餘畝其田距院不三十里水旱無虞歲得稻百數十石除補春秋經費尚可藉其餘貲遞加修葺宮牆峻美廟貌巍峩可計日而待也夫世之擁厚貲務封殖者固不乏人即能出其有餘以公世用不過飾浮圖老子之宮厚開士黃冠之給希福利於冥漠中以視王君之尊崇聖教爲不朽之業者不大相逕庭也哉且夫聖人之道莫重綱常而綱常之敦莫先於慈孝余視王君捐契偕其弟昆率其子姪一則曰遵父命再則曰承父志

蓋其尊人光勝公早有是志而用克承之先人即儒術之宗以留慈愛後人推儒宗之尙以盡孝思其於聖道庶幾其實者又豈但聖祀之克崇也耶至於立賓賢館於郡治士人之鄉試有貲修邑會館於京都公車之栖息不陋又皆推其敬聖人之心以敬讀聖人之書者也余故樂爲記之尤欲世之好善者知所重焉

序

明

書院清田畝序　王士龍

問津書院拓創自萬歷乙卯前此首事者耿恭簡公厥後力任者康侯蕭先生協成者吾黃貞簡公晉吾王先生心宇方先生而西陵則且陽熙陽兩彭先生力贊厥成也時王許兩當事主建議於上諸先生贊成議於下遍告四方風起雲興山川致媚松檜增榮

貞簡公肫懃敦古河洛嫡裔康侯公篤行淵博誠一善友以故問津書院之盛聞天下每春秋享祀遠近奔赴袂連踵接不下數百人講席爲滿其折五鹿之角而商臯比之業者羣欣欣有得不忍捨去自獻享餕餘外日設醴羣不聞以餒且怨去其廟貌宏敞壯麗其聖像冠黻輝煌其垣廡週遭整翼雖院志所載租數今不知凡幾而康侯拮据經理之勞周詳懇到非循循奉故事者所及也蓋自萬歷丙辰迄崇禎甲戌奕奕祀典二十年如一日至乙亥春流寇楚毒黃人奔突竄徙阡陌荒原鹿豕所狎租田盡織草萊安可復問而康侯先生因隙乘便勉出私橐修補祀典雖片毛瓦釜二時仍不缺也迨壬午秋康侯奄世而院草鞠矣苔衣胥絲鼠雀穿縫問津一席地遂付落空山榛莽年來尙有豶豚蹢而叟問津之履者乎以故風日之所侵欺雨雲之所飄摇楹顛瓦裂淋漓聖

像忽王子泫然向余以修繕事請余砍案大叫且喜且泣謂之曰此非獨立事也汝前之當盡人人歡且泣如余兩人者况宮牆日月人心萬古吾與子今日當去籍之餘亦惟持不死之人心可勝問津河上之數百斛而奚問其他乎昔若敖氏相楚有功於楚勲且高及其子孫行丏負薪後誰致若敖氏之鬼無餒者嗟乎優孟衣冠詎可忽乎哉吾因是而思恭餉貞簡康侯先生之功德在問津者洋洋盆不可及也已

國朝

書院碑序　　蔣永修

攷春秋蔡葉皆隸楚余嘗遊中州見豐碑道左贔屭屹立上題孑路問津處輒慨然弭節想見聖賢遺迹於煙草沙樹之閒摩挲不忍去已未秋再試黄州諸生以問津書院請敘詢地距城不數十里許自有宋龍仁夫先生講學於此祠是屢興屢圮上祀宣聖殿木像祠祀仲子長沮桀溺諸賢雖輿圖所載尚未深攷然自古文人名士之閱歷士人爭倚爲重而况大聖人轍環所經先之以子夏申之以冉有者其庸有疑義焉維楚有材雄長天下獨黄爲之冠其亦先聖先賢存神過化有以牖人物之靈而發山川之秀者乎兵燹後寢殿鞠爲茂草矣記曰有其舉之莫敢廢也余觀閭巷之家侈心福報利益琳宮梵宇委擲金錢以億萬計而聖宮賢廡較量錙銖比比而是玆用徇郡庠李詹兩廣文及諸生之請捐俸若干第土木所資非一手足之烈今試局將竣寒風蕭瑟凜奉簡書將渡洞庭而南矣來年秋冬之際再校齊安行將與諸君子釃酒落成儼然隨王許耿高諸公揖讓進退於杏壇泗水之左右習禮講道豈非風教攸關爲興人心之樞紐耶唐鄴侯李繁刺處州

先修孔子廟備者以爲知所先務則書院之鼎新宜區區與王元之竹樓備陳山水遊觀者共不朽已哉

知津堂會業序　　郜煥元

蓋嘗求天下文人所聚知書院之名於黄者有問津焉心切向往之甲午受命衡楚文亟始按黄將伸夙志會大比孔嚴全楚錄士俱期效闈月而盡余惴惴焉繼晷之不給也不果往楚之賢士大夫閒語余曰院有堂堂曰知津諸君子之所講習也余始於篝燈吮墨閒清心寘契冀拔十得五庶幾稱善及點定而次第皆中摸索喜可知也以爲雖未獲登其堂而獲盡友其堂之人亦與於登其堂也已於時介其文以交其人復介其人以出其文則皆矩度端亮一以正學爲宗而文之結質敷條朗乎玉山之歷冰雪也透乎龍螭之蜿蟺而匪常也超乎道井僊庖而無凡味也確乎嶽鎮而靜乎淵涵也力勗諸子急公之以風天下余亦藉是以不朽焉而余蒙罪矣夫以聖賢身履之地而有之懼不及知知矣而不能至至矣而不獲登其堂與從事者相周旋則余之窮而蒙罪也固宜然觀諸子之文非皆以不窮而工者諸子之發其名於天下也久矣而至今猶謹其同異審其離合於一堂之中安知非厚其本以待未乎適窮何病適窮然後足以見君子諸子由是道日劭文日益有名則斯堂也當與胡公之明體適用並重余愧未能法古人之法以廣之而領袖後來諸君諒不吝也余雖舍車而徒其尚登堂而問業焉丙申孟春前湖廣學使者郜煥元撰

知津堂會課序　　高思忠

社刻之行莫盛於啟禎以來亦莫衰於啟禎以來始則以閉戶講業號召生徒飆舉霆擊橫制頹波不可謂無功漸沿漸靡乃有言

非其人者於是篤志力行之士深自抑退以問世爲羞余自八子再鼓雖稍附知已閒錄遙集皆非余志也十歷年來喪亂相踵同人或仕或隱或流余岔逐木石自棄燈雨熒魂幽嘯自觸何敢論天下事知津堂諸子謂余樸心樸學近乎道也相率而講不祧之業焉異哉此不祧之學人不敢奸著也諸君子願力如是紹大宗啟後昆成已恒於斯成物恒於斯乃其淵心浩氣不得已見乎文章則有不可滅沒者存蓋吾輩樸心樸學形於至性發爲大業年愈深而力愈摯深雅密博之儒遇有道人必不肯甘自黙塞彼其索解人不易得之處卒亦無以自解正不必求解於人而又不安於人之必不可解此吾輩之迂而或卽吾輩樸心樸學之所至更不論其遇之或幸或不幸也元亮田閒飲酒之言章應物不能和於唐蘇子瞻不能和於宋當其率爾成咏豈意至是樸至而文生

千古不能加也知津堂之刻也亦如是乎以視啟禎以來偶弄戶拜何可絜論諸君子居不敢奸之位任不祧之學方俎豆萬世此寥寥者固維挽之見端耳余鄙人也雖攘臂以從然予之少也倘不如人矣

知津堂會課序

奚祿詒

古之爲文者知吾爲文而已不知其古也今也知爲今遑計其古乎時代盛衰文章與之高下變態不可窮極瓌奇譎麗往往震發於其閒亦能使好怪愛博者不置也過時焉則凋謝磨滅之矣崇禎閒吾黨呼應爲古學其法取於唐宋大家其道要歸於孔孟之本義曾未幾時而城郭頓非蘭筴灰燼竊心悲此事不復舉矣流離轉徙越陌度阡有堂巋然獨存於荒莽之中孔子使子路問津處也余輩竊疑振古文章莫大於是遂相與家於其鄉以時操觚

講業於其內而同人日益廣取向之呼應者呼應之可不謂復振乎然知其不投時好滯而不敢出也近來傳註箋疏轉相述誦聖人之道復明乃敢發囊笥編其蕪穢以問於世離合於道是未可知惟俟世之名公巨人好惡之可也

書院本末原序

上自成均辟雍下至十五國郡邑學士大夫俎豆鐘鼓洋洋乎家詩書而戶絃誦也惟津一水不足當洙泗之涓滴然淵源歷代諸生咸沐浴其中所不敢下列於濂水石鼓之列者其詳蓋可攷矣謹按漢初封番君吳芮爲衡山王都邾黃其封內芮徙長沙文帝封弟長爲淮南王都六黃爲屬邑史謂王安博稽好古崇奉孔子徵召學士著書立說則茲廟緣起應在其時武帝表章六經元成好儒明章重道伏生申公梁邱夏侯歐陽二戴崔盧馬鄭之徒紛

然競出人師其說家尚其學厥後佛老於六代分爭乎南北江黃之閒戎馬灰燼遺蹟無徵唐杜樊川爲黃州守立廟祀先聖興學士宋宗室士僊封國齊安夙與宗輔汝愚朱紫陽張南軒呂伯恭蔡季通遊一時諸儒往復其地孟珙守黃州立廟設學作屋千閒以居游士宋元諸儒自金華外多出江湖閒永新仁夫龍公博究經史以道自任宋末爲湖廣儒學提舉晚年僑居黃州築室孔子山下立院講學嗣是若公遷朱氏石梁王氏鄱陽陳氏皆公鄉里羽翼後先倡明絕學爲東南儒林標準有明太祖興賢致治一衷聖道隆萬閒大儒輩出吾鄉耿天臺叔臺先生旦陽彭先生伯仲仁誠黃先生父子吳石梁郭善甫諸公斂敦聚講舊廟去新廟右偶百步名以問津歲久頹壞中值徐壽輝賊燬興廢不詳正德七年縣令胡公潔搆亭刻詩記焉而廟地湫隘不足妥先聖供講席

耿先生圖遷新未能也康侯蕭先生舊爲耿公門弟子値衡山甯太虛先生講學郡城歲萬歷三十四年進蕭先生與晉吾王先生商建正宗會館以次修舉問津書院兩先生謙讓未遑庚戌與彭侍御尙賓昆仲晉吾王公大壯孫公必孚方公及諸同志謀新絀於力以告郡守王公捐俸爲倡嗣是太守李公邑侯莊晏二公侍御黃公與諸同志佐之廼移建今地請記於南皐鄒先生乙卯存甫陳先生復以書介商城盛公二泉至公好學負俠氣助修東西號舍及砌岸繚垣甬路儀門無不整翼而書院之制始備二泉又建問津分院於商城湯池兩地皆請蕭先生主盟蓋自萬歷四十四年歷三朝三十年如一日一時鄂城漢上衡山耒陽以及京都之首善江右之澹祠無錫之東林互相章明而問津之盛遂擅天下崇禎八年兵燹蕭先生復以時修補十五年先生捐館舍値流

寇楚毒大地如焚順治二年閒王公海伯讀書院中稍爲葺理然所存止正殿三所左五楹耳今上康熙六年鄒公紫墟操公恬庵王公粱思鄭公湄思王公隨庵往復課肄四顧愀然竭力募捐修復仲子祠摹肖聖像清理田畝廟制之復自此始嗣是而建左右三祠築牆垣樹屛重修三祠講堂儀門砌上下臺階陛級輝煌丹雘煥然一新皆輪管者逐歲所增葺也　康熙院志

春秋祀典原序

自古大學必祭先聖先師敬道法所自始也三代學無專祀開物成務以明民者皆爲聖一藝示後者皆爲師如周立四代之學禮在瞽宗書在上庠禮祀伯夷樂祀后夔工祀垂是也漢以來以周公爲先聖以孔子爲先師唐開元以孔子爲先聖以顏子爲先師從以先賢先儒歷代帝王君相治功爛然及德藝可承者并各建廟或於其國或於其鄉獨祀孔子學宮自君王及士庶莫不俎豆而烝嘗之顧猶未備宋明來以孔子爲先聖先師配以顏曾思孟從以十哲皆立殿上列先賢先儒兩廡又勑天下非學宮不得妄立廟祀孔子示孔子師表萬世非淫祀可瀆也唯闕里家廟爲先聖衣冠之所而問津過化其來已久每春秋二祀必郡邑大夫或兩學秉鐸及鄉先生齒德位弁尊者爲之主祀諸生以時駿奔走周旋進退致祝陳詞其典亦與學宮同獨學宮合祀羣賢此獨祀仲子道塗師弟耦耕一問唯仲子獨也學宮並列諸儒此獨非倡道講學有功茲土者不敢多及亦以事專問津也　康熙院志

講學原序

昔先王崇四教修四術聚天下才俊於黨庠州序蓋將以師資講說使羣習乎道德而知所嚮往也自百家充斥聖道榛蕪有宋諸

儒奮起於千二百年後聚徒開講微文大義昭昭揭日月而行江河而後天下後世曉然於人心天理之正問津書院實吾夫子過化之地宋末龍麟洲先生築室倡道與諸儒相往復天臺康侯諸公復振起於有明中葉師友淵源雷奔風動雖僻在一隅未敢與海內較壇坫然鐘鼓管絃講席之盛亦當時所希覯矣益道無今古宏之在人當有宋僞學禁錮之世而鹿洞鵞湖守之愈力一時生徒流離竄逐百折不回遂使濂洛關閩之旨燦然大明於當世東林之禍蔓延咀茹迄於亡國湖自高顧剏始源流祖禰幾徧天下雖不免言庬事雜因緣竊附之弊然一時魁儒宿德項背相望至於甲乙之閒其仗義死節知幾遠引者類皆向時講學談道之士然則書院之設所以正人心而存天理其有關於世教豈淺鮮哉　康熙舊志

書柬

明

與郭善甫書　王守仁

朱生至得手書備悉善甫相念之懇切苟心同志協工夫不懈雖隔千里不異几席又何必相與一堂之上而後快耶來書所問數節楊仁夫至適禪事方畢親友紛至未暇細答然致知格物之說善甫已得其端緒但如此誦詠深厚諸如數說將沛然融釋有不俟於他人之言者矣荒歲道路多阻且不必遠涉須稍收稔然後乘興一來不縷縷

與康侯　黄彦士

黄相人至得手教招至問津館爲彌日之會其時舍弟有兒女之事不獲如約頃弟按中州之期不出旬餘相去益遠返從問道更

在何時敝邑朋友有志書院者不少然百里負笈貧士所難先生志學篤居止近任其責者非先生而誰益勉旃大圖振起令弟遠聽相契鼓躍也

與蕭康侯　游士任

僕知宇內有康侯久矣而未交一臂然交臂而失之反與未面等山亭竟日之談生平大暢眉宇之外語言之先自有一種契洽眞若磁石之於鍼方諸之於水陽燧之於火不消按捺而天然相從吾與晞翁及仁丈俱相忘於大化而不知其所以然已而別去月貯空庭散髮獨坐齒牙遺芳令人不得已已手書至更細商之弟歸期不出仲冬之初矣

與彭旦陽　王世德

問津書院之議原始於老先生僕特効一臂之力叨冒貴地已久罪狀如山去留不可知而院宇既成無田以養來學恐成荒廢故與晉吾翁一商之云云誠知不足用且以此作權輿俟後日逐漸增所未備耳承教諸款皆不可缺倘僕有可以匾助者斷不敢厭苦也

與康侯　王成位

范文正秀才時以天下爲己任其後立朝究酬所志古人體用一致窮達同途如此然亦有遇存焉孔孟雖不遇而存心天下與堯舜同即王彦方之里不畏刑罰而歸依一布衣之人君子隨分隨遇苟於人有所轉動即是成己成物若以勢分自阻則彦方亦蔑於武斷矣大兄知明守固定不作疑情故能於父母官前不生忌諱此冤一釋所成之人更多而世俗之迎合官府者乃陷人之阱也又況因之以謀利哉涂先生辨宗錄鈔將完即致上永思廬亦

無餘本希擇其合者錄之宇內同志不可謂無人因念孔孟周流列國未必專專求用正爲吾道求人所以三千七十皆散處四方也我輩無孔子志力只隨緣遇合便是才之小處於此自省又是不肖不及大兄處也明日之會斷不可少下午涼時乞來商所欲會之人病中治藥未能造寓幸勿嗔其坐致

與旦陽　王成位

吾儒常言顧名思義如夫子問津處前此天臺講學纔備科條今欲踵事增華既爲書院便須有讀書之人有讀書人須相與講究其義相與講究須有長者主之以折衷其議論不然則反不如神廟有香火之靈庵堂有談禪之板也大會之期一歲再舉集遠邇商疑惑而常住學士徒習章句業應舉猶爲鶻突前承先生於講堂與位確訂隨與蕭生約昨至青邱又申前話先生豈復有猶豫

乎位頊思之孔子三十而立在今人談超悟疑以爲鈍位則謂非孔子生知大聖超悟如神不能三十而立後非溺於詞賦章句則泛濫於老佛依回不決否則脚踏兩船借言歸一求其所謂立如卓爾者未有也故曰可與適道未可與立立且未能何有於權權非聖人不能立非孔顔曾孟亦不能也願因先生早證之春期正月惟命

上蕭先生書　　曹欽承

曩於同德樓依止踰年分光接席偃蹇微名如棠再造近之任迂道冀過問津訪知前數日先生暫返山中旅館棲遲彷彿昔時耳提面命熒熒青燈一穗也門人欽承頓首

復康侯　　蔡毅中

一别數年有懷如惄聞先師問津書院近盍輝奕政欲重踐其地

與諸賢商求新益今秋偶病遂失此游卽黃安十二月之約亦爽矣茲幸愈當完此債盛山甫向欲建館於湯池今得如願亦好事明春仲先過湯池然後過問津河文才高養邃當久脫穎今猶然也此事信乎有數僕五經之債將完何時得面訂之春秋輔傳更是得意之作也萬王董三兄翩翩可人意皆可入道欲以督舊齋尋徒子與之處師來者倍於弟子故不能俱留也

與謝夢膏　　彭好古

盛二泉爲新鄭士夫所不喜久矣然新鄭有士乎天下人亦有喜道學者乎何怪何怪前有温泉豆腐詩一首托蘭臺刻並付云

與康侯　　周之訓

保安地方議是眞經濟時冗劇尚未得靜讀少日當與有識者共酌之弟向與官暘老談及問津之會向往仁兄不可言不知阿郞原是會中人也暘老必爲絶倒

與康侯　　朱試

海内同志無不關心矧邃徹如老丈者乎濟祠與問津書院相望彼此主持正學俾江楚儼然鄒魯所賴於老丈宏毅之者不少手教宛如面命契闊之懷小紓盛二泉旣爲老丈素交必端士盍友也俟來願時圖請教

寄周日臺　　蕭繼忠

汝潁斷黃苦於賊尤苦於兵且旱潦不常蝗鼠繼之九月末流寇又自西來撫勦竟無成算豈遂爲痿痺不振之症耶竊爲世道憂矣忠自脫難後惟與二三同志讀書參證謝此歲月窮愁之味愈嚐愈甘寇警稍寧亦欲問舟東南使師友山水之志不自委靡於末路耳

答門人王師魯　　蕭繼忠

宋史道學傳早覽周程張朱之本領在是矣問津初業舊刻也一輩師友都作古人尙以奉教者聊發一慨耳

復魏淇一　　蕭繼忠

上闇部書是大識力大文章然兄想望賊平之後惟此數事而僕以爲必清囹圄捐逋賦使天地神人共鼓舞於清明和洽之氣而後賊可平也每向友朋言若使堯舜皋夔復生太平當立地可致然今日之主何必非堯舜今日之政府何必無皋夔而災害並至兵荒之氣彌塞宇宙此忠之所以終日致慨與吾兄之條奏共切切也

又　　蕭繼忠

十餘年來海内師友凋謝問津一脈在僕幾成孤注家門不幸亡

兄亡兒魂爽何在仁兄每用情生死之際高誼不減古人在僕何以得之於仁兄不死之年終始賴之矣得手翰滿楮肝腸何可言悉僕場事竣即圖登舟此等胸次眞與若輩之逐逐者無異負愧負愧

與張丑白　蕭繼忠

門祚衰落尙餘此老一片肝腸以俟氣運之漸轉耳數行通問恐已挂帆匆匆不具

復王景六　蕭繼忠

別兄也久夢寐若有失也師友之場肝膽相向者幾人日月逝矣魯陽之戈政在今日願共勉之

與楊際之門人　蕭繼忠

來則求面佩愛多矣我輩精神正宜向朋友處收學問之益但邑

中無會館而西畈去後同志寥寥衰年益用爲愧尙望仁兄一振起之

雜著

明

郭善甫先生里表　耿定向

岐南十里許有一坡郭公名慶字善甫中正德丁卯鄉魁仕爲山東清平令蓋敦愉篤行人也爲舉人時從文成王先生游最久文成念其篤實常延爲館師其所提訓者甚悉具錄文成集中比歸則以其聞諸文成者接引里中後生因而興起者甚夥不具述里有郡庠彥吳君名艮吉字仲修者故篤孝人也性資覦善甫尤英敏感母訓師事善甫因鬻産爲貲附善甫舟中往越謁文成行將抵越善甫一夕大憤忤中夜呼仲修曰夜來自省胞中尙有俗念如許如此夾雜心安能領受先生教耶拊心痛自刻責不已徐質仲修曰子時自省如何仲修對曰此來一志惟求王先生教更何俗念善甫訶曰汝胞中猶蠹賊窩巢多少藏匿在未細自省察便謾謂無仲修曰但此志一眞便雜念自消何須防檢至此善甫曰不然必搜滌諸雜念盡淨廓清後此乃有樹立也舟中昕夕爭論未決既至越謁文成已各就館文成時深居簡出出應四方來學者就質有常期一日値文成出應來學期善甫趣吳以前論辨語往質正文成時燕居樓上餟饘聆仲修語已不答第目攝而指示之曰子覩此盂中下便能載此饘此案下便能載此盂此樓下便能載此案地又下便能載此樓人貴能下下乃大語已便目攝仲修者再竟不理前問語仲修退就舍善甫問先生時何語仲修咽哽不能應第潸然涕數行下也善甫後以循廉著其孫名易知中

萬歷巳卯鄉試仕爲四川中江令有治聲膺召補工部主屯田事益世濟淸白云仲修年八十力學不倦屢空終身晏如也有粟里柴桑之風皆無愧師門云天臺病叟曰文成之鑪錘人也不在言論辨折即精神盼睞間其陶鎔多矣雖然即郭吳之舟中省憤若此彼志學初已自得師矣豈漫然繫籍者倫哉前輩之發志爲學也大都若此吾儕志學者覦之可省矣

募修孔子河橋引　茅瑞徵

去縣治九十里有孔子河可一衣帶水土人褰裳濟謂即子路問津處按孔子適楚於傳有之故老相稱當必有據此地鄰近有桀溺冲及回車坡庶幾是也廟不甚治猶奉孔子遺像舊有橋利涉今圮矣余過其處以問守僧稱無善檀越資助者嗟乎釋氏之教福田利益舉婦人孺子爭趨之孔子之教仁義道德即儒者亦捽

肯不顧亦何其不思之甚也蒙莊氏之哂儒者曰生不布施死何含珠斯言雖戲頗婉而利今吾卽無論此一瓣香爲聖賢遺跡但於迷津野渡廣作善緣乃是現前無量功德吾知從此一切知識捐金舍璧或無俟吾言之畢矣僧今第往其以吾言先之

書安成語　鄒元標

癸丑歲莫楚黃二三友人過訪蕭子繼忠劉子豈凡各覿面切劘數日欣然相得余曰未也有吾友公廓汝光在二君乃策馬遄歸復各暢然憶吾黨二三子結髮談學今皆老矣生平境致不同各有所入其所入亦踏穿草鞋不知歲月決不從人腳跟下進退而得覩是語者是同是異必有以教吾黨得從此聞所未聞秉燭之志未有已也

讀楊畏庵用書　蕭繼忠

堯舜湯武有性反之定論矣三代去古未遠自漢高以及我明神宗之末年千數百載之幾治幾亂誰能覷破當下如應弦之弩畏庵上下古今高著眼孔一切學人事與君相事印以自心隨在點醒括其目曰用書和盤捧出全體矣試觀光宗以後是何世界從前一遥證之自瞭然矣此一時也倘讀用書者能用用書在朝在野合手拍呼以竟畏庵之用天下事只數著可了在一反掌間耳

奠拙齋劉先生文

崇禎七年歲次甲戌季夏月朔二日丙辰同社弟蕭繼忠同人某某等謹致祭於明大儒拙齋劉先生之神主前曰恭惟先生性本渾成教有漸次補王心齋先生未盡之奧從格物致知直開大悟紹耿恭簡先生已絜之旨就皆備於我默契本原讀四聖人全經爻象不泥傳註會六大儒了義指點宗落階梯獨精至善之微言每發絕學之深慨且擇識不遺當世久成安攘之書而動念卽知非幾極剖善惡之介一時砥柱百代宗盟忠等忽失典型痛斯文絕續之攸繫聰兹靈爽幸吾道興起之有機立主位以歸依羹牆如見勒期會而至止俎豆永光因而求友輔仁永矣千秋萬禩尙饗

刻易學問答跋　洪應衡

家君晚而好易讀尼父十翼津津乎有味乎其言因作孔易本旨蓋隨其見之所到而直抒己意質之程朱傳義未盡合也大約不主象而主理因拈出德字以定其宗不貴卦而貴著因拈出變字以要其宿蓋言卦言象則得失似有定體吉凶似有定局而言德則有吉而無凶言變則反凶而成吉故易之言德行者不一而足而化裁盡變推行盡通又不啻三致意焉蓋由言而進之象由象

而進之極超意言象數而求端於天故曰自天佑之吉無不利而凶悔吝之途不煩擬議而自消融且盡矣故曰幾者動之微吉之先見者也又曰變化云爲吉事有祥始終一吉而已何凶之有神無方易無體而天下之動則貞夫一尼父之旨蓋如此故曰孔易本旨也書成一時同志之士鮮有印可者近見西陵蕭康侯先生作易學問答嘗採及本旨家君聞之喜曰此亦所謂知己一人也因而自信而又不能無附驥之思特命衡梓之且曰問答一書言約旨遠汝輩須學易直讀問答足矣不必更讀本旨也因僭跋於此

國朝

龍麟洲周易集傳跋　洪良品

余在京師與龍仁甫主政交出所著明紀事樂府見示俄致仕歸

去主講鹿洞詢其家世則宋龍麟洲先生支裔也逾年其子彼仁中翰來京師以所刊麟洲先生周易集傳八卷見贈先生僑居黃岡縣志載其詩文數篇至周易集傳僅存其目而未見其書四庫提要稱其多發前儒所未發尹繼美序稱其精義盡在彖象彖象全他雖闕猶全書此本先刻於海寧蔣氏繼刻於鹿洞以外無聞焉吾黃問津書院爲先生講學地余獲此本不敢自秘因梅書山教諭寄歸院中竊願司事諸君覆加梓刊以延先生手澤庶於講學亦有裨益云爾光緒二十年十月五日黃岡後學洪良品跋於京師宣武城南之古榆閣

補錄

明

問津書院記　呂德芝

論語記子路問津記其事也未言其地史記載孔子自葉反蔡見沮溺耦耕使子路問津其在葉在蔡亦未有定地也正義注曰黃城山下卽問津處而黃城仍未詳何處考陸應陽廣輿纂則云黃城山在葉縣一名黃柏山係子路問津處則問津之在葉也明矣乃楚志則曰問津歌鳳俱在黃岡又何以稱焉夫葉之爲楚地昭昭也以黃岡之卽爲葉其何據乎或曰楚之滅黃在魯僖公十二年前此楚無所謂葉也後此天下亦無所謂黃豈楚併黃之後卽其地改名爲葉也抑沈諸梁食采之時黃已在其疆內也乎皆未可知也今則實指在黃岡縣北九十里地曰孔子山孔子河耦耕

處問津處且立廟建書院焉豈自古迄今歷千百年遂無一博雅之士能考核其是非者耶卽曰聖人之遺跡人樂援之以爲邦域重何葉縣之廟祀古蹟不一援之而獨見援於黃岡也則問津之在黃岡亦若有據至書院之設始於宋之龍仁夫成於明之蕭康侯建立殿廡買置祭田春秋兩祀一遵典禮而鄉之人士無遠近講藝課業於其中規約井然長幼有序彬彬乎禮樂衣裳地也後此吾黃之士日得仰其溫良恭儉之容思其文行忠信之教鼓其進德修業之氣惕其出王游衍之心則是志於道而謹于弟之率者問津者也望道而趨不惑於他歧不移於血氣者知津者也由此而及門由此而升堂而入室津其託足之始基也可勿問歟可勿知歟昔漢文翁治蜀修起學宮招徠子弟每出必從以明經飭行之士吏民榮之風俗大變韓延壽守潁川好古修教興治學官

鄉射讀法盛揖讓登降之儀令諸生皮弁俎豆以正民間冠婚禮制郡以大治蓋文教者循吏之首務也黃岡詩禮地何遽不如蜀與潁川況問津之設尤助學官之所不及者乎有心世道者接踵而振興之安知兩漢文治之不可復起耶至其地之在黃在葉兩存焉可也

國朝

擬刻居學錄五大儒語要周張精義序　　傅承霖

一代之興必有鴻儒碩彥闡揚道法翊贊皇猷以開累葉太平之治我

朝

世祖章皇帝刱業垂統功邁百王而其時首上

聖學疏日侍講帷昌言啓沃者則吾黃曹木欣先生其人也先生之學從陽明入沿溯象山嗣研濂洛關閩之書躬行實踐甘貧守道所著居學錄五大儒語要周張精義等編擇精語詳實爲當日立身致君之本惜中道殂喪未竟其用書亦罕傳而其稿之存者復軼象山一帙余爲太息者久之先生通籍在順治六年維時天地革命草昧經綸同朝鉅公未聞有以危微精一之傳承殫厥辟者向非先生爲絕學於舉世不爲之日朝夕內　廷從容諷諭何以備

聖天子之勤學顧問使大道昭然於開國之初也孫夏峯徵君云商周之際道在箕子宋元之際道在許子明清之際道在曹子洵知言哉當時夏峯樹幟於北方梨洲設葩於南服二曲立表於關西崇闡微言倡導後覺天下靡然從風蔚成我

聖清醕厚敦龐之俗先生不幸蚤世其光少晦然吾觀計甫草撰先生行狀云由翰林累遷

國史院侍讀學士初充日講官繼充

經筵講官

世祖皇帝晝理萬幾夜勤誦讀先生問無不對對無不盡起居未及注外廷不及知又先生在京布袍菜食嘗曰吾使吾君爲堯舜飢寒困苦非所惜也又稱

世祖諭曰曹本榮侍講日久著有勤勞由是言之先生佐於上三先生振於下其志事未易軒輊也厥後理學名臣如湯文正熊文端李文貞陸清獻張清恪輩聯翩朝列左右隆平雖未必皆先生啓之而先生開山之功詎出諸人下哉方今

皇上勵精典學正如

世祖之年而先生裔孫仲惺有季兩君謀刊先生書以序見屬余不

敢辭仍望　毓慶宮行走諸公取備

乙覽光復

世祖皇帝盛德鴻業且俾當世佔畢之士懍然知正學之歸也是爲序　光緒十六年

明書東

與康侯　　曾鳳儀

入吉安語南皋匡湖諸知己皆歎先生敏姿卓識目中罕覯以爲青出於藍又咤非藍所出今秋擬一造會城病未敢出亦恃諸同志足以鼓舞一世豚兒及甯氏兄弟周旋賓桃賓桂諸宗侯皆在亦吾鄉盛事可與豫章並驅也劉塵客超悟在吾湖東社中不忝遺民今將卜居敝郡爲久遠計可謂得所但恐其活潑無羈不能必信其言耳

詩

明

孔子河　吳國倫

孔子南遊後山川莫可名問津千古事環轍至今情雨洗沙茸淨波吹石髮輕惟應楚孺子下馬濯塵纓

送康侯歸問津書院　鄒元標

萬里西江闊春風寶樹林周旋忘故我寄託有餘心鳥去雲陰合魚遊浪影沈贈君流水曲絃外是知音

過問津河　梅之煥

千古問津河驅予歲歲過聖人不得志後死其如何暮雨昏殘碣饑驢嚙短莎誰爲沮溺舍漠漠斷山河

其二

每過問津處無愁魂自消門閒蟬語寂路古馬塵囂細雨迷殘碣輕煙罨斷橋耦耕人咫尺來往慰蕭條

贈劉拙齋歸問津書院　焦竑

四載歸來坐欲枯從君何處覓眞吾風簾忽引茶香到明詠冰心在玉壺

又

濯之江漢暴秋陽老我師門愧望洋何事曾參能一唯悟門偏屬少年場

過孔子河　蕭繼忠

晩出黃華谷盱衡水一方野橋臨斷岸山市背斜陽霧暗秦碑澀（問津碑字秦隸）雲生漢殿荒（舊志云廟始漢淮南王時）空餘耦耕地今古共栖皇

恭謁問津書院

仰止黃山路巍巍夫子堂雲霞歸戶牖日月煥宮牆美富誠難測高堅信莫量自傷才力竭無處覓津梁

李邑侯訪予問津書院惠詩依韻奉酬

姚江來楚水曾此滌塵襟慨世垂青白褰衣問淺深寵銜天子詔（時方內召）道盍古人簪高調知誰和清言愧我心

二程祠友先後下世祠亦兵火矣張三峯八旬有二訪予同德樓相對欷歔因成長句

千載微文一綫牽忽臨花柳泣前川瞻依舊象臺仍古（魯臺）指點遺言露尙鮮（甘露書院）此道由來關刧運吾曹詎肯落蹄筌多君健飯渾無恙飽飫風霜八十年

過星子呈儀賓兼懷謝夢齋

吾道由來重比鄰青邱人去倍酸辛東南壇坫阿誰主先向西江一問津

別南皋先生將歸問津學舍

旅客思歸日深山又歲除年華新景物生事舊詩書南國雲千里西江水一渠挽舟天外去四海一蘧廬

同景逸先生游秦鄒園林又登惠山次原韻

名園春日好照膽玉壺天初月明高樹流雲帶野煙影移花石逕秀綰竹松前莫盡臨江興猶看第二泉

文江李子啟過訪山中次韻

一帶湖山路渺茫褰裳就涉水中央迎人黃鳥嚶嚶語惠我清風習習涼對酒不堪悲落拓聞鈴時復歎郎當與君共結敦仁會領取閒中日月長

疊前韻

著屐東山望渺茫置身如在鏡中央千峰醉把一杯酒萬古愁消
午夜涼風月有情誰管領煙霞無主自承當極知吾黨多狂簡江
楚迢迢意自長

文昌閣遠眺

攬勝臨高閣悠然眼界超山岡隨地迴河勢接天遥遠樹迷孤店
輕煙鎖斷橋倚欄忘日暮歸路滿漁樵

風亭

小市孤亭峙人煙此路迷坐來芳草輭憩處白雲低曉色催車幰
斜陽送馬蹄不堪關塞月千古共栖栖

白下返棹將歸舊業別焦弱侯

十年曾結想一見入虛舟握髮同今古論心惜去留絲綸開爍熳
翰墨灑琳球把酒臨歧意江天楚水流

問津處咏懷　　官撫辰

仍向津邊一問津碧流幽澗柳垂陰乘輿自有爲周蔓封社猶虛
適楚心魚樂江湖游浩渺雲羅龍虎處高深古來消息都如此獨
坐胡然梁甫吟

深秋感憶問津書院十絕　　王士龍

栖栖河畔雨花香沙翠波紅捲石梁流水碧痕琴澗曲空山霞落
鳥棲廊

問津柏

雲去山迴拂面長石蒲苔髮砌痕蒼殿前雙柏輕搖翠影落寒墟
不可量

涼亭

木葉零零亂徑迷馬蹄簇月拂雲嘶涼亭千里行人絕落日寒山
但鼓鼙

問津碑

山城晴壁五雲東露白寒煙闊野風惟有河碑殘月領涓涓流水
下西紅

橋

森森煙砌渡雲平急急涼嘶水自鳴空碧鳥深橫漢嶂石欄日夕
走鼯鼪

曝書場

嶺氣陰陰肅石臺煙霄深吹響風回不禁鼯鼠欺松影捲起濤飛
過澗來

顏子港

霜飛紅樹晚山秋秋入潭空波影悠曾向石霞高漱枕祇今猿飲

鹿麐呦

墨池

草綠池邊夢幾回幽泉暗藻曝香來碧浮近借山嵐主月徧寒塘
影獨催

沮溺沖

晴嵐夕靄石林遥野徑煙鋤訪二翁只恐耦耕人亦遠斷籬禾黍
自秋風

回車埠

石徑輪蹄野鶴猜山風林月隱新苔無端白羽黄塵暗霜柿紅深
碧草堆

問津河懷古二首

江莽阻孔轍回馭經山阿涓涓澗底流悵然懷逝波騑倭周道遲

厭浥行露多青兕吽山壁元猿嘯谷蘿悼彼日月邁道阻且長何迷精怯山霧崦嵫滯雲窩停轡思東土别路山嵯峩

二

林暉耀夕霏光氣啟隅陬山川險阻經勇者誠足儔征車傷行邁役車勤未休道旁蓑笠叟禾黍長田疇杳靄日氣佳沈陰天颬颸青蘿臥犬吠晴嵐棲鳥啾悵此素心侶攸懷各有由黃虞渺詠歌伊周近賊蟊攜手箕穎側掉臂不一酬歎息津渚間千載今悠悠

問津雜咏六首

生不逢堯禪飲牛從上流緬緬葵藿志慨想陟層邱荇藻牽我懷祓襟濯元洲禽鳥變芳林坐聽隨啾啾朝曦東壁曙夕霞西山稠往來問津上長歌狎瀾鷗

二

我田不十畝在彼問津東我屋三兩間傾欹不遮風八口歎終歲空廩愧年豐跛床倚壁角缺釜泣露中幸有殘書笥日移無塵封悅兒躭句讀稍稍義解通少君老且勤紡車聲蓬蓬煮水追其夜笑飲青燈紅

三

躬耕但有田安問飢與飽棲身但有屋安計瓦與草時違憂莫頻無分壯與老東皋倉庚鳴舉趾及田早秋收少三鍾筆耕代兒好蒼蒼白髮翁稼穡惟所寶徜徉任歲時修短付蒼昊

四

問津橋上雲問津橋下水雲行無停迹水流去不已中有一遺老踞橋聽流涘當年問津者今日何如矣緬彼耦耕人我幸鄰其里沮溺吾友之尼聖肅仰止俯仰日夕間袪霞趁煙紫

五

運數難問天日月茫如馺念與世無競淡焉忘彼此尼聖與沮溺當日何相訾我從千載下願作和合子津亦無勞問問者何妨指三人若在今依我坎流裏

六

勞懷千載上綺園難再覯我住問津出山殿有尼父時憩大士巖巖眺足揮塵獨往不厭頻與巖稱賓主跣石狎其流盥漱飽香乳夕陽歸未晚述之少君嫗少君聞我言微笑還鋤圃以故樵漁人呼我爲老腐

過孔子河次梅長公韻　操明德

適楚津猶問維車漲未消江萍空有兆田父竟難招雨色迷殘碣波聲咽斷橋獨憐吾道在行李共蕭條

翢圖 過問津河懷王生生孫素公孫斐臣　陳肇昌

朝涉問津河微風飄靡霏解帶涼風亭停驂休我僕山徑舊所經睠焉起遐矚磊砢柏十尋滃浻雲一谷古殿鬱嵯峩聖容瞻肅穆平生望道心晚歲徒鹿鹿念昔同懷人紓餘散遊目坐石草芊芊經臺松謖謖俯念三十年歲月如轉轂緬想竹溪遊悽斷山陽曲欲去復徘徊臨流空躑躅

恭謁問津書院　陳大章

去聖日已遠寘行類擿埴喤喤鐘鼓聲所習非所志恭惟問津河傳是回車地麟洲昔創始著書此築室天臺播遺風講壇樹閎秘魁儒宿望尊學子擔簦至當時俱老翁稠疊賫鼓吹道義溯淵源公卿連項臂坐令一畝宮迺揭東林幟我行傍祠堂循牆謹辟咡細草披蒙茸古柏摩蒼翠延階眺修椽升堂閱禮器愓息拜袞衣

髣髴瞻四氣載謁仲子祠俎溺列配位前楹奉儒先爵里如鱗次
厥西輔仁堂絃誦儼居肆想象昔人心經營寓深意聖道日中天
有目皆得視寤寐卽羹牆小大隨所識涓滴助海流埃塵裨嶽積
登枝無捐本培根竢其實敬恭鄒魯鄉趨蹌俎豆事古道迄未亡
諸賢愼塗墍黽勉有同心修舉期勿墜

王以三鄒甘叔過訪出問津書院志畧以次商酌悵然有感
成十絶句

餘姚心印付天臺珍重空山闢草萊耿恭簡初講學於此古木荒祠誰是主
滔滔澗水倚瀠洄

百年傳習盛師承接壘分茅共擔簦除卻講壇猶有事諸公何用
太憑陵近人訶斥王耿諸公不遺餘力

微言一綫顧端文淨掃叢殘萬斛塵黨籍未除名輩盡眞成啼鳥

識天津

錫山高節日星光吉水金陵義問長耆舊東南零落盡瓣香留得
在黃岡書院舊祀高忠獻鄒南皋焦弱侯皆師友淵源也

琳瑯翰墨比天球黨禍當年迄未休悵望兩都函席地夕陽衰草
自春秋謂東林首善也南皋弱侯諸先生詩禮序記墨跡見存書院

師門老淚滴榛蕪崇正祠堂會講餘天臺書院在金陵弱侯諸公會講於此畢竟人
情爭好怪到今鴻寶護焚書謂李溫陵事見焦園集

甘陵南北久消沈碧血璘璘寄恨深付與三朝公論在當時何苦
擯東林明季問津諸先生多仗節死義者

往事麟洲跡久訛講堂猶繫宋山河憑將一掬西臺淚灑作千秋
正氣歌宋儒龍仁夫避世講學於此

刧後誰當續汗青水簾光映少微星三間茅屋詩千首爭似元家
野史亭王先生士龍別號水簾

黃蔡何須辯贋眞經臺坐石澤猶新孔顏樂處如尋得便是橫流
砥柱人

龍仁夫墓　陳大章

一曲琵琶怨未終棄官徒老此山中苔荒馬鬣三秋雨樹暝烏啼
萬壑風衰草不生亡國夢夕陽依舊大江東問津臺北黃華谷家
祭誰知告乃翁王照亭詩鈔入湖北通志

龍仁夫墓　靖乃勤

故園寂寞讀書臺覆釜猶傳江上堆麥飯一盂盧節序都城千戶
少雲來曾悲塚側麒麟臥不見洲沈鸚鵡才遥想山前留講席清
風時復繞蓬萊

龍仁夫墓　陳大犖

苔封馬鬣倚孤岑渺渺忠魂歎陸沈明月好看江練白琵琶不作
別船心武磯躑躅流瀾障松柏風霜翠靄深悵望黃華空灑淚一
天秋色自蕭森

龍仁夫墓　汪士倫

幾年寤想麟洲墓今日徘徊馬鬣封故國不歸空宿草新朝難屈
抗芳蹤名齊伯厚成高隱葬近睢陽對遠峰爲詠琵琶亭上句平
生就義本從容墓在陽邏張睢陽廟後廟院壓墓地院輒圮裂光緒甲午春嚴孝廉用彬諭土人拆去立碑紀其事

問津書院懷古十二首　曹翰

耦耕詢罷鳳歌殘千古宮牆仰轍環講席春滋新草木曬場秋冷
舊雲山漫從畎畝尋沮溺且向詩書樂孔顏祇恐迷津終莫問月
明空鎖石苔斑

孔子山

一望穹窿氣象殊轍環曾此暫馳驅蒼松夜撼蛟龍影怪石朝蹲虎豹軀勢壓東山堪小魯靈通泰岱可觀吳登臨不盡千秋興到處春風是舞雩

孔子河

雲溪曲曲抱山隅孔子南游賦載驅數壘煙波憑濯足一川風月好乘桴纔因道濟思登岸又爲津迷欲問途始信河清難再遇轍環空自徧南都

問津碑

問津遺迹已難尋鐫得豐碑立古岑八字永傳師弟語千秋高揭聖賢心河山簇擁雲書麗日月昭回鐵畫森只此周行堪示我征車千載免沈吟

講經臺

經臺高聳勢悠悠俯視平原四面周峻極未須爭九仞登臨應不待三休嘯歌人去煙霞寂絃誦風微洞壑幽擬傍宮牆來竊聽數聲猿鶴暮雲稠

曝書場

路入層巒石磴荒土人云是曬書場曾經竹策鋪晴日幾度韋編捲夕陽蘚逕蟲文皆剝蝕沙痕鳥迹自微茫聞來欲叩嫏嬛洞留得千秋翰墨香

坐石

磐石何關至聖情偶然危坐便傳名曾因晝卦蹲霜後幾爲談經踞月明雙屐不隨苔蘚沒一拳猶傍薜蘿縈我來徙倚漁磯畔笑指滄浪自濯纓

墨池

尋得汙池在水衝墨華泛彩靜溶溶波涵怪石成元豹岸倒長松映黑龍黝處乍疑膠漆合澄來翻覺麝煤濃不知多少刪書筆滌起煙雲幾萬重

孔歎橋

何年壘石倚康莊結就危橋覆澗傍半月彎環臨遠樹長虹蜿蜒挂殘陽民無病涉奚搔首客不迷津詎望洋只恨時艱難得濟一腔悲憫付河梁

回車埠

北來山埠石崢嶸孔子車回此地行豈爲迷津思返駕應緣封社促歸程關門不鎖還轅迹驛路空留去轍聲遣下征塵無處覓千秋煙樹暗縈荊

顏子港

東望層巒一水深曾聞顏子此行吟澄清想見爲邦志活潑潛符克己心響奏虞韶喧石瀨光涵吳練浸嵐陰我來港上頻遊矚妙道鳶魚悦可尋

長沮故居

青林翠阜隱菑畬長沮當年此卜居朝市屢更新歲月山川猶繞舊蘧廬曾無雞犬留仙蹟賸有煙霞補故墟欲訪遺蹤人已杳夕陽芳草自躊躇

咏沮溺耦耕

天人悲憫總無關結伴躬耕十畝間兩兩扶犂疏雨外雙雙秉耒落花間已甘肥遯同巢許不必行藏合孔顏贏得煙霞成痼疾一聲長嘯出塵寰

弔龍麟洲

麟洲一去幾何年講院荒涼鎖暮煙大易薪傳誰嗣響五經矜式絕隨肩圜湖客散迷寒雨淮甸人歸哭逝川莫向華山高處望琵琶遺憾滿江天

懷吳石梁先生　黃自芳

百尺長竿老釣磯常披風雨著荷衣惰容偶見知非敬名理深參自不違綠埜紅林行弔古青樽黃卷坐忘機淡鰕麥飯清如許飽殺天臺兄弟歸

寄懷萬南泉侍御

霜生諫草舊丹心兩鬢能無許雪侵別後高名驚海內歸來清詠動淮陰蘭臺曉日烏棲冷芸閣春風鶴夢深兩向問津詢逸況何時遊屐歇荒林

庚子歲問津書院理事梅玉亭孫文菴操揮五邀主秋祀且言續修前志之舉先後成二律　萬承宗

底事平分世與人避來十畝亦風塵一時匆遽留行色千古遭逢話逸民旅蹟蒼茫何處是山靈孚契已成眞泄禋五度思先澤幸許追蹤識化津（先君子曾主祀五次）

省記前游勸息人遺碑曾拂葉鄉塵誰知軌轡尊斯地也使蘋蘩到古民禮器低徊多不去拘儒疑信總非眞祇今志乘叢殘日好託支流匯一津

過沮溺畈　潛陽　英　啟（續村）

問津未必果知津妙語無端感至人今日停車獨惆悵綠楊陰裏曉鶯新

鄧獻之以恭謁問津書院之什見示因成二律用原韻答之

大崎森竦五雲環想像東山接泰山野曠詎迷千里駕道窮誰濟一時艱忽逢沮溺意言表萬古津梁耳目開瞻禮殷殷相告語故人風雨昨宵還

先民矩矱懷龍耿五百年來意往還轍跡分明標楚望瓣香終古祝尼山與人樂處知心最造道深時進步艱今日升堂欽大雅斯文允信在人間

問津書院秋祀禮成　石首　傅上瀛（仙壺）

昔年游澧水（有沮溺耦耕碑）慨想沮溺心此地連南海遺祠枕北岑精靈千載聚冠蓋一時臨蘋藻高齋薦丹忱惜未深

問津書院舍采禮成恭紀一律　謝　熒

停驂回轍近宮牆（停驂回轍兩書院皆在伍重里）幾輩先賢有講堂道里本來連楚蔡山川原未改邾黃（縣自宋初改邾爲西陽至隋開皇始改爲黃岡而故城在新洲尚有遺蹟）麟書文字今猶古雉羽威儀集且翔私淑千秋分一派要從泗水問津梁

問津書院雨窗擬會課詩文題

好雨乘時化和風特地新道途聯楚蔡碑碣斷周秦千載寶遺蹟四山圍古春梓鄉諸父老目我亦陳人

坐石雲開起經臺草怒生衣冠招世族文字萃時英自愧風塵走何堪月旦評暗窗濡禿管棖觸短燈檠

問津講院奉和謝惕夫師韻　洪良品

驅車山下路積翠雨中春坐石苔陰厚書臺柳色新不知後來者誰是問津人覽古尊彝在叨陪謝茂秦（山上有孔子坐石曬書臺）

問津講院即事感懷呈錢湘畹季楨昆季

鳩啼細雨散輕塵聖歎橋（橋名）邊草又新十載刼留車服古四時花護講堂春雲階剔蘚搜殘碣坐石談經見古人曾是昔年風詠地

亂山依舊繞寒津（道光乙巳丙午閒與湘畹昆季聚首談藝於此）

過沮溺耦耕處

斜陽下長阪荒榛蔽古岑四顧絕煙火路長愁我心緬懷沮與溺
避世甘陸沈自維塵勞客慙彼肥遯林殘雪猶在地浮雲時作陰
故園田已蕪感喟殊難禁

謁問津書院　鄧　琛　獻之

廟中禮樂升階肅聖處工夫進步艱（山麓有石鐫日進步處旁勒五泚二字疑書者名字）終
古津梁問洙泗何年碑碣出人閒斯民斯世耦相並時止時行車
自還賴有麟洲倡正學天臺接蹟五雲山（龍麟洲耿天臺講學於此）

和傅仙壺廣文謁問津書院秋祀禮成詩二首

昔歲宮牆謁趨蹌捧豆籩一源洙泗遠七曜斗車懸舊蹟餘殘碣
塵顏照古泉圖經稽禮器剝蝕待重編（問津書院志燬於兵亂後僅藏一部廟中其書樂器圖極精核）

君過問津處悠然嚮往心川涂車轆轆庭宇柏森森遺像傳郰邑
穹碑照水潯（使于路問津處碑田夫耕地得之出土已數百年）名山誰接武東望五雲深

問津書院同石丞湘畹季楨作　陶　銳　星垣

失路偶然爾巍巍廟至今沈淪高士蹟利濟聖賢心古渡蒼煙合
殘碑碧蘚深閒尋澗邊石與子坐彈琴

過沮溺耦耕處　錢崇蘭　湘畹

耦耕傳此地招隱昔同心閱世隨流水停車別故岑鳥棲篁徑夕
牧返稻畦陰我亦滔滔感雲山何處深

問津書院同梅書山茂才夜話有懷張晴舫孝廉　錢崇柏　季楨

木落山空雁語遲津流雨過碧漣漪轍環遺迹自千古樽酒論文
又一時（余昔與洪右丞陶星垣酬唱於此與今日之會皆雅集也）累世交憑舊書史高談喜動
老鬚眉風流張翰偏多病秋水蓴鱸繫我思

過問津書院尋耦耕故址不得　殷　雯

耦耕人不見聖道日消沈偶過停車地長懷辟世心溼雲歸岫遠
倦羽入林深太息川梁水滔滔直到今

補遺

明

過孔子河　茅瑞徵

驅車循四履晴巒來遠曙一水不容刀征人戒勿遽褰裳往從之
下流苦沮洳試叩此何為云是問津處在昔鳳戢羽深心向誰語
屏營歧路側所遇溺與沮辟世不辟人相對亦何倨千載憑遺蹟
山川應可據我來出其傍茲行豈游豫六翮阻高飛九折空叱馭

雖馳雲外想已作匏瓜絜仰止步荒祠低徊不能去

和曾大有過孔子河　舒昆山

當年聖迹駐高岑千古人同仰止心書社未封悲往昔奠楹無夢
歎於今（時祭典廢缺）道窮天地途多隘轍合風雲蹟未侵一片殘碑煙
草地斷趺遙鎖五雲深

丙戌春日崇祀問津書院賦呈同志　汪國濼

平蕪新闢儆林楸掩映溪雲靜碧流更聚衣冠尊一拜獨留師弟
共千秋樵蘇喜見威儀在鐘磬聲隨古殿幽莫羨吾徒堅晚節人
心何日不東周

國朝

孔子河觀坐石　程之楨　雒周

亂世聞歌鳳千秋想駐驂澗花明白石沙雨瀉空潭滾滾東流急
栖栖吾道南此閒暫容膝未免楚人慚

賦

問津書院賦　曹翰

繄問津之古院聳神明之故墟據翼軫之分野當楚蔡之逼衢後碧嶂以環抱前清溪以盤紆上倚覩川之危石下臨滌筆之汙瀦巍書城其坐擁帶院落以相於鐘鼓揚靈於河曲絃歌流韻於山隅因一日轍環之蹟作千秋考道之區粵自有唐杜牧廟建文宣宋之孟珙廣舍山巔仁夫龍氏大啟講筵逮有明之中葉迄萬歷之季年前有胡孫之創建繼有蕭王之改遷去舊廟之湫隘即新宮之安閒上奉聖像道貌岸然左祀仲子沮溺右祀朱子儒先下及縉紳名宦有功斯土者皆得從祀於其間爾其爲狀也峩峩業業煒煒煌煌樹中天之華闕淩冠山之明堂方圓則法乎天地闔闢則象乎陰陽旣星羅而碁布亦翼舒而箕張軼雲雨於天際迴

虹蜺於崇岡爛兮若朝暾之激景皎兮若明月之流光遠而望之如入丹青之室近而察也恍遊金碧之鄉其爲制也後爲寢殿牓曰大成重榮複桷畫棟彤甍虹梁煜爚藻井玢璘金釭銜璧玉瑱居楹飛欄翼以軒翥反宇轔以騫騰瓦獸躨跜於屋脊金爵上棱於觚稜張網戶以朱綴絡綸連以青瑣仰靈宮之肅穆等仙禁之深沈殿外則重軒三階元墀釦砌蟠文螭於雲坳繞蛟龍於丹陛銅池承霤以矗落露臺臨虛而嶮巇鋪磴道以綺錯攢危檐而鱗次覽曲檻以廊回覺神眩而目眛中爲禮殿亦曰講堂建連屏之端正書聖經之琳琅皓壁皜曜以月照丹柱歙赩而電光勤禁楄以疏密承陽馬以圓方欒栱夭矯以交結欂櫨角落以高驤鴻熿熀而爣閬極崇隆而堂皇納雲霞於戶牖呑日星於軒窗羗左平而右城夾馳道於中央歷九階以延佇指雙闕以翱翔啟南端之

閶闔顏書院以問津夾左右之兩掖倣玉振與金聲修闔扇之壯麗釘浮漚之繽紛朱闕岧嶤兮金鋪燿日彤扉鴉軋兮獸鐶驚人厥有東廡堂曰問津耦耕齋曰潔粢奉牲綺疏露槅瑣闥雲蒸望衡對宇遥連乎飽德之亭又有西廡祠則文公諸儒館則齋宿藏書旋題月湛繡桷星鋪連簃複閣直接乎從先之居由兩廡以各出夾中門而平分規隙地以立柵列畫戟以爲門兩坊對峙雙柱高擎德配天地道冠古今面牆一堵彩畫麒麟當櫺星而壁立視天了之外屏院後四壁宮牆縱橫儼眾星之拱極護賢關聖域以攸宜宮室旣飭禮器斯彰開神厨而數典檢祭庫以捜藏尊則全乎犧象瓚則備乎圭璋鼎則鼒鼐鉞鬲俎則椀蕨椇房簠簋共登鉶鏡美豆籩與爵勺交相篆刻兼饕餮雲雷之古雕鏤極夔龍竈雀之光他若麾旛巾冪罍洗篚筐千態萬狀不可殫詳禮儀旣備

樂器孔昭考宮縣於殿陛察簨虡於堂坳鐘則鏞鎛笙頌鼓則楹足縣鼗磬則製泗濱之石笙則採曲沃之匏絲則瑤琴錦瑟竹則龍笛鳳簫木則柷敔互用塤則雅頌均調推之籥翟炳耀旌節飄搖靡不雲譎而波詭玉立而星標其釋奠則始以如壯之上丁後以病元之旣望延守令丞博以主祼將合縉紳先達以爲顯相或執豆而承籩或省牲而莅鬯粢盛則黍稷馨香牲牢則牛羊茁壯禮九拜以肅雝樂六奏以和暢列佾舞於階東階西合聲歌於堂下堂上飲福則官師悉受其鴻釐頒胙則閭庖咸蒙夫異旣彝章比闕里以差殊典禮較辟廱而無讓其講學則始於元季盛於明中本郡之儒紳畢集異方之師友來從軒蓋相望於道路皋比並列於儒宫派姚江者以致良知爲主學甘泉者以體天理爲宗奪席而戴憑倏至解頤而匡鼎初逢講道著河汾之盛談經追虎觀

之雄戶外之坐席常滿橋門之觀聽雍容爭紹程朱之脈遠追鄒魯之風其會課或舉以二季或定以四時遐邇雲集生徒影隨先之以制藝次之以賦詩排坐防濫監門絕私閭閻秩秩濟濟祁祁紛嘈兮似春蠶之食葉奮勇兮如戰士之銜枚競登壇而拔幟羣入海以探驪迨夜分而投卷逮試畢而彙齊司會則矢公矢愼衡文亦無詐無欺多士遂登龍之願眞才矜倚馬之奇葵邱復會於此日幾復再見於今茲至若師傅端居生童住宿終日孜孜窮年碌碌冬釭焰兮筆花紅春晝永兮窗草綠開絳帳以傳經下緇帷而課讀負笈皆英俊之流鼓篋盡衣冠之族執經問義者偕來緼瑟歌風者相屬親弟子之茆芹飽先生之苜蓿覺師嚴而道尊可化民而成俗是蓋以詩書爲堂奧以性命爲丕基以禮義爲門路以道德爲藩籬南國圖書之府西陵禮樂之司絃誦之風流未墜

養軒之日月於斯不獨嶽麓高陽不可及亦非鵝湖鹿洞所能幾笑千里之楚疆曾經幾代閱七百之書社今屬阿誰曷若此問津片壤宮闕巍巍直與尼山洙泗相終始而無有窮期

孔子山賦

歷皇輿以周覽得聖蹟於郝城據離明之正位符艮止之休聲氣磅礴而鬱積勢嶙峋以峭嶒襟江湖而帶倒舉控弦軼而揖巴衡因至人之游歷肇錫予以嘉名遂使土壤被素王之號而致山靈冒元聖之稱爰溯所自副嶽鍾祥胚胎灊霍縣亘江黃擎天柱以脈落矗軀峰而首昂乍盤迴而過柏舉旋蜒蜿而入盈鄉聳大崎之峻極帶接天之混茫龍岡西走馬鞍南翔結五雲之華蓋作百城之保障延袤數十餘里巋然屹立於茲方千態萬狀詭跡殊蹤凹者成窪凸者成峰嶺騫騰而似鳳岡天矯以如龍映日之芙蓉

隱隱撐天之紫蓋重重擬齊雲兮縹緲侔偃月兮穹窿既箕張而斗峻亦星拱而雲從儼卦疇之羅列而太極之在中後倚回車之古埠前俯問津之長河左挹顏港之雲樹右擁文岐之煙螺沖長沮而寥廓坂桀溺以陂陀耦耕之田紛其繡錯進步之石鬱以嵯峨上有講經之臺下有曬書之場繞以墨池之浩蕩襯以硯石之光芒承以觀川之坐石翼以拱雉之山粱丹崖舒霞碧嶂凝翠松檜參天藤蘿交翳春雨空濛秋陰迢遞煙雲變幻於晨昏虹霓連蜷於晴霽谷暗而陰陽爲之晦冥林深而日月爲之虧蔽天晴則魚躍鳶飛夜靜則猿啼鶴唳磵泉響而魯壁之絲竹長聆飆籟馳而泗水之絃歌未替東迤平麓則疑於矍相之圃西憑小市則似乎五父之衢講院巍峩兮闕里煙墩高敞兮舞雩青蓮峙尼山之五老黃林蔚緇帷之一區縮杏壇其未遠比孔里以何殊命杖履

以徐步入煙巒之崔嵬度懸磴兮玲瓏指迷津兮邈匯歎人事之代謝幸山川之未改憶車聲兮如聞尋轍迹兮宛在知鳳德之未衰信麟蹤之可待而斯人吾與之懷永綿邈於千載

道光庚子修院志首領勸捐總數

洪恩峻　壹百肆拾伍串文　蕭開運　壹百叄拾捌串文
徐光岳　陸拾陸串文　胡（必暢、華潤）　陸拾串文
洪　鐘　伍拾陸串貳百文　錢莆田　貳拾壹串文
王運宸　拾串零陸百（捌拾）文　梅兆棠　貳拾肆串文
程（發翹、椒之森）　伍拾串零伍百文　胡玉森　肆拾柒串陸百文
李開善　貳拾玖串肆百文　詹（鈺、錦）文　貳拾玖串文
黄廷蘭　拾玖串貳百文　徐　彪　拾串零貳百文
孫廣墉　叄拾伍串文　秦（立五、同煥）　肆拾陸串肆百文
熊之昱　拾伍串文　游鴻運　貳拾捌串捌百文
陶光第　貳拾肆串文　王景岡　拾壹串文
舒　鑌　捌串捌百文　操　鎬　貳拾玖串陸百文

庚子修志樂輸姓氏數目

（麻邑）蕭仁（三分）　柒拾串文　胡四維　陸拾串文
（麻邑）傅文甫　拾捌串文　胡廷瑞　拾陸串文
王廷茂　拾伍串文　（麻邑）陳（坤元）公　拾肆串文
何軍托　李克全　俱拾貳串文
（麻邑）胡士奎　洪恩峻　（麻邑）熊占城　鄒　傑　蕭開運　王斯綸
（麻邑）鄭復興　（麻邑）嚴利順　王　甫　孫天富　（麻邑）朱全泰　鄒善珍
（麻邑）吳　燦　張正興　洪恩治　豫益典　錢莆田　詹（鈺、錦）文
張九餘　洪敦友堂　以上俱拾串文　鄒德山　玖串陸百文
羅峻爽　夏元龍　王景岡　陳履亨　俱捌串文
郭裕華　柒串文　（麻邑）夏承志　陸串肆百文
徐之樂　李其昌　徐義合　程俊太　張義興　於文炳

傅永發　舒（鳴松、中炳）　俱陸串文
胡國恕　張前楷　洪應遂　洪作霖　洪兆雲　洪兆蘭
謝志烜　鄒七戶　吳省（五、六）　舒三義　李啟後　周國棟
胡永茂　熊承啟　范合太　左三益　徐光岳　王大玉
王際華　王四美　徐智昌　趙德昌　祝煥文　黄世德
以上俱伍串文　（麻邑）鄒述學　揭炳坊　俱肆串捌百文
（麻邑）鮑時敏　郭兆華　劉福順　黄如鐸　（麻邑）徐四合　李文華
徐（定元、肇基）　俱肆串文
劉德堂　曾德恂　啟後堂（陶）　陶公信　陳一發　俱（叄串貳百）文
范朝選　蔡恆豐　洪永興　郭錦堂　傅恆昌　劉六吉
李玉公　李德新　熊祥太　邵全盛　劉裕堂　王同發
王茂盛　曹順健　以上俱叄串文

何永順　程正順　王化南　郭寶善　沈雲藻　童楚騏
俱貳串肆百文
徐愈興　張先哲　黄廷蘭　詹起鳳　林　王　毛品廉
曹大順　陳士林　毛二圃　王滔鶴　游　鉞　於五福
洪　斌　張毓樫　王心德　李大發　蔡澤唐　王心源
張履恆　戴義昌　詹人廣　張秉桓　段遐齡　趙正興
（麻邑）陳保衡　龔（炳、耀）　夏際陽　游鴻運　操全英　操元（珍、璋）
以上俱貳串文　王有斐　壹串陸百捌拾文
高公發　陳禮堂　陳義堂　秦攀龍　左存城　左立三
劉象崙　劉開宗　劉全盛　劉祥雲　劉正順（富記）　張恆泰（利記）
梅思六　梅全新　左光第　汪自昌　以上俱壹串陸百文
黄基榮　壹串貳百文　歐集元　壹串壹百文

修 大成殿首領姓氏勸捐總數

嚴　旭　陸拾伍串伍百文　張翠之　拾柒串文

游　綰　叁拾伍串貳百文　王用霖　陸拾肆串捌百文

林光地　柒拾叁串文　范華封　壹百肆拾陸串壹百貳拾文

胡映春　捌拾捌串貳百文　程濟壬　貳拾柒串捌百文

王昌喆　陸拾串零捌百文　王康祚　壹百零伍串肆百捌拾文

操學昶　叁拾串零貳百文　詹慶元　伍拾伍串陸百文

余蔭煊　壹百零肆串文　巴曜東　陸拾玖串捌百文

錢崇蘭　陸拾玖串文　鄒耀奎　捌拾壹串陸百文

舒中炳　肆拾肆串文　陶時敏　伍拾玖串肆百肆拾文

梅雄飛　捌拾壹串捌百文　胡忠棐澤恩　玖拾肆串肆百文

張增炎　伍拾貳串文　王樹藻　肆拾陸串文

洪良焱　叁拾串文　徐鍾俊　叁拾貳串肆百文

羅濟瀛　叁拾伍串文　王新瑞　柒拾壹串陸百文

麻邑陳鍾漢　拾柒串文　舒正煥　柒拾肆串貳百文

張青選　陸拾壹串柒百文　黄之煥　壹百伍拾叁串壹百文

熊明春　壹百伍拾伍串文　左秉鈞　壹百肆拾貳串文

修 大成殿捐輸姓氏數目

麻邑蕭公義　劉國柱　俱捌拾串文

夏畈夏和甫公　林光地炳旭　俱肆拾串文

程仁育　趙榮錦　俱叁拾貳串文　劉永順　銀貳拾兩

錢崇蘭　馬　彬　胡二齋　俱貳拾肆串文

范華封應藻　林頭畈　俱貳拾串文

江西聶嘉楷　鄒　嵩　楊三和　胡含芳　華棣棠　俱拾陸串文

王濟成　拾肆串文　張壽安　銀拾兩

王祥興　馮泰來　胡昌會　郭　斌　俱拾貳串文

熊氏祠　王用霖　鄭東山繼義公　俱拾壹串貳百文

傅正順　拾串零捌拾文

張政順　熊伏公　王　尊　熊公秩　義生黄　劉元壽

余朝貴　曹榮一　舒中炳　傅公興　胡亦屏　胡映春

麻邑程長發宏　王潤堂　安邑夏士璧　王錫三　以上俱拾串文

范乾元　仰止堂　俱玖串陸百文　庚午公　玖串文

龔兆梅　范勝一　鄒瑞源　邵樂裕　李家砦公　鄒太和　標

王瑞義　張鳳儀　王新瑞　巴鴻翔　余　森　王語祖

舒四美　李四美　詹興祖　左秉衡　梅全興公　世德堂黄

劉永隆　涂茂一公　彭人秀　左官舉　胡佐公　林步高

徐玉珂　以上俱捌串文

熊二玖公　郭隆洲　徐維翰　童先椽　俱柒串文

吳公興　范椿泰　江肇科　俱陸串肆百文

操繼義　孫學斌　黄能會　巴貽芝　巴慶升　王泰和

詹聞珍　樊正茂　舒高富　以上俱陸串文

操義興　鄒彥六公　詹世業　張逢甲　羅勝三　夏伏三

歐陽達　陳慶芸　王學義公　黄瑞蘭　張兆庚　羅隆盛

道德堂李　王永豐　徐應簫　鄒華廷　梅濟公　韓伏一

胡少英　王家河　以上俱五串文

王馨海　羅甲榮　王四美　堅白堂　陳合亭　許堯公

高大興　以上俱肆串捌百文

李仁二　王亭記　韓復益公　徐養正公　王乾元　郭正興

詹黃佐　詹啟隆　劉愼德　聚順堂胡　何興順漢陽　蔡志清
王普福　王同興和　江財萬　劉鼎泰　鄭琛　熊五美
余琯　余蔭楓　楊文宗　巴慶雲　巴謀溫　周裕順
乾順吉　王和順　舒中煥　王伏一　王出鏰　敬畏堂羅
胡朗高　胡怡菴　胡良壽　馮家海　游亭倩　張永茂四房
黃進榜　余勝二　吳夏益　江宗公　劉興一　張文通公
李濟川　馮秉元　梅惠公　戴四六公　李德暹　邵寶善公
王家嵩　王景曾　以上俱肆串文
王殿臣　叁串伍百文
張星槎　張砥菴　王泉亭　王斯傑　王斯俁　蘇孝友公
王蔭槐　鄭壽山　王義興　方德潤　張集義　林端愨祖
黃如蘭　李受一　羅文通　廖玉森　洪定明森　洪耦塘灣

三廟河義門祠　以上俱叁串貳百文
霍炳南　劉忠　羅成愷　庫鼎泰　高可志　源裕祥
詹地俊　楊萬盛　唐郁　徐復公　詹公祭　董文通公
劉夏氏　徐集泰　左春芳　何公三　梅公興　詹公產
周志璘　詹宙鈿　謙豫行　李大猷　劉同昌　郭乾盛元
廖燮廷　汪啟烈　秦順烈　濟興　劉新發　徐福來
陳廣順利　邵八分祠　邵六分祠　王海門　王仁美　張興嗣
袁春茂　林錫禎　舒三益　王新益　曾必進　義生和
以上俱叁串文
傅興盛　余際瀛有繼　俱貳串伍百二十文
王毓炳　王聚源　永聚源　熊朗岐　俱貳串伍百文
王馨蕊　王馨柏　王馨柯　蘇宗二　王兆濬　胡定宇

戴公盛　培元堂李　清愼堂傅　梅三興　王新興公　俱貳串肆百文
太興元　馬介堂　譚恆豐　郭鵬魁　正泰善　永昇彩
合泰祥　嚴旭　張虎臣　范遵文　張大壎　張應熫
黃仁厚　淮鹽店公　余斌記　羅永興　源裕合　洪良燮
魏學大　萬成基　霍國華　李永貴　蔡永盛　任三公祖
黃春壽　李樹蘭　胡忠恪　恆久利　大成瑞　段旻公
詹子周　左棟公　程仁鈞　葉秉鈞　林樹楠　荆蔭堂
靖時帆　沈永昌　協順店　陳新發　同源美　巴鴻漸
方宗一　孫學有　鄭成榜　霍厚璋　馮同泰　程吉臣公
馮同發　毛慶芳　毛振翰　李熒　方億順　邵希孔
邵際岐　於兆甲　陳厚旺　吳新盛　李炳瑜　張日生美
光裕和　光裕永　徐煜南　林錫恩　陳東分公　學祖公王

張生春　游綰　左春暉　舒明煜　徐作霖　林元章公
徐基坦　李周九　永祥亨　胡源亮　吏志常　王倫公
舒中耀　但全茂　舒公興金山　王長發　王恆順　孫篤本堂
秦順山　秦順德　吳潤　王聯福　沈成燮　李宏昇泰
開泰利　乾順元　舒興公　吳公怡　操心吾公　羅守銘堂
徐義順　趙正興公　蔡聖祖　永聚奎　梅五思　鄭復興交
劉恆昇　胡文模　陳臨泰　喻金詳　永大生　鄭復興萬
永裕亨　永發仁　永昇源　胡良意　靖茂坤　劉永記
麻邑吳桂茂　胡鳳池　王尊獻　陳億順　張乃聰　胡良珠
以上俱貳串文　董正誼堂　壹串陸百捌拾文
陳作新　曾肇廉　袁春煦　石埜　李永濬　胡濟舟
胡萬齡　胡錫枏　吳恩選　程紹珌　馮天興　王自倫

陳天霖　徐文熙　黃明順　程文公　程炳炎　任興隆公
戴昌盛　任祖蔭　徐治林　程思孝　劉清臣　王積慶堂
邵際耀　舒明泰　鄒耀奎　邵希濬　王氏一甲享堂
王雨亭　謝兆椿　何鳳儀　劉兆湘　劉逢乙　謝福裕生
汪鴻翥　劉　鎔　華永乾　朱定光　詹黃照　傅清直堂
詹黃琮　王藎臣　王世臣　王全盛　詹廷占　洪泰臨復公
程秉輝　王山際　王毓賜　王和盛　鄭建瓴　熊元豐
以上俱壹串陸百文
王景元　陳萬興　張祖齡　永順義　四知堂　金諾堂
江西喻人和　郭可道　甘遇春　王毓澍　以上俱壹串伍百文
舒中君　胡聯芳　俱壹串肆百文
王玉衡　靖曲園　呂宗儒　王大宗　王長發　王永隆公

王毓禮　王毓晶　王毓錦　陳元太　以上俱壹串貳百文
陳厚炯　胡益康　胡益華　陳厚敏　陳厚益　舒毓松
秦啟堂　吳定盛　錢世炯　謝同興　陶開泰　陶惜陰堂
梁述記　陳士和　程萬盛　吳定蹤　梅兆松　陳太五
胡家華　張斌瑞　張國霖　雷植三　李景星　羅正泰祥
游萬茂　左存誠　左治理　左衡鑑　左宏敏毅麟　左公興
孫大興　方映奎　永興太　何元興　羅怡福　朱光裕和
羅永發　羅萬昌　羅文翰　羅正泰森　羅正泰華　劉義興順
李氏公　陳士篤　謝永盛　謝承志　何養性　鄭復興純
曹益生　游豫庸　胡恆升　林時序　李凌霄　胡世藻
胡忠佐　胡世長　郭蘭薰　黃香圃　黃康啟　黃錦蓉
黃畹春　舒正祥　舒中銑　舒乃梁　舒中丙　舒中炎

梅春嶺　於繼祖　黃佐清　黃之琬　黃炳烝　趙宏珖品
黃光進　黃錦發　游豫震　舒中孚　舒鳳儀　舒正興
舒中義　舒森生　舒中信禮　舒長興　舒中華黃　舒正坊
陳祿甫　王質甫　傅春圃　熊仁依　黃仁昌　朱同和
隗崇雲　趙攀善　余葆鴻　黃名山　巴爲珩　雷慶雲
毛慶藻　毛慶蘭　王在愷　游豫珩　羅義盛　徐兆桂
梅輔臣　徐基瑜　張懋卿　許謹齋　郭煥甫　鍾明鈞
武昌姜裕生　泰順乾　舒公興　邵希元　詹世信　詹道啟
耕心堂　馮功垌　袁長盛　孫崇儆　胡玉森　李成寬
舒鳳彩　馮先應　袁逢堂　龔兆斗　宋國錦　馮先盛
馮先蘭　吳　詠　杜紹文　曹相霖　徐治宏　陳端懷
張隆泰正　吳廣福　邵際岐　邵同璜　邵正達　楊勝文西

邵正适　邵際富　邵希柳　陳興讓　張永茂　張隆泰德
熊　敬　熊獻鳳　張鳳修　張占鼇　周焱三　童復興
永順正　和順興　永　生　永順和　同美春　義興順
通順美　正昌恆　何元興　祥泰公　正泰公　天泰公
李恆太　復隆恆　和發興　復興恆　正泰祥　泰順興
新泰恆　正泰森　鄒正泰　黃復江　陶早祥　甘世金
程秉烈　王乃曙　王毓志　王大祺　郭明經　王毓喜
張裕盛　王毓剛　王自珠　張萬興　王毓芝　王自順
王自能　王自皎　王友梅　王蔭槐　王松亭　王大連
王自艮　王自策　張乃均　張恆裕　陶儒臣　王正興軒
張增輝　張若夫　但正盛　汪煥斌　游　烜　沈寶森
沈敬修　周耀熊　張乃祿　左裕盛　王益豐　李樹棻

游亨嘉　但德福　王正昌　操仁興　程啟萬　但永隆信
黃乾元　史存和　聚豐永　汪同利　泰順源　徐義順四記
張寶珩　汪稷臣　黃耀清　汪鳳山　黃同源　陶鳴丙
張榮昌　黃秋圃　萬兆龍　詹炎光　吳作信　黃新盛明
黃順昌　萬盛暄　吳吉祥　黃恆順　邱大有　黃新盛昆
張迹事　胡裕昌　曹隆安　黃香圃　汪洪壽　朱運寅
徐壽山　王先明　周恆福
以上俱壹串文
天祿堂　胡廣泰　胡廣順仁　胡廣順和　俱捌百肆拾文
張鴻階　王燧臣　曹艮臣　周介臣　李直彥　舒明棣
舒中益　程丹亭　左太和　胡忠敏　胡忠敘　程寶三厚記
胡忠惺　胡忠望　范敦臣　朱公順　戴基祚　戴位東

戴永渚　胡錫樾　胡潤軒　胡佐公　李益豐　胡約菴公
胡艮全　朱粹菴　羅燧臣　王語祖　曾文泉　曾文達
高紹祖　何汝鹽　韋履謙　王玉傳　左永盛　張鳳儀
洪艮質　洪　都　鄒義順　余同春　謝道朗　高紹祖
王毓明　王全興　彩筆公　高紹光　張兆寅　黃萬順鎰
汪璧臣　汪作舟　黃世有　王修之　王毓南
以上俱捌百文
錢贊襄　宋文彬　游豫彬　李永昌公　俱陸百文
游豫臨　游豫叢　何文煥　游亨煦　游賡藻　張生祥
吳兆華　張春元　操義興　吳運繼　張兆基　張日生新
張永祿　王哲甫　以上俱伍百文
王鈺華　王曾福　俱肆百文

光緒乙巳年續修院志首領姓名勸捐總數
王會盧　勸捐洋錢壹百元 尨錢四十六串文　沈蔭芝　勸捐洋錢十四元 尨錢九十一串文
徐養乃　九十三串一百文　王殿臣　六十三串二百文
鄒佐卿 楊翼明　五十四串六百文　操承嚴 自芳　四十九串文
劉丙甲　四十八串文　陳清臣　四十六串文
梅　楨　四十三串文　陶子符 梁鳳岡　四十二串文
胡湛恩 胡國均　三十八串三百文　王如瀚　三十八串二百文
林　鸞　三十六串文　麻城程前蔚　三十五串八百文
廖玉彪　三十五串文　王乘之　三十一串六百文
舒臨風　三十一串四百文　樊篤鉞　三十一串文
黃春裕　三十六串文　沈鳴岡　三十一串四百文
左攸先 左邦翰　三十六串文　王紹槐　三十四串文

鄒芸卿　三十串文　洪艮耀　三十串文
杜瑞蕎 沈家喈 張壽元 全文郁　二十九串五百文　但德彪　二十九串二百文
游亨頌　二十九串文　汪象奎　二十九串文
陳偉卿　十七串文 洋錢十元　尤真垚　二十六串文
涂浩源　二十五串六百文　巴洪浩　二十五串文
汪映奎　二十五串文　徐毓東　二十四串文
張斌士　二十四串文　張壽銘　二十三串文
周煜斌　二十三串文　王嘉善　二十二串九百文
邵竹天　二十二串四百文　趙元猷　二十二串四百文
夏福康　二十二串二百文　陶明達　二十二串文
程觀曜　二十二串文　趙永年　二十一串八百文
張念祖　二十一串二百文　汪鼎璜　二十串文

石際平　二十串文　段壽松　二十串文
劉翊弼　二十串文　馮子林　二十串文
劉幼卿子岐　二十串文　游亭銘　十九串五百文
王子鳴　十九串六百文　程錦　十八串文
黄鵠　三十六串文　陳福珂　十八串文
傅華棣　十七串二百文　麻城蕭玉峯善卿　十七串文
黄子山勗　十七串文　余月樓　十六串文洋錢一元
陳錫元　十六串二百文　梅曉洲　十六串文
李春山　十六串文　詹慶元　十六串文
張繩祖　十五串二百文　夏國均　十五串文
黄森焱　十五串文　劉蔭蘭　十五串文
熊省徵　十四串八百文　張世猷　十四串文

高鳳鳴　十四串文　徐忠介　十四串文
陳羲卿　十四串文　周維新　十四串文
錢儒達　十三串六百文　吴樹勳　十三串五百文
王植三　十三串文　邵大璋　十三串文
徐燿午　十二串七百　靖衡甫　十二串文
郭小容　十二串文　汪連臣　十一串九百文
何古香　十一串六百文　宋希賢堂　七串六百文洋錢四元
謝佐卿　十串零八百文　陶樹臣　十串零二百文
於賢照　一十串文　羅玉齋　一十串文
程栢香　一十串文　余益軒　一十串文
劉子清崐甫　一十串文　熊獻鳳　九串六百文
熊兆名　九串六百文　胡映春　八串八百文

羅典衡　八串文　史烈侯　五串文
郭金臺　八串文　鄧廣盛　八串文
毛慶蘭　八串文　潘際華　七串五百文
徐玉麟　七串三百文　嚴用彬　洋錢八元
陳禹門　七串文　郭開華　七串文
王煜煌　六串文　羅鵬九　六串文
陳德卿　六串文　萬琦　六串文
胡光煦　六串文　張寶森　六串文
舒均門　五串文　王上林　五串文
李子岐　五串文　邱岳　洋錢五元
孫賓臣　四串文

光緒乙巳續修院志捐輸姓名數目

王銘謙　洋錢壹百元　重慶花帋　共捌拾串文

操善慶堂　肆拾柒串文　鄒大祖彥六公　叁拾串文

劉永順　貳拾串文　劉幼卿于岐　貳拾串文

麻城長發宏　拾捌串文　馮和卿公　拾貳串文

徐崇德堂　拾貳串文　陳正誼四槐堂　拾貳串文

劉刑萬公　拾貳串文

王會豐　陳德　陳學田公　劉福公　林謙吉　林義利履太公

謝樹鉦　王啟後　左大家灣　羅玉齋　程壽昌　劉子清崐甫

以上俱拾串文

徐六合公　鄒汝楫　鄒汝賢　林常興　林高陞　石際平

李篤本公　李氏大公　夏和甫公　陳燊卿

以上俱捌串文

永合公　洋錢捌元

蘄州李五知堂　徐德興　以上俱柒串文

左壘卿　六串四百文　蘇孝友　六串二百文

王受豐　九林牧堂公　徐義昌　徐子華公　胡聚順堂　徐子榮公

徐啟後公　孫少又泉　王以泰公　王義豐　王經營　王慎遠

王永三堂　王乃錠　鄒標記　陳文三公　馬永發大二　彭三元堂

曾受伍公　羅祖什　彭公祖　張永宏公　胡裕後公　陳源盛公

陳破壁軒　誠裕源　梅鄉公　梅一甲公　王五美堂　羅三盛

蔡福記　廖恒盛　廖九如公　蕭芝荃　王祥興　張濟渠

舒上公　舒仈众　舒三義益　孫錦祖　陳法臣　汪玉臣

樊興泰　黃春裕　戴註禮　沈南屏　熊氏祠院內　王學祖公

王兩美公　洪敦友堂　洪福義泰　周宏發　宏昇祥泰　李惠林堂

但全茂　汪六房灣　程恒一玉公　尤价亭公　陶再一公　章興

涂勝生　巳鵬翔　巳大賠芸文炳繼公　廖義公嗣乾公　汪其灼公　汪其煒公

汪鐵匠灣祠堂　張大正貴公祖海山青城　張斌士　王福堂　黎順昌　張兆松

張壽銘　邵伏六公　王義太　林儀臣　羅法臣　劉永隆公

王伏一　周角里堂　黃茂公　汪志武公　江鉅卿　馮漸逵

段集鳳堂　馮子林　陶鳴達　程氏學田　黃自芳公　張鴻謨

蕭秀一　蕭公義　黃子山　劉謝福　周信夫　梅曉洲

范華封　夏伏三公　黃昌達　劉合興正　陳先里　錢恒豐

周　吳公青　吳大有　郭正興魁　邵伏八祠　林炳鈞

余謙　林問本堂　夏伯衢　毛以亭公　郭懋公祠　王毓煌

陳宏公　張寶森　王天發公　梅惠林堂　梅七甲富公　梅自公

鄭起鳳堂　王明德堂　張秀山　以上俱陸串文

周廉菴公　蕭鳳亭　詹姓公　以上俱伍串文

楊勝武　馬興公　胡含芳公　以上俱肆串捌百文

邱寶善堂　嚴用彬　以上俱洋錢伍元

王緻袞　韓城公　胡成仁公　王家寨公　游亭頌　杜浣花堂

汪大豪公　汪恒豐宏泰公　張聚太　傅秉均　陳奉先祠　郭汾陽堂

高大興祠　敦本堂　周紹基公　萬怡堂　孫賓臣

以上俱肆串文

蕭昭明堂　程濟瀛　程蔭南　長發亨　興順仲　程學濬

王克昌　左逢源　唐隆太　趙榮公　戴四公祠

以上俱叁串貳百文

徐廣封公　邢開國　吳新盛公　梅三興公　胡滋德堂　胡崇德堂

王如瀚　楊合興　洪泰復臨　劉壽山　余晋泰　胡義大公
游宏昌公　金振聲堂　沈姓公　但復茂　汪勝公　徐光裕堂
徐瀚公　李忠記　李敦本堂　陳繼祖公　華義朋公　張仁義公
程樂清　吴宰相堂　沈寶森　歐陽道麟　黄培本堂　朱日濬公
羅繩繩堂　謝興順奎　游亨銘　夏豪公　郭金臺　胡怡興公
以上俱叁串文
舒新寨　二串八百文
馮樂山　朱輔臣　胡寶三公　鄭熙仁　王昌選　洪楚興公
邵一懋公　城山文社　以上俱貳串肆百文
徐仕清公　徐流長公　徐文明公　徐大興　王五福堂　江開文
張裕盛　李佑啟堂　聚衆公　陳四美　陳二儀公　劉慶昇恒
邱忠彥　胡高興　大誠瑞　義順臨　新發和　余永大

梅珍公　梅瑰公　梅四房公　梅開榜　胡恒昇公　胡三合公
胡文謨公　王琳公祖　洪長啟　何世興　徐文彬　董椿灣
李永貴　段旻公　沈成燮　沈正興公　沈公義　彭萬順
王破碶河　王新興公　王川公　王家河新興公　周長興　張板橋灣
李五福公　合泰楨　蕭正朝　程琪璘　汪勝三公　張道志
余家田　陳金波　陳封釆　高堤壪　尤聲瓚　徐壽山公
姜興發公　劉北海公　程三合公　方益三公　汪若谷公　呂大公祖
李氏公　曹九思堂　汪敦本堂　張安愚書屋　萬子立　張合盛公
張合發公　呂長盛　王上六公　王六公祭　邵一鄰公　詹桐公
毛萬興　程焕臣　王永賢　李肇興　石清三　徐集太魁
張輝璧　張筱階　黄永發利　萬德甫　李懷楚　宋敦睦堂
陂邑周保瑞　陶子麟　袁了一　陳潤卿、傅秉夔　王尙愛公

張永盛　張永成公　聚昌永　梅雨蘭　梅畹香　梅善卿
張錫如　劉恒圃　劉公興　方大興　張子宸　岳懷祖公
陳懷清　拔萃堂　長盛公　余貴義堂　陳協和　管益英公
郭永順　何伏公　宋希賢堂　謝太和公　游大棟　陶豪祖公
陶逸圃公　陶勝記公　詹玉公祖　熊義成公　李旻興公　胡映椿
萬槐里堂　潘際華　徐石民　夏同興公　桂蔭芳　夏基全
大山壪王　葉萬壽公　葉世芳公　王萬興公　周繼昌　左治隆
張勝益洸公　李勝第　敦本堂加　以上俱貳串文
仁泰復　沈俊臣　永茂鴻麻城　張文卿
以上俱洋錢貳元
徐義順　王雨琴　王栗夫　胡成文公　鄭熙信　鄭復興萬
何永江　舒五福　王正興　王習之　嚴全盛　植德堂

汪三分公　葉　王弼臣　夾洲灣　成公順　李太豐大
徐恒盛　熊開進公　高祖一　王家灣　秦必元　李周九公
以上俱壹串陸百文
王性朗　雷恒春公　徐作霖　於賢照　周太和　周鳳翥
以上一串五百文　左久珍　壹串四百文
孫正亨　王汝厚　夏基啟　蔡義仁　呂宗城　張興傑
王端興　王祿養堂　親親堂　程氏祠　彭家栗林　龔渤海堂
陶皎默公　以上俱壹串貳百文
陶舫溪　陶　鎔　黄夢華　宋永興源　宋永盛斌　程年鐸
韓全德　韓永興　蘇如金　韓宗揚　孫開耀　沈則鴻
羅芝階　沈式丞　沈恒發　沈桂華　沈三彬　沈子芳
張延慶　高星甫　胡錦揚　沈嗣衡　沈懷清　沈先州

沈鳴岡　王槐祖公　王永昌公　王蔭三　曾子超　張子臣
黃雲亭　洪二蘭堂　高大生　劉義和　程上慶　張心發公
劉運五　李祚典　羅柏林堂　姚龍章灣　甘　姓　孫映雪堂
揭世茂公　范永發　張兩銘堂　蕭文卿　周柳堤村　孫家嘴
吳家塇　趙程灣　福臨磯　細劉灣　但益泰　但全盛
程子箴　汪慶恒昇公　汪五房灣　陳素嵐　陳漢潮　陳光春
陳金亭　陳壽亭　陳封玉　陳典卿　怡怡堂　天茂乾
陳士星　昇生堂　洪昌遠　樂六堂　左繪雲　李文華
麻城陶立成　李達卿　李木三　李月樵　李月軒　韓正興
鍾樹廷　益泰典　徐基楫　徐治品　徐鍾鐸　許福三
孫訓蒙堂　汪義豐　曾立生　曾執夫　涂碧溪　童泮林
張瑞卿　廖長發　曾綏之　王采芹　盧禹卿　王大棋

王自良　王毓蘭　王哲臣　王毓齡　王凌雲　王汝増
王汝軒　王自葵　方世和　郭光顯　郭四盛　郭鈺軒
左久全　余福義　靖仁顯　汪發耀　程馥亭　邱愷臣
黃長慶　喻楚知　林朗軒　張正盛立　吳璧齋　永豐慶
邱發祥　張朝信　詹正富　詹人忠　蔡棟臣　梅登榜
梅丹成　胡長遠　胡鼎興　胡作賓　胡良琬　胡芸暉堂
胡師竹堂　李懷猷　蘇寶亭　王玉階　何錫璜　王安亭
吳金玉　王萬和　梅先南　黃理瑞　黃天一　黃新興
李慕沆　商理孚　李永亨　李永珩　李發敏　李同源
李正福　梁春泰岡　張益義　陶德才　陶德榮　萬長慶
沈則忠　梁世元公　孫爲楷　孫益遂　王以成　梅細灣公
徐四房公　吳清臣　徐介軒　蕭林臣　高聚益公　高富酉公

高富興公　姜敬齋　巴謀舉　雷才堂公　梅福三公　龔大公祖
張中興壽　徐大順元　劉大吉公　徐恒興和　徐六合公　徐其泰公
陶鑑錡公　朱公順　徐福一公　徐文安　徐德齋　張生錦
張恒興　張萬興四　張華菴　王嘉善　姚運梅　熊生本
陳澤連　王昌沅　王毓槐　王四美　王四合　王崇仁
郃源昌　吉祥永　胡維四堂　郃德尚堂　曹天祿　郃恒順
童　瀛　袁義順　孫泰順　趙正興公　程洪甫　程光炳
游彥人　熊福謙　夏義和　吳朝鼎　陳見瀛　劉莘田
黃熙臣　江養廉堂　汪潤亭　李正興公　汪封和　程陶溪公
慶泰和　張翠亭　程善齋　趙均安　閔質村　邱侍臣
曾　撰　段韻梅　段循理堂　段　悌　喻省三　石際昌
程瀛洲　劉筱洲　魏義興　黃篤軒　高大生　黃鳳立

黃燿坤　陶懋晉公　孫一元　黃靜安　洪久善　鄒景嶧堂
王際庚　夏雲龍　汪春田　方復興　何自富　傅運吉
傅士濂　傅秉權　李務本　張勝一　蔡潤階　楊萬泰
段瀛山　劉禹卿　胡緒才　趙德昌　汪炳蔚　黃鎰大　退思堂
劉崇福　何有道公　林榮盛公　程貴三公　歐應試公　漆樹華
梁新發　黃三興公　孫一元　余善臣　余蘭齋　靜心寺
張正豐　周撰梅　何義清　李炳清　李祥吉　吳受益公
黃義門　黃韻珊　黃厚卿　余葆萍　黃張氏　劉幼齋
劉正興　黃耕心堂　皮聚泰　隗協成合　邱恩恬公　張貽忍堂
義利生　向欲發　范子虛　萬泰和　劉鼎泰　祝錦銓
劉義豐　劉源豐　隗新盛　鄧伯祁　傅秀山　周吉甫
譚炎春　譚永季　韋吉奎堂　盧敬亭　夏棟臣　童凱卿

張國榮 熊省愆 熊紹奎 譚端臣 熊流益公 胡永盛公
李長發公 李同泰公 李興隆 吳大興公 齊如海 李兩房公
寶家湖公 周鑅光 程廷燮 胡榮公 王自元 王瑞義
王心仁 袁蔭盛 鄒廷昜 鄒先登祖 鄒繼海祖 鄒衡山
王紹和 靖端門 周敦發 余正芳 王中興公 孫萬興正
張仁和公 徐從興公 徐三發公 汪二合公 汪四德堂 汪四美公
汪永合公 曾三省堂 何軍托 李木子河 許慶有公 蔡公茂
蔡四合公 蔡家寨 許大房公 王三槐堂 李泰豐三 謝潤臣
謝魁義 謝道璋 謝均衡 樂致和 游豫楠 李厚齋
游大試 游大善 李承沆 游昌俊 胡崇善 游會仁
陶永茂山 譚三義公 劉永泰 於中憲祠 於斯受祖 凌氏享堂
蔡德茂 鄒裕豐 孫煥奎 余壽昌 余壽頤 周蘭亭

問津院志《卷之末 捐輸姓氏 七

熊獻鳳 熊輝義 熊家樂 熊 熊 熊廣財
熊廣發 熊家保 徐華坪 胡佐恒 熊道亨公 熊家祿
熊紹發 熊兆銘 夏大房公 唐永盛 胡步瀛 林永豐公
林義盛 林本正公 金養正公 羅七合公 陳政公 張汝公
謝寶田 胡聚星堂 胡永興公 羅興衡 李貢香 徐席珍
劉啓和 邱執中 蔡蔚雲 雷建蘅 何子植 蔡鏡銓
邱介夫 邱端甫 方宗全 梅輝科 梅輝墀 梅直講堂
施岐山 陳光齊 萬全興 鄧廣盛 毛其瑞公 毛樂公
潘鉅觀 劉汲聲 羅豐亭 徐勛臣 徐韻臣 徐萬發
唐香波 夏義和 集義成 太成義 劉鼎泰 陳五福堂
郭開華 盧昌詒 羅 璧 羅家福 羅榮楠 萬世德堂
萬敦仁堂 萬福抑堂 萬承美堂 萬穀貽堂 萬玩易堂 胡承啟堂

陳裕太大 徐成名 舒學聃公 舒恒盛 舒餘慶堂 舒吉成
李應庚 李少階 李長盛林 李經堂 太成義 熊福謙
黃允中 張永順 王躬保 陳子先 陳公興 劉三興
秦福臣 夏炳午 邢家田公 方宗潤 左治國 羅五興
黃基袁 羅五房公 曾吉和公 蔡世興公 以上俱一串文
益泰厚 寶泰林 正昌信 高和太 太興恒 鄭長興
麻城李光裕 李鳳岐 吳星甫 鄒永發 太裕昌 劉惟馨
馮時泰 馮榮興 徐文波 江義發 鄧幹臣 許同春
嚴小峯 嚴聘璜 嚴子達 以上俱洋錢壹元
鄒九思堂 胡華裳美 胡文峯公 胡華璉公 胡公順 胡世迴公
胡忠春 胡再思堂 趙義生 沈曉峯 沈秀中 李軍沖
蔡蔭臣 蔡朗亭 夏蔭青 王金魁 王恒茂巽 王正盛

問津院志《卷之末 捐輸姓氏 八

舒崇亨 胡廣順 錢其貿 陳德潤 張從周 葉鳳鳴
譚永茂 童錫周 魏姓公 黃瓦匠灣 程秀二 謝魁明
游 貞 游亨洛 游亨元 張聚太信 張桂星 熊家裕
熊子謂 左逢原 徐莪三 吳三元 夏太山 王永興公
王義興公 羅大旺公 羅耀信 以上俱捌百文
廣濟盧德門 七百文
胡忠彬 汪佑啟堂 羅光炯 林樹崧 詹道祥 曾鴻翔
段逢原 段慶華 羅硯田 以上俱陸百文
汪直輔 林家塝 劉度富灣 施家灣 張潤甫 泰生義
大有源 永茂栢 潘長生大 潘長生二 張正興德 張義興仁
胡袞元 同順永 徐鍾澤 殷子周 於光和 許國楨
夏步青 羅 琛 劉向辰 蔡炳焜 徐楚山 羅鍾炎

羅貞夫　羅津亭　劉鍾淑　史大俸　以上俱伍百文

童少陽　復興隆　天和生　同興永　陳政灣　童　姓

羅家北嘴　王益艮　王景有　嚴用杰　曾嘉祥　熊祖嘉

張繼燾　汪文壽　羅珍甫　鄧毓甫　何文林　呂吉山

方人也　林甫記　以上俱肆百文

胡忠敬　潘長生三　林松青　嚴青楓　林海記　林縠選

林向易　林煥文　以上俱叁百文

潘長生五　豐太臨　游世昌　游壽記　以上俱貳百文

補錄

周富貴榮　周煜斌　韓公富　方家寨鲂濠公　戴崇儒公

以上俱陸串文

此屆續修院志用費不貲而比較捐款出入尚屬有贏無絀

雖

聖靈攸託歷刼不磨亦衆首士踴躍勸諭所致也茲管理沈蔭芝王用霖

值梓工告竣猶復樂善不倦輸捐田產計畝沈君壹石八斗

六升三合六勺王君壹石零貳升文契坵程詳載須知册內

以備將來採人疋志僉議善爲經營積成鉅款不惟尊崇

廟祀用度愈充並可爲續修志乘培植人材張本書之用勸後

之振興斯院者光緒乙巳八月吉日謹跋